SQL für Dummies

Allan G. Taylor

SQL für Dummies

Gegen den täglichen Frust mit SQL

Übersetzung aus dem Amerikanischen von Reinhard Engel

Die Deutsche Bibliothek – CIP-Einheitsaufnahme:

Allan G. Taylor:
SQL für Dummies / Allan G. Taylor. Übers. aus dem Amerikan.
von Reinhard Engel. - Bonn : MITP-Verlag 1998
  Einheitssacht.: SQL for Dummies <dt.>
  ISBN 3-8266-2787-3

ISBN 3-8266-2787-3
1. Auflage 1998
3. Nachdruck 1999

Alle Rechte, auch die der Übersetzung, vorbehalten. Kein Teil des Werkes darf in irgendeiner Form (Druck, Fotokopie, Mikrofilm oder einem anderen Verfahren) ohne schriftliche Genehmigung des Verlages reproduziert oder unter Verwendung elektronischer Systeme verarbeitet, vervielfältigt oder verbreitet werden. Der Verlag übernimmt keine Gewähr für die Funktion einzelner Programme oder von Teilen derselben. Insbesondere übernimmt er keinerlei Haftung für eventuelle aus dem Gebrauch resultierende Folgeschäden.

Die Wiedergabe von Gebrauchsnamen, Handelsnamen, Warenbezeichnungen usw. in diesem Werk berechtigt auch ohne besondere Kennzeichnung nicht zu der Annahme, daß solche Namen im Sinne der Warenzeichen- und Markenschutz-Gesetzgebung als frei zu betrachten wären und daher von jedermann benutzt werden dürften.

Übersetzung der amerikanischen Originalausgabe:
Allan G. Taylor: SQL For Dummies

Copyright © 1998 by MITP-Verlag GmbH, Bonn
Original English language edition text and art copyright © 1997 by IDG Books Worldwide, Inc.
All rights reserved including the right of reproduction in whole part or in part in any form.
This edition published by arrangement with the original publisher, IDG Books Worldwide, Inc.,
Foster City, California, USA.

Printed in Germany

Ein Unternehmen der verlag moderne industrie AG & Co. KG, Landsberg

Druck: Media-Print, Paderborn
Umschlaggestaltung: Sylvia Eifinger, Bornheim
Satz und Layout: Lieselotte und Conrad Neumann, München

Inhaltsverzeichnis

Einführung   15

Über dieses Buch   15
Was ist SQL?   15
Wer sollte dieses Buch lesen?   16
Wie dieses Buch aufgebaut ist   16
    Teil I: Grundbegriffe   16
    Teil II: Datenbanken mit SQL konstruieren   16
    Teil III: Daten wiedergewinnen   17
    Teil IV: Die Datenbank absichern   17
    Teil V: SQL in der Praxis   17
    Teil VI: Fortgeschrittene Themen   17
    Teil VII: Dies und das   17
    Teil VIII: Referenzmaterial   18
Symbole in diesem Buch   18
Fangen Sie an   18

Teil I
Grundbegriffe   19

Kapitel 1
Grundlagen relationaler Datenbanken   21

Dinge verwalten   21
Was ist eine Datenbank?   23
Datenbankgröße und Komplexität   23
Was ist eine Datenbankverwaltungsystem?   24
Flache Dateien   25
Datenbankmodelle   26
    Das relationale Modell   27
    Warum relational besser ist   27
    Komponenten einer relationalen Datenbank   27
    Was sind Relationen?   28
    Sichten (Views)   30
    Schemas, Domänen und Constraints   32
Überlegungen zum Datenbankentwurf   33

Kapitel 2
Die Grundlagen von SQL 35

Was SQL ist und was nicht	35
Ein (sehr) kurzer historischer Überblick	37
SQL-Befehle	38
Reservierte Wörter	38
Datentypen	38
Genaue Zahlen	39
Annähernd genaue Zahlen	41
Zeichenketten	43
Bit-Strings	44
Datetimes	45
Intervalle	46
Zusammenfassung der Datentypen	46
Nullwerte	47
Constraints	48
SQL in einem Client/Server-System benutzen	48
Der Server	49
Der Client	50
SQL mit dem Internet oder einem Intranet benutzen	50

Kapitel 3
Die Komponenten von SQL 53

Data Definition Language (DDL)	54
Tabellen erstellen	54
Ein Zimmer mit Aussicht	56
Tabellen in Schemata zusammenfassen	61
Ordnung durch Kataloge	62
Die DDL-Befehle	63
Data Manipulation Language (DML)	64
Ausdrücke	65
Numerische Ausdrücke	65
Datetime- und Intervall-Ausdrücke	66
Prädikate	67
Logische Verknüpfungen	68
Mengenfunktionen	68
Unterabfragen	70
Data Control Language (DCL)	70
Transaktionen	70
Benutzer und Berechtigungen	71
Referentielle Integritäts-Constraints können Ihre Daten gefährden	74
Die Verantwortung für die Sicherheit delegieren	75

Teil II
Datenbanken mit SQL konstruieren — 77

Kapitel 4
Eine einfache Datenbankstruktur erstellen und verwalten — 79

Eine einfache Datenbank mit einem RAD-Werkzeug erstellen — 80
    Ein plausibles Szenario — 80
    Zuviel ist nie genug — 82
    Mit RAD geht es wirklich schnell — 83
    Einen Index definieren — 84
    Die Tabellenstruktur ändern — 86
    Eine Tabelle löschen — 88
Das Beispiel mit der DDL von SQL erstellen — 89
    Eine Tabelle erstellen — 89
    Einen Index erstellen — 90
    Die Tabellenstruktur ändern — 91
    Eine Tabelle löschen — 91
    Einen Index löschen — 91
Überlegungen zur Portabilität — 92

Kapitel 5
Eine Mehrtabellendatenbank erstellen — 93

Die Datenbank entwerfen — 94
    Objekte definieren — 94
    Tabellen und Spalten identifizieren — 95
    Tabellen definieren — 96
    Domänen, Zeichensätze, Sortierfolgen und Übersetzungstabellen — 99
    Schlüssel für den schnellen Zugriff — 99
Indexe — 102
    Was ist eigentlich ein Index? — 102
    Wozu ist ein Index gut? — 103
    Einen Index verwalten — 104
Integrität — 104
    Entity-Integrität — 105
    Domänenintegrität — 106
    Referentielle Integrität — 106
    Potentielle Problembereiche — 109
    Constraints — 111
Die Datenbank normalisieren — 113
    Erste Normalform — 116
    Zweite Normalform — 116

Dritte Normalform 118
Domain/Key-Normalform 118
Abnormale Formen 119

Teil III
Daten wiedergewinnen 121

Kapitel 6
Daten in einer Datenbank manipulieren 123

Die Data Manipulation Language (DML) von SQL 123
Daten wiedergewinnen 124
Sichten erstellen 125
Sichten aktualisieren 128
Neue Daten hinzufügen 129
    Daten zeilenweise einfügen 129
    Daten nur in ausgewählte Spalten einfügen 130
    Zeilen blockweise in eine Tabelle einfügen 131
Vorhandene Daten aktualisieren 133
Überholte Daten löschen 136

Kapitel 7
Werte spezifizieren 137

Werte 137
    Zeilenwerte 138
    Literale 138
    Variablen 139
    Spezielle Variablen 141
    Spaltenreferenzen 142
Funktionen 143
    Mit Mengenfunktionen summieren 143
    Wertfunktionen 146
Wertausdrücke 152
    Stringwertausdrücke 152
    Numerische Wertausdrücke 153
    Datetime-Wertausdrücke 154
    Intervall-Wertausdrücke 154
    Bedingungswertausdrücke 155

Kapitel 8
Fortgeschrittene SQL-92 Wertausdrücke   157

CASE-Bedingungsausdrücke   157
    CASE beim Suchen verwenden   158
    CASE mit Werten verwenden   160
    Ein Sonderfall: CASE - NULLIF   162
    Ein weiterer Sonderfall: CASE - COALESCE   163
Datentypumwandlungen mit CAST   164
    CAST in SQL verwenden   165
    CAST als Mittler zwischen SQL und einer Host-Sprache   165
Zeilenwertausdrücke   166

Kapitel 9
Gewünschte Daten zielsicher finden   169

Modifizierende Klauseln   169
FROM-Klauseln   170
WHERE-Klauseln   171
    Vergleichsprädikate   172
    BETWEEN   173
    IN und NOT IN   174
    LIKE und NOT LIKE   175
    NULL   177
    ALL, SOME, ANY   178
    EXISTS   180
    UNIQUE   180
    OVERLAPS   181
    MATCH   181
    Regeln der referentiellen Integrität   183
    Logische Verknüpfungen   184
        AND   185
        OR   185
        NOT   186
GROUP BY-Klausel   186
HAVING-Klausel   187
ORDER BY-Klausel   188

Kapitel 10
Relationale Operatoren   191

UNION   191
INTERSECT   193
EXCEPT   195

Verknüpfungen	195
Die einfache Verknüpfung (JOIN)	196
Equi-Join	197
Kreuzverknüpfung (CROSS JOIN)	199
Natural-Join	200
Bedingte Verknüpfung	200
Spaltennamenverknüpfungen	201
Inner-Join	202
Outer-Join	202
Union-Join	206
ON im Vergleich zu WHERE	211

Kapitel 11
Verschachtelte Abfragen — 213

Was Unterabfragen tun	214
Warum werden Unterabfragen benutzt?	214
Verschachtelte Abfragen, die eine Zeilenmenge zurückgeben	215
Unterabfragen und das Schlüsselwort IN	216
Unterabfragen und das Schlüsselwort NOT IN	217
Verschachtelte Abfragen, die einen einzelnen Wert zurückgeben	218
Die quantifizierenden Vergleichsoperatoren ALL, SOME und ANY	221
Verschachtelte Abfragen und Existenztests	222
EXISTS	223
NOT EXISTS	224
Andere korrelierte Unterabfragen	224
Unterabfragen, die durch IN eingeleitet werden	224
Unterabfragen in einer HAVING-Klausel	226
Die Befehle UPDATE, DELETE und INSERT	227

Teil IV
Den Arbeitsablauf steuern — 231

Kapitel 12
Datenbanken schützen — 233

Die Data Control Language (DCL) von SQL	234
Benutzerzugriffsebenen	234
Der Datenbankadministrator	234
Datenbankobjektbesitzer	235
Die Öffentlichkeit	235
Berechtigungen an Benutzer vergeben	236
Daten einfügen	237

Daten betrachten	237
Tabellendaten ändern	238
Tabellenzeilen löschen	238
Zusammengehörige Tabellen referenzieren	239
Domänen, Zeichensätze, Sortierfolgen und Übersetzungstabellen	240
Die Vergabe von Berechtigungen delegieren	241
Berechtigungen entziehen	242
Mit GRANT und REVOKE zusammen Zeit und Aufwand sparen	243

Kapitel 13
Daten schützen   *245*

Gefahren für die Datenintegrität	245
Plattforminstabilität	246
Geräteausfall	246
Parallelzugriff	247
Die Gefahr von Datenkorruption reduzieren	248
Mit SQL-Transaktionen arbeiten	249
Die Standardtransaktion	250
Isolierungsebenen	250
Befehle mit implizitem Transaktionsbeginn	252
SET TRANSACTION	252
COMMIT	253
ROLLBACK	254
Locking	254
Backup	254
Constraints innerhalb von Transaktionen	255

Teil V
SQL in der Praxis   *259*

Kapitel 14
SQL in Anwendungen einbinden   *261*

SQL in einer Anwendung	261
Stärken und Schwächen von SQL	262
Stärken und Schwächen prozeduraler Sprachen	263
Probleme beim Kombinieren von SQL und prozeduralen Sprachen	263
SQL in prozedurale Sprachen einbinden	264
Eingebettetes SQL	264
SQL-Module	266
Objektorientierte RAD-Werkzeuge	268

Kapitel 15
ODBC 271

Was ist ODBC? 271
Die ODBC-Schnittstelle 272
Die Komponenten von ODBC 272
ODBC in einer Client/Server-Umgebung 273
ODBC und das Internet 274
    Server-Erweiterungen 274
    Client-Erweiterungen 276
ODBC und ein Intranet 278

Kapitel 16
SQL im Internet 279

SQL ist ein Kind des LAN 279
Der Unterschied zwischen dem Internet und einem klassischen LAN 280
    Netzwerkprotokoll 281
    Sicherheit 281
Von der Client/Server- zur internet-basierten Datenbank 282
    Die zweistufige Client/Server-Architektur 283
    Die dreistufige Client/Server-Architektur 283
    Die zweistufige Web-Architektur 284
    Die dreistufige Web-Datenbankarchitektur 285
Die Rolle von SQL 286
    Wie paßt ODBC in das Bild? 286
    Java und SQL 287

Kapitel 17
Datenbanken auf organisationsspezifischen Intranets 289

Die Unterschiede zwischen Intranets und LANs 289
Die Unterschiede zwischen Intranets und dem Internet 290
Eine Datenbank ist auf einem Intranet sicherer und schneller 291
Intranet-Herausforderungen 292
Das Intranet-Back-End 292
Datenbankanwendungen für ein Intranet erstellen 293
    Traditionelle Anwendungsentwicklungswerkzeuge 293
    Neue objektorientierte Werkzeuge 294
    Neue Mehrzweckwerkzeuge 295
    Die Schlacht zwischen Java und ActiveX 296

Teil VI
Fortgeschrittene Themen — 299

Kapitel 18
Cursor — 301

    Einen Cursor deklarieren — 302
        Der Abfrageausdruck — 302
        Die Klausel ORDER BY — 303
        Die FOR UPDATE-Klausel — 305
        Sensitivität — 306
        Scrollbarkeit — 307
    Einen Cursor öffnen — 307
    Daten aus einer einzelnen Zeile holen — 308
        Syntax — 309
        Die Orientierung eines scrollbaren Cursors — 309
        Cursor-Zeilen löschen oder ändern — 310
    Einen Cursor schließen — 310

Kapitel 19
Fehlerbehandlung — 311

    SQLCODE — 311
    SQLSTATE — 312
    Die Klausel WHENEVER — 314
    Der Diagnosebereich — 315

Teil VII
Dies und das — 321

Kapitel 20
Zehn häufige Fehler — 323

    Annehmen, daß Ihr Kunde weiß, was er braucht — 323
    Denken Sie nicht über den Projektumfang nach — 324
    Berücksichtigen Sie nur technische Faktoren — 324
    Bitten Sie den Benutzer nicht um Rückmeldungen — 324
    Benutzen Sie immer Ihre liebste Entwicklungsumgebung — 325
    Benutzen Sie immer Ihre liebste Systemarchitektur — 325
    Datenbanktabellen isoliert entwerfen — 325
    Überspringen Sie Design-Reviews — 325
    Überspringen Sie den Betatest — 326
    Erstellen Sie keine Dokumentation — 326

Kapitel 21
Zehn Abfragetips — 327

Prüfen Sie, ob die Datenbankstruktur korrekt ist — 327
Führen Sie Ihre Abfrage erst mit einer Testdatenbank aus — 328
Prüfen Sie Abfragen mit einem JOIN dreifach — 328
Prüfen Sie Abfragen mit einer Unterabfragen dreifach — 328
Benutzen Sie bei SET-Funktionen die Klausel GROUP BY, um Daten einer Gruppe in einer Tabelle oder einem View zu summieren — 328
Beachten Sie die Einschränkungen der Klausel GROUP BY — 329
Benutzen Sie bei den logischen Verknüpfungen AND, OR und NOT Klammern — 329
Geben Sie keiner unbefugten Person Abfrageberechtigungen — 329
Sichern Sie Ihre Datenbanken regelmäßig — 330
Bauen Sie eine Fehlerbehandlung ein — 330

Teil VIII
Referenzmaterial — 331

Anhang A
Die reservierten Wörter von SQL-92 — 333

Anhang B
Die SQL-92-Untermengen Entry, Intermediate und Full — 335

Entry-SQL-92 — 335
Intermediate-SQL-92 — 336
Full-SQL-92 — 337

Anhang C
Glossar — 339

Stichwortverzeichnis — 347

Einführung

Willkommen bei der Datenbankentwicklung mit der Abfragesprache, die den Industriestandard bildet – SQL. Auf dem Markt gibt es viele verschiedene Werkzeuge für Datenbankverwaltungsysteme (DBMS), die auf einer Vielzahl von Hardware-Plattformen laufen. Diese Werkzeuge unterscheiden sich zum Teil beträchtlich, aber alle ernstzunehmenden Produkte haben eins gemeinsam: Sie unterstützen alle den Datenzugriff und die Datenmanipulation mit SQL. Welches DBMS Sie benutzen, unter welchem Betriebssystem oder auf welcher Hardware das DBMS läuft, spielt kein Rolle. Wenn Sie SQL kennen, können Sie relationale Datenbanken erstellen und zur Speicherung und Wiedergewinnung von Informationen nutzen.

Über dieses Buch

Relationale Datenbankverwaltungsysteme spielen in vielen Organisationen eine lebenswichtige Rolle. Laien sind häufig der Meinung, daß das Erstellen und Verwalten dieser Systeme mit sehr komplexen Aufgaben verbunden sei – die Domäne von Datenbankgurus, die einen Grad der Erleuchtung erlangt haben, der über den Normalsterblicher hinausgeht. Dieses Buch lüftet den Schleier von diesen Datenbankgeheimnissen. Datenbanken zu entwerfen und zu nutzen sind unkomplizierte Tätigkeiten, die man lernen und beherrschen kann. In diesem Buch werden Sie

- die Grundlagen von Datenbanken kennenlernen
- herausfinden, wie ein DBMS aufgebaut ist
- die funktionellen Hauptkomponenten von SQL kennenlernen
- eine Datenbank konstruieren
- eine Datenbank durch Sicherheitsmaßnahmen schützen
- die Daten in einer Datenbank manipulieren
- Daten aus einer Datenbank wiedergewinnen

Dieses Buch will Ihnen dabei helfen, mit SQL relationale Datenbanken zu erstellen und zur Verwaltung von Informationen zu benutzen.

Was ist SQL?

SQL ist eine Programmiersprache, die speziell für das Erstellen und Manipulieren relationaler Datenbanken entwickelt wurde und auf diesem Gebiet zum Industriestandard geworden ist. Heute speichern die meisten Organisationen ihre Daten in relationalen Datenbanken. Wenn Sie wissen wollen, was in der Datenbank einer Organisation gespeichert ist, und diese Informationen wiedergewinnen wollen, müssen Sie SQL beherrschen.

Wer sollte dieses Buch lesen?

Wenn Sie Daten mit einem DMBS speichern und daraus wiedergewinnen müssen, können Sie Ihre Aufgaben viel besser erledigen, wenn Sie SQL praktisch beherrschen. Sie brauchen kein Programmierer zu sein, um SQL zu benutzen, und Sie brauchen keine anderen Programmiersprachen, wie z. B. COBOL, FORTRAN, C oder BASIC zu kennen. Die SQL-Syntax ist sehr stark an das normale Englisch angelehnt.

Wenn Sie Programmierer sind, können Sie SQL in Ihre Programme einbinden. SQL erweitert konventionelle Sprachen um sehr mächtige Funktionen zur Manipulation und Wiedergewinnung von Daten. Dieses Buch sagt Ihnen, was Sie wissen müssen, um die vielseitigen Werkzeuge und Funktionen von SQL in Ihren Programmen nutzen zu können.

Wie dieses Buch aufgebaut ist

Dieses Buch enthält acht Hauptteile. Jeder Teil besteht aus mehreren Kapiteln. Sie können dieses Buch beim ersten Mal von vorn bis hinten durchlesen, obwohl dies nicht notwendig ist. Danach können Sie es als nützliche Referenz verwenden und direkt die Abschnitte nachschlagen, die sich mit Ihrem anliegenden Problem befassen.

Teil I: Grundbegriffe

Teil I macht Sie mit dem Begriff der Datenbank vertraut und erläutert die Unterschiede zwischen relationalen Datenbanken und anderen Datenbanktypen. Es beschreibt die gebräuchlichsten Datenbankarchitekturen sowie die Hauptkomponenten von SQL.

Teil II: Datenbanken mit SQL konstruieren

Sie brauchen SQL nicht, um eine Datenbank zu erstellen. Dieser Teil zeigt Ihnen ein Beispiel, wie Sie eine Datenbank mit einem interaktiven Werkzeug zum *Rapid Application Development* (RAD), und demonstriert dann, wie dieselbe Datenbank mit SQL erstellt wird. Zusätzlich zu den wesentlichen Schritten zur Definition von Datenbanktabellen erläutert dieser Teil eine Reihe anderer wichtiger Datenbankbegriffe: Domänen, Zeichensätze, Sortierfolgen, Übersetzungstabellen, Schlüssel und Indexe.

Außerdem behandelt er Teil schwerpunktmäßig die Frage, wie Sie Ihre Datenbank vor einer Reihe möglicher Probleme schützen können. SQL stellt die entsprechenden Werkzeuge bereit, aber Sie müssen sie einsetzen, um Probleme zu vermeiden, die durch einen schlechten Datenbankentwurf, schädliche Interaktionen, Bedienungsfehler und Geräteausfälle verursacht werden können.

Teil III: Daten wiedergewinnen

Daten in Ihrer Datenbank sind nur nützlich, wenn Sie etwas damit tun können. Sie wollen Daten einfügen, ändern oder löschen. Letztlich wollen Sie aber die Daten zu einem bestimmten Zweck wiedergewinnen. SQL stellt alle Werkzeuge bereit, die Sie für diese Aufgaben benötigen. Mit diesen Werkzeugen können Sie Ihre Daten präzise und detailgenau verwalten. Egal wie Sie Ihre Daten manipulieren wollen – SQL enthält wahrscheinlich das passende Werkzeug dafür.

Teil IV: Die Datenbank absichern

Ein großer Teil der Datenbankverwaltung umfaßt Arbeiten, um die Daten vor Schäden zu bewahren, die durch vielerlei Faktoren verursacht werden können. Beispielsweise speichern Benutzer aus Versehen oder absichtlich fehlerhafte Daten in Datenbanktabellen. Sie können Ihre Daten gegen diese Bedrohung schützen, indem Sie den Zugang zu Ihrer Datenbank und die Funktionen, die ein Benutzer ausführen kann, genau steuern. Eine andere Bedrohung Ihrer Daten ist gegeben, wenn mehrere Benutzer unwissentlich gleichzeitig auf dieselben Daten zugreifen. SQL enthält mächtige Werkzeuge, um auch diese Art von Problemen zu vermeiden. SQL stellt viele Schutzmechanismen automatisch bereit, aber Sie müssen wissen, wie diese funktionieren, um sicherstellen zu können, daß die Sicherungsmaßnahmen ausreichen.

Teil V: SQL in der Praxis

SQL unterscheidet sich von den anderen Computersprachen dadurch, daß es mit ganzen Datenmengen auf einmal arbeitet, statt ein Datenelement oder einen Datensatz nach dem anderen abzuarbeiten. Dieser Unterschied in der Arbeitsweise erschwert die Zusammenarbeit zwischen SQL und anderen Sprachen, aber mit den Informationen in diesem Buch können Sie diese Herausforderung mühelos bewältigen. Außerdem beschreibe ich detailliert, welche Rolle SQL bei der Übertragung von Daten über das Internet oder das Intranet einer Organisation spielt.

Teil VI: Fortgeschrittene Themen

In diesem Teil werden Sie mengenbezogene SQL-Befehle in Ihre Programme einbinden und lernen, wie Sie mit SQL einzelne Datenelemente verarbeiten können.

Dieser Teil beschreibt auch die Fehlerbehandlung. SQL stellt Ihnen viele Informationen zur Verfügung, wenn bei der Ausführung eines SQL-Befehls etwas schiefgeht. Sie werden lernen, wie Sie diese Informationen abrufen und auswerten können.

Teil VII: Dies und das

Dieser Teil enthält einige wichtige Tips, was Sie beim Entwurf, der Konstruktion und dem Einsatz einer Datenbank tun oder lassen sollten.

Teil VIII: Referenzmaterial

Dieser Teil enthält drei Anhänge. Der erste Anhang listet alle 134 reservierten Wörter von SQL-92 auf. Der zweite Anhang beschreibt die Features, die in *Entry Level-*, *Intermediate Level-* und *Full SQL-92* enthalten sind. Der dritte Anhang besteht aus einem Glossar der wichtigen Termini.

Symbole in diesem Buch

Tips sparen Zeit und lotsen Sie um Gefahrenpunkte herum.

Achten Sie auf die Informationen, die mit diesem Symbol gekennzeichnet sind – Sie könnten sie später gebrauchen.

Dieses Symbol weist Sie auf spezielle Termini hin, die Sie kennen müssen, um SQL und relationale Datenbanken zu verstehen.

Die Ratschläge unter diesem Symbol können Sie vor größerem Schaden bewahren. Mißachten Sie diese Hinweise auf eigene Gefahr.

Dieses Symbol markiert technische Details, die zwar interessant, aber nicht unbedingt notwendig sind, um das gerade behandelte Thema zu verstehen.

Fangen Sie an

Jetzt beginnt der lustige Teil! Datenbanken sind das beste Werkzeug, das jemals erfunden wurde, um die Dinge zu verwalten, die für Sie wichtig sind. Wenn Sie Datenbanken verstehen und mit SQL manipulieren können, können Sie großen Einfluß ausüben. Mitarbeiter kommen zu Ihnen, wenn sie wichtige Informationen benötigen. Manager suchen Ihren Rat. Neulinge bitten Sie um ein Autogramm. Aber – und das ist am wichtigsten – Sie verstehen, wie Ihre Organisation wirklich funktioniert.

Teil I

Grundbegriffe

The 5th Wave — By Rich Tennant

»Nein, die Lösung dafür, daß unser System unten ist, besteht <u>nicht</u> darin, auf den Knien zu arbeiten.«

In diesem Teil...

In Teil I gebe ich Ihnen einen großen Überblick. Ehe wir über SQL selbst sprechen werden, erkläre ich Ihnen, was Datenbanken wirklich sind und wie sie sich von Daten unterscheiden, die Sie in unstrukturierten Dateien speichern. Ich werden die gebräuchlichsten Datenbankmodelle behandeln und die physischen Systeme besprechen, auf denen diese Datenbanken laufen. Dann geht es weiter mit SQL selbst. Zunächst vermittle ich Ihnen einen kurzen Überblick über SQL und seine Geschichte und beschreibe dann seine Hauptkomponenten.

Grundlagen relationaler Datenbanken

In diesem Kapitel

- Informationen organisieren
- Den Begriff Datenbank definieren
- Den Begriff DBMS definieren
- Datenbankmodelle
- Den Begriff relationale Datenbank definieren
- Schwierige Aufgaben beim Datenbankentwurf

*S*QL ist eine Computersprache, die dazu dient, Datenbanken zu erstellen sowie Daten in Datenbanken zu speichern, zu verwalten, zu manipulieren und wiederzugewinnen, und die für diesen Zweck zum Industriestandard geworden ist. Es gibt eine Reihe verschiedener Datenbankarten, die unterschiedliche konzeptionelle Modelle repräsentieren. SQL wurde ursprünglich zu dem Zweck entwickelt, Daten in Datenbanken zu verwalten, die nach dem *relationalen Modell* aufgebaut sind. In diesem Kapitel beschreibe ich verschiedene Formen der Datenspeicherung, vergleiche das relationale Modell mit anderen wichtigen Modellen und beschreibe dann die wichtigen Merkmale relationaler Datenbanken.

Bevor wir jedoch über SQL sprechen, möchte ich sicherstellen, daß Sie verstehen, was ich unter dem Terminus *Datenbank* verstehe. Zu diesem Zweck möchte ich noch einen Schritt früher beginnen und beschreiben, wie Computer die Methoden verändert haben, mit denen wir Informationen speichern und verwalten.

Dinge verwalten

Heute werden Computer für viele Aufgaben benutzt, die früher mit anderen Werkzeugen erledigt wurden. Beispielsweise haben Computer Schreibmaschinen weitgehend ersetzt, um Dokumente zu erstellen und zu ändern. Sie haben elektromechanische Rechenmaschinen verdrängt. Sie haben Millionen von Papierdokumenten, Ordnern und Ablageschränken als Hauptmedium für die Speicherung wichtiger Informationen abgelöst. Verglichen mit diesen alten Werkzeugen können Computer natürlich sehr viel mehr Aufgaben viel schneller und genauer erledigen. Diese Vorteile haben jedoch einen Nachteil: Computerbenutzer können nicht mehr direkt physisch auf ihre Daten zugreifen.

Wenn Computer gelegentlich einmal ausfallen, fragen sich die Leute manchmal, ob die Computerisierung tatsächlich einen Fortschritt gebracht hat. Früher konnte ein Ordner nicht »abstürzen«, sondern höchstens einmal auf den Boden fallen. Dann haben Sie ihn einfach aufgehoben, und die Sache war erledigt. Ein Festplattenabsturz ist dagegen etwas ganz anderes. Sie können die verlorengegangenen Bits und Bytes nicht einfach wieder »aufheben«. Abgesehen von Erdbeben und anderen größeren Katastrophen können Ablageschränke nicht »abstürzen«. Sie melden Ihnen auch niemals einen Fehler. Dagegen sind Computer durch verschiedene mechanische, elektrische und menschliche Fehlfunktionen gefährdet, die dazu führen können, daß ihre Daten für immer verloren sind.

Doch trotz dieser Einschränkungen stellen Computer wirklich einen Fortschritt gegenüber den alten Werkzeugen dar. Wenn Sie die notwendigen Vorsichtsmaßnahmen treffen, können Sie sich gegen einen zufälligen Verlust Ihrer Daten schützen. Wenn Sie sich auf diese Weise abgesichert haben, können Sie den größeren Nutzen ernten, den der Computer in Form höherer Geschwindigkeit und Genauigkeit bietet.

Wenn Sie wichtige Daten speichern, müssen Sie Ihr Augenmerk auf die folgenden vier Bereiche lenken:

- ✔ Die Daten müssen schnell und einfach gespeichert werden, weil dieser Vorgang sehr häufig vorkommt.

- ✔ Das Speichermedium muß verläßlich sein. Sie wollen später keine Überraschung erleben und feststellen, daß Ihre Daten ganz oder teilweise verschwunden sind.

- ✔ Die Daten müssen schnell und einfach wiedergewonnen werden können, und zwar unabhängig von der Anzahl der gespeicherten Einträge.

- ✔ Sie benötigen eine einfache Methode, um genau die gewünschten Daten aus der Riesenmenge der insgesamt gespeicherten Daten herauszufiltern.

Computerdatenbanken, die dem Stand der Technik entsprechen, erfüllen diese vier Kriterien. Wenn Sie mehr als ein Dutzend Datenelemente speichern müssen, sollten Sie dafür eine Datenbank verwenden.

Klein ist wundervoll

Im Bereich der Datenspeicherung zeigen Computer ihre wirkliche Leistungsfähigkeit. Computer können alle Arten von Informationen – Text, Zahlen, Töne, Grafiken, TV-Programme oder Animationen – in Form von binären Daten speichern. Ein Computer kann Daten sehr dicht gepackt speichern und deshalb große Mengen von Informationen auf sehr kleinem Raum aufbewahren. Mit dem technischen Fortschritt können immer mehr Daten auf immer kleineren Medien gespeichert werden. Dieser Trend führt dazu, daß Computer für Zwecke eingesetzt werden, die früher als unwahrscheinlich oder unmöglich angesehen wurden. Heute enthalten die Benzinpumpen Ihrer Tankstelle einen Computer. In Ihrem Auto befinden sich wahrscheinlich mehrere Computer. Und wer weiß, vielleicht gibt es bald computerisierte Schuhe, die ihre Elastizität in Abhängigkeit davon ändern, ob Sie gerade, rennen oder springen.

Was ist eine Datenbank?

In den letzten Jahren ist der Terminus *Datenbank* ziemlich nachlässig benutzt worden. Für einige Leute ist eine Datenbank jede Kollektion von Datenelementen. Andere Leute definieren den Begriff genauer.

In diesem Buch definiere ich eine Datenbank als eine selbstbeschreibende Kollektion integrierter Datensätze.

Ein *Datensatz* ist eine Repräsentation eines physischen oder konzeptionellen Objekts. Wenn Sie beispielsweise die Kunden einer Firma verwalten wollen, legen Sie für jeden Kunden einen Datensatz an. Jeder Datensatz enthält mehrere Attribute, wie z.B. den Namen, die Adresse oder die Telefonnummer.

Eine Datenbank ist *selbstbeschreibend*, weil sie eine Beschreibung ihrer eigenen Struktur enthält. Diese Beschreibung wird als *Metadaten* bezeichnet. Die Datenbank ist *integriert*, weil sie neben den Datenelementen auch *Beziehungen* zwischen den Datenelementen enthält.

Eine Datenbank enthält also sowohl Daten als auch Metadaten. Metadaten sind Daten, welche die Struktur der Daten innerhalb einer Datenbank beschreiben.

Die Datenbank speichert diese Metadaten in einem Bereich, der als *Daten-Dictionary* bezeichnet wird. Das Daten-Dictionary beschreibt die Tabellen, Spalten, Indexe, Constraints und andere Elemente, aus denen die Datenbank besteht.

Weil ein flaches Dateisystem (das später in diesem Kapitel beschrieben wird) keine Metadaten enthält, müssen Anwendungen, die mit flachen Dateien arbeiten, das Gegenstück zu den Metadaten als Teil des Anwendungsprogramms speichern.

Datenbankgröße und Komplexität

Datenbanken haben alle möglichen Größen, angefangen bei einer einfachen Sammlung weniger Datensätze bis hin zu Millionen von Datensätzen.

Eine *persönliche Datenbank* ist für die Benutzung durch eine einzige Person auf einem einzigen Computer bestimmt. Eine solche Datenbank ist normalerweise ziemlich einfach strukturiert und nicht sehr groß. Eine *Abteilungs-* oder *Arbeitsgruppendatenbank* ist für die Benutzung durch die Mitglieder einer einzelnen Abteilung oder Arbeitsgruppe innerhalb einer Organisation bestimmt. Diese Art von Datenbank ist im allgemeinen größer als eine persönliche Datenbank und notwendigerweise komplexer, weil sie mehrere Benutzer verwalten muß, die gleichzeitig auf dieselben Daten zugreifen können. Eine *Organisationsdatenbank*

kann riesig sein. Organisationsdatenbanken können den gesamten Informationsfluß großer Organisationen modellieren.

Was ist eine Datenbankverwaltungsystem?

Ein Datenbankverwaltungsystem (*DBMS*, von engl. *Database Management System*) ist ein Satz von Programmen, mit denen Sie Datenbanken und die dazugehörigen Anwendungen definieren, verwalten und ausführen können. Eine Datenbank ist im wesentlichen eine Struktur, die Sie errichten, um Daten zu speichern, die für Sie oder Ihre Organisation wichtig sind. Ein DBMS ist ein Werkzeug, mit dem Sie eine solche Struktur errichten und die Daten in der Datenbank verwalten können.

Auf dem Markt gibt es heute viele DBMSe. Einige laufen nur auf Mainframes, einige nur auf Minicomputern und einige nur auf PCs. Die Entwicklung zeigt jedoch in die Richtung von Produkten, die auf mehreren Plattformen und Netzwerken mit allen drei Klassen von Maschinen laufen.

Ein DBMS, das auf Plattformen mehrerer Klassen läuft, wird als *skalierbar* bezeichnet.

Unabhängig von der Größe des Computers, auf dem die Datenbank läuft, und unabhängig davon, ob die Maschine in ein Netzwerk eingebunden ist, ist der Informationsfluß zwischen der Datenbank und dem Benutzer gleich. Abbildung 1.1 zeigt, wie der Benutzer über das DBMS mit der Datenbank kommuniziert. Das maskiert die physischen Details der Datenbankspeicherung, so daß die Anwendung nur die logischen Eigenschaften der Daten, nicht aber ihre physische Speicherform zu kennen braucht.

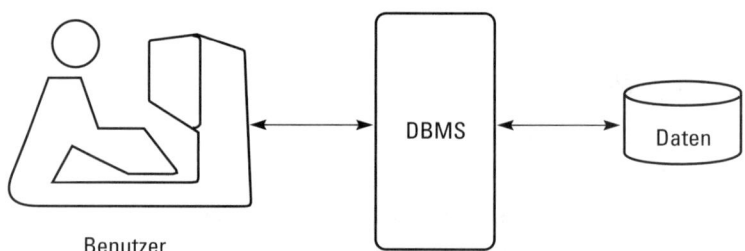

Abbildung 1.1: Der Informationsfluß zwischen dem Benutzer und der Datenbank

Der Wert liegt nicht in den Daten, sondern in der Struktur

Vor vielen Jahren hat ein überschlauer Wissenschaftler berechnet, daß der Materialwert eines Menschen nur wenige Pfennige beträgt, wenn man ihn auf den Kohlenstoff, Wasserstoff, Sauerstoff und Stickstoff sowie die Spurenelemente reduziert, aus denen er zusammengesetzt ist. Diese grob irreführende Bewertung hat damals das Selbstbild vieler Leute beschädigt. Menschen bestehen nicht nur aus einer Ansammlung von Atomen. Unsere Atome sind zu Enzymen, Eiweißen, Hormonen und vielen anderen Substanzen zusammengesetzt, die auf dem pharmazeutischen Markt teilweise Millionen von Mark pro Kilo kosten. Der Wert wird durch die spezifischen Strukturen begründet, zu denen die Atome zusammengesetzt sind. Die Datenbankstruktur ermöglicht es, scheinbar bedeutungslose Daten sinnvoll zu nutzen. Die Struktur bringt Muster, Trends und Tendenzen in den Daten zum Vorschein. Unstrukturierte Daten haben dagegen – wie die unverbundenen Atome – nur einen geringen Wert.

Flache Dateien

Die Bezeichnung *flache Dateien* leitet sich aus der Tatsache ab, daß diese Art von Dateien nur aus einer Sammlung von Datensätzen besteht. Flache Dateien haben eine minimale Struktur. Sie enthalten einen Datensatz nach dem anderen in einem Format, das zum Zeitpunkt des Dateientwurfs festgelegt wurde. Flache Dateien enthalten die Daten, die ganzen Daten und nichts als die Daten. Weil die Datei keine Informationen über ihre eigene Struktur enthält (Metadaten), ist der Overhead (Informationen in der Datei, die keine Daten sind) minimal.

Nehmen Sie an, daß Sie die Namen und Adressen der Kunden Ihrer Firma in einem flachen Dateisystem verwalten wollen. Das System soll wie das folgende Beispiel strukturiert sein:

```
Harold Percival  26262 S. Howards Mill Rd  WestminsterCA92683
Jerry Appel      32323 S. River Lane Rd    Santa Ana   CA92705
Adrian Hansen    232 Glenwood Court        Anaheim     CA92640
John Baker       2222 Lafayette St         Garden Grove CA92643
Michael Pens     77730 S. New Era Rd       Irvine CA92715
Bob Michimoto    25252 S. Kelmsley Dr      Stanton     CA92610
Linda Smith      444 S.E. Seventh St       Costa Mesa  CA92635
Robert Funnell   2424 Sheri Court          Anaheim     CA92640
Bill Checkal     9595 Curry Dr             Stanton     CA92610
Jed Style        3535 Randall St           Santa Ana   CA92705
```

Wie Sie sehen können, enthält die Datei nur Daten. Jedes Feld hat eine feste Länge (das Namensfeld ist beispielsweise immer genau 15 Zeichen lang), und keine Struktur trennt ein Feld vom anderen. Die Person, die die Datenbank entworfen hat, hat die Feldpositionen und Längen festgelegt. Jedes Programm, das diese Datei benutzt, muß diese Felddefinitionen »kennen«.

Das Arbeiten mit flachen Dateien hat den Vorteil, daß Operationen sehr schnell ausgeführt werden können, weil diese Dateien nichts als Daten enthalten. Es hat den Nachteil, daß Anwendungsprogramme zusätzliche Logik enthalten müssen, um die Daten auf einer sehr niedrigen Ebene zu manipulieren. Die Anwendung muß genau wissen, wo und wie die Daten in der Datei gespeichert sind. Flache Dateien sind für kleinere Systeme gut geeignet. Je größer jedoch ein System ist, desto umständlicher wird ein flaches Dateisystem. Wenn Sie statt dessen eine Datenbank benutzen, können Sie den Doppelaufwand verringern und die Anwendungen über mehrere Hardware- und Betriebssystemplattformen leichter portierbar machen. Außerdem erleichtert eine Datenbank das Schreiben von Anwendungsprogrammen, weil der Programmierer die physischen Details über den Speicherort und die Speicherform der Daten nicht zu kennen braucht.

Datenbanken verringern Doppelaufwand, weil das DBMS die Details der Datenmanipulation übernimmt. Bei Anwendungen, die mit flachen Dateien arbeiten, müssen diese Details im Anwendungscode programmiert werden. Wenn mehrere Anwendungen auf dieselben flachen Dateien zugreifen, muß jede Anwendung (redundanterweise) den gesamten Code zur Datenmanipulation enthalten. Bei dem Einsatz eines DBMS braucht dieser Code überhaupt nicht in der Anwendung enthalten zu sein.

Offensichtlich ist es nicht einfach, eine Anwendung von einer Plattform auf eine andere zu portieren, wenn die Anwendung plattformspezifischen Code zur Datenmanipulation enthält; denn zunächst müssen Sie den gesamten plattformspezifischen Code ändern. Als Folge davon ist das plattformübergreifende Portieren einer Anwendung, die mit flachen Dateien arbeitet, viel schwieriger als das Portieren einer analogen Anwendung, die mit einem DBMS arbeitet.

Datenbankmodelle

Unabhängig von ihrer Größe sind Datenbanken im allgemeinen immer nach einem von drei Datenbankmodellen aufgebaut, dem *hierarchischen Modell*, dem *Netzwerkmodell* oder dem *relationalen Modell*. Die ersten Datenbanken, die weite Verbreitung fanden, waren große Unternehmensdatenbanken, die entweder nach dem hierarchischen Modell oder dem Netzwerkmodell strukturiert waren. Systeme, die nach dem relationalen Modell aufgebaut waren, wurden erst mehrere Jahre später eingeführt.

Hierarchische Datenbanken haben eine einfache hierarchische Struktur, die einen schnellen Datenzugriff ermöglicht. Sie leiden unter Redundanzproblemen, und ihre Struktur ist unflexibel, so daß Änderungen an der Datenbank schwierig sind. Netzwerkdatenbanken sind nur minimal redundant, haben aber den Nachteil einer sehr komplexen Struktur.

Datenbankmanagementsysteme, die heute neu installiert werden, richten sich fast nur noch dem relationalen Modell. Organisationen, die viel Geld in hierarchische oder Netzwerkdatenbanken investiert haben, bauen diese gelegentlich weiter aus, aber Unternehmen, die nicht mit sogenannten alten *Legacy-Systemen* kompatibel sein müssen, wählen fast immer das relationale Modell für ihre Datenbanken.

Das relationale Modell

E. F. Codd von IBM formulierte das relationale Datenbankmodell erstmalig in Jahre 1970. Es dauerte etwa ein Jahrzehnt, bis dieses Modell für Datenbankprodukte verwendet wurde. Ironischerweise war es nicht IBM, die das erste relationale DBMS lieferte. Diese Ehre kam einer kleinen neu gegründeten Firma mit dem Namen *Oracle* zu.

Relationale Datenbanken haben Datenbanken der anderen Modelle weitgehend verdrängt, weil das relationale Modell wertvolle Eigenschaften hat, die den anderen Datenbankmodellen fehlen. Wahrscheinlich ist das wichtigste dieser Attribute die Tatsache, daß Sie in einer relationalen Datenbank die Datenbankstruktur ändern können, ohne die Anwendungen ändern zu müssen, die mit der alten Struktur gearbeitet haben. Nehmen Sie beispielsweise an, daß Sie eine oder mehrere neue Spalten in eine Datenbanktabelle einfügen. Vorher geschriebene Anwendungen funktionieren weiterhin wie bisher. Sie brauchen diese Anwendungen nicht zu ändern, es sei denn, Sie ändern eine oder mehrere der Spalten, die in den Anwendungen verwendet werden. (Wenn Sie natürlich eine Spalte löschen, die von einer vorhandenen Anwendung referenziert wird, haben Sie Probleme, und zwar unabhängig von dem verwendeten Datenbankmodell. Eine der wirksamsten Methoden, eine Datenbankanwendung abstürzen zu lassen, besteht darin, Daten aus Spalten abzufragen, die in der Datenbank nicht existieren.)

Warum relational besser ist

In Anwendungen, die mit einem DBMS geschrieben sind, das dem hierarchischen Modell oder dem Netzwerkmodell folgt, ist die Datenbankstruktur in die Anwendung »eincodiert«. Wenn Sie ein neues Attribut in die Datenbank einfügen, müssen Sie Ihre Anwendung entsprechend anpassen, und zwar unabhängig davon, ob die Anwendung das neue Attribut benutzt oder nicht.

Weil relationale Datenbanken strukturell so flexibel sind, sind Anwendungen für diese Datenbanken leichter zu warten als Anwendungen für die anderen Datenbankmodelle. Außerdem erleichtert die strukturelle Flexibilität die Wiedergewinnung von Datenkombinationen, an die Sie zum Zeitpunkt des Datenbankentwurfs noch gar nicht gedacht haben.

Komponenten einer relationalen Datenbank

Die Flexibilität relationaler Datenbanken beruht auf der Tatsache, daß ihre Daten in Tabellen gespeichert werden, die im wesentlichen unabhängig voneinander sind. Sie können in einer Tabelle Daten einfügen, ändern oder löschen, ohne dadurch die Daten in den anderen Tabellen zu beeinflussen, vorausgesetzt, die betroffene Tabelle ist den anderen Tabellen nicht *übergeordnet*. (Über- und Unterordnungsbeziehungen zwischen Tabellen werden in Kapitel 5 erklärt.) In diesem Abschnitt zeige ich, woraus diese Tabellen bestehen und in welcher Beziehung sie zu den Komponenten einer relationalen Datenbank stehen.

Was sind Relationen?

Eine relationale Datenbank besteht aus einer oder mehreren Relationen.

Eine Relation ist ein zweidimensionales Array von Zeilen und Spalten, das einwertige Einträge und keine doppelten Zeilen enthält. Jede Zelle des Arrays darf nur einen Wert enthalten. Keine zwei Zeilen dürfen identisch sein.

Die meisten Leute sind mit zweidimensionalen Arrays von Zeilen und Spalten in Form von elektronischen Tabellenkalkulationen (wie z.B. *Microsoft Excel* oder *Lotus 1-2-3*) vertraut. Die Offensivstatistik, die auf der Rückseite der Baseball-Karte jedes Baseball-Spielers der Major-League aufgedruckt ist, ist ein weiteres Beispiel für ein Array. Die Baseball-Karte enthält Spalten für das Jahr (Year), die Mannschaft (Team), die geleisteten Spiele (Game) sowie für die verschiedenen Leistungskriterien (At Bat, Hits, Runs usw.), die in der Baseball-Welt eine Rolle spielen. Eine Zeile faßt die Daten eines Jahres zusammen, in dem der Spieler in der Major-League gespielt hat. Sie können diese Daten auch in einer Relation (einer Tabelle) speichern, welche dieselbe Grundstruktur hat (siehe Abbildung 1.2). In der Praxis würde eine solche Tabelle die statistischen Daten einer ganzen Mannschaft oder möglicherweise der gesamten Liga enthalten.

Spieler	Jahr	Team	Spiel	At Bat	Hits	Runs	RBI	2B	3B	HR	Walk	Steals	Bat.
Roberts	1988	Padres	5	9	3	1	0	0	0	0	1	0	.333
Roberts	1989	Padres	117	329	99	81	25	15	8	3	49	21	.301

Abbildung 1.2: Tabelle mit der Offensivstatistik eines Baseball-Spielers

Historische Perspektiven

Zu Beginn der 80er Jahre kamen zum ersten Mal persönliche Datenbanken für PCs auf den Markt. Die ersten Produkte basierten auf flachen Dateisystemen, aber einige frühe Produkte versuchten, das relationale Modell zu implementieren. Im Laufe der Zeit näherten sich die gebräuchlichsten DBMSe für PCs immer mehr dem »echten« relationalen Modell an, so wie es von Dr. Codd definiert worden war. Heute betrachten die meisten Leute die führenden DBMS-Produkte, die das Attribut *relational* in ihrem Namen tragen, als »echte« relationale Systeme. Seit den später 80er Jahren wurden in Organisationen mehr und mehr PCs abteilungs- oder arbeitsgruppenspezifisch vernetzt. Dadurch entstand eine Marktnische, die einerseits durch eine Abwärtsmigration von relationalen, ursprünglich für Mainframes geschriebenen DBMSen, und andererseits durch eine Aufwärtsmigration von relationalen, ursprünglich für PCs geschriebenen DBMSen gefüllt wurde.

Spalten in dem Array sind in dem Sinne konsistent, daß eine Spalte in jeder Zeile dieselbe Bedeutung hat. Wenn eine Spalte in einer Zeile den Nachnamen eines Spielers enthält, muß die Spalte in allen Zeilen den Nachnamen eines Spielers enthalten. Die Reihenfolge, in der Zeilen und Spalten in einem Array erscheinen, spielt keine Rolle. Aus der Sicht des DBMS spielt es deshalb keine Rolle, welche Spalte an erster, welche an zweiter und welche an letzter Stelle steht. Das DBMS verarbeitet die Tabelle unabhängig von der Reihenfolge der Spalten immer auf dieselbe Art und Weise. Dasselbe gilt für die Zeilen. Die Reihenfolge der Zeilen spielt für das DBMS einfach keine Rolle.

Datenbankentwickler in der Praxis bezeichnen Relationen als *Tabellen*. Akademiker und Theoretiker ziehen dagegen den Terminus *Relation* vor; aber beide Termini bedeuten dasselbe. In diesem Buch benutze ich den Terminus *Tabellen*.

Jede Spalte einer Datenbanktabelle verkörpert ein einzelnes Attribut der Tabelle. Die Bedeutung einer Spalte ist in allen Zeilen der Tabelle gleich. Eine Tabelle kann beispielsweise die Namen, Adressen und Telefonnummern aller Kunden einer Firma enthalten. Jede Zeile in der Tabelle (auch *Datensatz* oder *Tupel* genannt) enthält die Daten eines einzelnen Kunden. Jede Spalte enthält ein einzelnes Attribut, wie z.B. die Kundennummer (KUNDE_NR), den Vornamen (VORNAME), den Nachnamen (NACHNAME), die Straße (STRASSE), den Ort (ORT), das Bundesland (LAND), die Postleitzahl (PLZ) und die Telefonnummer (TEL) des Kunden. Abbildung 1.3 zeigt einige Zeilen und Spalten einer solchen Tabelle.

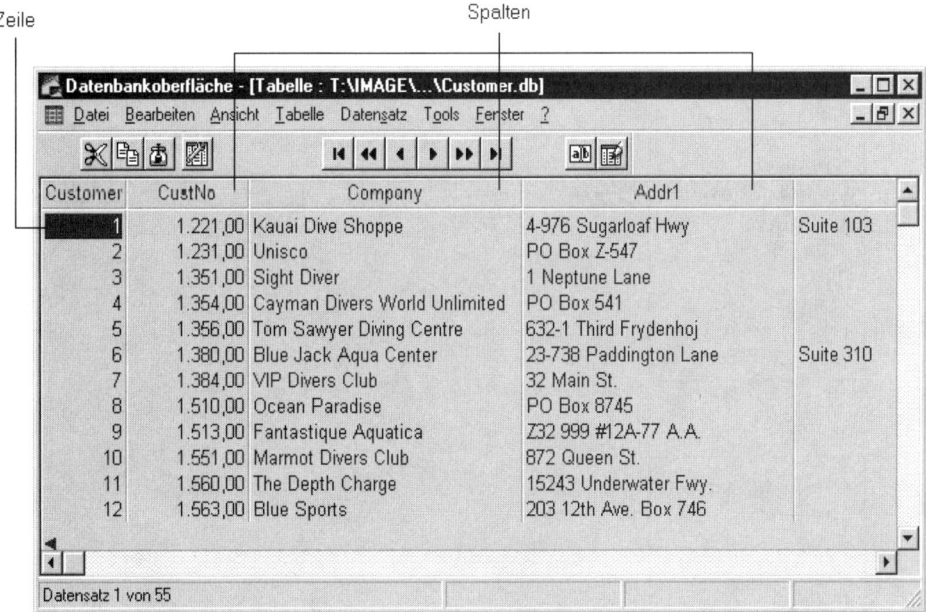
Abbildung 1.3: Jede Tabellenzeile enthält einen Datensatz; jede Spalte enthält ein einzelnes Attribut.

Sichten (Views)

Tabellen können viele Spalten und Zeilen enthalten. Manchmal interessieren Sie sich für alle Daten und manchmal nicht. Möglicherweise möchten Sie nur einige der Spalten einer Tabelle sehen oder nur Zeilen, die eine bestimmte Bedingung erfüllen. Vielleicht möchten Sie einige Spalten einer Tabelle und einige andere Spalten einer mit ihr verknüpften Tabelle sehen. Um die Daten auszuschließen, die für Ihre gegenwärtige Fragestellung unwesentlich sind, erstellen Sie eine sogenannte *Sicht* (engl. *View*). Eine Sicht ist eine Untermenge einer Datenbank. Diese Untermenge kann von einer Anwendung wie eine Tabelle verarbeitet werden. Eine Sicht kann Ausschnitte einer oder mehrerer Tabellen enthalten.

Anmerkung: Sichten werden manchmal als *virtuelle Tabellen* bezeichnet. Für eine Anwendung oder die Benutzer verhalten sich Views genauso wie Tabellen. Views existieren jedoch nicht unabhängig. Views sind eine bestimmte Methode, Daten zu betrachten, aber sie sind nicht die Daten selbst.

Nehmen Sie beispielsweise an, daß Sie mit einer Datenbank arbeiten, welche die Tabellen KUNDE (Kunden) und RECHNUNG (Rechnungen) enthält. Die Tabelle KUNDE enthält die Spalten KUNDE_NR, VORNAME, NACHNAME, STRASSE, ORT, LAND, PLZ und TEL. Die Tabelle RECHNUNG verfügt über die Spalten RECHNUNG_NR, KUNDE_NR, DATUM, UMSATZ, BEZAHLT und ZAHLUNG.

Ein Landesverkaufsmanager möchte nur den Vornamen (VORNAME), den Nachnamen (NACHNAME) und die Telefonnummer (TEL) des Kunden auf dem Bildschirm sehen. Sie können für den Manager aus der Tabelle KUNDE eine Sicht ableiten, die nur die drei gewünschten Spalten ohne ablenkende Informationen aus anderen Spalten enthält (siehe Abbildung 1.4).

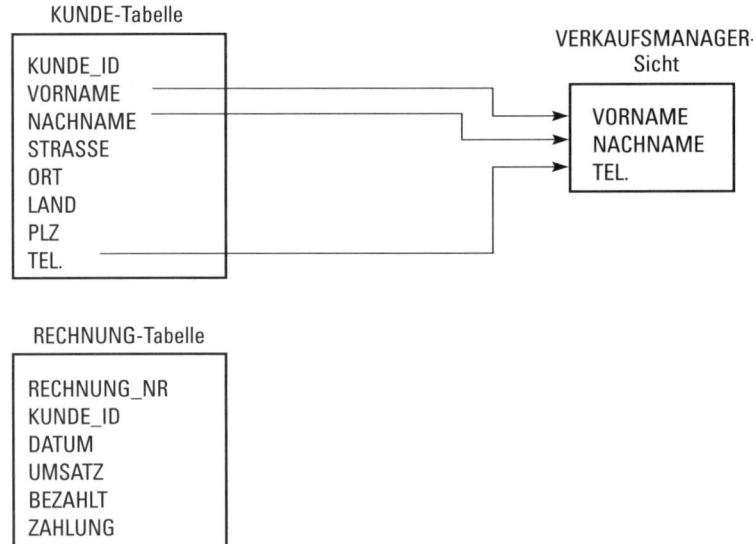

Abbildung 1.4: Die Sicht des Landesverkaufsmanagers auf die Tabelle KUNDE.

Eine Zweigstellenleiter möchte die Namen und Telefonnummern aller Kunden sehen, deren Postleitzahl zwischen 90000 und 93999 (Süd- und Zentralkalifornien) liegt. Mit einer Sicht können Sie die gewünschten Zeilen herausfiltern (siehe Abbildung 1.5).

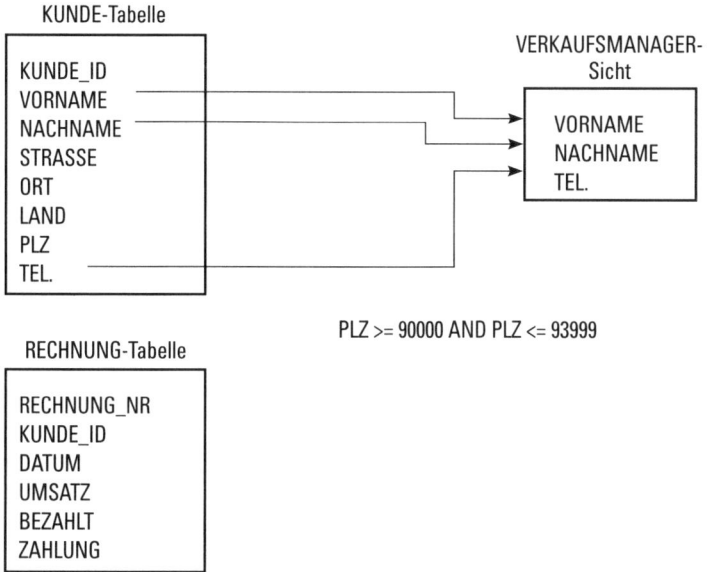

Abbildung 1.5: Die Sicht des Zweigstellenleiters auf die Tabelle KUNDE filtert nur bestimmte Zeilen heraus.

Der Buchhaltungsleiter möchte die Kundennamen der Tabelle KUNDE und die Spalten DATUM, UMSATZ, BEZAHLT und ZAHLUNG der Tabelle RECHNUNG sehen, bei denen BEZAHLT kleiner als UMSATZ ist. Anders ausgedrückt: Der Buchhaltungsleiter möchte alle noch nicht voll bezahlten Rechnungen sehen. Bei dieser Sicht müssen Sie Daten aus beiden Tabellen kombinieren (siehe Abbildung 1.6).

Views sind nützlich, weil Sie es Ihnen ermöglichen, Daten aus der Datenbank herauszuziehen und zu formatieren, ohne die gespeicherten Daten physisch zu ändern. In Kapitel 6 zeige ich Ihnen, wie Sie mit SQL eine Sicht erstellen.

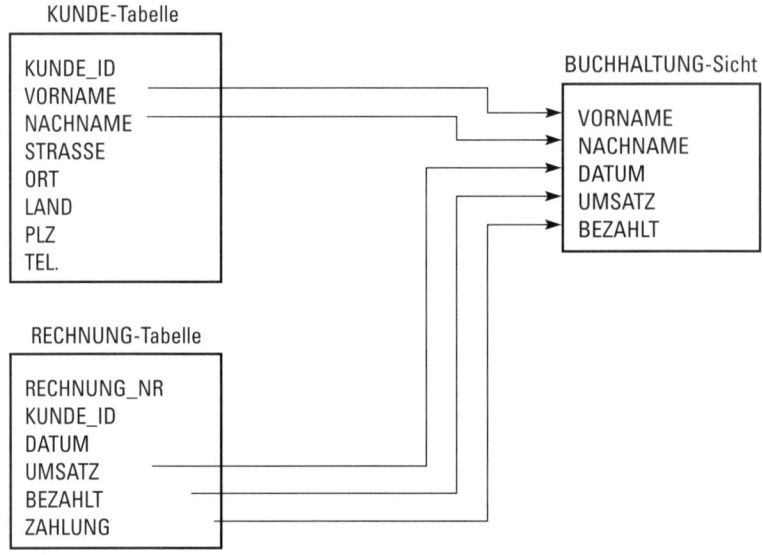

Abbildung 1.6: Die Sicht des Buchhaltungsleiters kombiniert Daten aus zwei Tabellen.

Schemas, Domänen und Constraints

Eine Datenbank ist mehr als eine Kollektion von Tabellen. Zusätzliche Strukturen, die über mehrere Schichten verteilt sind, helfen Ihnen, die Integrität der Daten zu bewahren. Das *Schema* einer Datenbank stellt eine übergreifende Organisation der Tabellen dar. Die *Domäne* einer Tabellenspalte sagt Ihnen, welche Werte Sie in der Spalte speichern dürfen. Sie können *Constraints* für eine Datenbanktabelle definieren, um zu verhindern, daß jemand (Sie eingeschlossen) ungültige Daten in die Tabelle einfügt.

Schemas

Die Struktur einer ganzen Datenbank wird als ihr *Schema* oder *konzeptionelle Sicht* und manchmal auch als *vollständiges logisches Modell* der Datenbank bezeichnet. Das Schema gehört zu den Metadaten und ist damit ein Teil der Datenbank. Die Metadaten selbst, welche die Struktur der Datenbank beschreiben, werden wie normale Daten in Tabellen gespeichert.

Domänen

Ein Attribut einer Relation (d.h. einer Spalte einer Tabelle) kann eine endliche Anzahl von Werten annehmen. Die Gesamtmenge dieser Werte wird als die *Domäne* des Attributs bezeichnet.

Nehmen Sie beispielsweise an, daß Sie ein Autohändler sind, der das neue Curarri GT 4000 Sportcoupé verkauft. Sie verwalten die Autos, die Sie auf Lager haben, in einer Datenbanktabelle mit dem Namen LAGER. Eine Spalte dieser Tabelle hat den Namen FARBE, in der die Farbe jedes Autos gespeichert wird. Der GT 4000 wird nur in vier Farben geliefert: Lippenrot, Mitternachtsschwarz, Schneeweiß und Metallgrau. Diese vier Farben bilden die Domäne des Attributs FARBE.

Constraints

Constraints sind eine wichtige, obwohl oft übersehene Komponente einer Datenbank. Constraints sind Regeln, die festlegen, welche Werte die Attribute einer Tabelle annehmen dürfen.

Wenn Sie Constraints für eine Spalte definieren, können Sie verhindern, daß die Benutzer ungültige Daten in diese Spalte eingeben. Natürlich muß jeder gültige Wert der Spaltendomäne alle Constraints der Spalte erfüllen. Wie ich im vorangegangenen Abschnitt erläutert habe, ist die Domäne einer Spalte die Menge aller Werte, welche die Spalte enthalten darf. Ein Constraint schränkt die Werte ein, die eine Spalte enthalten darf. Die Eigenschaften einer Tabellenspalte definieren zusammen mit den Constraints dieser Spalte die Spaltendomäne. Indem Sie Constraints definieren, können Sie verhindern, daß Daten in eine Spalte eingegeben werden, die außerhalb der Spaltendomäne liegen.

In dem Autohändlerbeispiel könnten Sie ein Constraint so definieren, daß die Datenbank in der Spalte FARBE nur die vier zulässigen Werte akzeptiert. Falls ein Benutzer dann versuchen sollte, eine andere Farbe, wie z.B. Waldgrün, einzugeben, würde das System die Eingabe zurückweisen. Die Dateneingabe könnte erst fortgesetzt werden, wenn der Benutzer eine gültige Farbe in das Feld FARBE eingibt.

Überlegungen zum Datenbankentwurf

Eine Datenbank ist eine Repräsentation einer physischen oder konzeptionellen Struktur, wie z.B. einer Organisation, eines Autobauteils oder der Erfolgsstatistik aller Mannschaften der Bundesliga. Die Genauigkeit der Repräsentation hängt von der Detailtiefe des Datenbankentwurfs ab. Der Aufwand, den Sie in den Datenbankentwurf stecken, sollte von der Art von Informationen abhängen, die Ihnen die Datenbank liefern soll. Zu viele Details bedeuten eine Verschwendung von Mühe, Zeit und Speicherplatz. Zu wenige Details können die Datenbank wertlos werden lassen. Stellen Sie fest, wie viele Details Sie jetzt benötigen und wie viele möglicherweise in der Zukunft, und entwerfen Sie die Datenbank exakt für den ermittelten Bedarf – nicht für mehr und nicht für weniger.

Die heutigen Datenbankverwaltungssysteme mit ihren attraktiven grafischen Benutzeroberflächen und intuitiven Entwicklungswerkzeugen können einen Möchtegern-Datenbankentwickler in falscher Sicherheit wiegen. Diese Systeme suggerieren, daß der Entwurf einer Datenbank mit der Konstruktion eines Arbeitsblatts in einer Tabellenkalkulation oder einer ähnlich unkomplizierten Aufgabe vergleichbar ist. Dem ist nicht so. Datenbanken zu entwerfen ist schwierig. Wenn Sie es nicht richtig machen, erzeugen Sie eine Datenbank, die nach und nach immer mehr beschädigte Daten enthält. Oft tritt das Problem erst zutage, wenn Sie bereits sehr viel Aufwand in die Datenerfassung gesteckt haben. Zu dem Zeitpunkt, wenn Sie das Problem bemerken, ist es bereits ernst. In vielen Fällen besteht die einzige Lösung darin, die Datenbank komplett neu zu entwerfen und alle Daten noch einmal einzugeben.

Anmerkung: Dieses Buch bringt Ihnen nicht bei, wie eine Datenbank entworfen wird (obwohl ich in Kapitel 5 einige Hinweise darauf gebe). Ich gehe davon aus, daß Sie (oder jemand anderes) bereits einen gültigen Entwurf erstellt haben, und sage Ihnen, wie Sie den Entwurf mit SQL implementieren können. Wenn Sie den Verdacht haben, daß Ihr Datenbankentwurf nicht gut genug ist, sollten sie ihn unbedingt überarbeiten und korrigieren, ehe Sie versuchen, die Datenbank zu konstruieren. Je früher Sie Probleme in einem Entwicklungsprojekt entdecken und korrigieren, desto billiger sind die notwendigen Korrekturen.

Die Grundlagen von SQL

In diesem Kapitel

▶ SQL verstehen

▶ Was SQL ist und was es nicht ist

▶ Die verschiedenen SQL-Standards

▶ Standard-SQL-Befehle und reservierte Wörter

▶ Zahlen, Zeichen, Datumsangaben und Zeiten darstellen

▶ Nullwerte und Constraints

▶ Einsatzbereiche von SQL

SQL ist das meistbenutzte Werkzeug für die Kommunikation mit relationalen Datenbanken. SQL ist ein flexibles Werkzeug mit vielen Funktionen. In diesem Kapitel beschreibe ich zunächst, was SQL ist und was es nicht ist – speziell, was SQL von anderen Computersprachen unterscheidet. Dann führe ich die standardmäßigen Befehle und Datentypen von SQL ein und erläutere die Schlüsselbegriffe *Nullwert* und *Constraint*. Schließlich gebe ich einen Überblick über die Rolle von SQL in Client/Server-Umgebungen, im Internet und in organisationsspezifischen Intranets.

Was SQL ist und was nicht

Zunächst einmal müssen Sie verstehen, daß SQL keine *prozedurale Sprache* wie FORTRAN, Basic, C, COBOL, Pascal oder Ada ist. Um ein Problem in einer dieser Sprachen zu lösen, schreiben Sie eine Prozedur, die nacheinander eine Reihe von Operationen ausführt, bis die Aufgabe erledigt ist. Die Prozedur kann aus einer linearen Abfolge von Schritten bestehen oder Schleifen enthalten, aber auf jeden Fall legt der Programmierer die Verarbeitungsreihenfolge fest. SQL ist dagegen *nichtprozedural*. Um ein Problem mit SQL zu lösen, teilen Sie SQL einfach mit, *was* Sie wollen, statt dem System mitzuteilen, *wie* es die Aufgabe lösen soll. Das DBMS wählt den besten Weg aus, um die Aufgabe zu erfüllen.

Anmerkung: Die nächste Version der SQL-Spezifikation, die im Jahre 1999 verabschiedet werden soll und gegenwärtig als SQL3 bezeichnet wird, soll auch prozedurale Sprachelemente wie BEGIN-END-Blöcke, IF-Befehle, Funktionen und Prozeduren enthalten. Die SQL-Entwickler fügen diese Sprachelemente hinzu, damit Sie Programme auf einem Server speichern und mehrere Clients diese Programme mehrfach benutzen und optimieren können. Andere Erweiterungen von SQL3 unterstützen die objektorientierte Datenverwaltung.

Um zu verdeutlichen, was ich mit *dem System sagen, was Sie wollen* meine, nehmen Sie beispielsweise an, daß Sie mit einer Angestelltentabelle (MITARBEITER) arbeiten und alle Zeilen wiedergewinnen wollen, in denen Ihre »Senioren« gespeichert sind, wobei jeder als »Senior« gelten soll, der älter als 40 Jahre (ALTER) ist oder mehr als 80.000 DM pro Jahr (GEHALT) verdient. Sie können die Daten folgendermaßen abfragen:

```
SELECT * FROM MITARBEITER WHERE ALTER>40 OR GEHALT>80000 ;
```

Dieser Befehl liefert alle Zeilen der Tabelle MITARBEITER, bei denen der Wert in der Spalte ALTER größer als 40 oder der Wert in der Spalte GEHALT größer als 80.000 ist. In SQL legen Sie nicht selbst fest, wie die Informationen wiedergewonnen werden sollen, sondern die Datenbank-Engine untersucht die Datenbank und entscheidet dann, wie die Aufgabe am besten erfüllt wird. Sie brauchen nur die Daten angeben, die Sie abfragen wollen.

Eine *Abfrage* ist eine Frage, die Sie an die Datenbank richten. Wenn es in der Datenbank Daten gibt, welche die Bedingungen Ihrer Abfrage erfüllen, liefert SQL diese Daten zurück.

Den gegenwärtigen Implementierungen von SQL fehlen viele der grundlegenden Sprachkonstrukte der meisten anderen Programmiersprachen. Die meisten praktischen Anwendungen benötigen normalerweise einige dieser Sprachkonstrukte; deshalb ist SQL eigentlich keine vollständige Programmiersprache, sondern eine Spezialsprache zur Datenmanipulation oder eine *Datenuntersprache*. Sie müssen SQL in Verbindung mit einer prozedurale Sprachen, wie z.B. C, benutzen, um eine komplette Anwendung zu erstellen. SQL3 soll einige Konstrukte zur Steuerung des Programmablaufs enthalten, um SQL als Programmiersprache zu vervollständigen. Wenn diese Konstrukte implementiert sind, brauchen die Benutzer seltener auf andere Sprachen zurückzugreifen, um die heute noch fehlenden Funktionen von SQL auszugleichen. Die Benutzer werden zwar auch dann noch beide Sprachen benötigen, aber sie werden seltener von einer zur anderen wechseln.

Es gibt zwei Methoden, um Informationen aus einer Datenbank abzufragen. Die erste Methode besteht aus einer *Ad-hoc-Abfrage* von der Computerkonsole aus, bei der Sie einfach einen SQL-Befehl eintippen und das Ergebnis vom Bildschirm ablesen. Die zweite Methode besteht darin, ein Programm auszuführen, das die Informationen aus der Datenbank herauszieht und in einen Bericht schreibt. SQL unterstützt beide Methoden.

Abfragen der Computerkonsole liefern schnelle Antworten auf spezifische Fragen. Sie können damit sofort Informationen aus der Datenbank abfragen, die Sie noch nie vorher benötigt haben und die Sie wahrscheinlich später nie wieder benötigen werden, aber die Sie jetzt haben müssen. Geben Sie die entsprechende SQL-Abfrage an der Konsole ein, und lesen Sie das Ergebnis vom Bildschirm ab.

Eine SQL-Abfrage direkt in ein Programm einzubinden ist sinnvoll, wenn die Abfrage komplexer ist und Sie sie später wahrscheinlich noch einmal benötigen werden. Auf diese Weise brauchen Sie die Abfrage nur einmal zu formulieren. Kapitel 14 erklärt, wie Sie SQL-Code in Programme einbinden können, die in einer anderen Sprache geschrieben sind.

Ein (sehr) kurzer historischer Überblick

SQL wurde wie die Theorie der relationalen Datenbanken in den Forschungslaboratorien von IBM entwickelt. In den frühen 70er Jahren, als die IBM-Forscher anfingen, sich mit relationalen Datenbankmanagementsystemen (oder RDBMS) zu beschäftigen, entwickelten sie eine Spezialsprache, um mit diesen Systemen besser arbeiten zu können. Ursprünglich nannten Sie diese Spezialsprache *SEQUEL* (*S*tructured *E*nglish *QUE*ry *L*anguage). Leider war dieser Name bereits als Handelsmarke vergeben, was die IBM-Forscher damals nicht wußten. Sie durften deshalb diesen Namen nicht weiterverwenden und haben das Produkt dann unter dem Namen SQL freigegeben.

Schon bevor IBM SQL/DS im Jahre 1981 einführte, war IBMs Arbeit mit relationalen Datenbanken und SQL in der Industrie sehr bekannt. Zu diesem Zeitpunkt hatte bereits eine andere Firma, *Relational Software, Inc.* (heute *Oracle Corporation*), ihr erstes RDBMS auf den Markt gebracht. Diese frühen Produkte wurden sofort zum Standard für eine neue Klasse von Datenbankverwaltungssystemen. Sie enthielten SQL, das zum De-facto-Standard für Datenuntersprachen wurde. Anbieter anderer relationaler Datenbankverwaltungsysteme brachten eigene Versionen von SQL heraus. Diese anderen Implementierungen enthielten üblicherweise alle Kernfunktionen der IBM-Produkte sowie Erweiterungen, welche die speziellen Stärken des jeweiligen RDBMS nutzten. Als Folge davon war die plattformübergreifende Kompatibilität gering, obwohl schnell alle Anbieter eine Variante von SQL benutzten.

 Eine *Implementierung* ist ein bestimmtes RDBMS, das auf einer bestimmten Hardware-Plattform läuft.

Deshalb waren die Anbieter schon früh bestrebt, einen gemeinsamen, allgemein anerkannten SQL-Standard zu schaffen. Im Jahre 1986 veröffentlichte das ANSI (American National Standards Institute) einen formalen Standard mit dem Namen *SQL-86*. Im Jahre 1989 aktualisierte das ANSI diesen Standard unter dem Namen *SQL-89*. Die DBMS-Anbieter bemühen sich, neue Versionen Ihrer Implementierungen an den Standard anzunähern. Diese Anstrengungen haben dazu geführt, daß echte SQL-Portabilität heute sehr viel greifbarer ist.

Die jüngste Version des SQL-Standards ist *SQL-92* (ANSI-Dokument Nr. X3.135-1992). SQL-92 ist eine größere Überarbeitung von SQL-89. In diesem Buch beschreibe ich das SQL, das durch SQL-92 festgelegt wird. Jede spezielle Implementierung von SQL unterscheidet sich natürlich bis zu einem gewissen Grad von dem Standard. Weil der volle SQL-92-Standard sehr umfangreich ist, unterstützen ihn die meisten gegenwärtig verfügbaren Implementierungen wahrscheinlich nicht; und das wird sich wohl so schnell auch nicht ändern. Inzwischen arbeiten jedoch die DBMS-Anbieter daran, die untere oder mittlere Schicht des SQL-92-Standards zu unterstützen. Anhang B beschreibt die Eigenschaften der drei Schichten des SQL-92-Standards. Das ANSI-Dokument Nr. X3.135-1992 ist erhältlich bei: American National Standards Institute, 1430 Broadway, New York, NY 10018; Tel. +1 212-642-4900.

Allgemeine Informationen über den Standard SQL finden Sie unter http://www.jcc.com/sql_stnd.htm.

SQL-Befehle

SQL besteht aus einer begrenzten Anzahl von Befehlen zur Datenverwaltung. Einige dieser Befehle dienen zur Datendefinition, andere zur Datenmanipulation und wieder andere zur Datenkontrolle. Die Datendefinition wird in Kapitel 3 behandelt, die Datenmanipulation in Kapitel 6 und die Datenkontrolle in den Kapiteln 12 und 13. Die Tabelle 2.1 (weiter unten in diesem Kapitel) enthält eine vollständige Liste der SQL-92-Befehle. Es ist unwahrscheinlich, daß Sie eine Implementierung finden, die diese ganzen Befehle mit den Fähigkeiten enthält, die in der SQL-92-Spezifikation beschrieben sind. Die gegenwärtigen Implementierungen entsprechen eher der unteren oder mittleren Schicht von SQL-92 (siehe Anhang B). Welcher Schicht eine Implementierung entspricht, sollte in ihrer Dokumentation zu finden sein.

Reservierte Wörter

Zusätzlich zu den Befehlen gibt es eine Reihe weiterer Wörter, die innerhalb von SQL eine spezielle Bedeutung haben. Diese Wörter und die Befehle sind für spezielle Zwecke reserviert und dürfen nicht für Variablennamen oder auf andere Weise zweckentfremdet benutzt werden. Es ist leicht einzusehen, warum Tabellen, Spalten und Variablen keine Namen haben sollten, die zu den reservierten Wörtern gehören. Der Verwirrung wären Tür und Tor geöffnet, wenn Befehle wie der folgende zulässig wären:

```
SELECT SELECT FROM SELECT WHERE SELECT = WHERE ;
```

Eine vollständige Liste der reservierten Wörter von SQL-92 finden Sie in Anhang A.

Datentypen

Abhängig von ihrer Herkunft unterstützen verschiedene SQL-Implementierungen eine Vielzahl von Datentypen. Die SQL-92-Spezifikation erkennt jedoch nur sechs allgemeine Typen an: *genaue Zahlen, annähernd genaue Zahlen, Zeichenketten, Bit-Strings, Datetimes* und *Intervalle*. Innerhalb dieser allgemeinen Typen kann es mehrere Untertypen geben.

Wenn Sie mit einer SQL-Implementierung arbeiten, die einen oder mehrere Datentypen unterstützt, die nicht in der SQL-92-Spezifikation enthalten sind, können Sie die Portierbarkeit Ihrer Datenbank verbessern, wenn Sie diese nicht definierten Datentypen vermeiden. Mit dem Einsatz eines nichtstandardgemäßen Datentyps legen Sie sich wissentlich darauf fest, daß Sie Ihre Datenbank nicht in ein anderes RDBMS portieren können.

ADD	ALLOCATE DESKRIPTOR
ALTER	ALTER DOMAIN
ALTER TABLE	AUTHORIZATION
AVG	BEGIN
CHECK	CLOSE
COMMIT	CONNECT
CONTINUE	COUNT
COUNT(*)	CREATE ASSERTION
CREATE CHARACTER SET	CREATE COLLATION
CREATE DOMAIN	CREATE SCHEMA
CREATE TABLE	CREATE TRANSLATION
CREATE VIEW	DEALLOCATE DESKRIPTOR
DEALLOCATE PREPARE	DECLARE CURSOR
DECLARE CURSOR FOR	DEFAULT
DELETE	DELETE FROM
DESCRIBE	DESCRIBE INPUT
DROP	ESCAPE
EXECUTE	EXECUTE IMMEDIATE
FETCH	FOREIGN KEY
GET	GET DESKRIPTOR
GET DIAGNOSTICS	GO
GOTO	GRANT
HAVING	INSERT INTO
MAX	MIN
OPEN	ORDER BY
PREPARE	REFERENCES
REVOKE	ROLLBACK
SELECT	SET
SUM	UPDATE

Tabelle 2.1: SQL-Befehle

Genaue Zahlen

Mit dem Datentyp *genaue Zahlen* können Sie numerische Werte genau repräsentieren und speichern. Dieser Datentyp verfügt über vier Unterkategorien: INTEGER, SMALLINT, NUMERIC und DECIMAL.

Der Datentyp INTEGER

Der Datentyp INTEGER dient zur Speicherung von Ganzzahlen, hat also keine Nachkommastellen. Seine Genauigkeit hängt von der speziellen SQL-Implementierung ab. Der Datenbankentwickler kann die Genauigkeit nicht spezifizieren.

Die *Genauigkeit* einer Zahl ist die maximale Anzahl von Ziffern, aus der diese bestehen kann.

Der Datentyp SMALLINT

Der Datentyp SMALLINT dient ebenfalls zur Speicherung von Ganzzahlen. Bei einer Implementierung ist die Genauigkeit von SMALLINT stets kleiner oder gleich der Genauigkeit von INTEGER. Implementierungen auf IBM System/370-Rechnern repräsentieren SMALLINT und INTEGER üblicherweise durch 16-Bit- bzw. 32-Bit-Binärzahlen. Bei vielen Implementierungen sind SMALLINT und INTEGER gleich.

Wenn Sie in einer Tabellenspalte Ganzzahlen speichern wollen und wissen, daß deren Wertebereich nicht über die Genauigkeit von SMALLINT-Daten hinausgeht, sollten Sie der Spalte den Datentyp SMALLINT statt INTEGER zuweisen, um auf diese Weise Speicherplatz zu sparen.

Der Datentyp NUMERIC

Der Datentyp NUMERIC dient zur Speicherung von Zahlen, die aus einer ganzzahligen Komponente und einem Bruchteil bestehen. Sie können die Genauigkeit und die Skalierung von NUMERIC-Daten definieren. (Sie erinnern sich: Genauigkeit ist die maximale Anzahl möglicher Ziffern.)

Die *Skalierung* einer Zahl ist die Anzahl der Ziffern in ihrem Bruchteil. Sie darf nicht negativ und nicht größer als die Genauigkeit der Zahl sein.

Wenn Sie einer Spalte den Datentyp NUMERIC zuweisen, können Sie die Genauigkeit und Skalierung festlegen. Sie können einfach NUMERIC spezifizieren und mit der Standardgenauigkeit und -skalierung Ihrer Implementierung arbeiten, oder Sie spezifizieren NUMERIC(p), um die Genauigkeit festzulegen und die Standardskalierung zu übernehmen. Sie können auch NUMERIC(p,s) spezifizieren und damit sowohl die Genauigkeit als auch die Skalierung festlegen. Die Parameter p und s sind Platzhalter, die Sie in der Datendeklaration durch Zahlenwerte ersetzen müssen.

Nehmen Sie beispielsweise an, daß die Standardgenauigkeit des Datentyps NUMERIC bei Ihrer SQL-Implementierung zwölf Stellen beträgt, und die Standardskalierung sechs Stellen lang ist. Wenn Sie einer Datenbankspalte den Datentyp NUMERIC zuweisen, kann die Spalte Zahlen bis zu einer Größe von 999.999,999999 speichern. Wenn Sie dagegen einer Spalte den Datentyp NUMERIC(10) zuweisen, kann diese Spalte nur Zahlen bis zu einem Maximalwert von 9.999,999999 speichern. Der Parameter (10) spezifiziert die maximale Anzahl von Ziffern, die in der Zahl zulässig sind. Wenn Sie einer Spalte den Datentyp NUMERIC(10,2) zuweisen, kann diese Spalte Zahlen bis zu einem Maximalwert von 99.999.999,99 speichern. In diesem Fall haben Sie ebenfalls zehn Stellen, aber nur zwei Stellen nach dem Komma.

Der Datentyp NUMERIC dient zur Speicherung von Werten wie z.B. 595,72. Dieser Wert hat eine Genauigkeit von fünf (die Gesamtzahl der Ziffern) und eine Skalierung von zwei (die Anzahl der Ziffern nach dem Komma). Der passende Datentyp für Zahlen dieser Art ist NUMERIC(5,2).

Der Datentyp DECIMAL ähnelt NUMERIC. Er kann einen Bruchteil haben, und Sie können seine Genauigkeit und Skalierung festlegen. Der Unterschied liegt darin, daß die Genauigkeit, die Ihre Implementierung unterstützt, größer sein kann, als die Genauigkeit, die Sie spezifizieren. Falls dies der Fall ist, arbeitet die Implementierung mit der größeren Genauigkeit. Falls Sie keine Genauigkeit oder Skalierung angeben, arbeitet die Implementierung wie beim Datentyp NUMERIC mit Standardwerten.

Wenn Sie einer Spalte den Datentyp NUMERIC(5,2) zuweisen, kann diese nur Zahlen bis zu einem absoluten Wert von 999,99 speichern. Wenn Sie einer Spalte den Datentyp DECIMAL(5,2) zuweisen, kann diese nicht nur Zahlen bis zu einer absoluten Größe von 999,99, sondern auch größere speichern, wobei die Obergrenze von Ihrer Implementierung abhängig ist.

Benutzen Sie die Datentypen NUMERIC oder DECIMAL, wenn Ihre Daten Nachkommastellen enthalten. Verwenden Sie INTEGER oder SMALLINT für ganzzahlige Daten. Arbeiten Sie mit dem Datentyp NUMERIC, wenn Ihre Anwendung möglichst portabel sein soll, weil bei diesem Datentyp der Wertebereich, z.B. von NUMERIC(5,2), auf allen Systemen gleich ist.

Annähernd genaue Zahlen

Einige Größen haben Wertemengen, die um viele Größenordnungen mehr Werte enthalten, als ein Computer mit seiner begrenzten Registergröße genau darstellen kann. (Register haben heute typischerweise Größen von 32, 64 oder 128 Bits.) Normalerweise ist in solchen Fällen eine absolute Genauigkeit nicht notwendig, sondern eine gute Annäherung akzeptabel. SQL-92 definiert drei Unterkategorien vom Datentyp *annähernd genaue Zahl* (engl. *approximate numeric*), um diese Art von Daten zu speichern.

Der Datentyp REAL

Der Datentyp REAL dient dazu, Gleitkommazahlen mit einfacher Genauigkeit zu speichern, wobei die Genauigkeit von der Implementierung abhängt. Im allgemeinen bestimmt Ihre Hardware die Genauigkeit. Eine 64-Bit-Maschine liefert beispielsweise eine höhere Genauigkeit als eine 32-Bit-Maschine.

Der Datentyp DOUBLE PRECISION

Der Datentyp DOUBLE PRECISION dient dazu, Gleitkommazahlen mit doppelter Genauigkeit zu speichern, wobei die Genauigkeit von der Implementierung abhängt. Es mag Sie überraschen, daß die Bedeutung von des Wortes DOUBLE ebenfalls von der Implementierung abhängt. Berechnungen mit doppelter Genauigkeit werden hauptsächlich bei wissenschaftlichen Anwendungen benötigt. Verschiedene wissenschaftliche Disziplinen benötigen verschiedene Bereiche von Genauigkeit. Einige Implementierungen von SQL sind speziell auf bestimmte Zielgruppen zugeschnitten.

Bei einigen Systemen hat der Datentyp DOUBLE PRECISION sowohl bei der Mantisse als auch beim Exponenten genau die doppelte Kapazität wir der Datentyp REAL. (Falls Sie vergessen haben, was Sie in der Schule über diese Begriffe gelernt haben: Man kann jede Zahl durch einen Faktor, die sogenannte *Mantisse*, und eine Zehnerpotenz, d.h. zehn hoch einem Exponenten, darstellen. Beispielsweise können Sie die Zahl 1.997 in der wissenschaftlichen Notation auch als *1,997E3* darstellen, wobei die Zahl *1,997* die *Mantisse, E* das Kennzeichen für die wissenschaftliche Notation und *3* der *Exponent* ist. Der ganze Ausdruck bedeutet: Multipliziere die Zahl 1,997 mit der dritten Potenz von zehn.) Bei Zahlen, die dicht an eins liegen (wie z.B. 1.997 oder selbst noch 1.997.000), bringt Ihnen der Datentyp *annähernd genaue Zahl* keinen Vorteil. Der Datentyp *genaue Zahl* funktioniert genauso gut und benötigt weniger Speicherplatz. Bei Zahlen jedoch, die sehr viel kleiner oder sehr viel größer als eins sind, wie z.B. *6.023E-23* (eine sehr kleine Zahl), müssen Sie den Datentyp *annähernd genaue Zahl* verwenden, weil diese Zahlen mit dem Datentyp *genaue Zahl* nicht dargestellt werden können. Bei manchen Systemen hat der Datentyp DOUBLE PRECISION etwas mehr als die doppelte Mantissenkapazität und etwas weniger als die doppelte Exponentenkapazität als der Datentyp REAL. Und bei wieder anderen Systemen hat der Datentyp DOUBLE PRECISION die doppelte Mantissenkapazität, aber dieselbe Exponentenkapazität wie der Datentyp REAL. In diesem Fall wird die Genauigkeit verdoppelt, während der Wertebereich gleich bleibt.

Die SQL-92-Spezifikation versucht nicht, die Bedeutung von DOUBLE PRECISION festzulegen. Die Spezifikation verlangt nur, daß die Genauigkeit einer Zahl vom Typ DOUBLE PRECISION größer ist als die Genauigkeit einer Zahl vom Typ REAL. Diese Einschränkung ist recht schwach, aber angesichts der großen Unterschiede in der Hardware wahrscheinlich die bestmögliche.

Der Datentyp FLOAT

Der Datentyp FLOAT ist besonders dann nützlich, wenn die Möglichkeit besteht, daß Ihre Datenbank eines Tages auf eine andere Hardware-Plattform mit anderen Registergrößen als auf Ihrer Maschine portiert werden soll. Mit dem Datentyp FLOAT können Sie die Genauigkeit spezifizieren – beispielsweise mit FLOAT(5). Wenn Ihre Hardware die spezifizierte Genauigkeit mit ihren Schaltkreisen für einfache Genauigkeit unterstützt, benutzt Ihr System die Arithmetik für die einfache Genauigkeit. Wenn die spezifizierte Genauigkeit die Arithmetik für doppelte Genauigkeit erfordert, benutzt Ihr System die Arithmetik für doppelte Genauigkeit.

 Wenn Sie den Datentyp FLOAT statt REAL oder DOUBLE PRECISION benutzen, wird das Portieren Ihrer Datenbanken auf eine andere Hardware einfacher, weil Sie beim Datentyp FLOAT die Genauigkeit spezifizieren können. Die Genauigkeit von Zahlen vom Typ REAL und DOUBLE PRECISION ist dagegen hardwareabhängig.

 Wenn Sie nicht sicher sind, ob Sie den Datentyp *exact numerics* (NUMERIC/DECIMAL) oder den Datentyp *annähernd genaue Zahl* (FLOAT/REAL) benutzen sollen, verwenden Sie den Datentyp *genaue Zahl*. Dieser Datentyp beansprucht die Systemressourcen in geringerem Maße und liefert Ihnen natürlich genaue statt annähernde Ergebnisse. Falls der Bereich der möglichen Werte Ihrer Daten so groß sein sollte, daß Sie den Datentyp *annähernd genaue Zahl* benötigen, können Sie diese Tatsache wahrscheinlich bereits im Vorfeld feststellen.

Zeichenketten

Heutzutage speichern Datenbanken viele verschiedene Typen von Daten, einschließlich Grafiken, Töne und Animationen. Ich vermute, daß demnächst Gerüche an der Reihe sind. Können Sie sich ein dreidimensionales 1024´768-24-Bit-Farbbild eines großen Stücks Pepperonipizza auf Ihrem Bildschirm vorstellen, während Ihre Supermultimediakarte gleichzeitig ein Duft-Sample aus *DiFilippis Pizza-Grotte* abspielt? Eine solche Konfiguration könnte ziemlich frustrierend werden, es sei denn, Sie könnten es sich leisten, gleichzeitig auch Daten vom Geschmacksdatentyp in Ihrem System zu speichern. Leider werden Sie wohl noch lange warten müssen, bis Gerüche und Geschmäcke zu den standardmäßigen SQL-Datentypen zählen. Heutzutage werden – natürlich nach den numerischen Datentypen – am häufigsten Zeichenketten benutzt.

Es gibt zwei Haupttypen von Zeichenketten: Zeichenketten fester Länge (CHARACTER oder CHAR) und Zeichenketten variabler Länge (CHARACTER VARYING oder VARCHAR). Außerdem gibt es zwei Varianten dieser Typen: NATIONAL CHARACTER und NATIONAL CHARACTER VARYING.

Der Datentyp CHARACTER

Der Datentyp CHARACTER oder CHAR dient dazu, Zeichenketten mit einer festen Länge zu speichern. Wenn Sie einer Spalte diesen Datentyp zuweisen, können Sie die Anzahl der Zeichen in der Spalte mit der Syntax CHARACTER (*x*) spezifizieren, wobei *x* die Anzahl der Zeichen angibt. Wenn Sie beispielsweise einer Spalte den Datentyp CHARACTER (16) zuweisen, können die Daten in dieser Spalte maximal 16 Zeichen lang sein. Wenn Sie das Argument *x* nicht angeben, nimmt SQL standardmäßig eine Feldlänge von einem Zeichen an. Wenn Sie Daten in ein CHARACTER-Feld eingeben, die kürzer als die spezifizierte Länge sind, füllt SQL die fehlenden Stellen mit Leerzeichen auf.

Der Datentyp CHARACTER VARYING

Der Datentyp CHARACTER VARYING dient dazu, Zeichenketten mit einer variablen Länge zu speichern. Der Datentyp wird mit der Syntax CHARACTER VARYING (*x*) oder VARCHAR (*x*) spezifiziert, wobei *x* die maximale Anzahl der Zeichen in der Spalte angibt. Wenn Sie Daten in eine Spalte von diesem Typ eingeben, die kürzer als die spezifizierte Länge sind, füllt SQL die Daten im Gegensatz zum Datentyp CHARACTER nicht mit Leerzeichen auf. Mit diesem Datentyp können Sie genau die Anzahl der Zeichen speichern, die der Benutzer eingibt. Für diesen Datentyp gibt es keinen Standardwert.

Die Datentypen NATIONAL CHARACTER und NATIONAL CHARACTER VARYING

Die Datentypen NATIONAL CHARACTER und NATIONAL CHARACTER VARYING funktionieren wie die Datentypen CHARACTER und CHARACTER VARYING, ausgenommen, daß der Zeichensatz, den Sie spezifizieren, von dem Standardzeichensatz abweicht. Sie können den Zeichensatz wie eine Tabellenspalte definieren. Jede Spalte kann einen anderen Zeichensatz benutzen. Im folgenden Beispiel wird eine Tabelle definiert, die mit mehreren Zeichensätzen arbeitet:

```
CREATE TABLE XLATE (
    LANGUAGE_1    CHARACTER (40),
    LANGUAGE_2    CHARACTER VARYING (40)    CHARACTER SET GREEK,
    LANGUAGE_3    NATIONAL CHARACTER (40),
    LANGUAGE_4    CHARACTER (40)            CHARACTER SET KANJI
)
```

Die Spalte LANGUAGE_1 enthält Zeichen im Standardzeichensatz der Implementierung. Die Spalte LANGUAGE_3 enthält Zeichen im nationalen Zeichensatz der Implementierung. Die Spalte LANGUAGE_2 enthält griechische Zeichen. Und die Spalte LANGUAGE_4 enthält Kanji-Zeichen.

Bit-Strings

SQL-92 definiert auch einen Datentyp für Ketten von Bits, die weder alphanumerische Zeichen noch Zahlen repräsentieren. Die Datentypen BIT und BIT VARYING können beliebige Bit-Ketten speichern. Binärdaten fester Länge werden mit BIT(x) spezifiziert, wobei *x* die Anzahl der Bits angibt. BIT ohne Argument hat eine Standardlänge von einem Bit. Binärdaten variabler Länge werden mit BIT VARYING(x) spezifiziert, wobei *x* die maximale Anzahl der zulässigen Bits in dem Datenfeld angibt. Mit den Datentypen BIT und BIT VARYING können Sie auch Hexadezimalzahlen oder Flags speichern, die einen Booleschen Wert (an/aus oder wahr/falsch) repräsentieren.

Datetimes

Der SQL-92-Standard definiert fünf verschiedene Datentypen, die Datumsangaben und Zeiten speichern. Diese Datentypen werden als *Datetime*-Datentypen oder kurz *Datetimes* bezeichnet. Es gibt beträchtliche Überschneidungen zwischen diesen Datentypen, so daß einige Implementierungen nicht alle fünf Varianten unterstützen.

 Wenn Sie versuchen, Datenbanken zwischen zwei Implementierungen zu portieren, die nicht alle fünf Datentypen für Datumsangaben und Zeiten voll unterstützen, kann es Probleme geben. Stellen Sie in diesem Fall fest, wie die Quell- und die Zielimplementierung Datumsangaben und Zeiten repräsentieren.

Der Datentyp DATE

Der Datentyp DATE speichert das Jahr, den Monat und den Tag eines Datums. Das Jahr wird vierstellig, der Monat und die Tage werden jeweils zweistellig gespeichert. Ein Wert vom Typ DATE kann jedes Datum vom Jahr 0001 bis zum Jahr 9999 repräsentieren. Der Datentyp DATE ist zehn Stellen lang, wie z.B. 1957-08-14.

Der Datentyp TIME

Der Datentyp TIME speichert die Zeit in Form von Stunden, Minuten und Sekunden. Die Stunden und Minuten werden jeweils genau zweistellig gespeichert. Die Sekunden sind auch zweistellig, können aber optional zusätzlich einen Bruchteil enthalten. Beispiel: 09:32:58.436.

Die Genauigkeit des Bruchteils ist implementierungsabhängig, aber beträgt wenigstens sechs Ziffern. Der Datentyp TIME ist acht Stellen lang, wenn er keinen Bruchteil enthält. Andernfalls ist er neun Stellen plus die Anzahl der Stellen für den Bruchteil lang. Die neunte Stelle enthält den Dezimalpunkt. Der Datentyp TIME wird mit TIME oder TIME(p) spezifiziert, wobei *p* ist die Gesamtzahl der Stellen angibt. Standardmäßig hat der Bruchteil die Länge null, d.h. standardmäßig hat der Datentyp keinen Sekundenbruchteil. Das Beispiel im vorangegangenen Absatz repräsentiert den Datentyp TIME(12).

Der Datentyp TIMESTAMP

Der Datentyp TIMESTAMP enthält sowohl eine Datums- als auch eine Zeitangabe. Die Längen und die Einschränkungen für die Werte der Komponenten des Datentyps TIMESTAMP sind dieselben wie bei den Datentypen DATE und TIME, mit einer Ausnahme: Die Standardlänge des Sekundenbruchteils der Zeitkomponente von TIMESTAMP beträgt sechs statt null Ziffern. Wenn der Datentyp keinen Bruchteil hat, sind Daten vom Typ TIMESTAMP 19 Stellen lang. Wenn der Datentyp einen Bruchteil hat, beträgt die Länge 20 Stellen plus die Anzahl der Stellen des Bruchteils. Die zwanzigste Stelle enthält den Dezimalpunkt. Der Datentyp TIMESTAMP wird mit TIMESTAMP oder TIMESTAMP (*p*) spezifiziert, wobei *p* die Anzahl der Stellen des Sekundenbruchteils angibt. Der Wert von *p* darf nicht negativ sein. Seine Maximalgröße ist implementierungsabhängig.

Der Datentyp TIME WITH TIME ZONE

Der Datentyp TIME WITH TIME ZONE entspricht genau dem Datentyp TIME, außer daß er zusätzlich Informationen über die Abweichung von der *Universal Time* (früher: Greenwich Mean Time oder GMT) enthält. Die Abweichung kann einen beliebigen Wert von -12:59 bis +13:00 betragen. Diese zusätzliche Information belegt sechs weitere Stellen. Daten vom Typ TIME WITH TIME ZONE sind ohne Sekundenbruchteil 14 Stellen lang. Mit Sekundenbruchteil beträgt die Länge 15 Stellen plus die Anzahl der Stellen des Bruchteils.

Der Datentyp TIMESTAMP WITH TIME ZONE

Der Datentyp TIMESTAMP WITH TIME ZONE entspricht genau dem Datentyp TIMESTAMP, außer daß er zusätzlich Informationen über die Abweichung von der *Universal Time* (früher: Greenwich Mean Time oder GMT) enthält. Diese zusätzliche Information belegt sechs weitere Stellen. Daten vom Typ TIMEZONE WITH TIME ZONE sind ohne Sekundenbruchteil 25 Stellen lang. Mit Sekundenbruchteil beträgt die Länge 26 Stellen plus die Anzahl der Stellen des Bruchteils.

Intervalle

Daten vom Datentyp *Intervall* sind eng mit den *Datetime*-Datentypen verbunden. Ein *Intervall*-Datentyp dient dazu, den Unterschied zwischen zwei *Datetime*-Werten zu speichern. In vielen Anwendungen, die mit Datumsangaben und/oder Zeiten zu tun haben, wird häufig der Unterschied zwischen zwei Datumsangaben oder zwei Zeiten benötigt. SQL-92 unterscheidet zwei verschiedene Intervalldatentypen: den Intervalldatentyp *year-month* und den Intervalldatentyp *day-time*. Der Intervalldatentyp *year-month* gibt die Anzahl der Jahre und Monate zwischen zwei Datumsangaben an. Der Intervalldatentyp *day-time* gibt die Anzahl der Tage, Stunden, Minuten und Sekunden zwischen zwei Zeitpunkten innerhalb eines Monats an. In einer Berechnung dürfen nicht beide Intervalldatentypen gleichzeitig verwendet werden, weil die Länge der Monate variiert (28, 29, 30 oder 31 Tage).

Zusammenfassung der Datentypen

Die Tabelle 2.2 gibt eine Übersicht über die verschiedenen Datentypen und zeigt Literale, die den jeweiligen Datentyp verkörpern.

Datentyp	Beispielwert
CHARACTER(20)	'Amateurfunk
VARCHAR(20)	'Amateurfunk'
SMALLINT oder INTEGER	7500
NUMERIC oder DECIMAL	3425.432

Datentyp	Beispielwert
REAL, FLOAT, oder DOUBLE PRECISION	6.023E-23
BIT(5)	B'11011'
BIT(16)	X'3FD0'
DATE	DATE '1997-08-14'
TIME(2)[1]	TIME '12:46:02.43'
TIME(3) WITH TIME ZONE	TIME '12:46:02.432-08:00'
TIMESTAMP(0)	TIMESTAMP '08-14-1997 12:46:02'
INTERVAL DAY	INTERVAL '4' DAY

[1] Das Argument gibt die Anzahl der Stellen des Sekundenbruchteils an.

Tabelle 2.2: Datentypen

Denken Sie daran, daß Ihre spezielle Implementierung von SQL möglicherweise nicht alle Datentypen unterstützt, die ich in diesem Abschnitt beschrieben habe. Außerdem könnte sie nichtstandardgemäße Datentypen unterstützen, die ich hier nicht beschrieben habe.

Nullwerte

Wenn ein Datenbankfeld ein Datenelement enthält, besitzt das Feld hat einen speziellen Wert. Wenn ein Feld kein Datenelement enthält, sagt man, daß es einen *Nullwert* hat. Bei einem numerischen Feld ist ein Nullwert nicht dasselbe wie der Wert Null. In einem Zeichenfeld ist ein Nullwert nicht dasselbe wie ein leerer String. Sowohl die numerische Null als auch der Leerstring sind ganz bestimmte Werte. Ein Nullwert drückt dagegen aus, daß der Wert eines Felds nicht definiert ist – sein Wert ist unbekannt.

Es gibt eine Reihe von Situationen, in denen ein Feld einen Nullwert haben kann. Die folgende Liste beschreibt einige dieser Situationen:

✔ *Der Wert existiert, aber Sie wissen noch nicht, wie groß er ist:* Sie setzen in der Zeile Top der Tabelle QUARK die Spalte MASSE auf NULL, weil die Masse des Top-Quarks noch nicht korrekt bestimmt wurde.

✔ *Der Wert existiert noch nicht:* Sie setzen die Spalte GESAMTUMSATZ in der Zeile *SQL für Dummies, 2te Auflage* der Tabelle BUECHER auf NULL, weil die Umsatzzahlen des ersten Quartals noch nicht bekannt sind.

✔ *Das Feld ist auf die spezielle Zeile nicht anwendbar:* Sie setzen in der Zeile C3-PO der Tabelle ANGESTELLTE die Spalte SEX auf NULL, weil C3-PIO ein geschlechtsloser Androide ist.

✔ *Der Wert liegt außerhalb des Wertebereichs:* Sie setzen in der Zeile `Michael Schumacher` der Tabelle `ANGESTELLTE` die Spalte `GEHALT` auf `NULL`, weil Sie der Spalte `GEHALT` den `Datentyp NUMERIC(8,2)` zugewiesen haben und Michaels Vertrag einiges mehr als 999.999,99 DM vorsieht.

Es gibt viele verschiedene Gründe dafür, daß ein Feld einen Nullwert hat. Ziehen Sie keine vorschnellen Schlüsse darüber, was ein spezieller Nullwert bedeutet.

Constraints

Constraints sind Einschränkungen, die Sie den Daten auferlegen, die in eine Datenbanktabelle eingegeben werden können. Wenn Sie beispielsweise vorher wissen, daß Einträge in einer bestimmten numerischen Spalte in einem gewissen Wertebereich liegen müssen, können Sie mit einem Constraint verhindern, daß jemand falsche Werte, also solche, die außerhalb dieses Wertebereichs liegen, in diese Spalte eingibt.

Früher wurden Constraints in den Anwendungsprogrammen programmiert, die mit der Datenbank gearbeitet haben. Bei den neueren DBMS-Produkten ist es jedoch möglich, Constraints direkt in der Datenbank zu definieren. Dieser Ansatz bietet mehrere Vorteile. Falls mehrere Anwendungen auf dieselbe Datenbank zugreifen, brauchen Sie die Constraints nur einmal statt in jeder Anwendung einzeln anzuwenden. Außerdem ist es einfacher, Constraints auf der Datenbankebene zu definieren, als sie in eine Anwendung einzufügen. In vielen Fällen brauchen Sie nur eine Klausel an Ihren `CREATE`-Befehl anzuhängen.

Constraints und *Assertions*, d.h. Constraints, die auf mehr als eine Tabelle angewendet werden, werden detailliert in Kapitel 5 im Abschnitt über die Integrität behandelt.

SQL in einem Client/Server-System benutzen

SQL ist eine Datenuntersprache, die auf alleinstehenden Systemen oder Multiuser-Systemen eingesetzt wird. SQL eignet sich besonders für den Einsatz in einem Client/Server-System. Bei einem solchen System sind mehrere Benutzer, die an sogenannten *Client-Maschinen* arbeiten, über ein lokales Netzwerk (LAN) oder einen anderen Kommunikationskanal mit einer Datenbank verbunden, die auf einem zentralen Rechner, dem sogenannten *Server*, gespeichert ist. Das Anwendungsprogramm auf einer Client-Maschine enthält SQL-Befehle zur Datenmanipulation. Der Teil des DBMS, der sich auf dem Client befindet, sendet diese Befehle über die Kommunikationskanäle, die den Client mit dem Server verbinden, an den Server. Auf dem Server interpretiert die Server-Komponente des DBMS die SQL-Befehle, führt sie aus und sendet das Ergebnis über die Kommunikationskanäle zurück an den Client. Sie können auf dem Client sehr komplexe Operationen in SQL codieren und diese Operationen auf dem Server decodieren und ausführen. Mit dieser Konfiguration wird die Bandbreite des Kommunikationskanals am besten genutzt.

Wenn Sie auf einem Client/Server-System Daten mit SQL wiedergewinnen, werden nur die gewünschten Daten über den Kommunikationskanal vom Server zu dem Client übertragen. Im Gegensatz dazu werden bei einem einfachen System, das mit Ressourcen-Sharing arbeitet und dessen Server nur über eine minimale Intelligenz verfügt, riesige Datenblöcke über den Kanal übertragen, um Ihnen die kleine Menge von Daten zu liefern, die Sie haben wollen. Diese Art massiver Datenübertragung kann natürlich eine Operation beträchtlich verlangsamen. Die Client/Server-Architektur ergänzt die Eigenschaften von SQL und sichert auf kleinen, mittleren und großen Netzwerken ein gutes Zeitverhalten bei bescheidenen Kosten.

Der Server

Der Server tritt erst in Aktion, wenn er eine Anfrage eines Clients erhält, sonst wartet er nur. Wenn mehrere Clients gleichzeitig seinen Dienst beanspruchen wollen, muß der Server jedoch schnell reagieren können. Server unterscheiden sich von Client-Maschinen im allgemeinen dadurch, daß sie über sehr große, schnelle Plattenspeicher verfügen. Server sind im Hinblick auf einen schnellen Datenzugriff und die Wiedergewinnung von Daten optimiert. Und weil sie häufig Anfragen mehrerer Client-Maschinen gleichzeitig bearbeiten müssen, brauchen Server einen schnellen Prozessor.

Was ist der Server?

Der *Server* (Kurzform von *Datenbank-Server*) ist die Komponente eines Client/Server-Systems, welche die Datenbank speichert. Der Server speichert außerdem den Server-Teil eines Datenbankverwaltungssystems. Dieser Teil des DBMS interpretiert Befehle, die von den Clients kommen, und übersetzt diese Befehle in Datenbankoperationen. Außerdem formatiert die Server-Software die Ergebnisse von Datenabfragen und sendet sie an den anfragenden Client zurück.

Was macht der Server?

Die Aufgabe des Servers ist relativ einfach und unkompliziert. Ein Server braucht nur die Befehle, die er über das Netzwerk von den Clients erhält, zu lesen, zu interpretieren und auszuführen. Diese Befehle sind in einer von mehreren Datenabfragesprachen formuliert. Eine Datenabfragesprache ist keine vollständige Programmiersprache – sie implementiert nur einen Teil einer Sprache. Eine Datenabfragesprache beschäftigt sich nur mit der Datenmanipulation. Sie enthält Operationen für das Einfügen, Ändern, Löschen und Auswählen von Daten, aber keine Strukturen zur Steuerung des Programmablaufs, wie z.B. DO-Schleifen, keine lokalen Variablen, keine Funktionen oder Prozeduren und keine Befehle für den Drucker-I/O. SQL ist heute die gebräuchlichste Datenuntersprache und hat sich zum Industriestandard entwickelt. Firmenspezifische Datenuntersprachen werden allmählich auf Maschinen aller Leistungsklassen durch SQL ersetzt.

Der Client

Der *Client*-Teil eines Client/Server-Systems besteht aus einer Hardware- und einer Software-Komponente. Die Hardware besteht aus dem Client-Computer und seiner Schnittstelle zum lokalen Netzwerk. Diese Hardware kann der Server-Hardware sehr ähnlich oder sogar gleich sein. Die Software ist die Komponente, die den Client vom Server unterscheidet.

Was ist der Client?

Die Hauptaufgabe des Clients besteht darin, eine Benutzeroberfläche zur Verfügung zu stellen. Aus der Sicht des Benutzers ist die Client-Maschine der Computer und die Benutzeroberfläche die Anwendung. Der Benutzer erkennt möglicherweise gar nicht, daß seine Arbeit auch mit einem Server zu tun hat. Der Server ist normalerweise nicht sichtbar – und manchmal sogar in einem anderen Raum untergebracht. Abgesehen von der Benutzeroberfläche enthält der Client auch das Anwendungsprogramm und den Client-Teil des DBMS. Das Anwendungsprogramm führt spezielle Aufgaben aus, wie z.B. Buchhaltung oder Auftragserfassung. Der Client-Teil des DBMS führt die Befehle des Anwendungsprogramms aus und tauscht Daten und SQL-Befehle zur Datenmanipulation mit dem Server-Teil des DBMS aus.

Was macht der Client?

Der Client-Teil eines DBMS zeigt Informationen auf dem Bildschirm an und reagiert auf die Eingaben des Benutzers, die per Tastatur, Maus oder über ein anderes Eingabegerät in die Maschine kommen. Der Client kann auch die Daten verarbeiten, die über eine Telekommunikationsverbindung oder von anderen Arbeitsstationen in das Netzwerk gesendet werden. Der Client-Teil des DBMS ist für die anwendungsspezifischen Aufgaben zuständig. Für einen Entwickler ist der Client-Teil eines DBMS der interessante Teil. Der Server-Teil bedient nur auf mechanische und immer gleiche Weise die Anfragen des Client-Teils.

SQL mit dem Internet oder einem Intranet benutzen

Die Datenbankarbeit im Internet und in Intranets unterscheidet sich grundsätzlich von der Arbeit in einem traditionellen Client/Server-System. Der Unterschied liegt hauptsächlich auf der Client-Seite. Bei einem traditionellen Client/Server-System befindet sich ein großer Teil der Funktionalität des DBMS auf der Client-Maschine. Bei internetbasierten Datenbanksystemen befindet sich das gesamte DBMS oder der größte Teil davon auf dem Server. Der Client ist häufig nicht mehr als ein Web-Browser, der möglicherweise noch über eine Erweiterung in Form eines *Netscape Plug-ins* oder eines *ActiveX-Controls* verfügt. Deshalb verlagert sich der »Massenschwerpunkt« des Systems auf den Server. Diese Verlagerung bietet mehrere Vorteile:

2 ➤ Die Grundlagen von SQL

- ✔ Der Client-Teil des Systems (Browser) ist preiswert.
- ✔ Es gibt eine standardisierte Benutzeroberfläche.
- ✔ Der Client ist einfach zu verwalten.
- ✔ Es gibt eine standardisierte Client/Server-Beziehung.
- ✔ Die gebräuchlichen Mittel zur Anzeige von Multimedia-Daten können eingesetzt werden.

Die Hauptnachteile von Datenbankmanipulationen im Internet betreffen die Sicherheit und Datenintegrität:

- ✔ Um die Informationen vor unerwünschtem Zugriff und Manipulationen zu schützen, müssen sowohl der Web-Server als auch der Client-Browser leistungsstarke Verschlüsselungsmechanismen unterstützen.
- ✔ Ein Browser kann keine angemessenen Gültigkeitsprüfungen bei der Dateneingabe durchführen.
- ✔ Datenbanktabellen, die sich auf verschiedenen Servern befinden, können ihre Synchronisierung verlieren.

Client/Server-Erweiterungen, die diese Nachteile ausgleichen, machen das Internet zu einer Umgebung, in der Datenbankanwendungen produktiv eingesetzt werden können. Die Architektur von Intranets ist ähnlich wie die des Internets, aber die Fragen der Sicherheit stehen nicht so im Vordergrund. Weil die Organisation bei einem Intranet die physische Kontrolle über alle Client-Maschinen, den Server und das Netzwerk hat, sind Intranets weniger durch Einbrüche böswilliger Hacker gefährdet. Dateneingabefehler und die Datenbankdesynchronisation sind jedoch auch hier Problembereiche. Kapitel 16 behandelt Datenbanken im Internet im Detail, und Kapitel 17 diskutiert das organisationsspezifische Intranet.

Die Komponenten von SQL

In diesem Kapitel

▶ Datenbanken erstellen

▶ Mit Tabellen, Sichten, Schemata und Katalogen arbeiten

▶ Daten manipulieren

▶ Datenbanken schützen

SQL ist eine Spezialsprache, die extra für den Entwurf und die Verwaltung von relationalen Datenbanken sowie die Manipulation der darin enthaltenen Daten entwickelt wurde. SQL wird durch einen ANSI-Standard definiert. Die jüngste Version dieses Standards stammt aus dem Jahre 1992 und heißt SQL-92. Alle Anbieter relationaler Datenbankverwaltungssysteme haben ihre eigenen Implementierungen von SQL, die sich mehr oder weniger von dem Standard unterscheiden. Eine enge Anlehnung an den Standard ist besonders für die Leute wichtig, die ihre Datenbanken und die zugehörigen Anwendungen auf mehr als einer Plattform einsetzen wollen.

Obwohl SQL keine Allzweckprogrammiersprache ist, enthält sie alles, was Sie benötigen, um relationale Datenbanken zu erstellen, zu verwalten, zu sichern und zu schützen. Der Teil von SQL, mit dem Sie Datenbanken erstellen, wird als *Data Definition Language* (*DDL*) bezeichnet. Der Teil, mit dem Sie die Datenbank verwalten, heißt *Data Manipulation Language* (*DML*). Und der Teil, mit dem Sie Ihre Datenbank schützen, wird *Data Control Language* (*DCL*) genannt. Dieses Kapitel führt Sie in die DDL, DML und DCL ein.

Die Data Definition Language von SQL stellt Ihnen alles zur Verfügung, was Sie benötigen, um eine Datenbank zu definieren, die Struktur einer vorhandenen Datenbank zu modifizieren und eine nicht mehr benötigte Datenbank zu löschen. Die Data Manipulation Language ist ein mächtiges Werkzeug, um Daten in eine Datenbank einzufügen und aus dieser wiederzugewinnen. Die *DML* ist so reichhaltig, daß Sie genau spezifizieren können, was Sie mit einer Datenbank tun wollen. Die Data Control Language stellt Ihnen alles zur Verfügung, was Sie brauchen, um die Datenbank vor unerwünschten Einflüssen zu schützen. Eine Datenbank kann auf vielerlei Weise beschädigt werden. Wenn Sie die Werkzeuge der *DCL* korrekt einsetzen, können Sie viele dieser Probleme vermeiden. Der Umfang der Schutzmaßnahmen, welche die *DCL* bereitstellt, ist bei den meisten Implementierungen verschieden. Wenn Ihre Implementierung nicht genügend Schutzmöglichkeiten bietet, müssen Sie die entsprechenden Maßnahmen in Ihre Anwendungsprogramme einbauen.

Data Definition Language (DDL)

Die Data Definition Language ist der Teil von SQL, mit dem Sie die Grundkomponenten einer relationalen Datenbank erstellen, ändern oder löschen. Zu den Grundkomponenten gehören Tabellen, Sichten, Schemata, Kataloge und möglicherweise eine Reihe anderer Dinge. In diesem Abschnitt behandle ich die sogenannte *Containment-Hierarchie*, welche die Beziehungen zwischen diesen Komponenten regelt, und die Befehle, die auf diese Komponenten angewendet werden können.

In Kapitel 1 habe ich Tabellen und Schemata erwähnt und gesagt, daß ein *Schema* eine übergreifende Struktur sei, die Tabellen enthält. Tabellen und Schemata sind zwei Komponenten der *Containment-Hierarchie* einer relationalen Datenbank. Sie können die Containment-Hierarchie folgendermaßen weiter gliedern: Tabellen enthalten Spalten und Zeilen. Schemata enthalten Tabellen und Sichten. Kataloge enthalten Schemata. Die Datenbank selbst enthält Kataloge.

Tabellen erstellen

Eine Datenbanktabelle ist ein zweidimensionales Array, das aus Zeilen und Spalten besteht. Tabellen werden mit dem SQL-Befehl CREATE TABLE erstellt. In diesem Befehl spezifizieren Sie den Namen und den Datentyp jeder Spalte.

Nachdem Sie eine Tabelle erstellt haben, können Sie Daten in der Tabelle speichern. (Diese Funktion gehört zur DML und nicht zur DDL.) Wenn sich die Anforderungen ändern, können Sie die Struktur einer Tabelle mit dem Befehl ALTER TABLE ändern. Wenn eine Tabelle nicht mehr benötigt wird, können Sie sie mit dem Befehl DROP löschen. Die verschiedenen Formen der Befehle CREATE, ALTER und DROP bilden die DDL von SQL.

Nehmen Sie an, Sie wären ein Datenbankdesigner. Sie möchten verhindern, daß Ihre Datenbanktabellen nach und nach wegen fehlerhafter Daten unbrauchbar werden, und wollen sie deshalb gemäß der besten Normalform strukturieren, um die Aufrechterhaltung der Datenintegrität zu gewährleisten. Die *Normalisierung* ist eine Methode, um Datenbanktabellen so zu strukturieren, daß durch Änderungen der Daten keine Anomalien in der Datenbank entstehen. Das Gebiet der Normalisierung ist recht umfangreich und erfordert ein separates Studium. Die Spalten jeder Tabelle, die Sie erstellen, entsprechen Attributen, die miteinander verknüpft sind.

Nehmen Sie beispielsweise an, daß Sie eine Kundentabelle erstellen. Die Tabelle heißt KUNDE und hat die Attribute KUNDE.KUNDE_ID, KUNDE.VORNAME, KUNDE.NACHNAME, KUNDE.STRASSE, KUNDE.ORT, KUNDE.LAND, KUNDE.PLZ und KUNDE.TEL. Diese ganzen Attribute sind enger mit der Kunden-Entity verbunden als mit jeder anderen Entity in den vielen Tabellen Ihrer Datenbank. Diese Attribute enthalten alle relativ dauerhafte Informationen, die Ihre Organisation über ihre Kunden speichert.

3 ➤ Die Komponenten von SQL

Die meisten Datenbankverwaltungssysteme enthalten heute grafische Werkzeuge, um Datenbanktabellen zu erstellen. Sie können Tabellen jedoch auch mit einem SQL-Befehl anlegen. Das folgende Beispiel zeigt den Befehl, mit dem Sie die Tabelle KUNDE definieren können:

```
CREATE TABLE KUNDE (
    KUNDE_ID  INTEGER      NOT NULL,
    VORNAME   CHARACTER (15),
    NACHNAME  CHARACTER (20) NOT NULL,
    STRASSE   CHARACTER (25),
    ORT  CHARACTER (20),
    LAND CHARACTER (2),
    PLZ  INTEGER,
    TEL  CHARACTER (13) ) ;
```

Für jede Spalte spezifizieren Sie den Spaltennamen (beispielsweise KUNDE_ID), den Datentyp (beispielsweise INTEGER) und möglicherweise ein oder mehrere Constraints (beispielsweise NOT NULL).

Abbildung 3.1 zeigt einen Teil der Tabelle KUNDE mit einigen Beispieldaten.

KUNDE_ID	VORNAME	NACHNAME	STRASSE	ORT	LAND	PLZ
1	Harold	Percival	26262 S. Howards Mill Rd.	Westminster	CA	92683
2	Jerry	Appel	23333 S. River Lane Rd.	Santa Ana	CA	92705
3	Adrian	Hansen	232 Glenwood Ct.	Hollis	NH	3049
4	John	Baker	3988 Lafayette St.	Garden Grove	CA	92643
5	Michael	Pens	222 Mangnolia St.	Irvine	CA	92715
6	Bob	Michimoto	2545 S.E. Seventh Str.	Stanton	CA	92610
7	Linda	Smith	4545 Cherry Dr.	Hudson	NH	3051
8	Robert	Funnell	2424 Shen St.	Anaheim	VA	92640
9	Bill	Checkal	9595 Curry Dr.	Stanton	CA	92610
10	Jed	Style	3535 Randall St.	Santa Ana	CA	92705

Abbildung 3.1: Die Tabelle KUNDE *mit einigen Beispieldaten*

 Wenn Ihre SQL-Implementierung mit SQL-89 übereinstimmt, aber SQL-92 nicht voll implementiert, kann die Syntax, die Sie benötigen, von der hier gezeigten abweichen.

Nehmen Sie an, daß Sie die Aufgabe haben, eine Datenbank für Ihre Organisation zu entwickeln. Erfüllt von dem Gedanken, eine nützliche, wertvolle und vollkommen korrekte Struktur zu entwerfen, die für die Zukunft Ihrer Firma von großer Bedeutung ist, setzen Sie sich direkt an Ihren Computer und beginnen damit, CREATE-Befehle in SQL einzugeben. Richtig?

Nein, falsch! Ganz falsch! Dieses Vorgehen ist ein sicherer Weg in die Katastrophe. Viele Datenbankentwicklungsprojekte scheitern bereits zu Beginn, weil Aufregung und Enthusiasmus eine sorgfältige Planung über den Haufen werfen. Selbst wenn Sie sicher sind, genau zu wissen, wie Sie Ihre Datenbank strukturieren wollen, schreiben Sie alles auf, ehe Sie sich an die Tastatur setzen. Die folgende Liste nennt einige Prozeduren, an die Sie denken müssen, wenn Sie Ihre Datenbank planen:

- ✔ Identifizieren Sie alle Tabellen.
- ✔ Definieren Sie die Spalten aller Tabellen.
- ✔ Definieren Sie für jede Tabelle einen garantiert eindeutigen Primärschlüssel.
- ✔ Stellen Sie sicher, daß jede Tabelle in der Datenbank wenigstens eine Spalte mit einer anderen Tabelle in der Datenbank gemeinsam hat. Diese gemeinsamen Spalten dienen als logische Verbindungsglieder zwischen den Informationen in einer Tabelle und den dazugehörigen Informationen in einer anderen Tabelle.
- ✔ Bringen Sie jede Tabelle in die dritte Normalform (3NF) oder besser, um Anomalien beim Einfügen, Löschen und Ändern zu vermeiden. (Ich behandle die Datenbanknormalisierung in Kapitel 5.)

Nachdem Sie den Entwurf auf dem Papier fertiggestellt und seine Stimmigkeit überprüft haben, können Sie ihn am Computer mit SQL-CREATE-Befehlen in eine Datenbank umsetzen.

Ein Zimmer mit Aussicht

Manchmal wollen Sie einige spezielle Informationen aus der Tabelle KUNDE wiedergewinnen und benötigen dabei nicht alle, sondern nur ganz bestimmte Spalten und Zeilen. Dazu benötigen Sie eine *Sicht* (oder *View* genannt).

Eine *Sicht* ist eine virtuelle Tabelle. Bei den meisten Implementierungen hat eine Sicht keine eigenständige physische Existenz. Die Definition der Sicht existiert nur in den Metadaten der Datenbank, aber die tatsächlichen Daten stammen aus der Tabelle oder den Tabellen, von der bzw. denen Sie die Sicht ableiten. Die Daten der Sicht werden physisch nirgendwo auf dem Online-Plattenspeicher dupliziert. Einige Sichten konzentrieren sich auf spezielle Spalten und Zeilen einer einzigen Tabelle. Andere, die sogenannten *Mehrtabellensichten,* holen ihre Daten aus zwei oder mehr Tabellen.

Sichten einer einzelnen Tabelle

Manchmal ist die Antwort auf eine Frage in den Daten einer einzelnen Tabelle Ihrer Datenbank enthalten. Wenn alle gesuchten Informationen in einer einzelnen Tabelle vorhanden sind, können Sie eine Sicht der einzelnen Tabelle erstellen. Nehmen Sie beispielsweise an, daß Sie die Namen und Telefonnummern aller Kunden sehen wollen, die im Bundesstaat *New Hampshire* leben. Sie können dann eine Sicht der Tabelle KUNDE erstellen, die nur die gewünschten Daten enthält. Der folgende SQL-Befehl erstellt diese Sicht:

```
CREATE VIEW NH_KUND AS
    SELECT KUNDE.VORNAME,
        KUNDE.NACHNAME,
```

```
            KUNDE.TEL
    FROM KUNDE
        WHERE
            KUNDE.LAND = 'NH';
```

Abbildung 3.2 zeigt, wie die Sicht aus der Tabelle KUNDE abgeleitet wird.

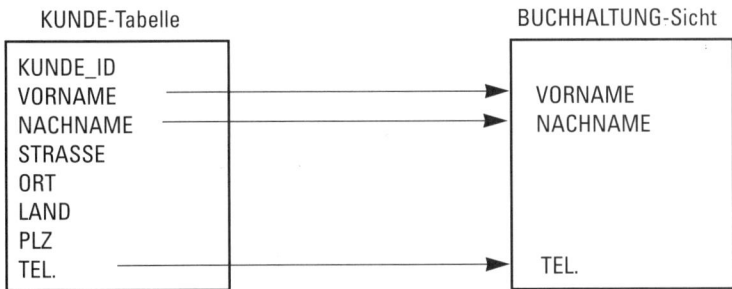

Abbildung 3.2: Die Sicht NH_KUND wird aus der Tabelle KUNDE abgeleitet.

Dieser Code ist absolut korrekt, aber etwas wortreich. Sie können dasselbe mit einem geringeren Tippaufwand erreichen, wenn Ihre SQL-Implementierung annimmt, daß alle Tabellenreferenzen dieselben wie in der FROM-Klausel sind. Wenn Ihr System von dieser vernünftigen Standardannahme ausgeht, können Sie den Befehl folgendermaßen verkürzen:

```
CREATE VIEW NH_KUND AS
      SELECT VORNAME,
             NACHNAME,
             TEL
      FROM KUNDE
          WHERE
              LAND = 'NH';
```

Die zweite Version ist leichter zu schreiben und zu lesen, aber sie ist anfälliger gegen Fehlinterpretationen in späteren ALTER TABLE-Befehlen. Bei Abfragen, die mit einer Tabelle arbeiten und keinen JOIN enthalten, besteht diese Gefahr nicht, aber Sichten mit JOINs sind viel robuster, wenn Sie vollständige Spaltennamen (inklusive Tabellenname) benutzen. Ich behandle JOINs in Kapitel 10.

Mehrtabellensicht

In der Regel benötigen Sie Daten aus zwei oder mehr Tabellen, um Ihre Fragen zu beantworten. Nehmen Sie beispielsweise an, daß Sie für ein Sportartikelgeschäft arbeiten und eine Liste aller Kunden erstellen wollen, die im letzten Jahr eine Skiausrüstung gekauft haben, um diesen Kunden ein Werbeschreiben zu senden. Wahrscheinlich benötigen Sie Informationen aus den Tabellen KUNDE, PRODUKT, RECHUNG und RECHUNG_POSITION. Sie können eine Mehrtabellensicht erstellen, welche die Daten anzeigt, die Sie für Ihre Aktion benötigen. Nachdem Sie die Sicht erstellt haben, können Sie sie immer wieder verwenden. Die Sicht zeigt Ihnen immer den aktuellen Stand der Daten.

Die Datenbank des Sportartikelgeschäfts enthält vier Tabellen: KUNDE, PRODUKT, RECHUNG und RECHUNG_POSITION. Die Tabellen haben folgende Strukturen:

Tabelle	Spalte	Datentyp	Constraint
KUNDE			
	KUNDE_ID	INTEGER	NOT NULL
	VORNAME	CHARACTER (15)	
	NACHNAME	CHARACTER (20)	NOT NULL
	STRASSE	CHARACTER (25)	
	ORT	CHARACTER (20)	
	LAND	CHARACTER (2)	
	PLZ	INTEGER	
	TEL	CHARACTER (13)	
PRODUKT			
	PRODUKT_ID	INTEGER	NOT NULL
	NAME	CHARACTER (25)	
	BESCHREIBUNG	CHARACTER (30)	
	KATEGORIE	CHARACTER (15)	
	LIEFERANT_ID	INTEGER	
	LIEFERANT_NAME	CHARACTER (30)	
RECHUNG			
	RECHUNG_NR	INTEGER	NOT NULL
	KUNDE_ID	INTEGER	
	RECHUNG_DATUM	DATE	
	UMSATZ	NUMERIC (9,2)	
	BEZAHLT	NUMERIC (9,2)	
	ZAHLUNG	CHARACTER (10)	
RECHUNG_POSITION			
	POS_NR	INTEGER	NOT NULL
	RECHUNG_NR	INTEGER	
	PRODUKT_ID	INTEGER	
	MENGE	INTEGER	
	VERKAUFSPREIS	NUMERIC (9,2)	

Tabelle 3.1: Die Datenbanktabellen des Sportartikelgeschäfts

Beachten Sie, daß einige Spalten in Tabelle 3.1 das Constraint NOT NULL enthalten. Diese Spalten enthalten entweder den Primärschlüssel der entsprechenden Tabelle oder es sind Spalten, die Ihrer Meinung nach aus dem einen oder anderen Grund einen Wert enthalten müssen. Der Primärschlüssel einer Tabelle muß jede Zeile eindeutig identifizieren. Der Primärschlüssel darf in keiner Zeile einen Nullwert enthalten. Schlüssel werden detailliert in Kapitel 5 behandelt.

Die Tabellen sind durch die Spalten miteinander verknüpft, die sie gemeinsam haben. Abbildung 3.3 zeigt diese Beziehungen.

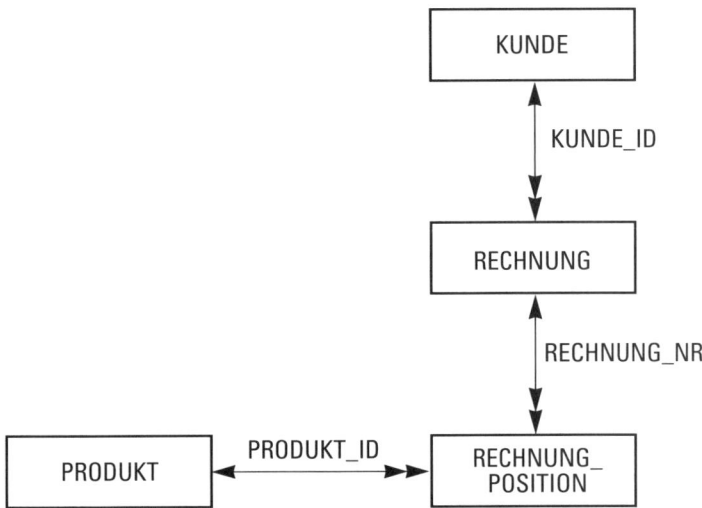

Abbildung 3.3: Die Datenbankstruktur des Sportartikelgeschäfts.

Die Tabelle KUNDE steht zu der Tabelle RECHUNG in einer *Eins-zu-viele-Beziehung* (*1:N-Beziehung*). Ein Kunde kann mehrere Käufe tätigen und dadurch mehrere Rechnungen verursachen. Jede Rechnung bezieht sich jedoch nur auf genau einen Kunden. Die Tabelle RECHUNG steht zu der Tabelle RECHUNG_POSITION in einer *Eins-zu-viele-Beziehung*. Eine Rechnung kann aus mehreren Positionen bestehen, aber jede Position erscheint nur auf einer Rechnung. Die Tabelle PRODUKT steht zur der Tabelle RECHUNG ebenfalls in einer *Eins-zu-viele-Beziehung*. Ein Produkt kann in mehreren Positionen und auf mehreren Rechnungen stehen. Aber jede Position enthält genau ein Produkt.

Die Tabelle KUNDE ist mit der Tabelle RECHUNG durch die gemeinsame Spalte KUNDE_ID verknüpft. Die Tabelle RECHUNG ist mit der Tabelle RECHUNG_POSITION durch die gemeinsame Spalte RECHUNG_NR verknüpft. Die Tabelle PRODUKT ist mit der Tabelle RECHUNG_POSITION durch die gemeinsame Spalte PRODUKT_ID verknüpft. Diese Verknüpfungen sind die Essenz dessen, was diese Datenbank zu einer relationalen Datenbank macht.

Sie wollen folgende Informationen über Kunden, die eine Skiausrüstung gekauft haben, aus der Datenbank abfragen: VORNAME, NACHNAME, STRASSE, ORT, LAND und PLZ aus der Tabellen

KUNDE; KATEGORIE aus der Tabelle PRODUKT; RECHUNG_NR aus der Tabelle RECHUNG; und POS_NR aus der Tabelle RECHUNG_POSITION. Sie könnten die gewünschte Sicht stufenweise mit den folgenden Befehlen erstellen:

```
CREATE VIEW SKI_KUND1 AS
    SELECT VORNAME,
        NACHNAME,
        STRASSE,
        ORT,
        LAND,
        PLZ,
        RECHUNG_NR
    FROM KUNDE JOIN RECHUNG
    USING (KUNDE_ID) ;
CREATE VIEW SKI_KUND2 AS
    SELECT VORNAME,
        NACHNAME,
        STRASSE,
        ORT,
        LAND,
        PLZ,
        PRODUKT_ID
    FROM SKI_KUND1 JOIN RECHUNG_POSITION
    USING (RECHUNG_NR) ;
CREATE VIEW SKI_KUND3 AS
    SELECT VORNAME,
        NACHNAME,
        STRASSE,
        ORT,
        LAND,
        PLZ,
        KATEGORIE
    FROM SKI_KUND2 JOIN PRODUKT
    USING (PRODUKT_ID) ;
CREATE VIEW SKI_KUND AS
    SELECT DISTINCT VORNAME,
        NACHNAME,
        STRASSE,
        ORT,
        LAND,
        PLZ
    FROM SKI_KUND3
    WHERE KATEGORIE = 'Ski' ;
```

Diese CREATE VIEW-Befehle kombinieren Daten aus mehreren Tabellen mit dem JOIN-Operator. Abbildung 3.4 veranschaulicht diesen Prozeß.

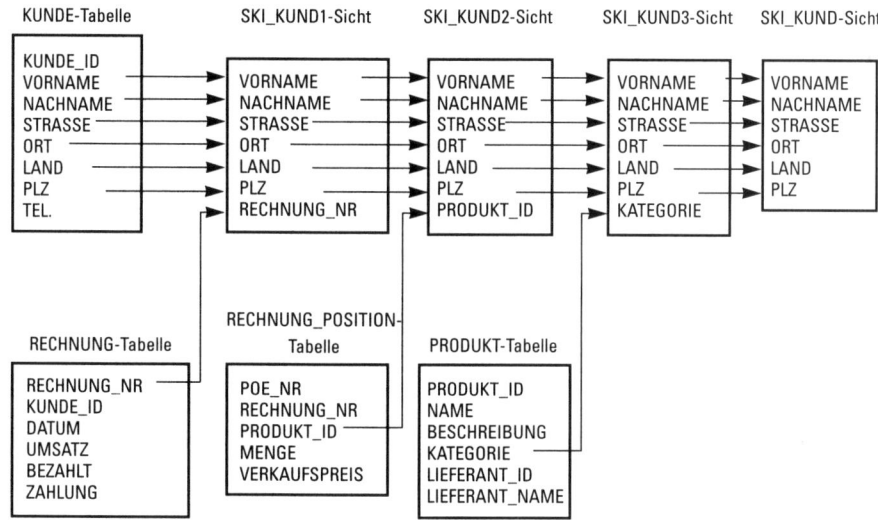

Abbildung 3.4: Eine Mehrtabellensicht mit JOINS erstellen.

Der erste Befehl CREATE VIEW kombiniert Spalten der Tabelle KUNDE mit einer Spalte der Tabelle RECHUNG, um die Sicht SKI_KUND1 zu erstellen. Die zweite Befehl CREATE VIEW kombiniert SKI_KUND1 mit einer Spalte der Tabelle RECHUNG_POSITION, um die Sicht SKI_KUND2 zu erstellen. Der dritte Befehl CREATE VIEW kombiniert SKI_KUND2 mit einer Spalte der Tabelle PRODUKT, um die Sicht SKI_KUND3 zu erstellen. Der vierte Befehl CREATE VIEW filtert alle Zeilen heraus, bei denen die Spalte KATEGORIE den Wert *Ski* enthält. Das Endergebnis ist die Sicht SKI_KUND, welche die Namen und Adressen aller Kunden enthält, die wenigstens ein Produkt aus der Kategorie *Ski* gekauft haben. Das Schlüsselwort DISTINCT in der SELECT-Klausel des vierten CREATE VIEW stellt sicher, daß Sie nur einen Eintrag für jeden Kunden erhalten, selbst wenn einige Kunden mehrfach Skizubehör gekauft haben. (JOINs werden im Detail in Kapitel 10 behandelt.)

Tabellen in Schemata zusammenfassen

Eine Tabelle besteht aus Zeilen und Spalten und speichert normalerweise eine spezielle Art von Entity, wie z.B. Kunden, Produkte oder Rechnungen. Bei der praktischen Arbeit benötigen Sie im allgemeinen Informationen über mehrere (oder viele) zusammengehörige Entities. Organisatorisch werden die Tabellen, mit denen Sie diese Entities speichern, in einem sogenannten Schema zusammengefaßt.

 Ein *Schema* ist eine benannte Kollektion zusammengehöriger Tabellen.

Auf einem System, auf dem mehrere nicht zusammengehörige Projekte gleichzeitig gespeichert sind, können Sie alle Tabellen, die sachlich zusammengehören, in einem Schema zusammenfassen. Auf diese Weise können Sie für jedes Projekt ein separates Schema bilden.

Wenn Sie den Namen eines Schemas angeben, können Sie verhindern, daß gleichnamige Tabellen verschiedener Projekte aus Versehen verwechselt werden. Jedes Projekt hat sein eigenes Schema, das sich durch seinen Namen von den anderen Schemata unterscheidet. Häufig werden jedoch gewisse Tabellennamen (wie z.B. KUNDE, ARTIKEL usw.) in mehreren Projekten verwendet. (Dabei handelt es sich nicht um dieselben Tabellen!) Falls die Gefahr besteht, daß ein Name mehrdeutig ist, sollten Sie den Namen des betreffenden Schemas vor Ihren Tabellennamen setzen (wie z.B. SCHEMA_NAME.TABLE_NAME). Wenn Sie den Tabellennamen nicht auf diese Weise qualifizieren, nimmt SQL an, daß diese Tabelle zu dem Standardschema gehört.

Ordnung durch Kataloge

Bei wirklich großen Datenbanksystemen reichen oft auch mehrere Schemata nicht aus. In einer großen verteilten Datenbankumgebung mit vielen Benutzern werden manchmal auch Schemanamen mehrfach benutzt. Um Verwechslungen zu vermeiden, die daraus entstehen können, hat SQL-92 eine weitere Ebene in die Containment-Hierarchie eingefügt: den Katalog.

 Ein *Katalog* ist eine benannte Kollektion von Schemata.

Sie können einen Tabellennamen nicht nur mit einem Schemanamen, sondern zusätzlich auch mit einem Katalognamen qualifizieren, um zu verhindern, daß die Tabelle mit einer gleichnamigen anderen Tabelle in einem gleichnamigen anderen Schema verwechselt wird. Der Name wird folgendermaßen qualifiziert:
CATALOG_NAME.SCHEMA_NAME.TABLE_NAME.

Kataloge bilden die höchste Stufe der Containment-Hierarchie einer Datenbank. Ein Katalog enthält Schemata, und ein Schema enthält Tabellen und Sichten. Tabellen und Sichten enthalten Spalten und Zeilen.

Ein Katalog enthält die Schemata, welche die Benutzertabellen enthalten, aber der Katalog enthält auch das sogenannte *Information-Schema*. Das Information-Schema enthält die Systemtabellen. Die Systemtabellen enthalten die Metadaten, die mit den anderen Schemata verbunden sind. In Kapitel 1 habe ich eine Datenbank als selbstbeschreibende Kollektion integrierter Datensätze definiert. Die Metadaten in den Systemtabellen bilden die Informationen, welche die Datenbank selbstbeschreibend machen.

Eine Datenbank kann mehrere, namentlich unterschiedliche Kataloge enthalten. Jeder Katalog kann mehrere Schemata enthalten, und jedes Schema kann mehrere Tabellen umfassen. Natürlich kann jede Tabelle mehrere Spalten und Zeilen enthalten. Diese hierarchischen Beziehungen werden in Abbildung 3.5 verdeutlicht.

3 ▶ Die Komponenten von SQL

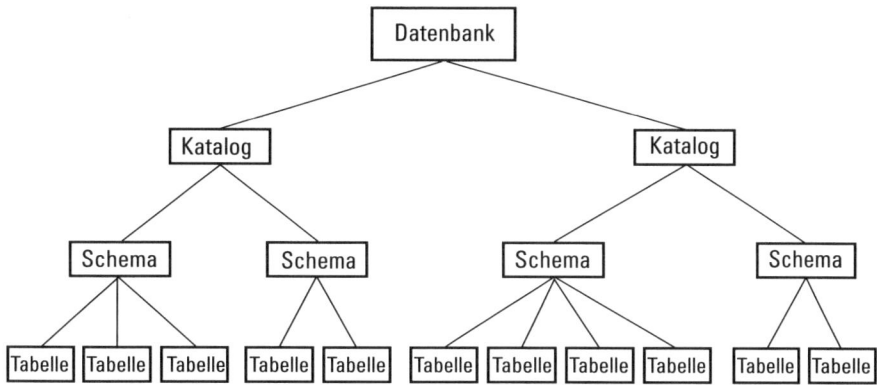

Abbildung 3.5: Die hierarchische Struktur einer SQL-Datenbank.

Die DDL-Befehle

Die Data Definition Language von SQL besteht aus den Befehlen CREATE, ALTER und DROP. Die DDL beschäftigt sich mit der Struktur einer Datenbank, während die Data Manipulation Language mit den Daten innerhalb dieser Struktur zu tun hat. Der Befehl CREATE hat verschiedene Varianten, um die wesentlichen Strukturen einer Datenbank zu erstellen. Mit dem Befehl ALTER können Sie vorhandene Strukturen ändern. Mit dem Befehl DROP wird die Struktur einer vorhandenen Tabelle wieder entfernt. Dabei werden auch die Daten in der Tabelle gelöscht. In den folgenden Abschnitten beschreibe ich kurz die DDL-Befehle. In den Kapiteln 4 und 5 werden diese Befehle in Beispielen benutzt.

CREATE

Sie können den SQL-Befehl CREATE auf mehrere SQL-Objekte anwenden, einschließlich Schemata, Domänen, Tabellen und Sichten. Mit dem Befehl CREATE SCHEMA können Sie ein Schema erstellen, seinen Besitzer identifizieren und einen Standardzeichensatz spezifizieren. Ein Beispiel:

```
CREATE SCHEMA SALES
   AUTHORIZATION SALES_MGR
   DEFAULT CHARACTER SET ASCII ;
```

Mit dem Befehl CREATE DOMAIN können Sie Constraints für die Werte einer Spalte festlegen oder eine Sortierfolge (engl. *collation order*) definieren. Die Constraints, die Sie für eine Domäne definieren, bestimmen, welche Objekte die Domäne enthalten kann. Sie können Domänen festlegen, nachdem Sie ein Schema erstellt haben. Ein Beispiel:

```
CREATE DOMAIN AGES AS INTEGER
   CHECK (AGE > 20) ;
```

Mit dem Befehl CREATE TABLE können Sie eine Tabelle erstellen, und mit dem Befehl CREATE VIEW können Sie eine Sicht (View) definieren. Weiter oben in diesem Kapitel finden Sie Beispiele für die Befehle CREATE TABLE und CREATE VIEW. Wenn Sie mit CREATE TABLE eine neue Tabelle erstellen, können Sie gleichzeitig Constraints für ihre Spalten definieren. Wenn Sie Constraints definieren wollen, die nicht für eine einzelne Tabelle, sondern für ein gesamtes Schema gelten sollen, benutzen Sie den Befehl CREATE ASSERTION. Außerdem können Sie mit den Befehlen CREATE CHARACTER SET, CREATE COLLATION und CREATE TRANSLATION neue Zeichensätze, Sortierfolgen bzw. Übersetzungstabellen definieren.

Sortierfolgen (engl. *collation sequences*) definieren die Reihenfolge, in der Daten sortiert werden. *Übersetzungstabellen* (engl. *translation tables*) steuern die Übersetzung von Zeichenketten aus einem Zeichensatz in einen anderen.

ALTER

Wenn Sie eine Tabelle erstellt haben und feststellen, daß sie nicht ganz den Anforderungen entspricht, können Sie sie mit dem Befehl ALTER TABLE ändern, indem Sie Spalten hinzufügen, ändern oder löschen. Außerdem können Sie mit dem Befehl ALTER Spalten und Domänen ändern.

DROP

Mit dem Befehl DROP TABLE *Tabellenname* können Sie eine Tabelle aus einer Datenbank löschen. Dabei werden ebenfalls alle Daten in der Tabelle sowie die Metadaten im Data-Dictionary gelöscht, die die Tabelle definieren.

Data Manipulation Language (DML)

Weiter oben in diesem Kapitel habe ich bereits gesagt, daß die DDL der Teil von SQL ist, mit dem Sie Datenbankstrukturen erstellen, ändern oder löschen können. Die DDL hat mit den Daten selbst nichts zu tun. Die Data Manipulation Language (DML) ist der Teil von SQL, mit dem Sie die Daten manipulieren. Einige Befehle der DML sehen fast wie gewöhnliche Sätze der englischen Sprache aus und sind leicht zu verstehen. Weil SQL Ihnen eine sehr feine Kontrolle über die Daten gestattet, gibt es jedoch auch Befehle der DML, die sehr komplex sein können. Wenn ein DML-Befehl mehrere Ausdrücke, Klauseln, Prädikate oder Unterabfragen enthält, kann das Verstehen der Funktion des Befehls eine echte Herausforderung darstellen. Wenn Sie sich mit einigen dieser Befehle auseinandergesetzt haben, denken Sie möglicherweise daran, sich ein leichteres Aufgabengebiet zu suchen, wie z. B. Gehirnchirurgie oder Quantendynamik. Solche drastischen Maßnahmen sind jedoch wahrscheinlich nicht notwendig, weil Sie komplizierte SQL-Befehle dadurch verstehen können, daß Sie sie gedanklich in ihre Grundkomponenten zerlegen und diese Stück für Stück analysieren.

Die DML-Befehle, mit denen Sie arbeiten werden, lauten INSERT, UPDATE, DELETE und SELECT. Diese Befehle können aus einer Reihe verschiedener Komponenten, einschließlich mehrerer Klauseln bestehen. Jede Klausel kann Ausdrücke, logische Verknüpfungen, Prädikate, Aggregatfunktionen und Unterabfragen enthalten. Mit Klauseln können Sie die Daten in Ihrer Datenbank sehr fein trennen, um genau die Informationen wiederzugewinnen, die Sie für einen bestimmten Zweck benötigen. In Kapitel 6 behandle ich die Funktionen der DML-Befehle, und in den Kapiteln 7 bis 11 gehe ich näher auf die Details dieser Befehle ein.

Ausdrücke

Ausdrücke sind Teile eines Befehls, die zwei oder mehr Werte mit Hilfe von Operatoren zu einem neuen Wert verknüpfen. Es gibt fünf Arten von Ausdrücken: numerische Ausdrücke, String-Ausdrücke, Datetime-Ausdrücke, Intervall-Ausdrücke und Bedingungsausdrücke.

Numerische Ausdrücke

Numerische Werte können mit den Operatoren der Addition (+), der Subtraktion (–), der Multiplikation (*) und der Division (/) verknüpft werden. Beispiele:

```
12-7
15/3-4
6*(8+2)
```

Die Werte in diesen Beispielen sind sogenannte *numerische Literale*. Diese Werte könnten auch Spaltennamen, Parameter, Host-Variablen oder Unterabfragen sein – vorausgesetzt, daß diese Spaltennamen, Parameter, Host-Variablen oder Unterabfragen einen numerischen Wert haben oder ergeben. Beispiele:

```
SUBTOTAL+TAX+SHIPPING
6*MILES/HOURS
:months/12
```

Der Doppelpunkt im letzten Beispiel zeigt an, daß es sich bei dem folgenden Ausdruck (*months*) entweder um einen Parameter oder eine Host-Variable handelt.

String-Ausdrücke

String-Ausdrücke können einen *Verkettungsoperator* (||) enthalten. Die Verkettung wird benutzt, um zwei oder mehr Zeichenketten zu einer einzigen zu verknüpfen (siehe Tabelle 3.2).

Ausdruck	Ergebnis
'fähiger ' ‖ 'Politiker'	'fähiger Politiker'
'Oxy' ‖ 'moron'	'Oxymoron'
PLZ ‖ ' ' ‖ ORT	Eine einzelne Zeichenkette mit der Postleitzahl und dem Ort, durch ein Leerzeichen getrennt

Tabelle 3.2: Beispiele für Stringverkettungen

Einige Implementierungen von SQL benutzen den Verkettungsoperator + statt ‖.

Einige Implementierungen verfügen noch über andere String-Operatoren als die Verkettung, aber SQL-92 unterstützt solche Operatoren nicht.

Datetime- und Intervall-Ausdrücke

Datetime-Ausdrücke (Überraschung!) haben mit Datumsangaben und Zeiten zu tun. Daten vom Typ DATE, TIME, TIMESTAMP und INTERVAL können in Datetime-Ausdrücken verwendet werden. Das Ergebnis eines Datetime-Ausdrucks ist immer ein Datenelement vom Datetime-Datentyp. Sie können ein Intervall von einem Datetime-Datenelement abziehen oder zu ihm addieren und dabei auch Zeitzoneninformationen benutzen. Beispiel:

```
FAELLIGKEIT + INTERVAL '7' DAY
```

Eine Bibliothek könnte einen solchen Ausdruck benutzen, um die Rückgabe eines ausgeliehenen Buches anzumahnen. Ein weiteres Beispiel, das mit einer Zeit statt eines Datums arbeitet:

```
TIME '18:55:48' AT LOCAL
```

Das Schlüsselwort AT LOCAL zeigt an, daß sich die Zeit auf die lokale Zeitzone bezieht.

Intervall-Ausdrücke haben mit dem Unterschied (der verstrichenen Zeit) zwischen Datetime-Datenelementen zu tun. Es gibt zwei Intervallarten: *year-month* und *day-time*. Diese beiden Arten dürfen nicht zusammen in einem Ausdruck verwendet werden.

Nehmen Sie beispielsweise an, daß ein Student ein ausgeliehenes Buch nach dem Fälligkeitsdatum zurückgibt. Mit einem Intervall-Ausdruck können Sie berechnen, wie viele Tage das Buch überfällig war:

```
(RUECKGABE_DATUM - FAELLIGKEIT_DATUM) DAY
```

Weil ein Intervall entweder vom Typ *year-month* oder vom Typ *day-time* sein kann, müssen Sie den Typ spezifizieren, in diesem Beispiel also DAY.

Bedingungsausdrücke

CASE, NULLIF und COALESCE sind Bedingungsausdrücke, die ich ausführlich in Kapitel 8 behandle. (Tatsächlich sind NULLIF und COALESCE Makros, die dazu dienen, gewisse häufig verwendete CASE-Ausdrücke in Kurzform zu schreiben.) Bedingungsausdrücke geben SQL die Fähigkeit, verschiedene Aktionen in Abhängigkeit von der Wahrheit mehrerer Bedingungen auszuführen. Die Bedingungsausdrücke in SQL-92 machen diese Version zu einer sehr viel mächtigeren Sprache als SQL-89, das nicht über diese Ausdrücke verfügt.

Prädikate

Prädikate sind die Form, in der logische Aussagen in SQL repräsentiert werden. Der folgende Satz ist ein Beispiel einer Aussage:

»Der Student ist ein Senior.«

Nehmen Sie beispielsweise an, daß es in einer Tabelle mit Informationen über Studenten eine Spalte mit dem Name CLASS gibt. Die Domäne dieser Spalte soll die Werte SENIOR, JUNIOR, SOPHOMORE, FRESHMAN oder NULL umfassen. Dann können Sie das Prädikat CLASS = SENIOR benutzen, um alle Zeilen herauszufiltern, für die das Prädikat wahr ist. In manchen Fällen ist der Wert des Prädikats in einer Zeile unbekannt (NULL). In diesen Fällen können Sie wählen, ob Sie die Zeile in Ihre Auswahl aufnehmen wollen oder nicht. (Schließlich *könnte* der Student ein Senior sein.) Die richtige Vorgehensweise hängt von der speziellen Situation ab.

CLASS = SENIOR ist ein Beispiel eines *Vergleichsprädikats*. In SQL gibt es sechs Vergleichsoperatoren. Ein einfaches Vergleichsprädikat benutzt einen dieser Operatoren. Tabelle 3.3 gibt einen Überblick über die Vergleichsoperatoren und zeigt entsprechende Beispiele.

Operator	Vergleich	Ausdruck
=	Gleich	CLASS = SENIOR
<>	Ungleich	CLASS <> SENIOR
<	kleiner als	CLASS < SENIOR
>	größer als	CLASS > SENIOR
<=	kleiner als oder gleich	CLASS <= SENIOR
>=	größer als oder gleich	CLASS >= SENIOR

Tabelle 3.3: Vergleichsoperatoren und Vergleichsprädikate

In dem vorhergehenden Beispiel sind nur die ersten beiden Einträge (CLASS = SENIOR und CLASS <> SENIOR) sinnvoll, weil SOPHOMORE größer eingestuft wird als SENIOR, da SO in der Standardsortierfolge (aufsteigend alphabetisch) hinter SE kommt. Diese Interpretation ist jedoch wahrscheinlich nicht das, was Sie wollen, da SENIOR das ältere Semester bezeichnet.

Logische Verknüpfungen

Mit logischen Verknüpfungen können Sie einfache Prädikate zu komplexeren zusammensetzen. Nehmen Sie beispielsweise an, daß Sie alle Wunderkinder in einer High-School-Datenbank identifizieren wollen. Damit ein Student als Wunderkind eingestuft wird, müssen die folgenden beiden Aussagen auf ihn zutreffen:

»Der Student ist ein Senior.«

»Der Student ist jünger als 14 Jahre.«

Mit der logischen Verknüpfung AND können Sie ein zusammengesetztes Prädikat bilden, das die gewünschten Studentendatensätze herausfiltert:

```
CLASS = SENIOR AND AGE < 14
```

Bei einer AND-Verknüpfung müssen beide Teilprädikate wahr sein, damit der zusammengesetzte Ausdruck wahr ist. Bei einer OR-Verknüpfung reicht es aus, wenn eins der beiden Teilprädikate wahr ist, damit das zusammengesetzte Prädikat wahr ist. Der dritte logische Operator heißt NOT. Er verknüpft nicht zwei Prädikate, sondern kehrt den Wahrheitswert eines einzelnen Prädikats um. Beispiel:

```
NOT (CLASS = SENIOR)
```

Dieser Ausdruck ist dann wahr, wenn CLASS ungleich SENIOR ist.

Mengenfunktionen

Manchmal betreffen die Informationen, die Sie aus einer Tabelle wiedergewinnen wollen, nicht einzelne Zeilen der Tabelle, sondern die Tabelle insgesamt. SQL-92 definiert zu diesem Zweck fünf *Mengenfunktionen* oder *Aggregatfunktionen*. Diese Funktionen sind COUNT, MAX, MIN, SUM und AVG. Jede dieser Funktionen führt eine Aktion aus, die Daten aus einer Menge von Zeilen statt aus einer einzelnen Zeile betrifft.

COUNT

Die Funktion COUNT gibt die Anzahl der Zeilen in der spezifizierten Tabelle zurück. Um die Anzahl der Wunderkinder in der High-School-Datenbank des letzten Beispiels zu zählen, geben Sie ein:

```
SELECT COUNT (*)
    FROM STUDENT
    WHERE GRADE = 12 und AGE < 14 ;
```

MAX

Die Funktion MAX gibt den größten Wert in der spezifizierten Spalte zurück. Wenn Sie beispielsweise den ältesten Schüler Ihrer Schule finden wollen, geben Sie ein:

```
SELECT VORNAME, NACHNAME, AGE
    FROM STUDENT
    WHERE AGE = (SELECT MAX(AGE) FROM STUDENT);
```

Dieser Befehl ermittelt alle Studenten mit dem Maximalalter. Wenn beispielsweise der älteste Student 23 Jahre alt ist, gibt dieser Befehl den Vornamen, den Nachnamen und das Alter aller 23jährigen Studenten zurück.

Diese Abfrage arbeitet mit einer Unterabfrage. Die Unterabfrage SELECT MAX(AGE) FROM STUDENT ist in die Hauptabfrage eingebettet.

MIN

Die Funktion MIN gibt den kleinsten Wert in der spezifizierten Spalte zurück. Wenn Sie beispielsweise den jüngsten Schüler Ihrer Schule finden wollen, geben Sie ein:

```
SELECT VORNAME, NACHNAME, AGE
    FROM STUDENT
    WHERE AGE = (SELECT MIN(AGE) FROM STUDENT);
```

Diese Abfrage ermittelt alle Studenten, die so jung wie der jüngste Student sind.

SUM

Die Funktion SUM addiert die Werte der spezifizierten Spalte. Die Spalte muß von einem numerischen Datentyp sein, und der Wert der Summe muß innerhalb des Wertebereichs dieses Typs liegen. Wenn beispielsweise die Spalte vom Typ SMALLINT ist, darf die Summe nicht größer als die Obergrenze des SMALLINT-Datentyps sein. Die Verkaufsdatenbank aus dem Beispiel weiter vorne in diesem Kapitel speichert in der Tabelle RECHUNG Datensätze aller Verkäufe. Um den Gesamtumsatz aller Verkäufe in der Datenbank zu ermitteln, benutzen Sie die Funktion SUM folgendermaßen:

```
SELECT SUM(UMSATZ) FROM RECHUNG;
```

AVG

Die Funktion AVG gibt den Durchschnittswert aller Werte der spezifizierten Spalte zurück. Wie bei der SUM-Funktion muß die Spalte von einem numerischen Datentyp sein. Um den Durchschnittsumsatz aller Verkäufe zu ermitteln, benutzen Sie die Funktion AVG folgendermaßen:

```
SELECT AVG(UMSATZ) FROM RECHUNG
```

Denken Sie daran, daß Nullwerte keinen Zahlenwert haben, so daß alle Zeilen, die in der Spalte UMSATZ einen Nullwert enthalten, bei der Berechnung des Durchschnittsumsatzes ignoriert werden.

Unterabfragen

Wie Sie in dem Abschnitt über Mengenfunktionen weiter oben in diesem Kapitel gesehen haben, sind *Unterabfragen* Abfragen innerhalb einer Abfrage. An jeder Stelle eines SQL-Befehls, an der Sie einen Ausdruck einsetzen können, können Sie auch eine Unterabfrage benutzen. Unterabfragen sind ein mächtiges Werkzeug, um Informationen in einer Tabelle mit Informationen einer anderen Tabelle zu verbinden, weil Sie damit die Abfrage einer Tabelle in die Abfrage einer anderen Tabelle einbetten können. Durch die Verschachtelung von Unterabfragen können Sie Ihr Ergebnis aus Informationen von zwei oder mehr Tabellen zusammensetzen. Wenn Sie mit Unterabfragen richtig umgehen können, können Sie jede beliebige Information aus der Datenbank wiedergewinnen.

SQL-89 unterstützt Unterabfragen nur begrenzt, weil nur eine Seite eines Vergleichs eine Unterabfrage enthalten darf. Bei Implementierungen, die SQL-89 und nicht das volle SQL-92 unterstützen, können die Fälle eingeschränkt sein, in denen Sie Unterabfragen benutzen dürfen.

Data Control Language (DCL)

Die Data Control Language umfaßt vier Befehle: COMMIT, ROLLBACK, GRANT und REVOKE. Diese Befehle dienen dazu, die Datenbank vor zufälligen oder beabsichtigten Schäden zu bewahren.

Transaktionen

Die Gefährdung Ihrer Datenbank ist am größten, während Sie oder jemand anderes sie ändern. Selbst bei einem System mit einem einzigen Benutzer können Änderungen für die Datenbank gefährlich sein. Ein Software- oder Hardware-Ausfall während einer Änderung kann eine Datenbank in einen unbestimmten Zustand irgendwo zwischen dem Ausgangszustand vor der Änderung und dem beabsichtigten Zielzustand nach der Änderung versetzen.

SQL schützt Ihre Datenbank, indem es die Operationen, welche die Datenbank ändern können, in sogenannte *Transaktionen* einkapselt. Während einer Transaktion arbeitet SQL mit einer zeitlich begrenzten Kopie der Daten. Erst am Schluß der Transaktion, nachdem Sie den Befehl COMMIT geben haben, werden die Änderungen für die echten Daten wirksam. Wenn die Transaktion vor dem COMMIT abgebrochen wird, können Sie das System mit dem Befehl ROLLBACK in seinen ursprünglichen Zustand zurückversetzen. Nach einem Rollback können Sie die Ursachen des Problems suchen und beseitigen und dann die Transaktion noch einmal ausführen.

 Solange Hardware- oder Software-Probleme möglich sind, kann Ihre Datenbank beschädigt werden. Um das Risiko einer Beschädigung zu minimieren, sollten Sie alle Operationen, welche die Datenbank ändern, innerhalb von Transaktionen ausführen. Im Falle eines Fehlers können Sie dann jederzeit zu dem definierten Ausgangszustand der Transaktionen zurückkehren.

Bei einem Multiuser-System kann eine Datenbank auch ohne Hardware- oder Software-Fehler beschädigt werden. Interaktionen zwischen zwei oder mehr Benutzern, die gleichzeitig auf dieselbe Tabelle zugreifen, können ernste Probleme verursachen. Auch dieses Problem können Sie in SQL lösen, indem Sie Änderungen in Transaktionen einkapseln.

Mit Transaktionen können Sie alle Änderungen eines Benutzers von denen eines anderen trennen. Sie müssen die Änderungsoperationen voneinander isolieren, wenn Sie die Korrektheit der Daten in Ihrer Datenbank gewährleisten wollen.

 Vielleicht fragen Sie sich, wie die Interaktion zweier Benutzer zu falschen Daten führen kann. Nehmen Sie beispielsweise an, daß der erste Benutzer einen Datensatz einer Datenbanktabelle liest. Kurz danach ändert der zweite Benutzer ein numerisches Feld desselben Datensatzes. Danach schreibt der erste Benutzer einen Wert in dieses Feld, der auf dem ursprünglich gelesenen Feldinhalt beruht. Weil der erste Benutzer nichts von der Änderung des zweiten Benutzers weiß, ist der Wert nach der Schreiboperation des ersten Benutzers nicht korrekt.

Ein weiteres Problem kann daraus entstehen, daß der erste Benutzer einen Datensatz schreibt und der zweite Benutzer danach diesen Datensatz liest. Falls der erste Benutzer die Transaktion mit einem Rollback rückgängig macht, arbeitet Benutzer zwei jetzt mit falschen Daten, weil die gelesenen Daten nicht mit den Daten übereinstimmen, die nach dem Rollback des ersten Benutzers in der Datenbank stehen.

Benutzer und Berechtigungen

Abgesehen von Datenschäden, die durch Hardware- und Software-Probleme oder die unbeabsichtigte Interaktion zweier Benutzer entstehen, stellen die Benutzer selbst eine weitere größere Bedrohung der Datenintegrität dar. Einige Leute sollen überhaupt keinen Zugriff auf die Daten haben. Andere sollen nur auf einen Teil der Daten zugreifen dürfen. Einige sollen einen unbegrenzten Zugriff auf alle Daten haben. Deshalb benötigen Sie ein System, um die Benutzer zu klassifizieren und ihnen verschiedene Zugriffsberechtigungen einzuräumen.

Falls der Besitzer eines Schemas nicht explizit in dem CREATE-Befehl angegeben wird, ist der Ersteller eines Schemas auch sein Besitzer. Als Besitzer eines Schemas können Sie anderen Benutzern Zugriffsberechtigungen einräumen. Andere Benutzer verfügen nur über die Berechtigungen, die Sie ihnen ausdrücklich einräumen. Sie können eingeräumte Berechtigungen jederzeit wieder entziehen. Ein Benutzer muß sich authentifizieren, ehe er auf die Daten zugreifen kann, für die Sie ihm ein Zugriffsrecht eingeräumt haben. Die Authentifizierung hängt von der Implementierung ab.

In SQL können Sie folgende Datenbankobjekte schützen:

- Tabellen
- Spalten
- Sichten
- Domänen
- Zeichensätze
- Sortierfolgen
- Übersetzungstabellen

Zeichensätze, Sortierfolgen und Übersetzungstabellen sind Thema von Kapitel 5.

SQL-92 unterstützt sechs Schutzarten: *seeing, adding, modifying, deleting, referencing* und *using*. Deutsch: *sehen, hinzufügen, ändern, löschen, referenzieren* und *benutzen*.

Berechtigungen werden mit dem Befehl GRANT eingeräumt und mit dem Befehl REVOKE entzogen. Mit der DCL können Sie die Benutzung der Befehle SELECT, INSERT, UPDATE und DELETE steuern und damit kontrollieren, wer welche Datenbankobjekte, wie z. B. Tabellen, Spalten oder Sichten, benutzen, einfügen, ändern oder löschen darf.

Wenn eine Tabelle eine Fremdschlüsselspalte enthält, die einen Primärschlüssel in einer anderen Tabelle referenziert, können Sie für die erste Tabelle ein entsprechendes Fremdschlüssel-Constraint definieren. Wenn eine Tabelle eine andere Tabelle referenziert, kann der Besitzer der ersten Tabelle Schlüsse über den Inhalt der zweiten Tabelle ziehen. Als Besitzer der zweiten Tabelle möchten Sie möglicherweise Schnüffeleien dieser Art unterbinden. Mit dem Befehl GRANT REFERENCES von SQL-92 können Sie dies tun. Der folgende Abschnitt beschreibt das Problem der *abtrünnigen Referenzen* (engl. *renegade reference*) und wie Sie es mit dem Befehl GRANT REFERENCES vermeiden können. Mit dem Befehl GRANT USAGE können Sie den Zugriff auf und die Benutzung von Domänen, Zeichensätzen, Sortierfolgen und Übersetzungstabellen kontrollieren (Dieses Thema wird in Kapitel 12 behandelt.)

Tabelle 3.4 faßt die SQL-Befehle zusammen, mit denen Sie Berechtigungen einräumen und entziehen können.

Schutzoperation	Befehl
Sehen einer Tabelle zulassen	GRANT SELECT
Sehen einer Tabelle verhindern	REVOKE SELECT
Einfügen von Zeilen in eine Tabelle zulassen	GRANT INSERT
Einfügen von Zeilen in eine Tabelle verhindern	REVOKE INSERT
Änderung von Daten in Tabellenzeilen zulassen	GRANT UPDATE
Änderung von Daten in Tabellenzeilen verhindern	REVOKE UPDATE
Löschen von Tabellenzeilen zulassen	GRANT DELETE

Schutzoperation	Befehl
Löschen von Tabellenzeilen verhindern	REVOKE DELETE
Referenzieren einer Tabelle zulassen	GRANT REFERENCES
Referenzieren einer Tabelle verhindern	REVOKE REFERENCES
Benutzung einer Domäne, eines Zeichensatzes, einer Sortierfolge oder einer Übersetzungstabelle zulassen	GRANT USAGE ON DOMAIN, GRANT USAGE ON CHARACTER SET, GRANT USAGE ON COLLATION, GRANT USAGE ON TRANSLATION
Benutzung einer Domäne, eines Zeichensatzes, einer Sortierfolge oder einer Übersetzungstabelle verhindern	REVOKE USAGE ON DOMAIN, REVOKE USAGE ON CHARACTER SET, REVOKE USAGE ON COLLATION, REVOKE USAGE ON TRANSLATION

Tabelle 3.4: Schutzarten

Sie können verschiedenen Benutzern in Abhängigkeit von ihren Aufgaben unterschiedliche Berechtigungen zuweisen. Die folgenden Befehle geben einige Beispiele dieser Möglichkeit:

```
GRANT SELECT
    ON KUNDE
    TO VERKAUFSLEITER;
```

Das erste Beispiel gewährt einer Person (VERKAUFSLEITER) die Berechtigung, die Kundentabelle (KUNDE) zu sehen.

```
GRANT SELECT
    ON VERKAUFSPREISLISTE
    TO PUBLIC;
```

Das zweite Beispiel gewährt jedem Benutzer (PUBLIC), der Zugang zum System hat, die Berechtigung, die Liste mit den Verkaufspreisen (VERKAUFSPREISLISTE) zu sehen.

```
GRANT UPDATE
    ON VERKAUFSPREISLISTE
    TO VERKAUFSLEITER;
```

Das dritte Beispiel gewährt dem Verkaufsleiter (VERKAUFSLEITER) die Berechtigung, die Preisliste (VERKAUFSPREISLISTE) zu ändern. Mit dieser Berechtigung kann er den Inhalt vorhandener Zeilen ändern, aber keine Zeilen hinzufügen oder löschen.

```
GRANT INSERT
    ON VERKAUFSPREISLISTE
    TO VERKAUFSLEITER;
```

Das vierte Beispiel gewährt dem Verkaufsleiter (VERKAUFSLEITER) die Berechtigung, Zeilen in die Preisliste (VERKAUFSPREISLISTE) einzufügen.

```
GRANT DELETE
    ON VERKAUFSPREISLISTE
    TO SALES MANAGER;
```

Das letzte Beispiel gewährt dem Verkaufsleiter (VERKAUFSLEITER) die Berechtigung, Zeilen aus der Preisliste (VERKAUFSPREISLISTE) zu löschen.

Referentielle Integritäts-Constraints können Ihre Daten gefährden

Vielleicht meinen Sie, daß Ihre Datenbank gut geschützt ist, wenn Sie das Sehen, Erstellen, Ändern und Löschen einer Tabelle kontrollieren können. Für die meisten Bedrohungen trifft dies auch zu. Aber ein fähiger Hacker kann Ihre Daten mit indirekten Methoden immer noch ruinieren.

Eine korrekt entworfene relationale Datenbank erfüllt die Regeln der *referentiellen Integrität*, d. h., daß die Daten in einer Tabelle der Datenbank mit den Daten in allen anderen Tabellen konsistent sind. Um die referentielle Integrität sicherzustellen, definieren Datenbankdesigner Tabellen-Constraints, um die Daten einzuschränken, die in den Tabellen gespeichert werden können. Wenn Sie die referentielle Integrität einer Datenbank mit Constraints schützen wollen, kann ein Benutzer eine neue Tabelle mit einer Spalte anlegen, die als Fremdschlüssel zu der vertraulichen Tabelle dient. Diese Spalte dient als Verbindungsglied, mit dem es möglich ist, vertrauliche Informationen zu stehlen.

Nehmen Sie beispielsweise an, Sie wären ein berühmter Aktienanalytiker an der Wall Street. Viele Leute glauben an die Korrektheit Ihrer Aktienauswahl, so daß viele Ihrer Kunden die Aktien kaufen, die Sie empfehlen, und der Wert der Aktien steigt. Sie speichern Ihre Analysen in einer Datenbank, die eine Tabelle mit dem Namen FOUR_STAR enthält. Ihre Spitzenempfehlungen für Ihr nächstes Rundschreiben sind in dieser Tabelle gespeichert. Natürlich beschränken Sie den Zugriff auf FOUR_STAR, damit Ihre Empfehlungen nicht in der Öffentlichkeit bekannt werden, ehe Ihre zahlenden Abonnenten Ihr Rundschreiben erhalten haben.

Dennoch sind Sie verwundbar, wenn ein anderer Benutzer eine neue Tabelle anlegen kann, die das Feld mit dem Namen der Aktie in der Tabelle FOUR_STAR als Fremdschlüssel definiert. Das folgende Beispiel zeigt den entsprechenden Befehl:

```
CREATE TABLE HOT_STOCKS (
    STOCK CHARACTER (30) REFERENCES FOUR_STAR
    );
```

Der Hacker kann jetzt versuchen, die Namen aller Aktien, die an der New Yorker-Börse gehandelt werden, in diese neue Tabelle einzufügen. Falls ein INSERT-Befehl erfolgreich ist, weiß er, daß die betreffende Aktie in Ihrer vertraulichen Tabelle enthalten ist. Bei der Geschwindigkeit, mit der Computer arbeiten, dauert es nicht lange, bis der Hacker die gesamte Liste der Aktien in Ihrer Tabelle ermittelt hat.

Sie können sich gegen Einbruchsversuche dieser Art schützen, indem Sie sorgfältig darauf achten, wem Sie die Berechtigung einräumen, Ihre Tabellen zu referenzieren:

```
GRANT REFERENCES (STOCK)
    ON FOUR_STAR
    TO HACKER;
```

Räumen Sie diese Berechtigung nur Leuten ein, die Ihr Vertrauen (wahrscheinlich) nicht mißbrauchen.

Dieses Beispiel liefert einen guten Grund dafür, die REFERENCES-Berechtigung sorgfältig zu kontrollieren. Es gibt noch zwei andere Gründe dafür, mit der REFERENCES-Berechtigung sorgfältig umzugehen:

- ✔ Wenn die andere Person in der Tabelle HOT STOCKS das Constraint in einer RESTRICT-Option spezifiziert, können Sie aus Ihrer Tabelle keine Zeilen mehr löschen, die in der anderen Tabelle referenziert werden, weil Sie dadurch gegen ein referentielles Constraint verstoßen würden.
- ✔ Wenn Sie Ihre Tabelle mit dem Befehl DROP löschen wollen, müssen Sie entweder die andere Person dazu veranlassen, das Constraint aufzuheben (oder die Tabelle zu löschen) oder Sie müssen bei Ihrem DROP-Befehl die Option CASCADE spezifizieren und damit auch die Tabelle der anderen Person zerstören.

Wenn Sie einer anderen Person die Berechtigung einräumen, Integritäts-Constraints für Ihre Tabelle zu definieren, läuft dies unter dem Strich darauf hinaus, daß Sie damit nicht nur mögliche Sicherheitslücken öffnen, sondern den anderen Benutzer zu einem Störfaktor Ihrer eigenen Arbeit machen.

Die Verantwortung für die Sicherheit delegieren

Wenn Sie die Sicherheit Ihres Systems gewährleisten wollen, müssen Sie strikt kontrollieren, wem Sie welche Berechtigungen einräumen. Andererseits gehen Ihnen Leute, die ihre Arbeit nicht erledigen können, weil sie nicht über die entsprechenden Zugriffsberechtigungen verfügen, ständig auf die Nerven. Deshalb sollten Sie einen Teil Ihrer Verantwortung für die Sicherheit der Datenbank delegieren. Für diesen Zweck gibt es in SQL die Klausel WITH GRANT OPTION. Betrachten Sie das folgende Beispiel:

```
GRANT UPDATE
    ON VERKAUFSPREISLISTE
    TO VERKAUFSLEITER WITH GRANT OPTION
```

Dieser Befehl ähnelt dem Befehl in dem GRANT UPDATE-Beispiel: Er gewährt dem Verkaufsleiter (VERKAUFSLEITER) die Berechtigung, die Preisliste (VERKAUFSPREISLISTE) zu ändern. Zusätzlich gibt er ihm auch das Recht, seinerseits anderen Benutzern die Änderungsberechtigung einzuräumen. Wenn Sie diese Form des GRANT-Befehls benutzen, müssen Sie nicht nur der Person trauen, der Sie die Berechtigung einräumen, sondern Sie müssen sich auch darauf verlassen, daß die Person die Berechtigung nur an vertrauenswürdige andere Benutzer weitergibt.

 Mit der folgenden Anweisung sprechen Sie das größte Vertrauen aus, machen die Datenbank aber auch größtmöglich verletzbar:

```
GRANT ALL PRIVILEGES
    ON FOUR_STAR
    TO BENEDICT_ARNOLD WITH GRANT OPTION;
```

Gehen Sie mit Anweisungen dieser Art *extrem* sorgfältig um.

Teil II

Datenbanken mit SQL konstruieren

In diesem Teil...

Das Leben einer Datenbank durchläuft die folgenden vier Hauptphasen:

- ✔ Datenbank erstellen
- ✔ Datenbank mit Daten füllen
- ✔ Daten manipulieren und selektieren
- ✔ Daten löschen

In diesem Buch behandele ich alle Phasen, aber in Teil II konzentriere ich mich auf die Erstellung von Datenbanken. Mit SQL können Sie relationale Datenbanken beliebiger Größe und Komplexität erstellen. In diesem Teil beschreibe ich, wie dies im einzelnen funktioniert. Außerdem behandele ich einige der häufigsten Probleme, die bei relationalen Datenbanken auftreten können, und sage Ihnen, wie Sie diese Probleme mit SQL vermeiden oder wenigstens ihre Auswirkungen minimieren können.

Eine einfache Datenbankstruktur erstellen und verwalten

In diesem Kapitel

▶ Eine Datenbanktabelle mit grafischen Entwicklungswerkzeugen erstellen
▶ Die Struktur einer Datenbanktabelle mit grafischen Entwicklungswerkzeugen ändern
▶ Eine Datenbanktabelle mit grafischen Entwicklungswerkzeugen löschen
▶ Eine Datenbanktabelle mit SQL erstellen, ändern und löschen
▶ Eine Datenbank in ein anderes DBMS portieren

Der erste elektronische Computer wurde direkt nach dem zweiten Weltkrieg eingesetzt; er funktionierte nach der sogenannten *zweiwertigen (binären) Logik*. Die Maschine bestand im wesentlichen aus einer großen Anzahl miteinander verbundener Schalter, die jeweils ein- oder ausgeschaltet waren. Die beiden Zustände eines Schalters (an/aus) entsprachen der *1* bzw. *0* des binären Zahlensystems. Um die ersten elektronischen Rechner zu benutzen, mußten die Computerwissenschaftler eine Folge von Einsen und Nullen in die Maschine eingeben und sie dann rechnen lassen. Das Ergebnis bestand aus einer weiteren Folge von Einsen und Nullen. Diese Vorgehensweise war für den Computer sehr einfach, aber für Menschen eine Tortur, weil diese normalerweise nicht in Einsen und Nullen denken. In diesen Anfangstagen gab es auf dem ganzen Planeten glücklicherweise nur eine Handvoll von Computern, denn es gab nur ganz wenige Leute, die diese Maschine programmieren konnten.

Mit dem technischen Fortschritt von Vakuumröhren über Transistoren bis hin zu integrierten Schaltkreisen wurden Computer immer schneller und leistungsfähiger. Die Maschinen konnten nach und nach immer mehr Aufgaben übernehmen. Dadurch wurde das Leben für ihre Benutzer einfacher. Der erste Schritt in dieser Entwicklung bestand darin, die Maschinen nicht mehr in der *binären Maschinensprache* (der Sprache der ersten Generation), sondern in einer *assemblierten Sprache* (einer Sprache der zweiten Generation) zu programmieren. Der nächste Schritt brachte noch höher entwickelte Sprachen (Sprachen der dritten Generation), wie z.B. FORTRAN, COBOL, Basic, Pascal und C. Später wurden Sprachen speziell für das Arbeiten mit Datenbanken entwickelt, wie z.B. dBASE, Paradox und R:BASE (Sprachen zwischen der dritten und vierten Generation). Der jüngste Schritt in dieser Entwicklung ist das Aufkommen kompletter Entwicklungsumgebungen wie z.B. *Delphi*, *IntraBuilder* und *C++ Builder* (Sprachen der vierten Generation oder 4GLs), mit denen Anwendungen ohne oder nur mit geringer prozeduraler Programmierung erstellt werden können. Diese Werkzeuge haben eine grafische objektorientierte Benutzeroberfläche. Sie werden auch als *Rapid Application Development-Werkzeuge* oder *RAD-Werkzeuge* (Werkzeuge zur schnellen Anwendungsentwicklung) bezeichnet. Mit diesen Werkzeugen können Sie fertige Anwendungen wie bei einem Baukasten aus vorgefertigten Komponenten zusammensetzen.

Wie ich bereits in den Kapiteln 1 bis 3 sagte, ist SQL keine vollständige Sprache. Sie läßt sich nicht sauber in die Generationskategorien einordnen, die ich gerade beschrieben habe. Sie enthält Befehle in der Art von Sprachen der dritten Generation, ist aber im wesentlichen nichtprozedural wie die Sprachen der vierten Generation. Aber im Grunde ist es unwichtig, wie Sie SQL klassifizieren. Sie können es zusammen mit allen Entwicklungswerkzeugen der dritten und vierten Generation benutzen. Sie können den SQL-Code selbst schreiben oder Objekte auf dem Bildschirm verschieben und der Entwicklungsumgebung die Aufgabe überlassen, für Sie den dazu passenden Code zu generieren. Die Befehle, die an die remote Datenbank gesendet werden, sind auf jeden Fall pure SQL-Befehle.

In diesem Kapitel zeige ich Ihnen, wie Sie eine einfache Tabelle erst mit einem RAD-Werkzeug und dann mit SQL erstellen, ändern und löschen können.

Eine einfache Datenbank mit einem RAD-Werkzeug erstellen

Datenbanken werden zur Speicherung von Informationen verwendet. Manchmal sind diese Informationen einfach, manchmal kompliziert. Ein gutes Datenbankverwaltungssystem bietet für beide Fälle eine Lösung. Einige Systeme stellen Ihnen SQL zur Verfügung. Andere – die sogenannten *Rapid Application Development-Werkzeuge* oder *RAD-Werkzeuge* – bieten Ihnen eine objektorientierte grafische Umgebung. Einige Systeme unterstützen beide Ansätze. In den folgenden Abschnitten werde ich eine einfache, aus einer Tabelle bestehende Datenbank mit einem objektorientierten grafischen Datenbankentwurfswerkzeug erstellen, um Ihnen zu zeigen, wie dieser Prozeß abläuft. Dabei benutze ich *C++Builder* von *Borland*, aber die Prozedur ist bei anderen Windows-basierten Entwicklungsumgebungen ähnlich.

Ein plausibles Szenario

Der erste Schritt besteht darin festzulegen, welche Daten Sie speichern wollen. Betrachten Sie ein plausibles Beispiel: Nehmen Sie an, daß Sie gerade 15 Millionen im Lotto gewonnen haben. Plötzlich kommen aus allen Richtungen Leute und alte Freunde auf Sie zu, von denen Sie seit Jahren nichts mehr gehört haben. Einige bieten Ihnen todsichere Geschäftstips an. Andere suchen Ihre Unterstützung für einen wohltätigen Zweck. Da Sie ein verantwortungsbewußter Mitbürger sind, wollen Sie Ihren neuen Wohlstand so gut wie möglich verwalten. Sie erkennen, daß einige Geschäftsgelegenheiten wahrscheinlich nicht so gut wie andere und daß einige Wohltätigkeitszwecke nicht so unterstützungswürdig wie andere sind. Um den Überblick zu behalten und allen Vorschlägen gerecht werden zu können, wollen Sie alle Optionen in einer Datenbank speichern.

4 ➤ Eine einfache Datenbankstruktur erstellen und verwalten

Dabei wollen Sie folgende Daten speichern:

- ✔ Vorname
- ✔ Nachname
- ✔ Anschrift
- ✔ Ort
- ✔ Bundesland
- ✔ Postleitzahl
- ✔ Telefon
- ✔ Beziehung zu der Person?
- ✔ Vorschlag
- ✔ Geschäft oder Wohltätigkeit?

Sie wollen keinen großen Aufwand treiben und deshalb alle Daten in einer einzigen Datenbanktabelle speichern. Sie starten Ihre C++Builder-Entwicklungsumgebung und blicken auf den Bildschirm (siehe Abbildung 4.1).

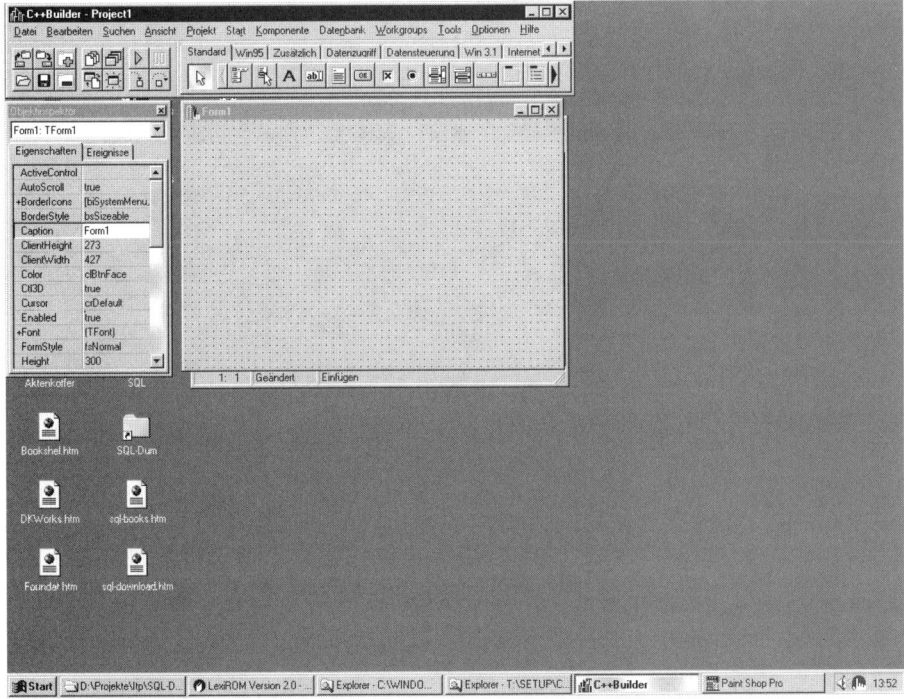

Abbildung 4.1: Der Eröffnungsbildschirm der C++-Builder-Entwicklungsumgebung

Zuviel ist nie genug

Der Bildschirm enthält sehr viel mehr Informationen als DBMS-Produkte früherer Generationen angezeigt haben. In den alten Zeiten (die 80er Jahre) hat ein typisches DBMS Ihnen einen leeren Bildschirm mit einem einzelnen Zeichen als Eingabemarke präsentiert. Die Datenbankverwaltung hat sich seit damals sehr viel weiterentwickelt, aber dennoch ist es auch heute nicht unbedingt einfacher festzustellen, wo man anfangen soll. Manchmal sind zu viele Informationen genauso verwirrend wie zu wenige. Wenn Sie sich jedoch mit den RAD-Werkzeugen vertraut gemacht haben, ist das Arbeiten mit ihnen eine wahre Freude.

Borlands C++Builder ist ein RAD-Werkzeug. Seine Hauptfunktion besteht darin, Anwendungen aller Art zu entwickeln, einschließlich Datenbankanwendungen. Damit ist C++Builder mit anderen RAD-Werkzeugen vergleichbar, wie z.B. Microsofts Visual Basic/Access-Kombination, PowerBuilder und Borlands eigenem dBASE für Windows und Paradox für Windows. C++Builder ist gegenüber diesen anderen Werkzeugen desgwegen im Vorteil, weil ihm die Sprache C++ zugrunde liegt, die mehr und mehr zur Hauptsprache für die ernsthafte Software-Entwicklung wird.

C++Builder enthält eine Komponente mit dem Namen *Datenbankoberfläche*, die demselben Zweck dient wie die Data Definition Language von SQL. Die Datenbankoberfläche stellt grafische Werkzeuge bereit, mit denen Sie Tabellen erstellen, verwalten und löschen können. Andere RAD-Umgebungen enthalten ähnliche Werkzeuge mit ähnlichen Funktionen.

Wählen Sie im Hauptfenster von C++Builder den Menübefehl *Tools/Datenbankoberfläche*, um die Datenbankoberfläche zu öffnen (siehe Abbildung 4.2).

Abbildung 4.2: Die Datenbankoberfläche

Das Fenster der Datenbankoberfläche ist bewundernswert aufgeräumt. Es ist fast ganz leer. Dennoch bietet Ihnen die Datenbankoberfläche über ihre Menüs eine Reihe von Optionen. Mehr brauchen Sie auch nicht. Wählen Sie den Menübefehl *Datei/Neu/Tabelle*, um eine neue Datenbanktabelle zu definieren. C++Builder zeigt das Dialogfeld *Tabelle erstellen* an.

Auf den verschiedenen Plattformen gibt es eine größere Anzahl unterschiedlicher Datenbankdateiformate. Um im Wettbewerb bestehen zu können, muß ein Entwicklungswerkzeug die gebräuchlichsten Formate erstellen und verarbeiten können. In C++Builder können Sie die Formate der gebräuchlichsten Mainframe-, UNIX- und PC-Datenbanken wählen. Wählen Sie in unserem Beispiel das Format *dBASE für Windows*. Borlands dBASE für Windows ist ein gebräuchliches relationales Datenbankverwaltungssystem für PCs. Sie können mit SQL auf dBASE-Dateien und andere Dateien in gebräuchlichen Formaten zugreifen.

Mit RAD geht es wirklich schnell

Nachdem Sie im Dialogfeld *Tabelle erstellen* den Dateityp *dBASE für Windows* gewählt haben, erscheint ein Fenster zu Tabellendefinition (siehe Abbildung 4.3).

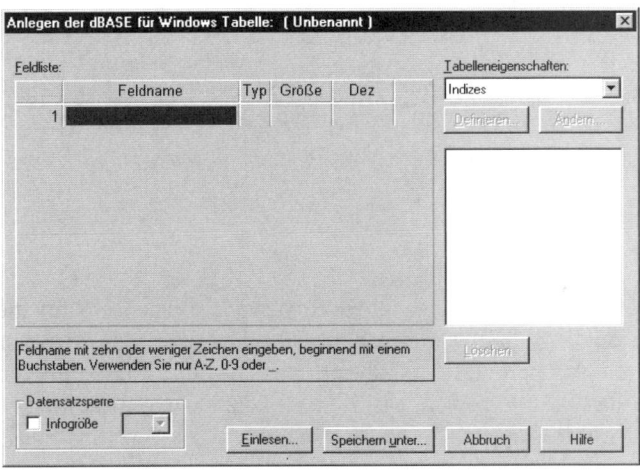

Abbildung 4.3: Fenster zur Definition einer Tabelle im dBASE *für Windows-Format*

In der Feldliste können Sie den Feldnamen (der dem Tabellenspaltennamen entspricht), den Feldtyp, die Feldgröße und die Anzahl der Dezimalstellen (Dez; falls zutreffend) eingeben. Geben Sie für alle gewünschten Felder eine Zeile ein. dBASE für Windows benutzt aus historischen Gründen den Terminus *Feld* statt *Spalte*, um ein Attribut zu kennzeichnen. Das ursprüngliche dBASE-Produkt, dBASE II, war nicht relational und orientierte sich an der gebräuchlichen Terminologie für flache Dateisysteme.

Da Sie jetzt als neuer Multimillionär bekannt sind, kommen so viele Leute zu Ihnen, daß einige mit den gleichen Vornamen und Nachnamen darunter sind. Um die Vorschläge dieser

Leute unterscheiden zu können, müssen Sie noch ein weiteres Attribut – eine eindeutige Angebotsnummer – in jeden Datensatz Ihrer Tabelle einfügen. Wir wollen dieses Attribut ANGEBOT_NR nennen. Damit können Sie einen *Hans Schmitz* vom anderen unterscheiden.

Geben Sie alle Feldinformationen in die Feldliste, einschließlich passender Werte für den Feldtyp und die Größe, ein. Wenn Sie fertig sind, sollte Ihre Feldliste etwa wie Abbildung 4.4 aussehen.

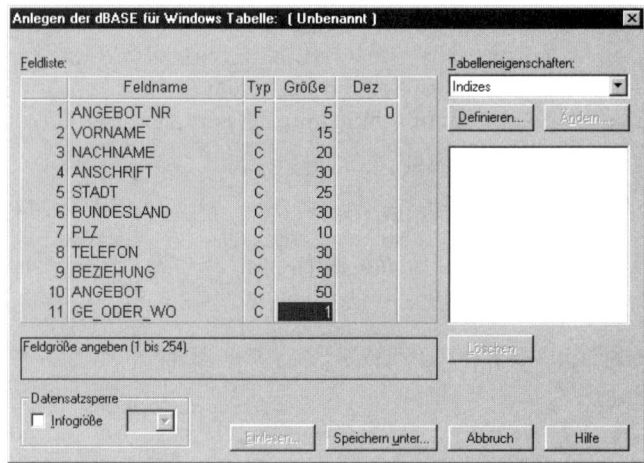

Abbildung 4.4: Eine komplette Feldliste

Einen Index definieren

Weil die Anzahl der geschäftlichen Angebote und Spendenanfragen leicht in die Tausende gehen kann, brauchen Sie eine schnelle Methode, um auf die Datensätze zugreifen zu können, die Sie interessieren. Sie können diese Aufgabe auf verschiedene Weisen erledigen. Nehmen Sie beispielsweise an, daß Sie alle Vorschläge sehen wollen, die von Ihren Brüdern gemacht wurden. Sie können Ihre Brüder leicht herausfiltern, indem Sie den Inhalt des Felds NACHNAME wie folgt abfragen:

```
SELECT * FROM ANGEBOTE
   WHERE NACHNAME = 'Marx' ;
```

Diese Vorgehensweise funktioniert jedoch nicht mit den Vorschlägen, die von Ihren Schwägern stammen, aber deren Vorschläge können Sie abfragen, wenn Sie ein anderes Feld heranziehen:

```
SELECT * FROM ANGEBOTE
   WHERE BEZIEHUNG = 'Schwager' ;
```

Diese Abfrage funktioniert, aber wenn ANGEBOTE sehr groß ist (einige zehntausend Datensätze), ist die Abfrage nicht sehr schnell. SQL durchsucht zeilenweise die gesamte Tabelle, um die Einträge zu finden, welche die WHERE-Klausel erfüllen. Sie können die Abfrage erheblich beschleunigen, wenn Sie für die Tabelle ANGEBOTE *Indexe* definieren.

Ein *Index* ist eine Tabelle von Zeigern. Jede Zeile in einem Index zeigt auf eine entsprechende Zeile in der Datentabelle.

Sie können für jede Methode, nach der Sie auf die Daten zugreifen wollen, einen eigenen Index anlegen. Wenn Sie in der Tabelle Zeilen einfügen, ändern oder löschen, brauchen Sie die Tabelle nicht neu zu sortieren. Sie müssen nur die Indexe aktualisieren. Sie können einen Index sehr viel schneller aktualisieren, als eine ganze Tabelle sortieren. Nachdem Sie einen Index für die gewünschten Zugriffsspalten angelegt haben, können Sie mit ihm fast augenblicklich auf die Zeilen in der Datentabelle zugreifen.

Weil die Angebotsnummer, ANGEBOT_NR, eindeutig und kurz ist, bietet dieses Feld immer die schnellste Methode, um auf einen einzelnen Datensatz zuzugreifen. Wenn Sie dieses Feld benutzen wollen, müssen Sie natürlich die Angebotsnummer des gewünschten Datensatzes kennen. Zusätzlich können Sie weitere Indexe definieren, die auf anderen Feldern basieren, wie z.B. NACHNAME, PLZ oder BEZIEHUNG. Wenn Sie beispielsweise in der Tabelle einen Index für die Spalte NACHNAME definieren und dann nach dem Nachnamen *Marx* suchen, finden Sie sofort alle Zeilen mit dem Nachnamen *Marx*, denn im Index sind alle *Marx*-Zeilen direkt hintereinander gespeichert. Sie können also *Chico*, *Groucho*, *Harpo*, *Zeppo* und *Karl* beinahe so schnell wiedergewinnen wie *Chico* alleine.

Jeder zusätzliche Index bedeutet in Ihrem System einen zusätzlichen Overhead, der die Operationen etwas verlangsamt. Sie müssen diese Verlangsamung gegen den indexbedingten Gewinn an Geschwindigkeit beim Zugriff auf die Datensätze abwägen. Felder zu indizieren, die Sie häufig zum Zugriff auf die Datensätze in einer großen Tabelle benutzen, zahlt sich im allgemeinen langfristig aus. Felder zu indizieren, die Sie selten oder nie für die Wiedergewinnung benutzen, kostet mehr, als es einbringt. Indexe für Felder zu erstellen, die nur wenige verschiedene Werte enthalten, ist sinnlos, weil die Datensätze durch einen solchen Index kaum voneinander unterschieden werden. Beispielsweise trennt das Feld GE_ODER_WO die gesamten Datensätze der Tabelle nur in zwei Kategorien und ist deshalb als Index wertlos.

Die Wirksamkeit eines bestimmten Indexes unterscheidet sich von einer Implementierung zur nächsten. Wenn Sie eine Datenbank von einer Plattform auf eine andere portieren, kann es passieren, daß die Indexe, die auf dem ersten System das beste Zeitverhalten zeigten, auf der neuen Plattform nur langsam laufen. Es kann sogar passieren, daß die Tabellenzugriffe mit Indexen auf dem neuen System langsamer laufen als Tabellenabfragen ohne Indexe. Sie müssen Ihre Indexe für jedes spezielle DBMS und jede Hardware-Konfiguration separat optimieren. Probieren Sie verschiedene Indexkombinationen aus, bis Sie unter Berücksichtigung der Abfrage- und Änderungszeiten das beste Gesamtverhalten herausgefunden haben.

Um für unsere Beispieltabelle einen Index zu definieren, klicken Sie in dem Dialogfeld *Umstrukturieren der dBASE IV Tabelle: ANGEBOTE.dbf* auf die Schaltfläche *Definieren*. Damit öffnen Sie das Dialogfeld *Index definieren* (siehe Abbildung 4.5).

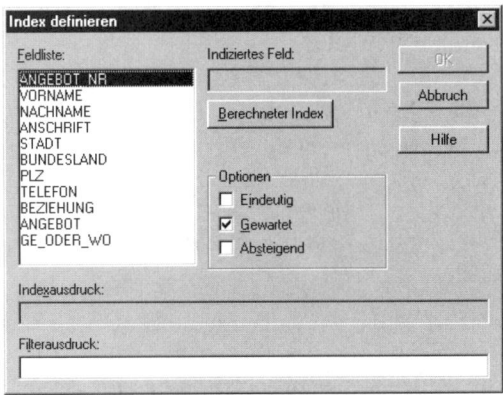

Abbildung 4.5: Das Dialogfeld Index definieren

Wählen Sie in der Feldliste auf der linken Seite des Dialogfelds eins oder mehrere Felder, das bzw. die als Index dienen sollen. Der Index wird in dem Feld *Indiziertes Feld* auf der rechten Seite angezeigt. Wählen Sie das Feld ANGEBOT_NR, und klicken Sie dann auf OK. Das Dialogfeld *Index speichern unter* wird angezeigt und schlägt den Indexnamen ANGEBOT_NR vor. Klicken Sie auf OK, um den vorgeschlagenen Namen zu übernehmen. Danach kehren Sie zum Dialogfeld *Umstrukturieren der dBASE IV Tabelle: ANGEBOTE.dbf* zurück. Eine SQL-Tabelle kann mehrere Indexe haben. Sie können jetzt auf die gleiche Weise weitere Indexe für andere Felder erstellen, z.B. für NACHNAME, PLZ und BEZIEHUNG.

Wenn Sie alle Indexe erstellt haben, speichern Sie die neue Tabellenstruktur, indem Sie im Dialogfeld *Umstrukturieren der dBASE IV Tabelle: ANGEBOTE.dbf* auf die Schaltfläche *Speichern* klicken.

 Wenn Sie natürlich ein anderes RAD-Werkzeug als Borlands C++Builder benutzen oder einen anderen Dateityp als dBASE wählen, gelten die hier beschriebenen Einzelheiten nicht für Sie, aber die Gesamtprozedur sollte im wesentlichen aus ähnlichen Schritten bestehen.

Die Tabellenstruktur ändern

In den meisten Fällen muß die Struktur von Datenbanktabellen nach dem ersten Entwurf geändert werden. Wenn Sie für einen Kunden arbeiten, können Sie darauf wetten, daß er Ihnen nach dem Erstellen der Datenbank mitteilt, daß das Management noch weitere Datenelemente speichern möchte. Aber auch wenn Sie die Datenbank nur für Ihren eigenen Gebrauch erstellt haben, zeigen sich Mängel in der Struktur häufig erst, nachdem Sie die Tabellen definiert haben. Vielleicht erhalten Sie Angebote aus dem Ausland und müssen deshalb zusätzlich eine Landesspalte definieren. Oder Sie wollen zusätzlich eine E-mail-Adresse speichern. In jedem Fall müssen Sie die Tabellen umstrukturieren. Alle RAD-Werkzeuge bieten Ihnen die Möglichkeit, Tabellenstrukturen zu ändern. Wir wollen uns das Verfahren wieder mit C++ Builder ansehen und unsere Tabelle ANGEBOTE modifizieren.

Nehmen Sie an, daß Sie ein weiteres Anschriftenfeld benötigen, weil für einige Leute eine Anschriftenzeile nicht ausreicht. Wählen Sie in der Datenbankoberfläche den Menübefehl *Datei/ Öffnen/Tabelle*. Das Dialogfeld *Tabelle öffnen* wird angezeigt. Wählen Sie das korrekte Laufwerk (oder das *Alias* für dieses Laufwerk) und das Verzeichnis. Spezifizieren Sie dann den Tabellennamen. Mit dieser Aktion zeigen Sie das strukturelle Skelett der Tabelle auf dem Bildschirm an (siehe Abbildung 4.6).

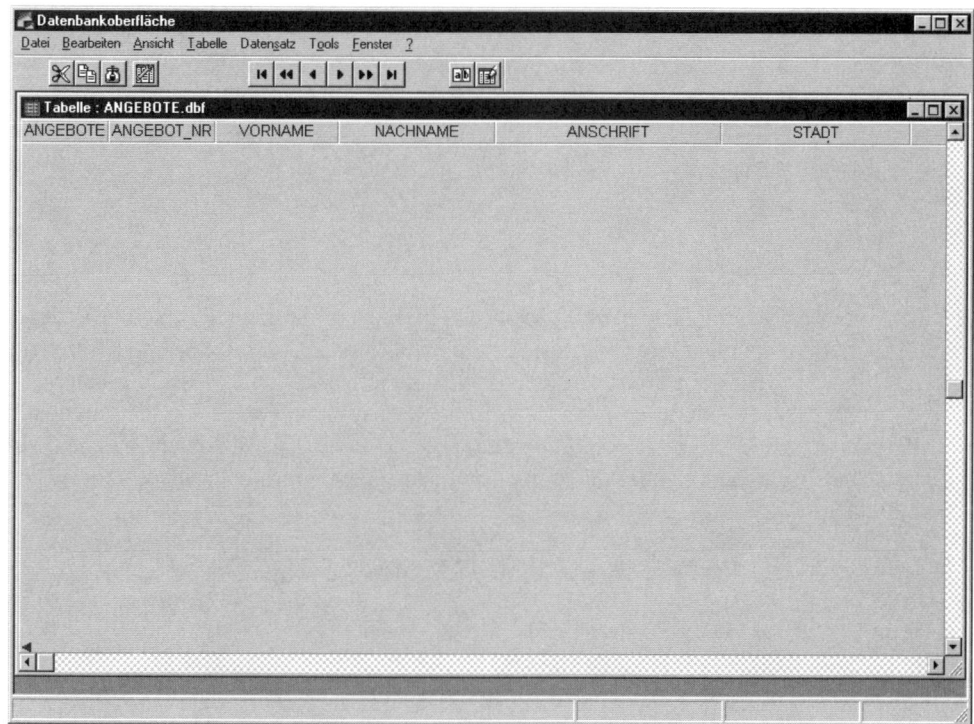

Abbildung 4.6: Die Struktur der Tabelle ANGEBOTE

Um eine Spalte in die Tabelle einzufügen, wählen Sie den Menübefehl *Tabelle/Umstrukturieren*. Das Dialogfeld *Umstrukturieren der dBASE IV Tabelle: ANGEBOTE.dbf* wird angezeigt. Setzen Sie in diesem Dialogfeld den Balken-Cursor der *Feldliste* in die fünfte Zeile (die Zeile unter AN-SCHRIFT), und drücken Sie auf die Taste ⌈Einfg⌉. Mit dieser Aktion fügen Sie in der fünften Zeile eine Leerzeile ein, und die folgenden Zeilen werden nach unten geschoben. Geben Sie in die Leerzeile ANSCHRIFT2 als Feldnamen, C als Typ und 30 als Größe ein (siehe Abbildung 4.7).

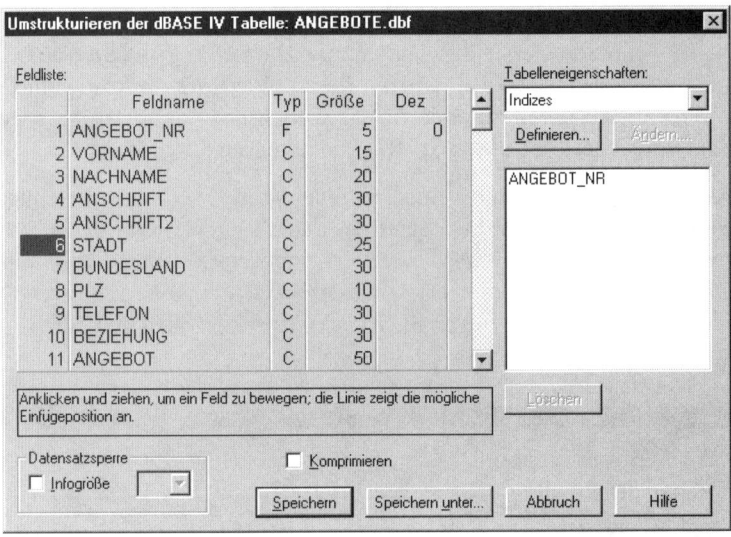

Abbildung 4.7: Die umstrukturierte Tabelle ANGEBOTE

Eine Tabelle löschen

Im Laufe der Entwicklung einer neuen Tabelle sammeln sich manchmal Zwischenversionen an, die noch nicht ganz richtig gewesen sind. Die Tabellen sind später nutzlos und können nur eine unnötige Verwirrung stiften. Deshalb ist es besser, diese Tabellen zu löschen, solange Sie noch wissen, welche Tabelle was enthält. Wählen Sie zu diesem Zweck auf der Datenbankoberfläche den Menübefehl *Tools/Tabellenoperationen/Löschen*. Das Dialogfeld *Löschen* wird geöffnet (siehe Abbildung 4.8). Markieren Sie die Tabelle, die Sie löschen wollen, und drücken Sie auf Entf.

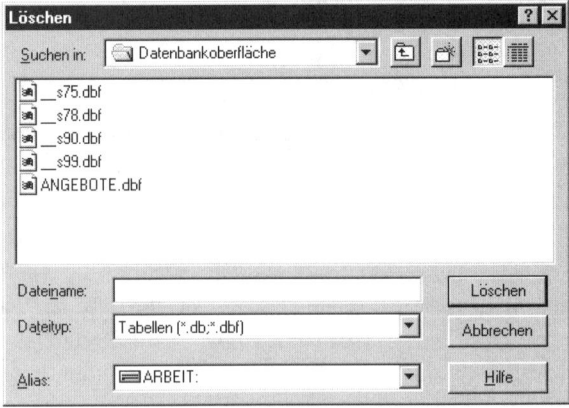

Abbildung 4.8: Das Dialogfeld Löschen

Wenn die Datenbankoberfläche eine Tabelle löscht, löscht sie auch alle dazugehörigen Tabellen, einschließlich der Indexe der Tabelle.

Das Beispiel mit der DDL von SQL erstellen

Sie können alle Funktionen zur Definition einer Datenbank, die Sie mit einem RAD-Werkzeug wie Borlands C++Builder ausführen können, auch mit SQL erfüllen. Statt Menübefehle mit der Maus zu wählen, geben Sie Befehle auf der Tastatur ein. Einige Leute, die lieber Objekte optisch manipulieren, kommen mit RAD-Werkzeugen besser zurecht. Andere ziehen es vor, Wörter zu logischen Befehlen aneinanderzureihen, und arbeiten deshalb lieber mit SQL-Befehlen. Weil sich einige Dinge einfacher im Rahmen des Objektparadigmas darstellen und andere sich leichter mit SQL bewältigen lassen, ist es sinnvoll, beide Methoden zu beherrschen.

In den folgenden Abschnitten benutze ich SQL, um dieselben Operationen zum Erstellen, Ändern und Löschen der Tabelle auszuführen, die ich im vorangegangenen Abschnitt mit dem RAD-Werkzeug erledigt habe.

Eine Tabelle erstellen

Um eine Datenbanktabelle mit SQL zu erstellen, müssen Sie dieselben Informationen wie bei der Erstellung der Tabelle mit dem RAD-Werkzeug eingeben. Während das RAD-Werkzeug sie durch eine Feldliste (oder ähnliche Eingabeformulare) bei der Eingabe der Daten unterstützt und verhindert, daß Sie fehlerhafte Feldnamen, Typen oder Größen eingeben, bekommen Sie in SQL fast gar keine Unterstützung. In SQL müssen Sie vorher wissen, was Sie tun wollen, und können nicht bei der Eingabe herausfinden, was benötigt wird. Sie müssen den kompletten CREATE TABLE-Befehl eingeben, ehe SQL ihn sich überhaupt anschaut, geschweige denn anzeigt, ob Sie in dem Befehl einen Fehler gemacht haben.

Der SQL-Befehl zur Erstellung der Tabelle ANGEBOTE_SQL, die dieselbe Struktur hat wie die Tabelle ANGBOTE des RAD-Beispiels, lautet folgendermaßen:

```
CREATE TABLE ANGEBOTE_SQL (
    ANGEBOT_NR          SMALLINT,
    VORNAME             CHAR (15),
    NACHNAME            CHAR (20),
    ANSCHRIFT           CHAR (30),
    STADT               CHAR (25),
    BUNDESLAND          CHAR (30),
    PLZ                 CHAR (10),
    TELEFON             CHAR (30),
    BEZIEHUNG           CHAR (30),
    ANGEBOT             CHAR (50),
    GE_ODER_WO          CHAR (1)
);
```

Die Informationen in dem SQL-Befehl sind im wesentlichen genauso strukturiert wie in dem RAD-Beispiel.

Was ist einfacher – SQL oder ein RAD-Werkzeug? Wahrscheinlich ist die Methode besser, die Sie am besten beherrschen. Welche Methode Sie benutzen, hängt hauptsächlich von Ihren persönlichen Präferenzen ab. SQL hat den Vorteil, universal zu sein. Es hat unabhängig vom Datenbankverwaltungssystem überall dieselbe Standardsyntax.

SQL ist als Standarddatenbanksprache mit COBOL als Standardprogrammiersprache vergleichbar. Wenn Sie COBOL in der Mitte der 60er Jahre gelernt haben, können Sie heute noch etwas mit diesem Wissen anfangen. Wenn Sie dagegen im Jahre 1992 ein Experte in Borlands RAD-Werkzeug *ObjectVision* waren, als dieses Werkzeug auf den Markt kam, finden Sie heute für Ihr Expertenwissen keine Verwenung mehr, weil ObjectVision längst wieder vom Markt verschwunden ist.

Der Aufwand, den Sie in das Erlernen von SQL stecken, zahlt sich langfristig aus, weil es SQL – ähnlich wie COBOL – noch lange geben wird. Die Anstrengungen, die Sie unternehmen, um ein bestimmtes Entwicklungswerkzeug beherrschen zu lernen, zahlt sich wahrscheinlich viel weniger aus. Denn egal, wie wundervoll das neueste RAD-Werkzeug sein mag – Sie können sicher sein, daß es in ein bis drei Jahren durch eine neuere Technologie überholt und abgelöst werden wird. Wenn Sie innerhalb dieser Zeitspanne Ihre Investitionen in das Werkzeug wieder verdienen können – großartig! Arbeiten Sie damit. Wenn Sie dies jedoch wahrscheinlich nicht schaffen, sind Sie gut beraten, beim Bewährten zu bleiben. Bilden Sie Ihre Mitarbeiter in SQL aus, und Ihr Schulungsaufwand wird sich mit Sicherheit über eine viel längere Zeitspanne hinweg auszahlen.

Einen Index erstellen

Indexe sind sehr wichtige Bestandteile relationaler Datenbanken. Sie enthalten Zeiger auf die Daten in den Datenbanktabellen. Mit einem Index können Sie direkt zu einem bestimmten Datensatz gehen, ohne die Tabelle sequentiell Datensatz für Datensatz durchsuchen zu müssen, um diesen Datensatz zu finden. Bei großen Tabellen sind Indexe unverzichtbar. Ohne Indexe kann es bei wirklich großen Tabellen vorkommen, daß Sie *Jahre* statt Sekunden auf ein Ergebnis warten müssen.

Nun ja, wahrscheinlich würden Sie nicht jahrelang warten. Einige Abfragen würden jedoch tatsächlich so lange laufen, falls Sie sie laufen ließen. Aber in der Regel ist die Computerzeit für solche Experimente zu wertvoll, so daß Sie die Abfrage wahrscheinlich einfach abbrechen und feststellen, daß das Leben auch ohne dieses spezielle Ergebnis weitergeht.

Erstaunlicherweise ist in der SQL-92-Spezifikation kein Mittel vorgeschrieben, um einen Index anzulegen! Der Anbieter des DBMS muß diese Funktion selbst implementieren. Weil diese Implementierungen aber nicht standardisiert sind, können sie sich voneinander unterscheiden. Die meisten Anbieter stellen die Funktion der Indexerstellung bereit, indem sie SQL um den Befehl `CREATE INDEX` erweitern. Aber selbst wenn zwei Anbieter dabei dieselben Wörter (`CREATE INDEX`) benutzen, kann der Befehl unterschiedlich ausgeführt werden. Wahrscheinlich stoßen Sie auch auf viele implementierungsabhängige Klauseln. Deshalb müssen Sie Ihre DBMS-Dokumentation sorgfältig studieren, um herauszufinden, wie bei Ihrem DBMS Indexe erstellt werden.

Die Tabellenstruktur ändern

Mit dem SQL-Befehl ALTER TABLE können Sie die Struktur einer vorhandenen Tabelle ändern. Das interaktive SQL auf Ihrem Client-Rechner ist nicht so bequem wie ein RAD-Werkzeug. Ein RAD-Werkzeug zeigt Ihnen die Struktur Ihrer Tabelle, die Sie daraufhin leichter modifizieren können. Bei SQL müssen Sie vorher genau wissen, wie die Tabelle aufgebaut ist und was Sie ändern wollen, und dann den passenden Befehl am Bildschirm eingeben. Wenn Sie jedoch die Anweisungen zur Änderung der Tabelle in ein Anwendungsprogramm einbetten wollen, ist das Arbeiten mit SQL normalerweise der einfachste Weg.

Um ein zweites Anschriftenfeld in die Tabelle ANGEBOTE_SQL einzufügen, benutzen Sie folgenden DDL- Befehl:

```
ALTER TABLE ANGEBOTE_SQL
    ADD COLUMN ANSCHRIFT2 CHAR (30);
```

Sie brauchen kein SQL-Guru zu sein, um diesen Code zu entziffern. Tatsächlich können wahrscheinlich sogar bekennende Computerignoranten diesen Befehl interpretieren. Der Befehl ändert eine Tabelle mit dem Namen ANGEBOTE_SQL, indem er eine Spalte in die Tabelle einfügt. Die Spalte heißt ANSCHRIFT2, hat den Datentyp CHAR und ist 30 Zeichen lang. Dieses Beispiel zeigt, wie einfach Sie die Struktur von Datenbanktabellen mit SQL-DDL-Befehlen ändern können.

Eine Tabelle löschen

Mit dem Befehl DROP TABLE können Sie Datenbanktabellen, die Sie nicht mehr benötigen, schnell und einfach löschen:

```
DROP TABLE ANGEBOTE_SQL ;
```

Was könnte einfacher sein? Wenn Sie eine Tabelle löschen, werden auch ihre gesamten Daten und Metadaten gelöscht. Es bleibt keine Spur der Tabelle zurück.

Einen Index löschen

Wenn Sie eine Tabelle mit dem Befehl DROP TABLE löschen, werden automatisch auch die Indexe der Tabelle gelöscht. Das Löschen eines einzelnen Indexes ist in SQL-92 jedoch nicht definiert. Dennoch stellen einige Implementierungen den Befehl DROP INDEX zur Verfügung, mit dem Sie einen einzelnen Index löschen können. Dieser Befehl ist nützlich, wenn Sie entdecken, daß Ihre Tabellen nicht optimal indiziert sind, und Sie deshalb die alten Indexe löschen und neue aufbauen wollen.

Überlegungen zur Portabilität

Jede SQL-Implementierung hat ihre eigenen Erweiterungen, um Funktionen bereitzustellen, die in der SQL-92-Spezifikation nicht vorgesehen sind. Einige dieser Features werden wahrscheinlich in die nächste Version der SQL-Spezifikation – Arbeitstitel *SQL3* – aufgenommen. Andere gibt es nur in einer einzigen Implementierung, und diese werden wahrscheinlich nicht zum Standard werden.

Oft erleichtern diese Erweiterungen die Anwendungsentwicklung, so daß man leicht in Versuchung gerät, sie zu verwenden. Oft ist es der beste Weg, diese Erweiterungen zu nutzen. Sie sollten sich dann aber über die Konsequenzen im klaren sein. Falls Sie Ihre Anwendungen jemals auf eine andere SQL-Implementierung portieren wollen, müssen Sie wahrscheinlich die Abschnitte neu schreiben, in denen Sie Erweiterungen benutzt haben, die von Ihrer neuen Umgebung nicht unterstützt werden. Schätzen Sie die Wahrscheinlichkeit einer solchen Portierung ab, und berücksichtigen Sie auch, ob eine Erweiterung relativ weit verbreitet ist oder nur in Ihrer Implementierung verwendet wird. Auf eine Erweiterung zu verzichten kann langfristig die bessere Lösung sein, selbst wenn Sie durch ihren Einsatz etwas Zeit sparen würden. Andererseits kann es auch sein, daß Sie keinen Grund sehen, die Erweiterung nicht zu benutzen. Wägen Sie in jedem Fall sorgfältig ab. Je mehr Sie über die existierenden Implementierungen und die Entwicklungstrends von SQL wissen, desto besser werden Ihre Entscheidungen ausfallen.

Eine Mehrtabellendatenbank erstellen

In diesem Kapitel

▶ Entscheiden, was in der Datenbank gespeichert wird

▶ Beziehungen zwischen Datenelementen festlegen

▶ Zusammengehörige Tabellen mit Schlüsseln verknüpfen

▶ Die Datenintegrität im Entwurf sicherstellen

▶ Die Datenbank normalisieren

---

*E*ine *Datenbank* ist eine Repräsentation oder ein Modell einer physischen oder konzeptionellen Wirklichkeit. Die Genauigkeit oder Auflösung dieser Repräsentation kann sehr hoch (sehr detailliert), niedrig (nur eine ungefähre Annäherung) sein oder dazwischen liegen.

Es ist zeitlich sehr viel aufwendiger und erfordert sehr viel mehr Kenntnisse, ein wirklichkeitsgetreues Modell eines Systems zuerstellen als ein weniger genaues Modell zu konstruieren. Folglich sollten Sie in einem Datenbankentwurf exakt die Detailgenauigkeit anstreben, die Sie für Ihren Zweck brauchen – mehr nicht.

Nehmen Sie beispielsweise an, daß Sie für einen Autohändler arbeiten. Sie wollen eine Übersicht über alle Fahrzeuge in Ihrem Lager erstellen und dabei einige zusätzliche Fakten über die Autos speichern, wie z. B. das Baujahr, das Modell, die Farbe, den Motor und die Ausstattung, damit Sie genau wissen, was Sie anbieten. Dagegen benötigen Sie keine detaillierten Informationen über das Getriebe, das Fahrwerk oder andere technische Details. Diese Daten müssen in der Datenbank des Herstellers, aber nicht in der des Händlers enthalten sein. Sie benötigen alle Fakten, die für den Verkauf eine Rolle spielen, wie z.B. die Farbe.

Einige Elemente des Systems, das Sie modellieren wollen, müssen Hauptkomponenten der Datenbank sein. Andere Elemente müssen vorhanden, aber den Hauptkomponenten untergeordnet sein. Wieder andere Aspekte des Systems brauchen Sie in Ihrer Datenbank nicht zu berücksichtigen, weil sie mit dem beabsichtigten Zweck der Datenbank nichts zu tun haben. Im Datenbankmodell des Autohändlers ist FAHRZEUG sicher eine Hauptkomponente. Dagegen ist FARBE dem FAHRZEUG untergeordnet. Die GANGSCHALTUNG brauchen Sie wahrscheinlich nicht zu berücksichtigen.

In diesem Kapitel führe ich Sie durch ein Beispiel für den Entwurf einer Mehrtabellendatenbank. Zunächst müssen Sie überlegen, was Sie in die Datenbank aufnehmen wollen und was nicht. Dann müssen Sie festlegen, welche Beziehungen zwischen den eingeschlossenen Elementen bestehen, und die Tabellen dementsprechend einrichten. Schließlich müssen Sie Schlüssel definieren, um die Tabellen zu verknüpfen, und einen Index anlegen, um einen schnellen Zugriff auf die Daten zu ermöglichen.

Daß eine Datenbank nur Ihre Daten speichert, reicht nicht aus. Die Datenbank muß die Daten auch vor Schäden schützen. Im letzten Teil dieses Kapitels werde ich die Methoden beschreiben, wie Sie die Integrität Ihrer Daten schützen können. Die *Normalisierung* ist eine der Schlüsselmethoden für diesen Zweck. Deshalb werde ich die verschiedenen Normalformen und die Probleme beschreiben, die durch ihren Einsatz gelöst werden.

Die Datenbank entwerfen

Der beste Ansatz für den Datenbankentwurf besteht aus folgenden Schritten:

1. **Stellen Sie fest, welche Objekte für das Problem relevant sind.**
2. **Legen Sie fest, welche dieser Objekte Tabellen und welche Spalten in diesen Tabellen bilden sollen.**
3. **Definieren Sie die Tabellen entsprechend.**
4. **Legen Sie optional für jede Tabelle eine Spalte oder eine Kombination von Spalten als Schlüssel fest.**

   Schlüssel ermöglichen einen schnellen Zugriff auf bestimmte Zeilen einer Tabelle.

Die folgenden Abschnitte beschreiben diese Schritte im Detail und behandeln dabei einige andere technische Fragen, die beim Datenbankentwurf auftreten.

Objekte definieren

Der erste Schritt beim Entwurf einer Datenbank besteht darin festzustellen, was in der Datenbank gespeichert werden soll. Erstellen Sie ein Liste aller Objekte, die Ihnen einfallen. Versuchen Sie bei diesem Schritt nicht, die Beziehungen zwischen den Objekten zu bestimmen, sondern machen Sie einfach eine möglichst vollständige Liste.

 Arbeiten Sie mit Leuten zusammen, die das System kennen. Dadurch wird Ihre Objektliste wahrscheinlich vollständiger und genauer.

Wenn Sie glauben, daß Ihre Liste annähernd vollständig ist, gehen Sie zum nächsten Schritt, und bestimmen Sie die Beziehungen zwischen den Objekten. Einige Objekte sind Hauptkomponenten oder *Entities*, die für den Zweck unverzichtbar sind. Andere sind diesen Hauptkomponenten untergeordnet. Schließlich erweisen sich manchmal einige Objekte als überflüssig und werden wieder gestrichen.

Tabellen und Spalten identifizieren

Die Hauptkomponenten bilden die Grundlage der Datenbanktabellen. Jede Hauptkomponente verfügt über eine Reihe von Attributen, welche die Grundlage der Spalten einer Tabelle bilden. Viele Geschäftsdatenbanken arbeiten beispielsweise mit einer Kundentabelle, um die Namen, Adressen und andere Daten der Kunden zu speichern. Jedes Attribut eines Kunden, wie z.B. Name, Straße, Ort, Land, Postleitzahl, Telefonnummern und Internet-Adresse wird zu einer Spalte in der Tabelle KUNDE.

Es gibt keine festen und allgemeingültigen Regeln, um die Tabellen des Systems und ihre Attribute zu identifizieren. Manchmal kann ein bestimmtes Attribut der einen oder der anderen Tabelle zugeordnet werden. Dann müssen Sie die Zuordnung vom Zweck Ihrer Datenbank abhängig machen.

Fragen Sie die späteren Benutzer der Datenbank und die Entscheider, die mit den Informationen aus der Datenbank arbeiten werden, wenn Sie die Struktur der Datenbanktabellen entwerfen. Wenn die Struktur, die Ihren vernünftig erscheint, nicht mit der Art übereinstimmt, in der diese Personen die Informationen benutzen, wird Ihr System bestenfalls Frust auslösen, weil es schwer zu bedienen sein wird, und schlimmstenfalls falsche Informationen liefern, was noch viel schlimmer ist. Beugen Sie dem vor, indem Sie die Struktur an die Arbeits- und Denkgewohnheiten Ihrer Zielgruppe anpassen.

Wir wollen ein Beispiel betrachten, um den Denkprozeß bei der Erstellung einer Mehrtabellendatenbank zu demonstrieren. Nehmen Sie an, daß Sie eine Firma namens *VetLab* gegründet haben, die Laboruntersuchungen für Tierärzte durchführt. Sie wollen Ihren Geschäftsbetrieb mit einer Datenbank verwalten und Informationen über folgende Bereiche speichern:

✔ Kunden

✔ Durchgeführte Tests

✔ Mitarbeiter

✔ Aufträge

✔ Ergebnisse

Jede dieser Entities verfügt über Attribute. Jeder Kunde hat einen Namen, eine Adresse und andere Kontaktinformationen. Jeder Test hat einen Namen und eine Standardgebühr. Mitarbeiter haben Kontaktinformationen, eine Position und ein Gehalt. Testaufträge haben einen Auftraggeber (Kunden), ein Auftragsdatum, eine Auftragsnummer und eine genaue Spezifikation. Für jedes Testergebnis müssen Sie das Testresultat, die zugehörige Auftragsnummer sowie ein Kennzeichen speichern, das angibt, ob das Ergebnis vorläufig oder endgültig ist.

Tabellen definieren

Tabelle 5.1 zeigt, wie Sie aus den Entities und Attributen des VetLab-Beispiels Tabellen und Spalten bilden:

Tabelle	Spalten
KUNDE	Kundenname
	Anschrift
	Anschrift2
	Ort
	Bundesland
	Postleitzahl
	Telefon
	Fax
	Kontaktperson
TEST	Testname
	Gebühr
MITARBEITER	Mitarbeitername
	Anschrift
	Anschrift2
	Ort
	Bundesland
	Postleitzahl
	Telefon privat
	Durchwahl
	Einstelldatum
	Position
	Stundenlohn/Gehalt/Provision
AUFTRAG	Auftragsnummer
	Kundenname
	Bestellter Test
	Zuständiger Verkäufer
	Auftragsdatum
ERGEBNIS	Ergebnisnummer
	Auftragsnummer
	Ergebnis
	Ergebnisdatum
	Vorläufig/Endgültig

Tabelle 5.1: VetLab-Tabellen

Sie können diese Tabellen entweder mit einem RAD-Werkzeug oder folgendermaßen mit der Data Definition Language (DDL) von SQL erstellen:

```sql
CREATE TABLE KUNDE (
      KUNDENNAME         CHARACTER (30)     NOT NULL,
      ANSCHRIFT1         CHARACTER (30),
      ANSCHRIFT2         CHARACTER (30),
      ORT                CHARACTER (25),
      LAND               CHARACTER (2),
      POSTLEITZAHL       CHARACTER (10),
      TELEFON            CHARACTER (13),
      FAX                CHARACTER (13),
      KONTAKTPERSON      CHARACTER (30) ) ;

CREATE TABLE TEST (
      TESTNAME           CHARACTER (30)     NOT NULL,
      GEBUEHR            CHARACTER (30) ) ;

CREATE TABLE MITARBEITER (
      MITARBEITERNAME    CHARACTER (30)     NOT NULL,
      ANSCHRIFT1         CHARACTER (30),
      ANSCHRIFT2         CHARACTER (30),
      ORT                CHARACTER (25),
      LAND               CHARACTER (2),
      POSTLEITZAHL       CHARACTER (10),
      TELEFONPRIVAT      CHARACTER (13),
      DURCHWAHL          CHARACTER (4),
      EINSTELLDATUM      DATE,
      POSITION           CHARACTER (10),
      STU_GEH_PROV       CHARACTER (1) ) ;

CREATE TABLE AUFTRAG (
      AUFTRAGSNUMMER     INTEGER            NOT NULL,
      KUNDENNAME         CHARACTER (30),
      BESTELLTER_TEST    CHARACTER (30),
      VERKAEUFER         CHARACTER (30),
      AUFTRAGSDATUM      DATE ) ;

CREATE TABLE ERGEBNIS (
      ERGEBNISNUMMER     INTEGER            NOT NULL,
      AUFTRAGSNUMMER     INTEGER,
      ERGEBNISTEXT       CHARACTER(50),
      ERGEBNISDATUM      DATE,
      VORL_ENDG          CHARACTER (1) ) ;
```

Diese Tabellen sind miteinander durch die Attribute (Spalten) verbunden, die ihnen gemeinsam sind:

✔ Die Tabelle KUNDE ist mit der Tabelle AUFTRAG durch die Spalte KUNDENNAME verbunden.

✔ Die Tabelle TEST ist mit der Tabelle AUFTRAG durch die Spalte TESTNAME (BESTELLTER_TEST) verbunden.

✔ Die Tabelle MITARBEITER ist mit der Tabelle AUFTRAG durch die Spalte MITARBEITERNAME (VERKAEUFER) verbunden.

✔ Die Tabelle ERGEBNIS ist mit der Tabelle AUFTRAG durch die Spalte AUFTRAGSNUMMER verbunden.

Damit eine Tabelle zu einem festen Bestandteil einer relationalen Datenbank wird, muß sie mit wenigstens einer anderen Tabelle der Datenbank durch eine gemeinsame Spalte verbunden werden. Abbildung 5.1 zeigt die Beziehungen zwischen den Tabellen.

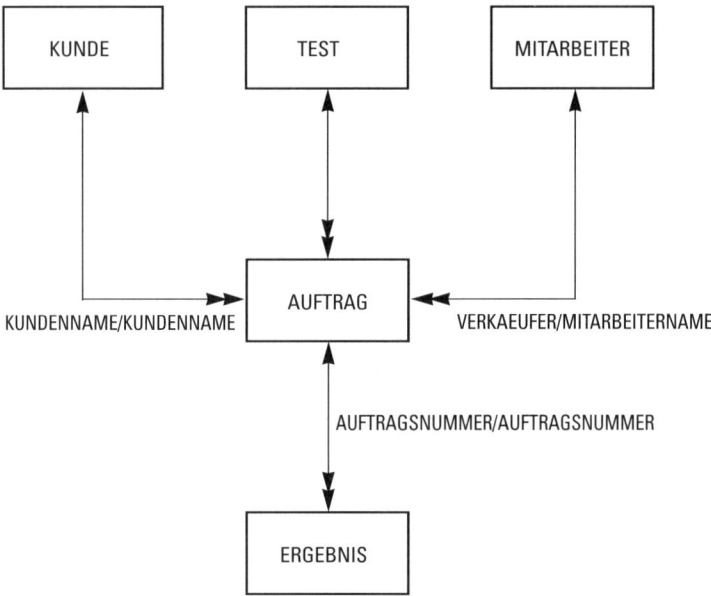

Abbildung 5.1: Die Tabellen und Verknüpfungen in der VetLab-Datenbank.

Abbildung 5.1 zeigt vier Eins-zu-viele-Beziehungen (1:N-Beziehungen) zwischen den Tabellen. Der einfache Pfeil zeigt auf die Eins-Seite der Beziehung, der Doppelpfeil auf die Viele-Seite. Ein Kunde kann viele Aufträge geben, aber jeder Auftrag stammt von genau einem Kunden. Jeder Test kann auf vielen Aufträgen stehen, aber jeder Auftrag betrifft genau einen Test. Jeder Auftrag wird von genau einem Mitarbeiter (oder Verkäufer) entgegengenommen, aber jeder Verkäufer kann mehrere Aufträge entgegennehmen. Jeder Auftrag kann mehrere vorläufige Testergebnisse und ein Endergebnis produzieren, aber jedes Ergebnis gehört zu genau einem Auftrag. Die Abbildung zeigt, daß die Attribute, die die Tabellen verknüpfen, in den Tabellen unterschiedliche Namen haben können. Ihre Datentypen müssen jedoch in beiden Tabellen übereinstimmen.

Domänen, Zeichensätze, Sortierfolgen und Übersetzungstabellen

Tabellen bilden die Hauptkomponenten einer Datenbank. Daneben gibt es weitere Elemente. In Kapitel 1 habe ich die *Domäne* einer Tabellenspalte als die Menge aller Werte definiert, welche die Spalte annehmen kann. Domänen mittels Constraints zu definieren, ist ein wichtiger Teil das Datenbankentwurfs.

Relationale Datenbanken werden nicht nur in Deutschland, sondern auch in anderen Ländern mit anderen Sprachen und anderen Zeichensätzen verwendet. Selbst wenn Ihre Daten nicht in einer fremden Sprache gespeichert werden, gibt es Anwendungen, die mit speziellen Zeichensätzen arbeiten. In SQL-92 können Sie den Zeichensatz spezifizieren, mit dem Sie arbeiten wollen. Sie können sogar für jede Tabellenspalte einen anderen benutzen. Diese Art von Flexibilität ist im allgemeinen in anderen Sprachen nicht verfügbar, sondern nur bei SQL vorhanden.

Eine *Sortierfolge* (engl. *collation*) besteht aus einem Satz von Regeln, die festlegen, wie Zeichenketten in einem bestimmten Zeichensatz miteinander verglichen werden. Jeder Zeichensatz verfügt über eine Standardsortierfolge. In der Standardsortierfolge des ASCII-Zeichensatzes kommt *A* vor *B* und *B* vor *C*. Deshalb wird bei einem Vergleich *A* kleiner als *B* und *C* größer als *B* eingestuft. In SQL-92 können Sie für einen Zeichensatz verschiedene Sortierfolgen definieren. Auch diese Flexibilität gibt es im allgemeinen nur in SQL.

Manchmal müssen Sie die Daten in einer Datenbank von einem Zeichensatz in einen anderen übersetzen – beispielsweise wenn die Daten in einem deutschen Zeichensatz gespeichert sind, aber Ihr Drucker die deutschen Umlaute nicht unterstützt, weil diese nicht zum ASCII-Zeichensatz gehören. Zur Lösung dieses Problems sind in SQL-92 sogenannten *Übersetzungstabellen* (engl. *translations*) vorgesehen. Eine Übersetzungstabelle dient zur Übersetzung von Zeichenketten von einem Zeichensatz in einen anderen. Sie kann auch dazu dienen, Kleinbuchstaben in Großbuchstaben umzuwandeln und umgekehrt oder ein Alphabet in ein anderes zu übersetzen, wie z.B. Hebräisch in ASCII.

Schlüssel für den schnellen Zugriff

In einer Datenbanktabelle sollten sich alle Tabellenzeilen voneinander unterscheiden. Manchmal wollen Sie Daten aus Ihrer Datenbank für einen speziellen Zweck, wie beispielsweise für eine statistische Analyse, herausziehen und in einer separaten Tabelle speichern. Dabei können Tabellenzeilen entstehen, die nicht eindeutig sind. Für einen begrenzten Zweck spielt diese Duplizierung von Daten keine Rolle. Tabellen, die laufend benutzt werden, sollten jedoch keine doppelten Zeilen enthalten.

Ein *Schlüssel* ist ein Attribut oder eine Kombination von Attributen, das bzw. die eine Zeile in einer Tabelle eindeutig identifiziert. Um auf eine bestimmte Zeile in einer Datenbank zugreifen zu können, benötigen Sie ein Mittel, um diese Zeile von allen anderen Zeilen unterscheiden zu können. Ein Schlüssel stellt dieses Mittel dar. Weil ein Schlüssel eindeutig sein *muß*, dürfen Sie in einem Schlüssel keinen Nullwert speichern, weil andernfalls zwei Zeilen mit einem Nullwert nicht unterschieden werden können.

In unserem VetLab-Beispiel können Sie passende Spalten als Schlüssel definieren. In der Kundentabelle eignet sich die Spalte KUNDENNAME als Schlüssel. Damit können Sie alle Kunden voneinander unterscheiden. Deshalb muß in dieser Spalte ein Wert eingetragen werden. TESTNAME und MITARBEITERNAME eignen sich als Schlüssel für die Tabellen TEST bzw. MITARBEITER, AUFTRAGSNUMMER und ERGEBNISNUMMER für die Tabellen AUFTRAG bzw. ERGEBNIS. Achten Sie darauf, daß der Eintrag in jeder Zeile einen eindeutigen Wert hat.

Es gibt zwei Arten von Schlüsseln : *Primärschlüssel* und *Fremdschlüssel*. Bei den Schlüsseln, über die ich im vorangegangenen Absatz gesprochen habe, handelt es sich um Primärschlüssel. Primärschlüssel garantieren die Eindeutigkeit. Fremdschlüssel werden weiter unter behandelt.

Sie können den Primärschlüssel einer Tabelle beim Erstellen der Tabelle definieren. In dem folgenden Beispiel reicht eine Spalte für den Schlüssel aus (vorausgesetzt, daß alle VetLab-Kunden andere Namen haben):

```
CREATE TABLE KUNDE (
    KUNDENNAME      CHARACTER (30)    PRIMARY KEY,
    ANSCHRIFT1      CHARACTER (30),
    ANSCHRIFT2      CHARACTER (30),
    ORT             CHARACTER (25),
    LAND            CHARACTER (2),
    POSTLEITZAHL    CHARACTER (10),
    TELEFON         CHARACTER (13),
    FAX             CHARACTER (13),
    KONTAKTPERSON   CHARACTER (30)
    ) ;
```

Hier ersetzt das Constraint PRIMARY KEY das Constraint NOT NULL, das wir in der früheren Definition der Tabelle KUNDE verwendet haben. Das Constraint PRIMARY KEY schließt das Constraint NOT NULL mit ein, weil Primärschlüssel keine Nullwerte enthalten dürfen.

Manchmal kann eine einzelne Tabellenspalte die Eindeutigkeit nicht gewährleisten. In solchen Fällen können Sie einen *zusammengesetzten Schlüssel* benutzen, der aus einer Kombination von Spalten besteht, die zusammen die Eindeutigkeit garantieren. Nehmen Sie beispielsweise an, daß einige VetLab-Kunden Ketten mit Niederlassungen in mehreren Städten sind. In diesem Fall reicht KUNDEN-

NAME nicht aus, um die verschiedenen Zweigniederlassungen des Kunden voneinander zu unterscheiden. Um dieses Problem zu lösen, können Sie folgendermaßen einen zusammengesetzten Schlüssel definieren:

```
CREATE TABLE KUNDE (
      KUNDENNAME         CHARACTER (30)     NOT NULL,
      ANSCHRIFT1         CHARACTER (30),
      ANSCHRIFT2         CHARACTER (30),
      ORT                CHARACTER (25)     NOT NULL,
      LAND               CHARACTER (2),
      POSTLEITZAHL       CHARACTER (10),
      TELEFON            CHARACTER (13),
      FAX                CHARACTER (13),
      KONTAKTPERSON      CHARACTER (30),
      CONSTRAINT NIEDERLASSUNG PRIMARY KEY
           (KUNDENNAME, ORT)
      ) ;
```

Ein *Fremdschlüssel* ist eine Spalte oder eine Gruppe von Spalten in einer Tabelle, die einen Primärschlüssel in einer anderen Tabelle in der Datenbank referenziert. Ein Fremdschlüssel muß selbst nicht eindeutig sein, aber er muß einen eindeutigen Primärschlüssel referenzieren. Wenn die Spalte KUNDENNAME der Primärschlüssel der Kundentabelle ist, muß jede Zeile in der Kundentabelle in der Spalte KUNDENNAME einen eindeutigen Namen enthalten. KUNDENNAME ist in der Tabelle AUFTRAG ein Fremdschlüssel. Dieser Fremdschlüssel entspricht dem Primärschlüssel der Kundentabelle, aber in der Tabelle AUFTRAG muß dieser Schlüssel nicht eindeutig sein. Tatsächlich hoffen Sie sogar darauf, daß der Fremdschlüssel nicht eindeutig ist. Falls Sie von jedem Kunden nur einen einzigen Auftrag bekämen, müßten Sie bald Konkurs anmelden. Sie hoffen also, daß es zu jeder einzelnen Zeile der Kundentabelle viele Zeilen in der Tabelle AUFTRAG gibt; denn das bedeutet, daß Sie von allen Kunden laufend Aufträge erhalten.

Das folgende Beispiel zeigt, wie Sie bei der Definition der Tabelle AUFTRAG einen Fremdschlüssel anlegen können:

```
CREATE TABLE AUFTRAG (
     AUFTRAGSNUMMER     INTEGER              PRIMARY KEY,
     KUNDENNAME         CHARACTER (30),
     BESTELLTER_TEST    CHARACTER (30),
     VERKAEUFER         CHARACTER (30),
     AUFTRAGSDATUM      DATE,
     CONSTRAINT NAME_FK FOREIGN KEY (KUNDENNAME)
          REFERENCES KUNDE (KUNDENNAME),
     CONSTRAINT TEST_FK FOREIGN KEY (BESTELLTER_TEST)
          REFERENCES TEST (TESTNAME),
     CONSTRAINT SALES_FK FOREIGN KEY (VERKAEUFER)
          REFERENCES MITARBEITER (MITARBEITERNAME)
       ) ;
```

Die Fremdschlüssel in der Tabelle AUFTRAG verknüpfen diese Tabelle mit den Primärschlüsseln der Tabellen KUNDE, TEST und MITARBEITER.

Indexe

Die SQL-92-Spezifikation sagt nichts über Indexe, aber diese Auslassung bedeutet nicht, daß Indexe selten benutzt werden oder optionale Komponenten eines Datenbanksystem sind. Jede Implementierung von SQL unterstützt Indexe, aber es gibt keine allgemeine Übereinkunft darüber, wie sie implementiert werden sollen. In Kapitel 4 habe ich Ihnen gezeigt, wie Sie mit Borlands C++Builder einen Index anlegen können. Sie müssen die Dokumentation Ihres DBMS heranziehen, um herauszufinden, wie Indexe auf Ihrem System erstellt werden.

Was ist eigentlich ein Index?

Die Daten werden in einer Tabelle im allgemeinen in der Reihenfolge gespeichert, in der sie in die Tabelle eingefügt werden. Diese Reihenfolge stimmt selten mit der Reihenfolge überein, in der die Daten später verarbeitet werden. Nehmen Sie beispielsweise an, daß Sie die Kunden Ihrer Kundentabelle in alphabetischer Folge verarbeiten wollen. Dann muß der Computer die gesamte Tabelle nach dem Namen durchsuchen, der alphabetisch an erster Stelle steht. Nach der Verarbeitung dieser Zeile muß er wiederum die ganze Tabelle durchsuchen, um den Namen zu finden, der an der zweiten Stelle steht – usw., bis alle Zeilen der Tabelle abgearbeitet sind. Diese Suche kostet Zeit. Je größer die Tabelle ist, desto länger dauert die Suche. Was passiert bei einer Tabelle mit 100.000 Zeilen? Was bei einer Tabelle mit einer Million Zeilen? Bei manchen Anwendungen sind diese Größenordnungen durchaus normal. Eine komplette Tabelle einemillionmal zu durchsuchen, um eine Million Zeilen zu sortieren, widerspricht der Vernunft. Selbst wenn Sie mit einem sehr schnellen Computer arbeiten, leben Sie möglicherweise nicht lange genug, bis das Ergebnis fertig ist.

Indexe lösen dieses Problem und sparen Zeit. Ein *Index* ist eine Hilfstabelle zur Unterstützung der Datentabelle. Zu jeder Zeile in der Datentabelle gibt es eine entsprechende Zeile in der Indextabelle. In der Indextabelle sind die Zeilen jedoch anders sortiert.

Tabelle 5.2 zeigt eine kleine Beispieldatentabelle.

KUNDENNAME	ANSCHRIFT1	ANSCHRIFT2	ORT	BUNDESSTAAT
Butternut Animal Clinic	5 Butternut Lane		Hudson	NH
Amber Veterinary, Inc.	470 Kolvir Circle		Amber	MI
Vets R Us	2300 Geoffrey Road	Suite 230	Anaheim	CA
Doggie Doctor	32 Terry Terrace		Nutley	NJ
The Equestrian Center	Veterinary Department	7890 Paddock Parkway	Gallup	NM

KUNDENNAME	ANSCHRIFT1	ANSCHRIFT2	ORT	BUNDESSTAAT
Dolphin Institute	1002 Marine Drive		Key West	FL
J. C. Campbell, Credit Vet	2500 Main Street		Los Angeles	CA
Wenger's Worm Farm	15 Bait Boulevard		Sedona	AZ

Tabelle 5.2: Kundentabelle

Die Zeilen sind nicht alphabetisch nach KUNDENNAME sortiert. Eigentlich sind sie überhaupt nicht sinnvoll sortiert. Die Zeilen entsprechen einfach der Reihenfolge, in der die Daten eingegeben wurden.

Ein Index dieser Tabelle könnte wie Tabelle 5.3 aussehen.

KUNDENNAME	Zeiger auf Datentabelle
Amber Veterinary, Inc.	2
Butternut Animal Clinic	1
Doggie Doctor	4
Dolphin Institute	6
J. C. Campbell, Credit Vet	7
The Equestrian Center	5
Vets R Us	3
Wenger's Worm Farm	8

Tabelle 5.3: Kundennamen-Index für die Kundentabelle

Der Index enthält die Felder (eins oder mehrere), die sortiert werden sollen (in diesem Fall KUNDENNAME) und einen Zeiger auf die Datentabelle. Der Zeiger einer Indexzeile zeigt auf die zugehörige Zeile in der Datentabelle.

Wozu ist ein Index gut?

Wenn Sie eine Tabelle in der alphabetischen Reihenfolge der Kundenamen verarbeiten möchten und die Spalten KUNDENNAME einen Index hat, können Sie die Operation fast so schnell ausführen, als wäre die Tabelle selbst nach Kundennamen alphabetisch sortiert. Sie können einen Index sequentiell abarbeiten und dabei mit dem Zeiger direkt zu dem entsprechenden Datensatz in der Datentabelle springen.

Wenn Sie mit einem Index arbeiten, ist die Verarbeitungszeit proportional zur Anzahl der Datensätze in der Tabelle. Wenn Sie ohne Index arbeiten und die Daten sortiert verarbeiten wollen, hängt die Dauer von dem verwendeten Sortierverfahren ab und wächst schlimmstenfalls mit dem Quadrat der Anzahl der Datensätze.

Einen Index verwalten

Ein Index wird von dem DBMS verwaltet, d.h. alle Änderungen der Daten, die den Index betreffen, werden automatisch in die Indextabellen eingetragen. Dieser Prozeß benötigt ein wenig mehr Zeit, aber nicht zu viel. Nach der Erstellung eines Indexes steht dieser immer zur Verfügung, um den Zugriff auf Ihre Daten zu beschleunigen.

Anmerkung: Einige DBMS-Produkte geben Ihnen die Fähigkeit, die Verwaltung der Indexe abzuschalten. Bei einigen zeitkritischen Echtzeitanwendungen kann dies sinnvoll, wenn die Änderung der Indexe zuviel kostbare Zeit verschlingt. Bei einer solchen Konfiguration müssen Sie die Indexe in einer separaten Operation während ruhiger Geschäftszeiten aktualisieren.

Der beste Zeitpunkt, um einen Index anzulegen, ist auf jeden Fall der Zeitpunkt, zu dem Sie die Datentabelle definieren. Dann brauchen Sie ihn nicht nachträglich zu erstellen, was – je nach vorhandener Datenmenge – recht langwierig sein kann. Versuchen Sie möglichst alle Formen des Datenzugriffs vorwegzunehmen, und erstellen Sie für jede einen entsprechenden Index.

Achten Sie darauf, nur solche Indexe anzulegen, die Sie tatsächlich für die Wiedergewinnung der Daten benötigen. Mit jedem Index verschlechtert sich das Zeitverhalten der Datenbank ein wenig, weil die Indexverwaltung dem Computer eine zusätzliche Last beim Einfügen, Ändern oder Löschen von Zeilen aufbürdet. Um ein optimales Zeitverhalten zu erzielen, sollten Sie deshalb nur die Indexe anlegen, die Sie wirklich benötigen, und nur wirklich große Tabellen indizieren. Andernfalls können Indexe das Zeitverhalten sogar verschlechtern.

Wenn Sie bestimmte Abfragen seltener ausführen, wie z.B. Monats- oder Quartalsberichte, und die Daten dafür in einer ungewöhnlichen Sortierfolge benötigen, legen Sie dafür keinen Index an, sondern arbeiten bei der Abfrage mit der Klausel `ORDER BY`.

Integrität

Eine Datenbank ist nur dann nützlich, wenn Sie vernünftigerweise annehmen dürfen, daß Ihre Daten korrekt sind. Falsche Daten in Medizin-, Flug- oder Raumfahrtdatenbanken können dazu führen, daß Menschen sterben. Falsche Daten in anderen Anwendungen haben möglicherweise nicht so ernste Konsequenzen, können aber beträchtlichen Schaden verursachen. Der Datenbankdesigner muß daher alles ihm Mögliche unternehmen, um dafür zu sorgen, daß keine falschen Daten in die Datenbank gelangen.

Einige Probleme können nicht auf der Ebene der Datenbank gelöst werden. Der Anwendungsprogrammierer muß diese Probleme abfangen, ehe sie die Datenbank beschädigen können. Jeder, der mit der Datenbank arbeitet, muß die Gefahren kennen, die die Datenintegrität bedrohen, und entsprechende Abwehrmaßnahmen treffen.

5 ➤ Eine Mehrtabellendatenbank erstellen

Die Integrität von Datenbanken wird in verschiedene Arten eingeteilt, denen ganz spezifische Gefahren gegenüberstehen. In den folgenden Abschnitten beschreibe ich drei Arten der Integrität – *Entity-Integrität, Domänenintegrität* und *referentielle Integrität* – und die möglichen Probleme, durch die sie bedroht sind.

Entity-Integrität

Jede Tabelle einer Datenbank entspricht einer Entity in der »wirklichen« Welt. Diese Entity kann physisch oder konzeptionell existieren, aber in gewisser Weise ist diese Existenz unabhängig von der Datenbank. Eine Tabelle hat *Entity-Integrität*, falls die Tabelle mit der modellierten Entity vollständig konsistent ist. Um die Entity-Integrität zu besitzen, muß eine Tabelle über einen Primärschlüssel verfügen, der jede Zeile in der Tabelle eindeutig identifiziert. Ohne Primärschlüssel können Sie eine Zeile und damit die zugehörige Entity nicht eindeutig identifizieren.

Um die Entity-Integrität zu gewährleisten, müssen Sie sicherstellen, daß die Spalte oder die Spalten, die den Primärschlüssel bilden, keine Nullwerte enthalten. Außerdem muß der Primärschlüssel das Constraint UNIQUE erfüllen. Bei einigen SQL-Implementierungen können Sie ein solches Constraint in die Tabellendefinition einfügen. Bei anderen müssen Sie das Constraint nachträglich definieren, nachdem Sie festgelegt haben, wie Sie Daten in die Tabelle einfügen, ändern, oder aus der Tabelle löschen wollen. Die wahrscheinlich beste Methode, um sicherzustellen, daß Ihr Primärschlüssel NOT NULL und UNIQUE ist, besteht darin, das Constraint PRIMARY KEY bei der Tabellendefinition festzulegen. Beispiel:

```
CREATE TABLE KUNDE (
    KUNDENNAME      CHARACTER (30)    PRIMARY KEY,
    ANSCHRIFT1      CHARACTER (30),
    ANSCHRIFT2      CHARACTER (30),
    ORT             CHARACTER (25),
    LAND            CHARACTER (2),
    POSTLEITZAHL    CHARACTER (10),
    TELEFON         CHARACTER (13),
    FAX             CHARACTER (13),
    KONTAKTPERSON   CHARACTER (30)
    );
```

Eine Alternative besteht darin, NOT NULL in Verbindung mit UNIQUE anzugeben. Beispiel:

```
CREATE TABLE KUNDE (
    KUNDENNAME      CHARACTER (30)    NOT NULL,
    ANSCHRIFT1      CHARACTER (30),
    ANSCHRIFT2      CHARACTER (30),
    ORT             CHARACTER (25),
    LAND            CHARACTER (2),
    POSTLEITZAHL    CHARACTER (10),
    TELEFON         CHARACTER (13),
```

```
FAX              CHARACTER (13),
KONTAKTPERSON    CHARACTER (30),
UNIQUE (KUNDENNAME) ) ;
```

Domänenintegrität

Normalerweise können Sie nicht garantieren, daß ein bestimmtes Datenelement in einer Datenbank korrekt ist, aber Sie können wenigstens dafür sorgen, daß es einen gültigen Wert hat. Viele Datenelemente können nur eine begrenzte Anzahl möglicher Werte annehmen. Falls Sie einen ungültigen Wert eingeben, liegt ein Fehler vor. Beispielsweise bestehen die Vereinigten Staaten aus 50 Bundesstaaten plus dem District of Columbia, Puerto Rico und einigen Besitzungen. Jeder dieser Bereiche wird durch einen Code aus zwei Zeichen gekennzeichnet, der von der amerikanischen Postverwaltung anerkannt wird. Falls Ihre Datenbank über eine Spalte für den Bundesstaat verfügt, können Sie für diese Spalte die *Domänenintegrität* erzwingen, indem Sie sicherstellen, daß jeder Eintrag in dieser Spalte aus einem der zulässigen Codes besteht. Fall der Benutzer einen ungültigen Code eingibt, verstößt er gegen die Domänenintegrität. Falls Sie Eingaben auf Domänenintegrität testen, können Sie falsche Eingaben zurückweisen.

Die Frage der Domänenintegrität stellt sich, wenn Sie mit INSERT oder UPDATE neue Daten in eine Tabelle einfügen. Mit dem Befehl CREATE DOMAIN können Sie die Domäne einer Spalte definieren, ehe Sie die Spalte in dem Befehl CREATE TABLE anlegen. Beispiel:

```
CREATE DOMAIN LIGA_DOM CHAR (6)
    CHECK (LEAGUE IN ('Erste', 'Zweite'));
CREATE TABLE MANNSCHAFT (
    MANNSCHAFTNAME CHARACTER (20) NOT NULL,
    BUNDESLIGA     CHARACTER (6)  NOT NULL
    ) ;
```

Die Domäne der Spalte BUNDESLIGA enthält nur zwei gültige Werte: *Erste* und *Zweite*. Mit dieser Definition sorgt Ihr DBMS dafür, daß keine anderen Werte in dieser Spalte gespeichert werden.

Referentielle Integrität

Selbst wenn jede Tabelle Ihres Systems über Entity-Integrität und Domänenintegrität verfügt, können Probleme auftreten, wenn die Daten der miteinander verknüpften Tabellen inkonsistent sind. Bei den meisten korrekt entworfenen Datenbanken enthält jede Tabelle wenigstens ein Spalte, die eine Spalte in einer anderen Tabelle der Datenbank referenziert. Diese Referenzen sind für die Aufrechterhaltung der übergreifenden Datenbankintegrität wichtig. Sie machen aber auch sogenannte *Änderungsanomalien* möglich. (*Änderungsanomalien* sind Probleme, die durch das Ändern von Daten in einer Zeile einer Datenbanktabelle entstehen können.)

5 ➤ Eine Mehrtabellendatenbank erstellen

Die Beziehungen zwischen Tabellen sind im allgemeinen nicht bidirektional. Ein Tabelle hängt normalerweise von einer anderen ab. Nehmen Sie beispielsweise an, daß Sie eine Datenbank mit einer Tabelle KUNDE und einer Tabelle AUFTRAG haben. Sie können vernünftigerweise einen Kunden in die Kundentabelle eintragen, ehe er einen Auftrag gibt. Aber Sie können keinen Auftrag in die Tabelle AUFTRAG eintragen, wenn es in der Kundentabelle keinen Kunden gibt, der diesen Auftrag erteilt. Die Tabelle AUFTRAG hängt von der Kundentabelle ab. Diese Art von Beziehung wird oft als *Eltern-Kind-Beziehung* bezeichnet, wobei KUNDE die Elterntabelle und AUFTRAG die Kindtabelle ist. Die Kindtabelle hängt von der Elterntabelle ab. Im allgemeinen wird der Primärschlüssel der Elterntabelle als Spalte (oder Gruppe von Spalten) in der Kindtabelle dupliziert und bildet dort einen Fremdschlüssel. Ein Fremdschlüssel darf Nullwerte enthalten und muß nicht eindeutig sein.

Änderungsanomalien können auf mehreren Wegen entstehen. Beispielsweise zieht ein Kunde weg, und Sie wollen ihn aus Ihrer Datenbank löschen. Wenn der Kunde bereits einige Aufträge erteilt hat, die in der Tabelle AUFTRAG gespeichert sind, kann das Löschen des Kunden in der Tabelle KUNDE ein Problem sein. Danach hätten Sie Datensätze in der Kindtabelle AUFTRAG, für die es in der Elterntabelle KUNDE keinen entsprechenden Datensatz mehr gibt. Ähnliche Probleme treten auf, wenn Sie einen Datensatz in eine Kindtabelle einfügen, ohne entsprechende Daten in der Elterntabelle zu ergänzen. Die Fremdschlüssel in allen Kindtabellen müssen parallel zu dem Primärschlüssel der zugehörigen Zeilen in einer Elterntabelle geändert werden; andernfalls ist eine Änderungsanomalie die Folge.

Sie können die meisten Probleme mit der referentiellen Integrität vermeiden, wenn Sie beim Ändern sorgfältig vorgehen. In einigen Fällen müssen Sie ein kaskadiertes DELETE verwenden, um die Daten nicht nur in der Elterntabelle, sondern auch in den Kindtabellen zu löschen. Wenn Sie eine Zeile aus der Elterntabelle löschen, müssen Sie auch alle Zeilen in den Kindtabellen löschen, deren Fremdschlüssel mit dem Primärschlüssel der gelöschten Zeile in der Elterntabelle übereinstimmt. Betrachten Sie folgendes Beispiel:

```
CREATE TABLE KUNDE (
        KUNDENNAME          CHARACTER (30)      PRIMARY KEY,
        ANSCHRIFT1          CHARACTER (30),
        ANSCHRIFT2          CHARACTER (30),
        ORT                 CHARACTER (25)      NOT NULL,
        LAND                CHARACTER (2),
        POSTLEITZAHL        CHARACTER (10),
        TELEFON             CHARACTER (13),
        FAX                 CHARACTER (13),
        KONTAKTPERSON       CHARACTER (30)
        ) ;

CREATE TABLE TEST (
        TESTNAME            CHARACTER (30)      PRIMARY KEY,
        GEBUEHR             CHARACTER (30)
        ) ;
```

```
CREATE TABLE MITARBEITER (
    MITARBEITERNAME    CHARACTER (30)    PRIMARY KEY,
    ANSCHRIFT1         CHARACTER (30),
    ANSCHRIFT2         CHARACTER (30),
    ORT                CHARACTER (25),
    LAND               CHARACTER (2),
    POSTLEITZAHL       CHARACTER (10),
    TELEFONPRIVAT      CHARACTER (13),
    DURCHWAHL          CHARACTER (4),
    EINSTELLDATUM      DATE,
    POSITION           CHARACTER (10),
    STU_GEH_PROV       CHARACTER (1)
    ) ;

CREATE TABLE AUFTRAG (
    AUFTRAGSNUMMER     INTEGER           PRIMARY KEY,
    KUNDENNAME         CHARACTER (30),
    BESTELLTER_TEST    CHARACTER (30),
    VERKAEUFER         CHARACTER (30),
    AUFTRAGSDATUM      DATE,
    CONSTRAINT NAME_FK FOREIGN KEY (KUNDENNAME)
        REFERENCES KUNDE (KUNDENNAME)
            ON DELETE CASCADE,
    CONSTRAINT TEST_FK FOREIGN KEY (BESTELLTER_TEST)
        REFERENCES TEST (TESTNAME)
            ON DELETE CASCADE,
    CONSTRAINT SALES_FK FOREIGN KEY (VERKAEUFER)
        REFERENCES MITARBEITER (MITARBEITERNAME)
            ON DELETE CASCADE
    ) ;
```

Das Constraint NAME_FK spezifiziert KUNDENNAME als Fremdschlüssel, der die Spalte KUNDEN-NAME in der Kundentabelle referenziert. Wenn Sie eine Zeile in der Kundentabelle löschen, löschen Sie damit auch automatisch alle Zeilen in der Tabelle AUFTRAG, die in der Spalte KUNDENNAME denselben Wert enthalten, wie die Spalte KUNDENNAME in der Kundentabelle. Der Löschvorgang kaskadiert von der Tabelle KUNDE hinunter zu der Tabelle AUFTRAG. Dasselbe gilt für die Fremdschlüssel in der Tabelle AUFTRAG, die sich auf die Primärschlüssel der Tabellen TEST bzw. MITARBEITER beziehen.

Statt den Löschvorgang zu kaskadieren, können Sie die Fremdschlüssel in den Kindtabellen auch auf einen Nullwert setzen. Betrachten Sie folgende Variante des vorangegangenen Beispiels:

```
CREATE TABLE AUFTRAG (
    AUFTRAGSNUMMER     INTEGER           PRIMARY KEY,
    KUNDENNAME         CHARACTER (30),
    BESTELLTER_TEST    CHARACTER (30),
```

```
    VERKAEUFER        CHARACTER (30),
    AUFTRAGSDATUM     DATE,
    CONSTRAINT NAME_FK FOREIGN KEY (KUNDENNAME)
        REFERENCES KUNDE (KUNDENNAME),
    CONSTRAINT TEST_FK FOREIGN KEY (BESTELLTER_TEST)
        REFERENCES TEST (TESTNAME),
    CONSTRAINT SALES_FK FOREIGN KEY (VERKAEUFER)
        REFERENCES MITARBEITER (MITARBEITERNAME)
            ON DELETE SET NULL
    ) ;
```

Das Constraint SALES_FK spezifiziert die Spalte VERKAEUFER als Fremdschlüssel, der die Spalte MITARBEITERNAME in der Tabelle MITARBEITER referenziert. Wenn ein Verkäufer die Firma verläßt, löschen Sie seine Zeile in der Tabelle MITARBEITER. Seine Kunden werden irgendwann auf neue Verkäufer verteilt, aber im Moment führt das Löschen des Namens aus der Tabelle MITARBEITER dazu, daß bei allen Aufträgen des Verkäufers in der Tabelle AUFTRAG in der Spalte VERKAEUFER ein Nullwert eingetragen wird.

Auf ähnliche Weise können Sie die Daten einer Datenbank vor Inkonsistenzen bewahren, indem Sie das Einfügen neuer Datensätze in eine Kindtabelle nur zulassen, wenn eine entsprechende Zeile in ihrer Elterntabelle existiert. Sie können den Schutz vervollständigen, indem Sie das Ändern eines Primärschlüssels einer Tabelle untersagen. Zeilen in einer Kindtabelle, zu denen keine entsprechende Zeile in einer Elterntabelle existiert, werden als *verwaiste Zeilen* bezeichnet. Indem Sie dafür sorgen, daß in Ihrer Datenbank keine verwaisten Zeilen gespeichert werden können, schützen Sie die Konsistenz Ihrer Datenbank. Wenn Sie Änderungen von Primärschlüsseln untersagen, brauchen Sie sich um die Änderung der davon abhängigen Fremdschlüssel in anderen Tabellen keine Sorgen zu machen.

Potentielle Problembereiche

Die Datenintegrität ist von vielen Seiten bedroht. Einige dieser Problembereiche existieren nur bei Mehrtabellendatenbanken, während andere sogar Datenbanken mit nur einer einzigen Tabelle betreffen. Sie sollten alle Problembereiche kennen und die von ihnen ausgehenden Gefahren minimieren.

Ungültige Eingabedaten

Die Quelldokumente oder Datendateien, aus denen Sie die Daten für Ihre Datenbank beziehen, können ungültige Daten enthalten. Diese Daten können ganz unerwünschte oder beschädigte, ehemals korrekte Daten sein. Indem Sie den Wertebereich prüfen, können Sie feststellen, ob die Daten Domänenintegrität haben. Damit können Sie einige Probleme, aber sicher nicht alle, abfangen. Spaltenwerte, die innerhalb des gültigen Wertebereichs liegen, werden akzeptiert, können aber dennoch falsch sein.

Benutzerfehler

Ihre Quelldaten können korrekt sein, aber das Dateneingabepersonal gibt die Daten falsch ein. Diese Art von Fehler gehört zu den ungültigen Eingabedaten, nur daß hier eine andere Fehlerquelle vorliegt. Einige Lösungen für dieses Problem sind auch hier anwendbar. Mit Prüfungen des Wertebereichs können Sie einen Teil der Fehler abfangen. Eine zweite Möglichkeit besteht darin, dieselben Daten von einer zweiten Person nochmals eingeben zu lassen und die Eingaben abzugleichen. Dieser Ansatz ist teuer, weil Sie für die unabhängige Validierung (Zweiteingabe) doppelt soviel Personal und Zeit brauchen. In einigen Fällen – wenn die Datenintegrität von entscheidender Bedeutung ist – ist dieser zusätzliche Aufwand jedoch gerechtfertigt.

Mechanische Fehler

Wenn mechanische Fehler, wie z.B. ein Platten-Crash, auftreten, während eine Datenbanktabelle geöffnet ist, können die Daten in den Tabellen beschädigt werden. Dagegen können Sie sich durch regelmäßige Datensicherungen schützen.

Böswilligkeit (Sabotage)

Ziehen Sie die Möglichkeit in Betracht, daß jemand Ihre Daten böswillig und absichtlich beschädigen will. Ihre erste Schutzmaßnahme besteht darin, den Zugriff auf die Datenbank auf bestimmte Benutzer zu beschränken und diesen nur den Zugriff auf die Daten zu gewähren, die sie für ihre Arbeit benötigen. Zweitens müssen Sie regelmäßige Datensicherungen vornehmen, die Sie an einem sicheren Ort aufbewahren. Außerdem sollten Sie die Sicherheitsmaßnahmen Ihres Systems regelmäßig überprüfen. Hier ein wenig paranoid zu sein schadet nicht.

Datenredundanz

Datenredundanz ist bei dem hierarchischen Datenbankmodell ein großes Problem, das allerdings auch bei relationalen Datenbanken auftreten kann. Redundante Daten verschwenden Speicherplatz und verlangsamen die Verarbeitung. Darüber hinaus können sie zu ernsten Schäden in der Datenbank führen. Wenn Sie dieselben Datenelemente in zwei verschiedenen Tabellen einer Datenbank speichern, kann ein Element geändert werden, während das entsprechende Element in der anderen Tabelle gleich bleibt. Damit entsteht eine Diskrepanz zwischen den Daten, und möglicherweise verfügen Sie über keine Methode, um die richtige Version der Daten herauszufinden. Deshalb sollten Sie Datenredundanz soweit wie möglich vermeiden. Eine gewisse Redundanz ist notwendig, weil Primärschlüssel einer Tabelle als Fremdschlüssel in anderen Tabellen dupliziert werden müssen. Darüber hinaus sollte Ihre Datenbank möglichst keine redundanten Daten enthalten.

Nachdem Sie die Redundanz in Ihrem Datenbankentwurf minimiert haben, stellen Sie möglicherweise fest, daß das Zeitverhalten jetzt nicht mehr akzeptabel ist. Deshalb werden gezielt Redundanzen benutzt, um die Verarbeitungsgeschwindigkeit zu verbessern. In dem vorangegangenen Beispiel enthält die Tabelle AUFTRAG nur den Namen des Kunden, um die Herkunft eines Auftrags zu identifizieren. Wenn Sie einen Auftrag fertigmachen, müssen Sie Tabelle AUFTRAG mit der Kundentabelle verknüpfen, um die Adresse des Kunden zu ermitteln. Falls dadurch das Drucken der Aufträge zu lange dauert, können Sie die Kundenadresse redundant in der Tabelle AUFTRAG speichern. Diese Redundanz beschleunigt zwar den Druck der Aufträge, verlangsamt und verkompliziert dafür aber die Änderung der Kundenadresse.

Deshalb ist üblich, eine Datenbank zunächst so zu entwerfen, daß die Redundanz möglichst gering ist und die Daten so weit wie möglich normalisiert sind. Danach werden dann die zeitkritischen Bereiche identifiziert. Für wichtige, zu langsam laufende Anwendungen werden Tabellen wieder entnormalisiert, und es wird selektiv und gezielt wieder Redundanz in das System eingeführt. Das Schlüsselwort lautet hier *selektiv*. Die Redundanz, die Sie wieder in das System einführen, dient einem speziellen Zweck, und weil Sie sowohl die Redundanz als auch die damit möglicherweise verbundenen Probleme genau kennen, können Sie entsprechende Vorsichtsmaßnahmen treffen, um das Risiko so klein wie möglich zu halten.

Constraints

Weiter oben in diesem Kapitel habe ich Constraints als Mechanismen beschrieben, mit den Sie sicherstellen können, daß die Daten, die Sie in eine Tabellenspalte einfügen, innerhalb der Domäne dieser Spalte liegen. Ein *Constraint* ist eine Anwendungsregel, die für die Daten definiert und von dem DBMS erzwungen wird. Nachdem Sie eine Datenbank definiert haben, können Sie Constraints (wie z.B. NOT NULL) in die Tabellendefinition einfügen. Das DBMS stellt sicher, daß Sie keine Transaktionen ausführen können, die ein Constraint verletzen.

Es gibt drei Arten von Constraints: Spalten-Constraints, Tabellen-Constraints und Zusicherungen (engl. *assertions*). Ein *Spalten-Constraint* belegt eine Spaltentabelle mit einer bestimmten Einschränkung. Ein *Tabellen-Constraint* ist ein Constraint, das für eine ganze Tabelle gilt. Eine *Zusicherung* ist ein Constraint, das mehr als eine Tabelle betrifft.

Spalten-Constraints

Das folgende Beispiel zeigt ein Spalten-Constraint:

```
CREATE TABLE KUNDE (
     KUNDENNAME          CHARACTER (30)      NOT NULL,
     ANSCHRIFT1          CHARACTER (30),
     ANSCHRIFT2          CHARACTER (30),
     ORT                 CHARACTER (25),
```

```
        LAND              CHARACTER (2),
        POSTLEITZAHL      CHARACTER (10),
        TELEFON           CHARACTER (13),
        FAX               CHARACTER (13),
        KONTAKTPERSON     CHARACTER (30)
        ) ;
```

Dieser Befehl definiert für die Spalte KUNDENNAME das Constraint NOT NULL, so daß diese Spalte keine Nullwerte enthalten kann. UNIQUE ist ein weiteres Constraint, das Sie auf eine Spalte anwenden können. Dieses Constraint spezifiziert, daß jeder Wert in der betreffenden Spalte eindeutig sein muß. Das Constraint CHECK ist besonders nützlich, denn es hat ein Argument, das aus einem kompletten gültigen Ausdruck bestehen kann. Beispiel:

```
CREATE TABLE TEST (
        TESTNAME          CHARACTER (30)       NOT NULL,
        GEBUEHR           NUMERIC (6,2)
            CHECK (GEBUEHR >= 0.0 AND GEBUEHR <= 200.0)
        ) ;
```

Die Standardgebühr für einen Test unserer Beispielfirma VetLab muß immer größer oder gleich null sein und darf nicht mehr als 200 DM betragen. Die Klausel CHECK sorgt dafür, daß alle Einträge, die außerhalb des Wertebereiches 0 <= GEBUEHR <= 200 liegen, abgewiesen werden. Alternativ kann dasselbe Constraint folgendermaßen formuliert werden:

```
CHECK (GEBUEHR BETWEEN 0.0 AND 200.0)
```

Tabellen-Constraints

Das Constraint PRIMARY KEY spezifiziert die Spalte, die als Primärschlüssel dienen soll. Dieses Constraint ist deshalb ein Constraint, das für die ganze Tabelle gilt. Es kombiniert die Spalten-Constraints NOT NULL und UNIQUE. Das Constraint wird folgendermaßen in einem CREATE-Befehl definiert:

```
CREATE TABLE KUNDE (
        KUNDENNAME        CHARACTER (30)       PRIMARY KEY,
        ANSCHRIFT1        CHARACTER (30),
        ANSCHRIFT2        CHARACTER (30),
        ORT               CHARACTER (25),
        LAND              CHARACTER (2),
        POSTLEITZAHL      CHARACTER (10),
        TELEFON           CHARACTER (13),
        FAX               CHARACTER (13),
        KONTAKTPERSON     CHARACTER (30)
        ) ;
```

Zusicherungen

Eine *Zusicherung* spezifiziert eine Einschränkung, die für mehr als eine Tabelle gilt. In dem folgenden Beispiel wird eine Abfrage, die auf zwei Tabellen zugreift, in der Zusicherung verwendet:

```
CREATE TABLE AUFTRAG (
        AUFTRAGSNUMMER      INTEGER             NOT NULL,
        KUNDENNAME          CHARACTER (30),
        BESTELLTER_TEST     CHARACTER (30),
        VERKAEUFER          CHARACTER (30),
        AUFTRAGSDATUM       DATE
        ) ;

CREATE TABLE ERGEBNIS (
        ERGEBNISNUMMER      INTEGER             NOT NULL,
        AUFTRAGSNUMMER      INTEGER,
        ERGEBNISTEXT        CHARACTER(50),
        ERGEBNISDATUM       DATE,
        VORL_ENDG           CHARACTER (1)
        ) ;

CHECK (NOT EXISTS (SELECT * FROM AUFTRAG, ERGEBNIS
   WHERE AUFTRAG.AUFTRAGSNUMMER = ERGEBNIS.AUFTRAGSNUMMER
   AND AUFTRAG.AUFTRAGSDATUM > ERGEBNIS.ERGEBNISDATUM)) ;
```

Diese Zusicherung stellt sicher, daß Sie keine Berichte über Ergebnisse erhalten, bevor Sie nicht den zugehörigen Test bestellt haben.

Die Datenbank normalisieren

Einige Methoden, Daten zu organisieren, sind besser als andere. Einige sind logischer. Einige sind einfacher. Einige sind besser geeignet, Inkonsistenzen zu vermeiden, nachdem die Datenbank in Betrieb genommen worden ist.

Eine Reihe verschiedener Probleme (*Änderungsanomalien* genannt) bedrohen eine Datenbank, wenn ihre Struktur nicht korrekt ist. Um diese Probleme zu vermeiden, können Sie die Datenbankstruktur *normalisieren*. Die Normalisierung besteht im allgemeinen darin, eine Datenbanktabelle in zwei Tabellen zu zerlegen, die jeweils einfacher als das Original sind.

Änderungsanomalien tragen diesen Namen, weil sie beim Hinzufügen, Ändern oder Löschen von Daten einer Datenbanktabelle entstehen.

Um zu sehen, wie Änderungsanomalien auftreten können, betrachten Sie die Tabelle in Abbildung 5.2.

VERKAUF

KUNDE_NR	ARTIKEL	PREIS
1001	Waschmittel	12
1007	Zahncreme	3
1010	Chlorbleiche	4
1024	Zahncreme	3

Abbildung 5.2: Diese Verkaufstabelle führt zu Änderungsanomalien.

Nehmen Sie an, daß Ihre Firma Haushalts- und Körperpflegeartikel vertreibt und Sie allen Kunden den gleichen Preis für jedes Produkt berechnen. Mit der Tabelle VERKAUF verwalten Sie Ihren Geschäftsbetrieb. Nehmen Sie jetzt an, daß der Kunde 1001 aus der Stadt wegzieht und nicht länger bei Ihnen kauft. Es ist Ihnen egal, was er in der Vergangenheit gekauft hat, weil er in Zukunft nicht mehr bei Ihnen kaufen wird. Deshalb wollen Sie seine Zeile aus der Tabelle löschen. Falls Sie dies tun, verlieren Sie nicht nur die Information, daß Kunde 1001 ein Waschmittel gekauft hat, sondern auch die Information, daß dieses Waschmittel 12 DM kostet. Diese Situation wird als eine *Löschanomalie* bezeichnet. Indem Sie eine Information löschen (daß der Kunde 1001 Waschmittel gekauft hat), löschen Sie unabsichtlich weitere Informationen (daß das Waschmittel 12 DM kostet).

Wir können dieselbe Tabelle benutzen, um eine *Einfügeanomalie* zu demonstrieren. Nehmen Sie an, daß Sie einen Deostick zum Preis von 7 DM in Ihr Angebot aufnehmen wollen. Sie können diese Daten erst dann in die Tabelle VERKAUF einfügen, wenn Sie einen Kunden haben, der einen Deostick kauft.

Das Problem mit der Tabelle VERKAUF in der Abbildung ist darauf zurückzuführen, daß diese Tabelle mit mehr als einer Sache (einer Entity) gleichzeitig zu tun hat. Die Tabelle verzeichnet einerseits die Verkäufe (also welcher Kunde was kauft) und andererseits die Artikelpreise. Sie müssen die Tabelle VERKAUF in zwei Tabellen zerlegen, die jeweils nur mit einer Sache zu tun haben (siehe Abbildung 5.3).

KAUF

KUNDE_NR	ARTIKEL
1001	Waschmittel
1007	Zahncreme
1010	Chlorbleiche
1024	Zahncreme

ARTIKEL

ARTIKELNAME	PREIS
Waschmittel	12
Zahncreme	3
Chlorbleiche	4

Abbildung 5.3: Die Zerlegung der Tabelle VERKAUF in zwei Tabellen.

Die Abbildung zeigt, daß die Tabelle VERKAUF in die zwei Tabellen KAUF und ARTIKEL zerlegt wurde. Der Tabelle KAUF liegt die Vorstellung eines Kaufaktes zugrunde, der Tabelle ARTIKEL der Begriff eines Produkts, das einen bestimmten Preis hat. Jetzt können Sie die Zeile des Kunden 1001 aus der Tabelle KAUF löschen, ohne die Information zu verlieren, daß das Waschmittel 12 DM kostet. Diese Information ist jetzt in der Tabelle ARTIKEL gespeichert. Sie können nun auch den neuen Artikel, den Deostick, in die Tabelle ARTIKEL einfügen, ohne dafür bereits einen Kunden zu haben. Die Informationen über den Kauf werden an anderer Stelle, nämlich in der Tabelle KAUF gespeichert.

Dieser Prozeß, eine Tabelle in mehrere Tabellen zu zerlegen, die jede für sich ein einziges Objekt oder eine einzige Entity zum Inhalt haben, wird als *Normalisierung* bezeichnet.

Eine Normalisierung löst einige Probleme, aber selten alle. Oft müssen Sie mehrere Normalisierungen ausführen, um die Tabellen so zu reduzieren, daß jede nur noch ein Objekt oder Thema zum Inhalt hat. Jede Tabelle in einer Datenbank sollte ein – und nur ein – Hauptthema zum Inhalt haben. Manchmal ist es jedoch nicht einfach festzustellen, daß eine Tabelle mehr als ein Thema enthält.

Man kann Tabellen danach klassifizieren, welchen Änderungsanomalien sie unterworfen sind. E.F. Codd hat im Jahr 1970 das relationale Modell erstmalig beschrieben. Dabei hat er drei Quellen für Änderungsanomalien identifiziert und dementsprechend die erste, die zweite und die dritte *Normalform* (1NF, 2NF, 3NF) als Abhilfen gegen diese Anomalien formuliert. In den folgenden Jahren haben Codd und andere weitere Arten von Anomalien entdeckt und zusätzliche Normalformen spezifiziert, um mit den Anomalien umzugehen. Die *Boyce-Codd-Normalform* (BCNF), die vierte Normalform (4NF) und die fünfte Normalform (5NF) brachten jeweils einen höheren Schutz gegen Änderungsanomalien. Aber erst 1981 beschrieb R. Fagin in einer Arbeit die *Domain/Key-Normalform* (*DKNF*). Mit dieser letzten Normalform können sie garantieren, daß eine Tabelle frei von Änderungsanomalien ist.

Die Normalformen sind *verschachtelt* in dem Sinne, daß eine Tabelle, die in der 2NF ist, automatisch auch in der 1NF ist. Auf ähnliche Weise sind Tabellen in der 3NF automatisch in der 2NF usw. Für die meisten praktischen Anwendungen genügt es, die Datenbank in die 3NF zu bringen, um einen hohen Grad von Integrität zu erreichen. Wenn Sie jedoch absolut sicher sein wollen, daß die Integrität hundertprozentig gewahrt bleibt, müssen Sie die Datenbank in die DKNF bringen.

Nachdem Sie eine Datenbank so weit wie möglich normalisiert haben, können Sie gezielt einzelne Komponenten wieder denormalisieren, um das Verhalten der Datenbank zu verbessern. Sie sollten sich dann aber voll darüber im klaren sein, welche Anomalien dadurch ermöglicht werden.

Erste Normalform

Um in der ersten Normalform (1NF) zu sein, muß eine Tabelle folgende Eigenschaften haben:

- ✔ Die Tabelle ist eine zweidimensionale Tabelle mit Zeilen und Spalten.
- ✔ Jede Zeile enthält Daten, die zu einer Sache oder einem Teil einer Sache gehören.
- ✔ Jede Spalte enthält Daten eines einzigen Attributs der Sache, die sie beschreibt.
- ✔ Jede Zelle (Schnittpunkt einer Zeile und einer Spalte) enthält nur einen einzigen Wert.
- ✔ Alle Einträge einer Spalte sind von derselben Art. Wenn beispielsweise der Eintrag in einer Zeile einer Spalte einen Mitarbeiternamen enthält, müssen alle anderen Zeilen in dieser Spalte ebenfalls Mitarbeiternamen enthalten.
- ✔ Jede Spalte hat einen eindeutigen Namen.
- ✔ Keine zwei Zeilen sind identisch (d.h., jede Zeile ist eindeutig).
- ✔ Die Reihenfolge der Spalten und die Reihenfolge der Zeilen spielt keine Rolle.

Eine Tabelle (Relation) in der ersten Normalform ist gegen einige Arten von Änderungsanomalien immun, aber nicht gegen alle. Die Tabelle VERKAUF in Abbildung 5.2 ist in der ersten Normalform, und ist – wie gezeigt – anfällig für Lösch- und Einfügeanomalien. Die erste Normalform ist deshalb für viele Anwendungen nicht zuverlässig genug.

Zweite Normalform

Um die zweite Normalform verstehen zu können, müssen Sie wissen, was *funktionelle Abhängigkeit* bedeutet.

Eine *funktionelle Abhängigkeit* ist eine Beziehung zwischen Attributen. Ein Attribut ist funktionell von einem anderen abhängig, wenn der Wert des zweiten Attributs den Wert des ersten Attributs bestimmt. Wenn Sie den Wert des zweiten Attributs kennen, können Sie den Wert des ersten Attributs bestimmen.

Nehmen Sie beispielsweise an, daß eine Tabelle die Attribute (Spalten) GEBUEHR, TESTANZAHL und GESAMTGEBUEHR hat, die durch folgende Gleichung verbunden sind:

GESAMTGEBUEHR = GEBUEHR * TESTANZAHL

In dieser Tabelle ist das Attribut GESAMTGEBUEHR funktionell sowohl von dem Attribut GEBUEHR als auch von dem Attribut TESTANZAHL abhängig. Wenn Sie die Werte von GEBUEHR und TESTANZAHL kennen, können Sie den Wert von GESAMTGEBUEHR bestimmen.

Jede Tabelle in der ersten Normalform muß einen eindeutigen Primärschlüssel haben. Dieser Schlüssel kann aus einer oder mehreren Spalten bestehen. Ein Schlüssel, der aus mehr als einer Spalte besteht, wird als *zusammengesetzter Schlüssel* bezeichnet. Um in der zweiten Normalform (2NF) zu sein, müssen alle Nicht-Schlüssel-Attribute (Spalten) von dem Schlüssel abhängen. Deshalb ist jede Relation, die in der 1NF ist und einen Schlüssel hat, der nur aus einem einzigen Attribut besteht, automatisch in der zweiten Normalform. Wenn eine Relation einen zusammengesetzten Schlüssel hat, müssen alle Nicht-Schlüssel-Attribute von allen Komponenten des Schlüssels abhängen. Wenn die Tabelle Nicht-Schlüssel-Attribute enthält, die nicht von dem kompletten Schlüssel abhängen, müssen Sie die Tabelle so in zwei oder mehr Tabellen zerlegen, daß in den neuen Tabellen, alle Nicht-Schlüssel-Attribute von dem kompletten Primärschlüssel abhängen.

Verwirrt? Wir wollen die Dinge anhand eines Beispiels verdeutlichen. Betrachten Sie eine Tabelle ähnlich der Tabelle VERKAUF weiter oben in Abbildung 5.2. Statt nur einen einzigen Kauf pro Kunde zu speichern, fügen Sie jedesmal eine Zeile in die Tabelle ein, wenn ein Kunde einen bestimmten Artikel zum ersten Mal kauft. Ein weiterer Unterschied soll darin bestehen, daß spezielle Kunden – die mit einer KUNDE_NR von 1001 bis 1009 – einen Sonderrabatt auf den normalen Preis erhalten. Abbildung 5.4 zeigt einige Zeilen dieser Tabelle.

VERKAUF2

KUNDE_NR	ARTIKEL	PREIS
1001	Waschmittel	11
1007	Zahncreme	2.70
1010	Chlorbleiche	4
1024	Zahncreme	3
1010	Waschmittel	12
1001	Zahncreme	2.70

Abbildung 5.4: In der Tabelle VERKAUF2 bilden die Spalten KUNDE_NR und ARTIKEL einen zusammengesetzten Schlüssel.

Beachten Sie, daß in dieser Tabelle die Spalte KUNDE_NR eine Zeile nicht eindeutig identifiziert. Es gibt zwei Zeilen, in denen die Spalte KUNDE_NR den Wert 1001 hat, und zwei mit dem Wert 1010. Die Zeilen werden jedoch durch die Kombination der Spalten KUNDE_NR und ARTIKEL eindeutig identifiziert. Diese beiden Spalten bilden einen zusammengesetzten Schlüssel.

Die Tabelle befindet sich in der zweiten Normalform, weil das Nicht-Schlüssel-Attribut (PREIS) sowohl von der Spalte KUNDE_NR als auch von der Spalte ARTIKEL abhängt. Dies liegt in diesem Fall daran, daß einige Kunden einen Sonderpreis bekommen. Wäre dies nicht der Fall, würde der Preis nicht von der Kombination der Spalten KUNDE_NR und ARTIKEL abhängen, sondern nur von der Spalte ARTIKEL, und die Tabelle wäre nicht in der zweiten Normalform.

Dritte Normalform

Auch Tabellen in der zweiten Normalform sind noch durch bestimmte Arten von Änderungsanomalien gefährdet. Diese Anomalien können durch transitive Abhängigkeiten verursacht werden.

Eine *transitive Abhängigkeit* ist eine Beziehung, bei der ein Attribut von einem anderen Attribut abhängt, das seinerseits von einem dritten Attribut abhängt. Löschungen in einer Tabelle mit einer solchen Abhängigkeit können dazu führen, daß ungewollt Informationen verlorengehen. Eine Relation in der dritten Normalform ist eine Relation in der zweiten Normalform ohne transitive Abhängigkeiten.

Betrachten Sie noch einmal die Tabelle VERKAUF (in Abbildung 5.2), die in der ersten Normalform ist. Solange Sie die Einträge so beschränken, daß es für jede KUNDE_NR nur eine Zeile gibt, verfügen Sie über einen Primärschlüssel, der aus einem einzigen Attribut besteht, und die Tabelle ist in der zweiten Normalform. Die Tabelle ist jedoch noch durch Anomalien gefährdet. Was passiert beispielsweise, wenn der Kunde 1010 mit seiner Chlorbleiche unzufrieden ist, den Artikel zurückgibt und eine Erstattung haben will? Sie wollen die dritte Zeile aus der Tabelle löschen, in welcher der Verkauf der Chlorbleiche an den Kunden 1010 gespeichert ist. Sie stehen vor einem Problem: Wenn Sie diese Zeile löschen, verlieren Sie auch die Information, daß Chlorbleiche 4 DM kostet. Dies ist ein Beispiel für transitive Abhängigkeit. Die Spalte PREIS hängt von der Spalte ARTIKEL ab, die ihrerseits von der Spalte KUNDE_NR, dem Primärschlüssel, abhängt.

Wenn Sie die Tabelle VERKAUF in zwei Tabellen zerlegen, wird das Problem der transitiven Abhängigkeit gelöst. Die beiden Tabellen in Abbildung 5.3, KAUF und ARTIKEL, bilden eine Datenbank, die in der dritten Normalform ist.

Domain/Key-Normalform

Bei einer Datenbank in der dritten Normalform sind die meisten, aber nicht alle Möglichkeiten für Änderungsanomalien beseitigt. Die Normalformen jenseits der dritten dienen dazu, auch die restlichen Problemstellen zu beseitigen. Die Boyce-Codd-Normalform (BCNF), die vierte Normalform (4NF) und die fünfte Normalform (5NF) sind Beispiele solcher Formen. Jede dieser Formen eliminiert eine Möglichkeit für den Eintritt von Änderungsanomalien, aber garantiert nicht, daß alle möglichen Änderungsanomalien ausgeschlossen sind. Diese Garantie wird erst durch die Domain/Key-Normalform (DKNF) gegeben.

Eine Relation ist in der *Domain/Key-Normalform*, wenn jedes Constraint auf der Relation logisch aus der Definition der Schlüssel und Domänen folgt. Ein *Constraint* gemäß dieser Definition ist eine Regel, die so präzise ist, daß Sie feststellen können, ob sie wahr ist. Ein Schlüssel ist ein eindeutiger Bezeichner (engl. *identifier*) einer Zeile in einer Tabelle. Eine *Domäne* ist die Menge der zulässigen Werte eines Attributs.

Betrachten Sie noch einmal die Datenbank in Abbildung 5.2, die in der 1NF ist, um herauszufinden, wie Sie diese Datenbank in die DKNF bringen können:

Tabelle: VERKAUF (KUNDE_NR, ARTIKEL, PREIS)

Schlüssel: KUNDE_NR

Constraints:
1. KUNDE_NR bestimmt ARTIKEL
2. ARTIKEL bestimmt PREIS
3. KUNDE_NR muß eine Ganzzahl > 1000 sein

Um das dritte Constraint zu spezifizieren, daß die KUNDE_NR eine Ganzzahl größer als 1000 sein muß, können Sie einfach eine Domäne für KUNDE_NR definieren, die dieses Constraint beinhaltet. Dadurch wird das Constraint eine logische Folge der Domäne der Spalte KUNDE_NR. Weil die Spalte ARTIKEL von der Spalte KUNDE_NR abhängt und die Spalte KUNDE_NR ein Schlüssel ist, gibt es kein Problem mit dem ersten Constraint, das logisch aus der Definition des Schlüssels folgt. Dagegen stellt das zweite Constraint ein Problem dar. Die Spalte PREIS hängt von der Spalte ARTIKEL ab (d.h. ist eine logische Folge davon), und die Spalte ARTIKEL ist kein Schlüssel. Die Lösung besteht darin, die Tabelle VERKAUF in zwei Tabellen zu zerlegen, von denen die eine die Spalte KUNDE_NR als Schlüssel und die andere die Spalte ARTIKEL als Schlüssel benutzt. Diese Lösung ist praktisch das, was in Abbildung 5.3 gezeigt wird. Die Datenbank in Abbildung 5.3 ist also nicht nur in der 3NF, sondern auch in der DKNF.

Entwerfen Sie Ihre Datenbanken möglichst so, daß sie in der Domain/Key-Normalform sind. Wenn Sie dieses Ziel erreichen, sorgt die Durchsetzung der Schlüssel- und Domänen-Einschränkungen dafür, daß alle Constraints erfüllt werden. Änderungsanomalien sind nicht möglich. Wenn es nicht möglich ist, die Datenbank so zu strukturieren, daß sie in der Domain/Key-Normalform ist, müssen Sie die Constraints in das Anwendungsprogramm einbauen, das die Datenbank benutzt, weil die Datenbank dann nicht garantieren kann, daß die Constraints erfüllt werden.

Abnormale Formen

Manchmal zahlt es sich aus, abnorm zu sein. Manchmal können Sie sich in der Normalisierung verrennen und Ihre diesbezüglichen Anstrengungen zu weit treiben. Sie können eine Datenbank in so viele Tabellen zerlegen, daß sie unhandlich und ineffizient wird. Die Performanz geht in die Knie. Oft ist die optimale Struktur etwas denormalisiert. Tatsächlich ist kaum eine Datenbank in der Praxis bis zur DKNF normalisiert. Sie sollten jedoch Ihre Datenbanken soweit wie möglich normalisieren, um das Risiko zu minimieren, daß die Daten aufgrund von Änderungsanomalien beschädigt werden.

Wenn Sie die Datenbank soweit wie möglich normalisiert haben, betrachten Sie ihr Verhalten. Wenn die Performanz zu wünschen übrig läßt, gehen Sie einige Schritte zurück, denormalisieren Sie die Datenbank an den zeitkritischen Stellen, und berücksichtigen Sie in Ihren

Anwendungen die zusätzlichen Risiken für die Datenintegrität, die Sie durch die Redundanz einführen. Auf diese Weise kommen Sie wahrscheinlich zu einem Ergebnis, das sowohl effizient als auch vor Anomalien geschützt ist.

Teil III

Daten wiedergewinnen

»Wir wollten eine totale Integration oder gar keine. Beispielsweise kann ich allein von diesem Terminal die Abteilungsdaten abfragen, auf den Drucker, die Speicherressourcen, ESPN, das elektronische Einkaufsnetzwerk und den Kinokanal zugreifen.«

In diesem Teil...

SQL enthält einen reichhaltigen Satz von Werkzeugen zur Manipulation der Daten in einer relationalen Datenbank. Sie können mit SQL neue Daten einfügen, vorhandene Daten ändern und abfragen sowie veraltete Daten löschen. Diese Fähigkeiten sind nicht außergewöhnlich. Herausragend ist jedoch die Fähigkeit von SQL, mit seiner Data Manipulation Language (DML) gewünschte Daten schnell und genau aus großen Datenmengen herauszufinden.

In diesem Teil beschreibe ich die DML im Detail. Sie lernen, wie Sie mit den SQL-Werkzeugen rohe Daten so massieren können, daß Sie für Ihre gegenwärtigen Fragestellungen die richtigen Antworten bekommen.

Daten in einer Datenbank manipulieren

In diesem Kapitel

▶ Den Inhalt einer Tabellenzeile anzeigen

▶ Informationen aus einer oder mehreren Tabellen auswählen

▶ Eine neue Zeile in eine Tabelle einfügen

▶ Die Daten einer Tabellenzeile ändern

▶ Eine Tabellenzeile löschen

Wie ich in den Kapiteln 3 und 4 beschrieben habe, ist der Entwurf einer soliden Datenbankstruktur sehr wichtig. Ihr eigentliches Interesse gilt jedoch nicht der Struktur der Datenbank, sondern den Daten, die in ihr gespeichert sind. Mit Daten können Sie vier Hauptfunktionen ausführen: Sie können sie in Tabellen einfügen, aus Tabellen wiedergewinnen bzw. anzeigen, sie ändern und sie aus Tabellen löschen.

Die Data Manipulation Language (DML) von SQL

Im Prinzip ist die Manipulation einer Datenbank recht einfach. Es ist nicht schwer zu verstehen, wie Daten in eine Tabelle eingefügt werden. Man kann Daten entweder einzeln Zeile für Zeile oder mehrere Zeilen auf einmal einfügen. Das Ändern, Löschen oder Wiedergewinnen von Tabellenzeilen ist auch nicht schwer. Das Hauptproblem liegt darin, die betreffenden Zeilen auszuwählen. Manchmal gleicht das der Aufgabe, ein Puzzle aus einem Haufen von Teilen zusammenzusetzen, die mit den Teilen von hundert anderen Puzzles vermischt sind. Die gesuchten Daten sind häufig in einem riesigen Berg anderer Daten verborgen, die Sie nicht benötigen. Glücklicherweise können Sie mit dem SQL-Befehl SELECT dem Computer sehr genau sagen, was Sie suchen.

SQL in firmenspezifischen Werkzeugen

Bei manchen Datenbanksystemen kommen Sie ohne den SQL-Befehl SELECT aus. Wenn Sie mit einem DBMS auf Ihre Datenbank zugreifen, finden Sie wahrscheinlich in diesem System firmenspezifische Werkzeuge zur Datenmanipulation, mit denen Sie Daten einfügen, ändern, abfragen und löschen können. (Viele dieser Werkzeuge sind intuitiv zu verstehen.)

Bei einem Client/Server-System versteht die relationale Datenbank auf dem Server im allgemeinen nur SQL. Wenn Sie eine Datenbankanwendung mit einem DBMS oder einem RAD-Werkzeug entwickeln, können Sie Dateneingabeformulare mit Feldern erstellen, die den Feldern der Datenbanktabelle entsprechen. Sie können diese Felder auf dem Bildschirm zu sachlich zusammengehörigen Gruppen zusammenfassen und sie durch ergänzenden Text erläutern. Der Benutzer an der Client-Maschine kann mit Hilfe solcher Formulare leicht auf die Daten zugreifen und diese betrachten und ändern.

Nehmen Sie an, daß der Benutzer den Wert einiger Felder ändert. Das DBMS-Front-End auf dem Client übersetzt die Daten, die der Benutzer in das Bildschirmformular eingibt, in einen SQL-UPDATE-Befehl und sendet diesen dann zum Server. Das DBMS-Back-End auf dem Server führt den Befehl aus. Deshalb arbeiten Benutzer, die Daten einer relationalen Datenbank manipulieren, mit SQL, möglicherweise ohne sich dessen bewußt zu sein. Diese Benutzer können SQL direkt oder indirekt durch den Übersetzungprozeß verwenden.

Bei vielen DBMS-Front-Ends können Sie wählen, ob Sie deren eigene Werkzeuge oder SQL benutzen wollen. In einigen Fällen sind die firmenspezifischen Werkzeuge nicht so mächtig wie SQL. Wenn Sie eine Operation ausführen wollen, die das firmenspezifische Werkzeug nicht beherrscht, müssen Sie auf SQL zurückgreifen. Deshalb ist es sinnvoll, SQL zu lernen, selbst wenn Sie meistens die eingebauten Werkzeuge Ihres DBMS benutzen. Um Operationen erfolgreich ausführen zu können, die für die eingebauten Werkzeuge zu komplex sind, müssen Sie wissen, was SQL kann und wie es funktioniert.

Daten wiedergewinnen

Die häufigste Datenmanipulation ist die Abfrage vorhandener Daten. Abfragen können sich auf eine spezielle Zeile einer Datenbank oder Tausende von Zeilen auf einmal beziehen. Abfragen können sich auf alle Datensätze oder nur eine ausgewählte Menge von Zeilen beziehen, die bestimmte Bedingungen erfüllen. In SQL werden alle Abfragen mit einem einzigen Befehl, SELECT, ausgeführt.

Die einfachste Form des Befehls SELECT gibt alle Daten in allen Zeilen einer spezifizierten Tabelle zurück:

SELECT * FROM KUNDE ;

Das Sternchen (*) ist ein Platzhalterzeichen, das für *alles* steht. In diesem Kontext ist dieses Zeichen die Kurzform einer Liste mit allen Spaltennamen der Tabelle KUNDE. Dieser Befehl zeigt alle Daten in allen Zeilen und Spalten der Tabelle KUNDE auf dem Bildschirm an.

Der Befehl SELECT kann sehr viel komplizierter als in diesem Beispiel aufgebaut sein. Tatsächlich kann er so kompliziert sein, daß er praktisch nicht mehr zu entziffern ist. Diese Komplexität wird durch sogenannte *Klauseln* verursacht, die Sie in den Befehl einfügen können, um seine Funktion zu ändern. In Kapitel 9 beschreibe ich diese Klauseln im Detail. In diesem Kapitel behandle ich kurz die Klausel WHERE, die dazu dient, mit dem Befehl SELECT eine Menge von Zeilen auszuwählen, die eine bestimmte Bedingung erfüllen:

Der Befehl SELECT mit einer WHERE-Klausel hat die folgende allgemeine Form:

SELECT Spaltenliste FROM Tabellenname
    WHERE Bedingung ;

Die Spaltenliste spezifiziert die Spalten der Tabelle, die Sie anzeigen wollen. Die Klausel FROM spezifiziert die Tabelle selbst. Die Klausel WHERE spezifiziert die Bedingung, welche die Zeilen erfüllen müssen, um ausgewählt zu werden. Die Bedingung kann einfach (beispielsweise WHERE BUNDESLAND = 'NRW') oder zusammengesetzt sein (beispielsweise WHERE BUNDESLAND = 'NRW' AND UMSATZ > 5000).

Das folgende Beispiel zeigt einen kompletten SELECT-Befehl mit einer zusammengesetzten Bedingung:

SELECT KUNDENNAME, KUNDE_TELEFON FROM KUNDE
    WHERE BUNDESLAND = 'NRW'
    AND UMSATZ > 5000 ;

Dieser Befehl gibt die Namen und Telefonnummern aller Kunden in Nordrhein-Westfalen mit einem Umsatz über 5.000 DM zurück. Das Schlüsselwort AND spezifiziert, daß eine Zeile beide Bedingungen erfüllen muß.

Sichten erstellen

Eine korrekt entworfene Datenbank hat eine Struktur, welche die Integrität der Daten so weit wie möglich schützt. Diese Struktur stellt jedoch oft nicht die beste Methode dar, um die Daten zu betrachten. Mehrere Anwendungen können auf dieselben Daten zugreifen, aber verschiedene Schwerpunkte auf die Daten legen. Eins der mächtigsten Features von SQL ist seine Fähigkeit, Daten in sogenannten *Sichten* (engl. *views*) darzustellen, deren Struktur von der Struktur der gespeicherten Datenbanktabellen abweicht.

Die Tabellen, die Sie als Quellen für die Spalten und Zeilen in einer Sicht benutzen, heißen *Basistabellen*.

Ich habe Sichten bereits im Zusammenhang mit der Data Definition Language (DDL) in Kapitel 3 erwähnt. In diesem Kapitel werde ich Sichten im Zusammenhang mit der Wiedergewinnung und Manipulation von Daten betrachten.

Der Befehl SELECT gibt sein Ergebnis in Form einer virtuellen Tabelle zurück. Eine Sicht ist eine besondere Art von *virtueller Tabelle*. Im Gegensatz zu anderen virtuellen Tabellen speichert die Datenbank Sichten in Form einer Definition in ihren Metadaten. Sichten sind daher permanent, andere virtuelle Tabellen dagegen nicht. Sie können Sichten wie echte Tabellen manipulieren. Der Unterschied besteht darin, daß die Daten einer Sicht nicht unabhängig existieren. Die Sicht leitet ihre Daten von den zugrunde liegenden Tabellen ab, welche die

Spalten der Sicht enthalten. Jede Anwendung kann mit eigenen, einmaligen Sichten auf dieselben Daten arbeiten.

Betrachten Sie die VetLab-Datenbank aus Kapitel 5. Diese Datenbank enthält die fünf Tabellen KUNDE, TEST, MITARBEITER, AUFTRAG und ERGEBNIS. Der Landesmarketingleiter möchte wissen, aus welchen Bundesstaaten die Aufträge der Firma stammen. Ein Teil dieser Informationen ist in der Tabelle KUNDE und ein Teil in der Tabelle AUFTRAG gespeichert. Der Chef der Qualitätskontrolle möchte das Auftragsdatum eines Tests mit dem Datum des Endergebnisses vergleichen. Dieser Vergleich erfordert einige Daten der Tabelle AUFTRAG und einige der Tabelle ERGEBNIS. Sie können diese Informationswünsche durch verschiedene Sichten erfüllen.

Für den Marketingmanager definieren Sie die Sicht, die in Abbildung 6.1 gezeigt wird, und benutzen dazu folgenden Befehl:

```
CREATE VIEW AUFTRAG_NACH_LAND
    (KUNDENNAME, LAND, AUFTRAGSNUMMER)
  AS SELECT KUNDE.KUNDENNAME, LAND, AUFTRAGSNUMMER
  FROM KUNDE, AUFTRAG
  WHERE KUNDE.KUNDENNAME = AUFTRAG.KUNDENNAME ;
```

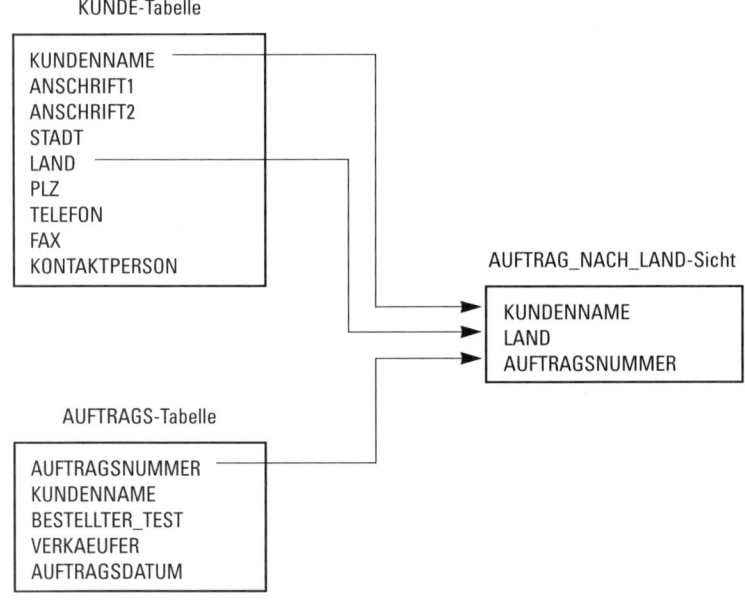

Abbildung 6.1: Die Sicht AUFTRAG_NACH_LAND für den Marketingmanager

Die neue Sicht verfügt über die drei Spalten KUNDENNAME, LAND und AUFTRAGSNUMMER. KUNDENNAME erscheint sowohl in der Tabelle KUNDE als auch in der Tabelle AUFTRAG und dient dazu, beide Tabellen zu verknüpfen. Die neue Sicht holt die LAND-Informationen aus der

Tabelle KUNDE und die AUFTRAGSNUMMER aus der Tabelle AUFTRAG. In diesem Beispiel deklarieren Sie explizit die Namen der Spalten in der neuen Sicht. Diese Deklaration ist nicht notwendig, wenn die Namen mit den Namen der entsprechenden Spalten in den Quelltabellen übereinstimmen. Das folgende Beispiel zeigt einen ähnlichen CREATE VIEW-Befehl, bei dem die Spaltennamen der Sicht implizit statt explizit angegeben werden.

Der Chef der Qualitätskontrolle benötigt die Sicht, die in Abbildung 6.2 gezeigt ist, und folgendermaßen definiert wird:

```
CREATE VIEW VERZOEGERUNG
    AS SELECT AUFTRAG.AUFTRAGSNUMMER, AUFTRAGSDATUM, ERGEBNISDATUM
    FROM AUFTRAG, ERGEBNIS
    WHERE AUFTRAG.AUFTRAGSNUMMER = ERGEBNIS.AUFTRAGSNUMMER
    AND ERGEBNIS.VORL_ENDG = 'V' ;
```

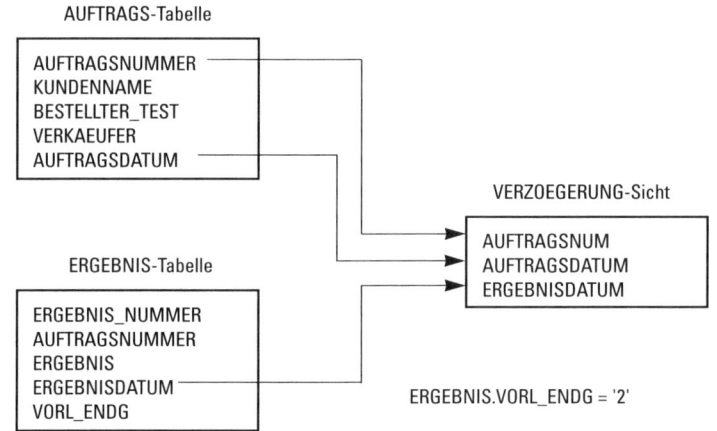

Abbildung 6.2: Die Sicht VERZOEGERUNG *für den Chef der Qualitätskontrolle*

Diese Sicht enthält das AUFTRAGSDATUM der Tabelle AUFTRAG und das ERGEBNISDATUM der Tabelle ERGEBNIS. Nur Zeilen, die in der Spalte VORL_ENDG der Tabelle ERGEBNIS ein *V* enthalten, werden in die Sicht aufgenommen.

Die SELECT-Klauseln der beiden vorangegangenen Beispiele enthalten nur Spaltennamen. Sie können in diesen Klauseln jedoch auch Ausdrücke verwenden. Nehmen Sie beispielsweise an, daß der Besitzer von VetLab Geburtstag hat und allen Kunden einen zehnprozentigen Feiertagsrabatt gewähren will. Um die Feiertagsgebühren zu berechnen, kann er eine Sicht erstellen, die auf den Tabelle AUFTRAG und TEST basiert:

```
CREATE VIEW GEBURTSTAG
    (KUNDENNAME, TEST, AUFTRAGSDATUM, GEBURTSTAGSGEBUEHR)
    AS SELECT KUNDENNAME, BESTELLTER_TEST, AUFTRAGSDATUM, GEBUEHR * .9
    FROM AUFTRAG, TEST
    WHERE BESTELLTER_TEST = TESTNAME ;
```

Beachten Sie, daß die Spalte TEST in der Sicht GEBURTSTAG mit der Spalte BESTELLTER_TEST in der Tabelle AUFTRAG korrespondiert, die ebenfalls mit der Spalte TESTNAME in der Tabelle TEST korrespondiert (siehe Abbildung 6.3).

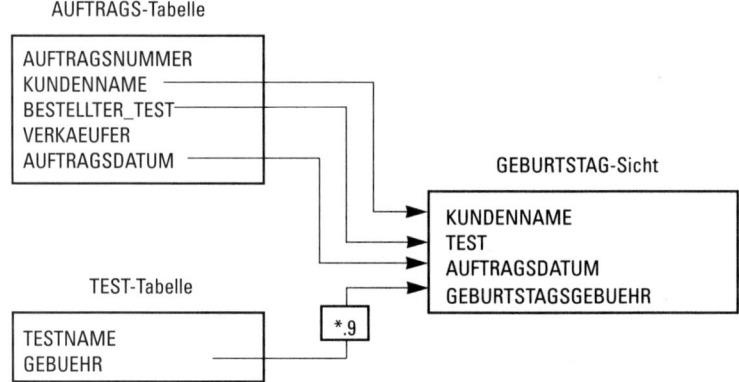

Abbildung 6.3: Die Sicht zur Ermittlung der Geburtstagsrabatte

Eine Sicht kann auf einer oder mehreren Tabellen basieren. Wenn Sie nicht alle Spalten oder Zeilen einer Tabelle benötigen, definieren Sie eine Sicht, welche die unerwünschten Daten herausfiltert, und arbeiten Sie dann mit dieser Sicht statt mit der Originaltabelle. Damit können Sie dem Benutzer nur die Informationen präsentieren, die er für seine Arbeit benötigt, und vermeiden, daß er durch unnötige Informationen abgelenkt wird.

 Ein weiterer Grund dafür, Sichten zu erstellen, besteht darin, die zugrunde liegenden Tabellen zu schützen. Mit Sichten können Sie bestimmte Spalten einer Tabelle zugänglich machen und andere verbergen und damit den Zugriff auf Informationen benutzerspezifisch steuern. Kapitel 12 beschreibt Maßnahmen zur Sicherung von Datenbanken im allgemeinen und Zugriffsberechtigungen im besonderen.

Sichten aktualisieren

Tabellen sind immer aktuell, weil die Daten direkt in sie eingefügt, in ihnen geändert und aus ihnen gelöscht werden. Sichten zeigen dagegen nicht unbedingt immer aktuelle Daten. Wenn Sie eine Sicht ändern, ändern Sie tatsächlich die zugrunde liegende Tabelle. Einige Sichten enthalten jedoch Komponenten aus zwei oder mehr Tabellen. Wenn Sie eine solche Sicht ändern, welche zugrunde liegende Tabelle wird dann aktualisiert? Ein weiteres Problem betrifft die SELECT-Liste. Die SELECT-Liste einer Sicht kann einen Ausdruck enthalten. Wie ändert man einen Ausdruck? Nehmen Sie an, daß Sie folgende Sicht definieren:

```
CREATE VIEW GESAMTGEHALT AS SELECT NAME, GEHALT+PROVISION AS AUSZAHLUNG
    FROM MITARBEITER ;
```

Könnten Sie dann AUSZAHLUNG mit dem folgenden Befehl ändern?

UPDATE GESAMTGEHALT SET AUSZAHLUNG = AUSZAHLUNG + 100 ;

Nein, das würde nicht funktionieren, weil die zugrunde liegende Tabelle keine Spalte namens AUSZAHLUNG hat. Denken Sie an folgende Regel, wenn Sie eine Sicht ändern wollen: Sie können ein Spalte einer Sicht nicht ändern, wenn diese Spalte nicht mit einer Spalte der zugrunde liegenden Tabelle übereinstimmt.

Neue Daten hinzufügen

Jede Datenbanktabelle ist anfänglich leer. Nach der Definition mit SQL oder einem RAD-Werkzeug ist sie nur eine leere Struktur ohne Daten. Um die Tabelle nutzen zu können, müssen Sie sie mit Daten füllen. Möglicherweise liegen diese Daten bereits in digitaler Form vor.

Falls Ihre Daten nicht bereits in digitaler Form vorliegen, müssen sie manuell am Bildschirm eingegeben werden. Sie können zwar auch optische Scanner und oder ein Spracherkennungssystem für diesen Zweck benutzen, aber diese Eingabegeräte werden zur Zeit noch sehr selten benutzt. Falls Ihre Daten bereits in digitaler Form, aber nicht in dem Datenformat Ihrer Datenbanktabellen gespeichert sind, müssen Sie die Daten erst in das passende Format übersetzen und dann in die Datenbank einfügen. Daten im korrekten Format können Sie natürlich sofort in die neue Datenbank importieren. Abhängig vom Format der Daten können Sie Daten als Block auf einmal oder nur datensatzweise in die Datenbank einfügen. Jeder neue Datensatz entspricht einer einzelnen Zeile einer Datenbanktabelle.

Daten zeilenweise einfügen

Die meisten Datenbanksysteme unterstützen die formularbasierte Dateneingabe. Sie können ein Bildschirmformular erstellen, das für jede Spalte einer Datenbanktabelle ein Eingabefeld enthält. Zusätzliche Textfelder auf dem Formular teilen dem Benutzer mit, welchen Inhalt die einzelnen Felder haben. Der Benutzer gibt alle Daten einer einzelnen Zeile in das Formular ein. Wenn das DBMS die neue Zeile annimmt, wird der Inhalt des Formulars gelöscht, und das Formular ist bereit, eine weitere Zeile aufzunehmen. Auf diese Weise können Sie leicht Daten zeilenweise in eine Tabelle einfügen.

Die formularbasierte Dateneingabe ist einfach und weniger fehleranfällig als die Eingabe kommabegrenzter Listen mit Spaltenwerten. Leider ist die formularbasierte Dateneingabe nicht standardisiert. Jedes DBMS arbeitet mit anderen Formularen. Für den Benutzer spielt diese Vielfalt keine Rolle, weil man das Aussehen von Formularen unabhängig von dem DBMS weitgehend vereinheitlichen kann. Für den Anwendungsentwickler ist dies jedoch ein Problem, da er bei jedem Wechsel seines Entwicklungswerkzeugs wieder am Anfang der Lernkurve steht. Ein weiteres mögliches Problem bei der formularbasierten Dateneingabe kann darin bestehen, daß Ihre Implementierung nicht alle Möglichkeiten zur Gültigkeitsprüfung der Eingabedaten bietet.

Die beste Methode, die Datenintegrität einer Datenbank zu bewahren, besteht darin, falsche Daten gar nicht in die Datenbank aufzunehmen. Einige fehlerhafte Daten können Sie durch Constraints abfangen, die Sie auf die Felder eines Dateneingabeformulars anwenden, um sicherzustellen, daß die Eingabewerte vom korrekten Datentyp sind und innerhalb des definierten Wertebereichs liegen. Natürlich können Sie durch Constraints nicht alle möglichen Fehler abfangen.

 Wenn Ihr DBMS-Werkzeug zum Entwurf von Bildschirmformularen nicht alle Gültigkeitsprüfungen ermöglicht, die Sie zum Sichern der Datenintegrität benötigen, können Sie eigene Formulare entwickeln, die Daten in Variablen zwischenspeichern und diese dann in Ihren Anwendungsprogrammen validieren. Wenn alle Prüfungen korrekte Werte ergeben, können Sie die Zeile in Ihrem Code mit dem SQL-Befehl INSERT einfügen.

Der INSERT-Befehl für eine einzelne Tabellenzeile hat folgende Syntax:

```
INSERT INTO Tabellenname [(Spalte1, Spalte_2, ..., Spalte_n)]
    VALUES (Wert_1, Wert_2, ..., Wert_n) ;
```

Die eckigen Klammern ([ ]) zeigen an, daß die Liste der Spaltennamen (Spalte1, Spalte_2, ..., Spalte_n) optional ist. Falls Sie diese Liste weglassen, benutzt SQL standardmäßig die Spalten der Tabelle in ihrer definierten Reihenfolge. Die Werte in der VALUES-Liste (Wert_1, Wert_2, ..., Wert_n) werden positionsweise in die entsprechenden Spalten der Tabelle eingeordnet. Falls die Werte in der Werteliste nicht in der Reihenfolge der Spalten in der Tabelle angegeben sind, müssen Sie die Liste der Spaltennamen verwenden und dort die Spalten in der Reihenfolge angeben, die der Reihenfolge der Werte in der Werteliste entspricht.

Mit dem folgenden Befehl können Sie beispielsweise einen Datensatz in die Tabelle KUNDE einfügen:

```
INSERT INTO KUNDE (KUNDE_ID, VORNAME, NACHNAME,
    STRASSE, STADT, LAND, POSTLEITZAHL, TELEFON)
    VALUES (vkundid, 'Martin', 'Morlock', 'Neusser Str. 321',
    'Köln', 'D', '50733', '0221/9705630') ;
```

Der erste Wert in der Werteliste, vkundid, ist eine Variable, die Sie in Ihrem Programmcode um Eins vergrößern, nachdem Sie eine neue Zeile in die Tabelle eingefügt haben. Damit stellen Sie sicher, daß Sie keine doppelte KUNDE_ID erzeugen. KUNDE_ID ist der Primärschlüssel für diese Tabelle und muß deshalb eindeutig sein. Die anderen Werte sind keine Variablen, sondern Literale, die den Wert des jeweiligen Datenelements direkt repräsentieren. Natürlich könnten Sie auch hier Variablen benutzen. Für den Befehl INSERT spielt es keine Rolle, ob Sie Variablen oder Literale angeben.

Daten nur in ausgewählte Spalten einfügen

Manchmal verfügen Sie beim Einfügen einer Zeile nicht über alle Spalteninformationen. In einem solchen Fall können Sie eine Zeile anlegen, die nur die bekannten Spalten enthält.

Wenn die Tabelle dabei wenigstens in der ersten Normalform bleiben soll, müssen Sie genügend Daten einfügen, um die neue Zeile von allen anderen Zeilen zu unterscheiden. (Die *erste Normalform* wird in Kapitel 5 behandelt.) Diese Bedingung wird erfüllt, wenn Sie den Primärschlüssel der neuen Zeile einfügen. Zusätzlich können Sie Spalten angeben, deren Wert Sie kennen. Spalten, in die Sie keine Daten eingeben, werden mit Nullwerten gefüllt.

Das folgende Beispiel zeigt die Eingabe einer partiellen Zeile:

```
INSERT INTO KUNDE (KUNDE_ID, VORNAME, NACHNAME)
    VALUES (vkundid, 'Martin', 'Morlock') ;
```

Sie geben nur den eindeutigen Kundenbezeichner und den Namen des Kunden in die Tabelle ein. Die anderen Spalten dieser Zeile enthalten Nullwerte.

Zeilen blockweise in eine Tabelle einfügen

Eine Datenbanktabelle zeilenweise mit dem Befehl INSERT mit Daten zu füllen ist eine mühsame Angelegenheit. Selbst wenn die Daten mit einem ergonomisch sorgfältig gestalteten Bildschirmformular eingegeben werden, ermüdet diese Aufgabe den Benutzer mit der Zeit. Falls es technisch möglich ist, die Daten automatisch in die Datenbank einzufügen, ist dies deshalb der bessere Weg.

Eine automatische Dateneingabe ist beispielsweise möglich, wenn die Daten bereits in elektronischer Form vorliegen, weil sie schon in der Vergangenheit manuell erfaßt worden sind. Falls dies der Fall sein sollte, gibt es keinen überzeugenden Grund, die Geschichte zu wiederholen. Die Übertragung von Daten von einer Datei in eine andere ist eine Aufgabe, die mit minimalen menschlichen Eingriffen von einem Computer ausgeführt werden kann. Wenn Sie die Eigenschaften der Quelldaten und das Format der Zieltabelle kennen, kann ein Computer die Daten (im Prinzip) automatisch übertragen.

Daten aus einer fremden Datei kopieren

Nehmen Sie beispielsweise an, daß Sie eine Datenbank für eine neue Anwendung erstellen. Einige der benötigten Daten existieren bereits in einer Computerdatei. Bei der Datei kann es sich um eine flache Datei oder um eine Tabelle in einer Datenbank handelt, die mit einem anderen DBMS arbeitet. Die Daten können im ASCII- oder EBCDIC-Code oder in einem ungebräuchlichen, firmenspezifischen Format vorliegen. Was sollten Sie tun?

Zunächst einmal sollten Sie hoffen und beten, daß die Daten ein gebräuchliches Format haben; denn dann bestehen gute Aussichten, daß Sie ein Utility zur Formatumwandlung finden, mit dem Sie die Daten so umwandeln können, daß sie in Ihre Datenbank importierbar sind. Falls Sie wirklich Glück haben, kann Ihre Entwicklungsumgebung das gegenwärtige Format der Daten direkt verarbeiten. Auf PCs sind die dBASE- und Paradox-Formate weit verbreitet. Falls die vorliegenden Daten in einem dieser Formate abgespeichert sind, sollte die Umwandlung einfach sein. Wenn das Format der Daten weniger gebräuchlich ist, müssen Sie möglicherweise die Umwandlung in zwei Schritten durchführen.

Als letzte Maßnahme können Sie immer noch einen professionellen Datenübersetzungsservice in Anspruch nehmen. Diese Dienstleister haben sich darauf spezialisiert, Computerdaten von einem Format in ein anderes zu übersetzen. Sie können meistens Hunderte von verschiedenen Formaten ineinander umwandeln, von denen sonst noch nie jemand etwas gehört hat. Wenn Sie einem solchen Service ein Band oder eine Platte mit Daten geben, erhalten Sie die Daten in dem von Ihnen gewünschten Format zurück.

Zeilen von einer Tabelle in eine andere übertragen

Sehr viel weniger schwierig als das Problem, fremde Daten in die Datenbank zu importieren, ist die Aufgabe, Daten wiederzugewinnen, die bereits in einer Tabelle Ihrer Datenbank existieren, und mit Daten in einer anderen Tabelle zu kombinieren. Dieser Prozeß funktioniert besonders einfach, wenn beide Tabellen die gleiche Struktur haben, d.h., wenn sie spaltenweise übereinstimmen und die einander entsprechenden Spalten den gleichen Datentyp haben. Falls dies der Fall ist, können Sie die Inhalte der beiden Tabellen mit dem relationalen Operator UNION kombinieren. Das Ergebnis ist eine virtuelle Tabelle mit den Daten beider Quelltabellen. Relationale Operatoren, einschließlich UNION, sind ein Thema in Kapitel 10.

Ausgewählte Spalten und Zeilen von einer Tabelle in eine andere übertragen

In der Regel sind jedoch die Strukturen der Quell- und Zieltabellen verschieden. Manchmal stimmen nur einige Spalten überein – dann sind es diese Spalten, die Sie übertragen wollen. Wenn Sie SELECT-Befehle mit einer UNION verknüpfen, können Sie angeben, welche Spalten der Quelltabellen in die virtuelle Ergebnistabelle übertragen werden sollen. Mit WHERE-Klauseln, die Sie in die SELECT-Befehle einfügen, können Sie außerdem Bedingungen für die Zeilen spezifizieren, die für die Ergebnistabelle ausgewählt werden sollen. WHERE-Klauseln werden in Kapitel 9 eingehend behandelt.

Nehmen Sie beispielsweise an, daß Sie die beiden Tabellen PROSPEKT und KUNDE haben und alle Personen in beiden Tabellen auswählen wollen, die in Nordrhein-Westfalen leben. Mit dem folgenden Befehl können Sie eine virtuelle Ergebnistabelle mit den gewünschten Informationen erstellen:

```
SELECT VORNAME, NACHNAME
    FROM PROSPEKT
        WHERE LAND = 'NRW'
UNION
SELECT VORNAME, NACHNAME
    FROM KUNDE
        WHERE LAND = 'NRW' ;
```

Die SELECT-Befehle geben an, daß die Ergebnistabelle die Spalten VORNAME und NACHNAME enthalten soll. Die WHERE-Klauseln wählen nur die Zeilen aus, bei denen die Spalte LAND den Wert NRW enthält. Die Spalte LAND erscheint nicht in der Ergebnistabelle, ist aber in beiden

Ausgangstabellen enthalten. Der UNION-Operator kombiniert das Ergebnis des SELECT-Befehls für die Tabelle PROSPEKT mit dem Ergebnis des SELECT-Befehls für die Tabelle KUNDE, löscht doppelte Zeilen und zeigt dann das Ergebnis an.

Eine weitere Methode, Daten von einer Tabelle einer Datenbank in eine andere zu kopieren, besteht darin, eine Unterabfrage mit dem Befehl SELECT in einen INSERT-Befehl einzufügen. Diese Methode (eine Unterabfrage) erstellt keine virtuelle Tabelle, sondern dupliziert die ausgewählten Daten. Sie können beispielsweise alle Zeilen der Tabelle KUNDE in die Tabelle PROSPEKT einfügen. Wenn Sie beispielsweise die Kunden aus Nordrhein-Westfalen in die Tabelle PROSPEKT einfügen wollen, benutzen Sie einfach SELECT mit einer WHERE-Klausel:

```
INSERT INTO PROSPEKT
   SELECT * FROM KUNDE
   WHERE LAND = 'NRW' ;
```

Obwohl Sie mit dieser Operation redundante Daten erzeugen (weil Sie dieselben Personen sowohl in der Tabelle PROSPEKT als auch der Tabelle KUNDE speichern), ist dieses Vorgehen möglicherweise sinnvoll, um das Zeitverhalten des Systems zu verbessern. Behalten Sie jedoch die Redundanz im Auge, und stellen Sie sicher, daß alle Änderungen der betreffenden Daten in beiden Tabellen parallel ausgeführt werden.

Vorhandene Daten aktualisieren

Daß sich die Dinge auf dieser Welt ändern, ist sicher. Wenn Sie mit dem gegenwärtigen Zustand unzufrieden sind, warten Sie einfach eine Zeitlang. Eher früher als später ändern sich die Dinge. Weil sich die Welt laufend ändert, müssen sich auch die Datenbanken ändern, die die Welt modellieren. Kunden ziehen um. Lagerbestände ändern sich (weil, wie Sie hoffen, jemand Ihre Produkte kauft). Mit jedem Spiel ändert sich die Leistungsstatistik eines Basketballspielers. Diese Änderungen sind typisch für die Ereignisse, die eine Änderung der Daten in einer Datenbank notwendig machen.

Der SQL-Befehl UPDATE dient dazu, Daten einer Tabelle zu ändern. Mit einem einzigen UPDATE können Sie eine, einige oder alle Zeilen einer Tabelle ändern. Der Befehl UPDATE hat folgende Syntax:

```
UPDATE Tabellenname
   SET Spalte_1 = Ausdruck_1, Spalte_2 = Ausdruck_2,
   ..., Spalte_n = Ausdruck_n
   [WHERE Bedingung] ;
```

Die WHERE-Klausel ist optional. Mit dieser Klausel können Sie die Zeilen auswählen, die Sie ändern wollen. Wenn Sie keine WHERE-Klausel angeben, werden alle Zeilen der Tabelle geändert. In der SET-Klausel spezifizieren Sie die zu ändernden Spalten sowie deren neue Werte.

Betrachten Sie die Tabelle KUNDE in Tabelle 6.1.

Name	Ort	Vorwahl	Telefon
Abe Abelson	Springfield	(714)	555-1111
Bill Bailey	Decatur	(714)	555-2222
Chuck Wood	Philo	(714)	555-3333
Don Stetson	Philo	(714)	555-4444
Dolph Stetson	Philo	(714)	555-5555

Tabelle 6.1: Tabelle KUNDE

Der Inhalt der Tabelle KUNDE ändert sich gelegentlich, wenn Leute umziehen, eine andere Telefonnummer bekommen usw. Nehmen Sie beispielsweise an, daß Abe Abelson von Springfield nach Kankakee umzieht. Sie können seinen Datensatz in der Tabelle mit dem folgenden UPDATE-Befehl ändern:

```
UPDATE KUNDE
   SET ORT = 'Kankakee', TELEFON = '666-6666'
   WHERE NAME = 'Abe Abelson' ;
```

Dieser Befehl ändert die Tabelle wie in Tabelle 6.2 gezeigt.

Name	Ort	Vorwahl	Telefon
Abe Abelson	Kankakee	(714)	666-6666
Bill Bailey	Decatur	(714)	555-2222
Chuck Wood	Philo	(714)	555-3333
Don Stetson	Philo	(714)	555-4444
Dolph Stetson	Philo	(714)	555-5555

Tabelle 6.2: Tabelle KUNDE *nach dem* UPDATE *einer Zeile*

Mit einem ähnlichen Befehl können Sie mehrere Zeilen auf einmal ändern. Nehmen Sie an, daß die Stadt *Philo* ein explosives Bevölkerungswachstum hat und jetzt eine eigene Vorwahl bekommt. Sie können die Zeilen aller Kunden, die in Philo leben, folgendermaßen mit einem einzigen UPDATE-Befehl ändern:

```
UPDATE KUNDE
   SET VORWAHL = '(619)'
   WHERE ORT = 'Philo' ;
```

Tabelle 6.3 zeigt die Tabelle KUNDE nach der Änderung.

Name	Ort	Vorwahl	Telefon
Abe Abelson	Kankakee	(714)	666-6666
Bill Bailey	Decatur	(714)	555-2222
Chuck Wood	Philo	(619)	555-3333
Don Stetson	Philo	(619)	555-4444
Dolph Stetson	Philo	(619)	555-5555

Tabelle 6.3: Die Tabelle KUNDE nach dem UPDATE mehrerer Zeilen

Alle Zeilen einer Tabelle zu ändern ist noch einfacher, als nur einige Zeilen zu ändern. In diesem Fall brauchen Sie keine WHERE-Klausel. Nehmen Sie an, daß die Stadt *Rantoul* durch eine Gebietsreform die Städte *Kankakee, Decatur* und *Philo* geschluckt hat. Mit einem einzigen Befehl können Sie alle Zeilen der Tabelle auf einmal ändern:

```
UPDATE KUNDE
   SET STADT = 'Rantoul' ;
```

Tabelle 6.4 zeigt das Ergebnis.

Name	Ort	Vorwahl	Telefon
Abe Abelson	Rantoul	(714)	666-6666
Bill Bailey	Rantoul	(714)	555-2222
Chuck Wood	Rantoul	(619)	555-3333
Don Stetson	Rantoul	(619)	555-4444
Dolph Stetson	Rantoul	(619)	555-5555

Tabelle 6.4: Die Tabelle KUNDE nach dem UPDATE aller Zeilen

Die WHERE-Klausel, mit der Sie die Zeilen einschränken, auf die der Befehl UPDATE angewendet werden soll, kann eine Unterabfrage enthalten. Damit können Sie die Änderung der Zeilen in einer Tabelle von dem Inhalt einer anderen Tabelle abhängig machen.

Als Beispiel einer Unterabfrage innerhalb eines UPDATE-Befehls wollen wir uns als Großhändler betrachten, der in seiner Datenbank die Tabelle ANBIETER mit den Namen seiner Lieferanten verwaltet. Außerdem enthält die Datenbank die Tabelle ARTIKEL mit den Namen und Preisen aller Artikel, die er verkauft. Die Tabelle ANBIETER enthält die Spalten ANBIETER_ID, ANBIETER_NAME, STRASSE, STADT, LAND und PLZ. Die Tabelle ARTIKEL hat die Spalten ARTIKEL_ID, ARTIKEL_NAME, ANBIETER_ID und VERKAUFSPREIS.

Der Lieferant *Cumulonimbus Corporation* teilt dem Großhändler mit, daß er die Preise all seiner Produkte um zehn Prozent erhöht. Um seine Gewinnspanne zu erhalten, muß der Großhändler die Verkaufspreise der Produkte von Cumulonimbus um zehn Prozent erhöhen. Er verwendet dafür folgenden UPDATE-Befehl:

```
UPDATE ARTIKEL
   SET VERKAUFSPREIS = (VERKAUFSPREIS * 1.1)
   WHERE ANBIETER_ID IN
     (SELECT ANBIETER_ID FROM ANBIETER
      WHERE ANBIETER_NAME = 'Cumulonimbus Corporation') ;
```

Die Unterabfrage ermittelt die ANBIETER_ID von Cumulonimbus. Mit dieser ANBIETER_ID können die Zeilen der Tabelle ARTIKEL ausgewählt werden, die geändert werden müssen. Die Preise aller Cumulonimbus-Produkte steigen um zehn Prozent, während die Preise aller anderen Produkte gleich bleiben. Die Unterabfragen werden in Kapitel 11 ausführlich behandelt.

Überholte Daten löschen

Im Laufe der Zeit veralten einige Daten und werden nutzlos. Sie sollten überholte Daten aus Tabellen löschen. Überflüssige Daten belasten das Zeitverhalten, belegen Speicherplatz und können die Benutzer irritieren. Sie können ältere Daten in eine Archivdatei übertragen und diese dann offline aufbewahren. Falls diese Daten aus irgendeinem unwahrscheinlichen Grund noch einmal benötigt werden, können Sie sie auf diese Weise wiederherstellen, ohne daß diese Daten Ihr Alltagsgeschäft beeinträchtigen. Wenn Sie die Daten archiviert haben, können Sie sie aus den normalen Tabellen löschen. Zu diesem Zweck stellt SQL den Befehl DELETE bereit.

Sie können alle Zeilen einer Tabelle mit einem einzigen DELETE-Befehl löschen, oder Sie können den Löschvorgang mit einer WHERE-Klausel auf bestimmte Zeilen beschränken. Die Syntax ist ähnlich wie die Syntax des Befehls SELECT, außer daß Sie keine Spalten spezifizieren. Wenn Sie eine Tabellenzeile löschen, werden alle Daten in allen Spalten dieser Zeile gelöscht.

Nehmen Sie beispielsweise an, daß Ihr Kunde *David Taylor* nach Tahiti gezogen ist und nicht mehr bei Ihnen kaufen wird. Sie können ihn mit dem folgenden Befehl aus Ihrer Tabelle KUNDE löschen:

```
DELETE FROM KUNDE
   WHERE VORNAME = 'David' AND NACHNAME = 'Taylor' ;
```

Falls Sie nur einen Kunden mit dem Namen *David Taylor* haben, wird dieser Kunde gelöscht. Wenn Sie mehrere Kunden mit demselben Namen haben, können Sie mit einer WHERE-Klausel die STRASSE, das TELEFON oder die KUNDE_ID spezifizieren, um den richtigen Kunden zu löschen.

Werte spezifizieren

In diesem Kapitel

▸ Mit Variablen redundanten Code vermeiden

▸ Ein Logbuch der Systemaktivitäten verwalten

▸ Informationen über mehrere Tabellenzeilen mit einem einzigen Befehl abfragen

▸ Häufig benötigte Informationen aus einem Datenbanktabellenfeld herauslesen

▸ Einfache Werte zu komplexen Ausdrücken verknüpfen

In den vorhergehenden Kapiteln habe ich betont, wie wichtig die Datenbankstruktur für die Datenbankintegrität ist. Die Datenbankstruktur wird häufig vernachlässigt. Sie dürfen jedoch nicht vergessen, daß die Daten selbst das Wichtigste sind. Schließlich bilden die Werte der Daten, die Sie in den Feldern Ihrer Tabellen speichern, das Rohmaterial, aus dem Sie Ihre geschäftlichen Entscheidungen ableiten.

Werte können auf verschiedene Weisen repräsentiert werden. Sie können sie direkt darstellen oder ableiten. Dieses Kapitel beschreibt verschiedenen Arten von Werten sowie Funktionen und Ausdrücke.

Funktionen sind Programmteile, die einen Wert aus anderen Werten ableiten. *Ausdrücke* sind Kombinationen von Datenelementen, die einen bestimmten Wert haben.

Werte

SQL unterscheidet mehrere verschiedene Arten von Werten: *Zeilenwerte, Literale, Variablen, spezielle Variablen* und *Spaltenreferenzen*.

Atome sind auch nicht unteilbar

Im 19. Jahrhundert waren die Wissenschaftler der Ansicht, daß Atome die nicht weiter teilbaren, kleinsten Teile der Materie wären. Deshalb nannten Sie diese Teile *Atome*, ein Name der von dem griechischen Wort *atomos* abgeleitet ist, was *unteilbar* bedeutet. Heute wissen wir, daß Atome nicht unteilbar sind; sie bestehen aus Protonen, Neutronen und Elektronen. Protonen und Neutronen bestehen ihrerseits aus Quarks, Gluonen und virtuellen Quarks. Selbst diese Teilchen sind möglicherweise nicht unteilbar. Wer weiß?

Der Wert eines Felds einer Datenbanktabelle wird als *atomar* bezeichnet, obwohl viele Felder ebenfalls nicht unteilbar sind. Ein DATE-Wert besteht aus den Komponenten Jahr, Monat und Tag. Ein TIMESTAMP-Wert besteht aus den Komponenten Stunde, Minuten, Sekunden usw. REAL- und FLOAT-Werte bestehen aus einer Mantisse und einem Exponenten. Ein CHAR-Wert besteht aus Zeichen, die mit SUBSTRING gelesen werden können. Die Werte von Datenbankfeldern als *atomar* zu bezeichnen ist deshalb eine echte Analogie zur Betrachtung der Atome der Materie. Beide modernen Anwendungen des Terminus *atomar* stimmen mit der ursprünglichen Bedeutung des Wortes nicht mehr überein.

Zeilenwerte

Die sichtbarsten Werte einer Datenbank sind die *Zeilenwerte* der Tabellen. Dies sind die Werte, die in jeder Zeile einer Datenbanktabelle enthalten sind. Ein Zeilenwert besteht typischerweise aus mehreren Komponenten, weil jede Spalte einer Zeile einen Wert enthält. Ein Feld ist die Schnittstelle einer einzelnen Spalte mit einer einzelnen Zeile. Ein Feld enthält einen *skalaren* oder *atomaren Wert*. Ein skalarer oder atomarer Wert besteht nur aus einer einzelnen Komponente.

Literale

In SQL können Werte entweder durch *Variablen* oder durch *Konstanten* repräsentiert werden. Diese Bezeichnungen drücken die wesentliche Eigenschaft aus: Variablen können ihren Wert ändern. Konstanten ändern ihren Wert nie. Eine wichtige Art von Konstanten sind die sogenannten *Literale*. Betrachten Sie ein *Literal* als einen *WYSIWYG*-Wert (*What You See Ist What You Get*). Literale repräsentieren sich selbst.

SQL besitzt viele verschiedene Datentypen, denen viele verschiedene Typen von Literalen entsprechen. Tabelle 7.1 zeigt einige Beispiele von Literalen der verschiedenen Datentypen.

Datentyp	Beispiel eines Literals
INTEGER	186282
SMALLINT	186
NUMERIC	186282.42
DECIMAL	186282.42
REAL	6.02257E-23
DOUBLE PRECISION	3.1415926535897E00
FLOAT	6.02257E-23

7 ➤ Werte spezifizieren

Datentyp	Beispiel eines Literals
CHARACTER(15)	'GREECE ' *Anmerkung:* 15 Zeichen und Leerzeichen zwischen den Anführungszeichen.
VARCHAR (CHARACTER VARYING)	'lepton'
NATIONAL CHARACTER(15)	'ELLAS '[1] *Anmerkung:* 15 Zeichen und Leerzeichen zwischen den Anführungszeichen.
NATIONAL CHARACTER VARYING	'lepton'[2]
BIT(12)	B'100111001110'[3]
BIT(12)	X'9CE'[4]
BIT VARYING(16)	B'1001111000111'
BIT VARYING(16)	X'F7'
DATE	DATE '07-20-1969'
TIME(2)	TIME '13:41:32.50'
TIMESTAMP(0)	TIMESTAMP '04-17-1995 14:18:00'
TIME WITH TIMEZONE(4)	TIME '13:41:32.5000-08:00'
TIMESTAMP WITH TIMEZONE(0)	TIMESTAMP '04-17-1995 14:18:00+02:00'
INTERVAL DAY	INTERVAL '7' DAY

[1] Dieser Term ist das Wort, mit dem die Griechen ihr Land in ihrer Landessprache bezeichnen (*Hellas*).
[2] Dieser Term ist das Word *lepton* in Griechisch.
[3] BIT- und BIT VARYING-Werte, die mit einem B beginnen, werden als Binärzahlen interpretiert.
[4] BIT- und BIT VARYING-Werte, die mit einem X beginnen, werden als Hexdezimalzahlen interpretiert.

Tabelle 7.1: Beispiele für Literale der verschiedenen Datentypen

Beachten Sie, daß die Literale der nichtnumerischen Typen in einfache Anführungszeichen eingeschlossen werden. Das soll Verwirrung vermeiden, kann aber Probleme verursachen.

Was passiert, wenn ein Literal aus einer Zeichenkette besteht, die selbst ein einfaches Anführungszeichen enthält? In diesem Fall müssen Sie zwei einfache Anführungszeichen hintereinander eingeben. Diese Konvention bedeutet, daß das Anführungszeichen Teil der Zeichenkette ist und nicht ihr Ende markiert. Beispielsweise geben Sie 'Earth''s atmosphere' ein, um das Literal *Earth's atmosphere* zu repräsentieren.

Variablen

Literale und andere Arten von Konstanten manipulieren zu können ist gut und schön. In vielen Fällen wäre dies jedoch mit viel Arbeit verbunden, gäbe es nicht die Variablen. Variablen sind übrigens Größen, die ihren Wert ändern können. Betrachten Sie das folgende Beispiel, um zu erkennen, warum Variablen wertvoll sind:

Nehmen Sie an, Sie wären ein Händler, der seine Kunden in drei verschiedene Umsatzgruppen eingeteilt hat. Kunden mit hohem Umsatz bekommen die besten Preise, Kunden mit geringem Umsatz die höchsten. Die anderen liegen dazwischen. Sie wollen alle Preise mit einem Index an die Kosten der Artikel binden. Der Preis Ihres F-117A-Artikels soll für Ihre besten Kunden (Klasse C) das 1,4fache Ihrer Kosten betragen, für die mittlere Gruppe (Klasse B) das 1,5fache und für die schlechteste Gruppe (Klasse A) das 1,6fache.

Sie verwalten die Kosten und Preise in der Tabelle PREISTABELLE. Um die neue Preisstruktur zu speichern, geben Sie den folgenden SQL-Befehl ein:

```
UPDATE PREISTABELLE
    SET PREIS = EINKAUFSPREIS * 1.4
    WHERE ARTIKEL = 'F-117A'
        AND KLASSE = 'C' ;
UPDATE PREISTABELLE
    SET PREIS = EINKAUFSPREIS * 1.5
    WHERE ARTIKEL = 'F-117A'
        AND KLASSE = 'B' ;
UPDATE PREISTABELLE
    SET PREIS = EINKAUFSPREIS * 1.6
    WHERE ARTIKEL = 'F-117A'
        AND KLASSE = 'A' ;
```

Dieser Code erfüllt seinen Zweck. Aber was machen Sie, wenn ein agressiver Mitwerber Ihnen Marktanteile abjagt? Dann müssen Sie möglicherweise Ihre Spannen reduzieren, um wettbewerbsfähig zu bleiben. Dazu geben Sie z. B. folgende Befehle ein:

```
UPDATE PREISTABELLE
    SET PREIS = EINKAUFSPREIS * 1.25
    WHERE ARTIKEL = 'F-117A'
        AND KLASSE = 'C' ;
UPDATE PREISTABELLE
    SET PREIS = EINKAUFSPREIS * 1.35
    WHERE ARTIKEL = 'F-117A'
        AND KLASSE = 'B' ;
UPDATE PREISTABELLE
    SET PREIS = EINKAUFSPREIS * 1.45
    WHERE ARTIKEL = 'F-117A'
        AND KLASSE = 'A' ;
```

Falls Sie in einem sehr dynamischen Mark tätig sind, müssen Sie Ihre Preise möglicherweise sehr oft anpassen und deshalb den SQL-Code sehr häufig eingeben. Diese Aufgabe kann sehr schnell zur Last werden, besonders wenn die Preise an mehreren Stellen Ihres Codes vorkommen. Sie können dieses Problem verringern, indem Sie für die Faktoren nicht Literale (wie z.B. 1,45), sondern Variablen (wie z.B. :faktorA) benutzen. Dann können Sie die Preise folgendermaßen ändern:

```
UPDATE PREISTABELLE
   SET PREIS = EINKAUFSPREIS * :faktorC
   WHERE ARTIKEL = 'F-117A'
      AND KLASSE = 'C' ;
UPDATE PREISTABELLE
   SET PREIS = EINKAUFSPREIS * :faktorB
   WHERE ARTIKEL = 'F-117A'
      AND KLASSE = 'B' ;
UPDATE PREISTABELLE
   SET PREIS = EINKAUFSPREIS * :faktorA
   WHERE ARTIKEL = 'F-117A'
      AND KLASSE = 'A'
```

Wenn Sie jetzt Ihre Preise ändern müssen, brauchen Sie nur die Werte der Variablen :faktorC, :faktorB und :faktorA zu ändern. Diese Variablen sind Parameter, die Sie an den SQL-Code übergeben, der damit die neuen Preise berechnet.

Manchmal werden diese Variablen, die Sie auf diese Weise verwenden, als *Parameter* und manchmal als *Host-Variablen* bezeichnet. Die Bezeichnung *Parameter* wird verwendet, wenn sich die Variablen in SQL-Modulen befindet, die Bezeichnung *Host-Variablen* dagegen, wenn sie in eingebettetem SQL-Code stehen.

Eingebetteter SQL-Code bedeutet, daß SQL-Befehle in den Code einer Anwendung eingebettet sind, die in einer anderen Programmiersprache, der sogenannten *Host-Sprache*, geschrieben ist. Alternativ können Sie separate SQL-Module erstellen, die nur SQL-Code enthalten und von der Host-Sprache der Anwendung aus aufgerufen werden. Beide Methoden sind gleichwertig. Wie Sie arbeiten, hängt von Ihrer SQL-Implementierung ab.

Spezielle Variablen

Wenn sich ein Benutzer auf einer Client-Maschine mit einer Datenbank auf einem Server verbindet, wird diese Verbindung als *Sitzung* bezeichnet. Wenn der Benutzer sich mit mehreren Datenbanken verbindet, wird die Sitzung mit der jüngsten Verbindung als aktuelle Sitzung angesehen; die vorangegangenen Sitzungen werden als ruhend betrachtet. SQL-92 definiert mehrere spezielle Variablen, die in Multiuser-Systemen verwendet werden. Diese Variablen verwalten die verschiedenen Benutzer. So enthält die spezielle Variable SESSION_USER beispielsweise die Kennung des Benutzers der gegenwärtigen Sitzung und seine Autorisierung. Wenn Sie ein Programm schreiben, das die Benutzung des Systems überwacht, können Sie die Variable SESSION_USER abfragen, um festzustellen, wer SQL-Befehle ausführt.

Ein SQL-Modul kann mit einer benutzerspezifischen Autorisierung verbunden sein, so daß nur ein spezieller Benutzer darauf zugreifen kann. Die Variable CURRENT_USER speichert diesen Wert. Wenn das Modul nicht mit einer solchen Kennung verbunden ist, hat die Variable CURRENT_USER denselben Wert wie die Variable SESSION_USER.

Die Variable SYSTEM_USER enthält die betriebssystemspezifische Kennung eines Benutzers. Diese Kennung kann von der Benutzerkennung in einem SQL-Modul abweichen. Ein Benutzer kann sich beispielsweise im System unter dem Namen LARRY anmelden, sich aber in einem Modul als BETRIEBSLEITER identifizieren. Der Wert in SESSION_USER lautet BETRIEBS-LEITER. Wenn er die Modulkennung nicht explizit spezifiziert, enthält CURRENT_USER ebenfalls BETRIEBSLEITER. SYSTEM_USER enthält den Wert LARRY.

Ein Verwendungszweck der speziellen Variablen SYSTEM_USER, SESSION_USER und CURRENT_USER ist die Überwachung der Benutzung des Systems. Sie können eine Log-Tabelle anlegen und periodisch die Werte dieser Variablen in diese Tabelle eintragen. Beispiel:

```
INSERT INTO LOGBUCH (SNAPSHOT)
   VALUES ('Benutzer ' || SYSTEM_USER ||
   ' mit ID ' || SESSION_USER ||
   ' aktiv um ' || CURRENT_TIMESTAMP) ;
```

Dieser Befehl erzeugt Logbucheinträge der folgenden Art:

```
Benutzer LARRY mit ID BETRIEBSLEITER aktiv um 04-17-199514:18:00
```

Spaltenreferenzen

Spalten enthalten in jeder Zeile einer Tabelle einen Wert. SQL-Befehle beziehen sich oft auf diese Werte. Eine vollständige Referenz auf eine bestimmte Spalte besteht aus dem Tabellennamen und einem Punkt, dem der Spaltenname folgt (beispielsweise PREISTABELLE.ARTIKEL). Betrachten Sie den folgenden Befehl:

```
SELECT PREISTABELLE.EINKAUFSPREIS
   FROM PREISTABELLE
   WHERE PREISTABELLE.ARTIKEL = 'F-117A' ;
```

PREISTABELLE.ARTIKEL ist eine Spaltenreferenz. Diese Referenz enthält den Wert F-117A. PREISTABELLE.EINKAUFSPREIS ist ebenfalls eine Spaltenreferenz, aber Sie kennen ihren Wert erst, wenn der Befehl SELECT ausgeführt wird.

Weil es nur sinnvoll ist, Spalten in der gegenwärtigen Tabelle zu referenzieren, brauchen Sie im allgemeinen keine vollständigen Spaltenreferenzen anzugeben. Der folgende Befehl ist beispielsweise äquivalent zu dem vorangegangenen:

```
SELECT EINKAUFSPREIS
   FROM PREISTABELLE
   WHERE ARTIKEL = 'F-117A' ;
```

Manchmal arbeiten Sie jedoch mit mehr als einer Tabelle gleichzeitig. Zwei Tabellen in einer Datenbank können gleichnamige Spalten enthalten. Falls dies der Fall ist, müssen Sie für diese Spalten die vollständigen Spaltenreferenzen angeben, um die gewünschten Spalten eindeutig zu kennzeichnen.

Nehmen Sie beispielsweise an, daß Ihre Firma Niederlassungen in Hollis und Jefferson hat und Sie für jede Niederlassung zwei separate Tabellen zur Verwaltung der jeweiligen Mitarbeiter führen. Die Tabellen heißen MITARB_HOLLIS bzw. MITARB_JEFFERSON. Wenn Sie eine Liste aller Mitarbeiter erstellen wollen, die in beiden Niederlassungen arbeiten, müssen Sie alle Mitarbeiter ermitteln, deren Namen in beiden Tabellen gespeichert sind. Der folgende SELECT-Befehl liefert das gewünschte Ergebnis:

```
SELECT MITARB_HOLLIS.VORNAME, MITARB_HOLLIS.NACHNAME
   FROM MITARB_HOLLIS, MITARB_JEFFERSON
   WHERE MITARB_HOLLIS.MITARB_ID = MITARB_JEFFERSON.MITARB_ID ;
```

Weil die Mitarbeiter-ID (MITARB_ID) jeden Mitarbeiter innerhalb des gesamten Unternehmens eindeutig identifiziert, ist sie von der Niederlassung unabhängig und kann als Bindeglied zwischen den beiden Tabellen benutzt werden. Diese Abfrage liefert nur die Namen von Mitarbeitern, die in beiden Tabellen gespeichert sind.

Funktionen

Eine *Funktion* ist eine mehr oder weniger komplexe Operation, die nicht mit den üblichen SQL-Befehlen ausgeführt wird, die aber in der Praxis häufig verwendet wird. Die Funktionen, die SQL bereitstellt, führen Aufgaben aus, die sonst der Anwendungscode in der Host-Sprache (in die Sie Ihre SQL-Befehle einbetten) erledigen müßte. SQL enthält zwei Hauptkategorien von Funktionen: *Mengenfunktionen* (oder *Aggregat-Funktionen*) *und Wertfunktionen*.

Mit Mengenfunktionen summieren

Mengenfunktionen arbeiten mit *Mengen* von Zeilen in einer Tabelle statt mit einzelnen Zeilen. Diese Funktionen fassen eine Eigenschaft einer Menge von Zeilen in einem Wert zusammen. Die Menge kann alle Zeilen der Tabelle oder eine durch eine WHERE-Klausel spezifizierte Untermenge von Zeilen umfassen. (WHERE-Klauseln werden detailliert Kapitel 9 behandelt.) Manchmal werden die Mengenfunktionen auch als *Aggregatfunktionen* bezeichnet, weil sie Informationen mehrerer Zeilen zu einem Wert zusammenfassen oder *aggregieren*.

Wir wollen Mengenfunktionen anhand einer Nährwerttabelle näher erläutern. Tabelle 7.2 enthält die Nährwerte für 100 Gramm bestimmter Nahrungsmittel.

Nahrungsmittel	Kalorien	Eiweiß (Gramm)	Fett (Gramm)	Kohlenhydrate (Gramm)
Mandeln, geröstet	627	18,6	57,7	19,6
Spargel	20	2,2	0,2	3,6
Bananen, roh	85	1,1	0,2	22,2
Rindfleisch, magerer Hamburger	219	27,4	11,3	
Huhn, helles Fleisch	166	31,6	3,4	
Opossum, geröstet	221	30,2	10,2	
Schwein, Schinken	394	21,9	33,3	
Limabohnen	111	7,6	0,5	19,8
Cola	3910,0			
Weißbrot	269	8,7	3,2	50,4
Vollkornbrot	243	10,5	3,0	47,7
Broccoli	26	3,1	0,3	4,5
Butter	716	0,6	81,0	0,4
Bohnen	367		0,5	93,1
Erdnußsplitter	421	5,7	10,4	81,0

Tabelle 7.2: Nährwerte von 100 Gramm ausgewählter Nahrungsmittel

Eine Datenbanktabelle mit dem Namen NAHRUNGSMITTEL speichert die Informationen in Tabelle 7.2. Leere Felder enthalten den Wert NULL. Die Mengenfunktionen COUNT, AVG, MAX, MIN und SUM können uns wichtige Fakten über die Daten in dieser Tabelle liefern.

COUNT

Die COUNT-Funktion gibt an, wie viele Zeilen in der Tabelle enthalten sind oder wie viele Zeilen der Tabelle eine bestimmte Bedingung erfüllen. In der einfachsten Form lautet die Funktion:

```
SELECT COUNT (*)
   FROM NAHRUNGSMITTEL ;
```

Diese Funktion liefert das Ergebnis 15, weil sie alle Zeilen in der Tabelle NAHRUNGSMITTEL zählt. Der folgende Befehl liefert dasselbe Ergebnis:

```
SELECT COUNT (KALORIEN)
   FROM NAHRUNGSMITTEL ;
```

Weil die Spalte KALORIEN in jeder Zeile der Tabelle einen Eintrag hat, ist die Zahl gleich. Falls eine Spalte jedoch einen Nullwert enthält, zählt die Funktion die entsprechende Zeile nicht mit.

Der folgende Befehl liefert den Wert 11, weil vier der 15 Zeilen der Tabelle in der Spalte KOHLENHYDRATE einen Nullwert enthalten.

SELECT COUNT (KOHLENHYDRATE)
   FROM NAHRUNGSMITTEL ;

 Es gibt eine Reihe von Gründen dafür, daß ein Feld einer Datenbanktabelle einen Nullwert enthält. Ein häufiger Grund besteht darin, daß der tatsächliche Wert nicht oder noch nicht bekannt ist. Oder der Wert ist bekannt, wurde aber noch nicht eingegeben. Manchmal, wenn der Benutzer weiß, daß der Wert null ist, läßt er das betreffende Eingabefeld einfach leer. Diese Praxis ist nicht zu empfehlen. Null ist ein ganz bestimmter Wert, der in Berechnungen verwendet werden kann. Ein Nullwert in einer Tabelle ist dagegen *kein* bestimmter Wert, und SQL kann nicht mit Nullwerten rechnen.

Wenn Sie die COUNT-Funktion in Verbindung mit DISTINCT benutzen, können Sie feststellen, wie viele verschiedene Werte in einer Spalte vorhanden sind. Betrachten Sie den folgenden Befehl:

SELECT COUNT (DISTINCT FETT)
   FROM NAHRUNGSMITTEL ;

Das Ergebnis lautet 13. In der Tabelle können Sie sehen, daß 100 Gramm Spargel genausoviel Fett enthalten wie 100 Gramm Bananen (0,2 Gramm), und daß 100 Gramm Limabohnen denselben Fettgehalt wie 100 Gramm Bohnen haben (0,5 Gramm). Deshalb enthält die Tabelle nur 13 verschiedene Fettwerte.

AVG

Die AVG-Funktion berechnet den Durchschnittswert der Werte einer spezifizierten Spalte. Natürlich können Sie diese Funktion nur bei numerischen Spalten benutzen:

SELECT AVG (FETT)
   FROM NAHRUNGSMITTEL ;

Das Ergebnis ist 14,3. Diese Zahl ist hauptsächlich deshalb so groß, weil Butter in der Datenbank gespeichert ist. Wenn Sie wissen wollen, wie hoch der durchschnittliche Fettgehalt ohne die Butter ist, können Sie die folgende WHERE-Klausel in Ihren Befehl einfügen:

SELECT AVG (FETT)
   FROM NAHRUNGSMITTEL
   WHERE NAHRUNG <> 'Butter' ;

Der Durchschnittswert fällt auf 9,6 Gramm pro 100 Gramm Nahrung.

MAX

Die MAX-Funktion gibt den größten Wert in der spezifizierten Spalte zurück. Der folgende Befehl gibt den Wert 81 (den Fettgehalt von 100 Gramm Butter zurück):

```
SELECT MAX (FETT)
   FROM NAHRUNGSMITTEL ;
```

MIN

Die MIN-Funktion gibt den kleinsten Wert in der spezifizierten Spalte zurück. Der folgende Befehl gibt den Wert von 0,4 zurück, weil die Funktion leine Nullwerte berücksichtigt:

```
SELECT MIN (KOHLENHYDRATE)
   FROM NAHRUNGSMITTEL ;
```

SUM

Die SUM-Funktion gibt die Summe der Werte in der spezifizierten Spalte zurück. Der folgende Befehl gibt 3.924, die Summe der Kalorien aller 15 Nahrungsmittel, zurück:

```
SELECT SUM (KALORIEN)
   FROM NAHRUNGSMITTEL ;
```

Wertfunktionen

Bestimmte Operationen werden sehr häufig benötigt. Deshalb sind sie als Funktionen in SQL aufgenommen worden. Im Vergleich zu anderen PC-Datenbankverwaltungssystemen wie Paradox oder dBASE verfügt SQL über relativ wenige, aber häufig benötige Wertfunktionen. Diese Funktionen bilden drei Gruppen:

- ✔ Stringfunktionen
- ✔ Numerische Funktionen
- ✔ Datetime-Funktionen

Stringfunktionen

Stringfunktionen nehmen eine Zeichenkette (oder einen Bit-String) als Input und geben eine andere Zeichenkette (oder einen Bit-String) als Output zurück. SQL enthält sechs Stringfunktionen:

- ✔ SUBSTRING
- ✔ UPPER
- ✔ LOWER

- ✔ TRIM
- ✔ TRANSLATE
- ✔ CONVERT

SUBSTRING

Mit der SUBSTRING-Funktion können Sie einen Teilstring aus einem Quellstring herausziehen. Der Quellstring kann eine Zeichenkette oder ein Bit-String sein. Der herausgezogene Teilstring ist vom selben Typ wie der Quellstring. Wenn beispielsweise der Quellstring eine Zeichenkette ist, ist der Teilstring ebenfalls eine Zeichenkette. Die SUBSTRING-Funktion hat folgende Syntax:

SUBSTRING (Quellstring FROM Start [FOR Länge])

Die Klausel in eckigen Klammern ([]) ist optional. Der Teilstring, der aus Quellstring herausgezogen wird, beginnt mit dem Zeichen (oder Bit) an der Position, die durch Start angegeben wird und ist Länge Zeichen (oder Bits) lang. Wenn die Klausel FOR fehlt, reicht der Teilstring bis zum Ende von Quellstring. Betrachten Sie das folgende Beispiel:

SUBSTRING ('Brot, Roggen und Weizen' FROM 7 FOR 6)

Der herausgezogene Teilstring lautet Roggen. Dieser Teilstring beginnt beim siebten Zeichen des Quellstrings und ist sechs Zeichen lang. Der Quellstring, der als Argument an die Funktion übergeben wird, kann ein Literal, eine Variable oder ein Ausdruck sein, der eine Zeichenkette bildet. So können Sie beispielsweise mit einer Variablen namens Nahrungsmittel arbeiten, die zu verschiedenen Zeiten unterschiedliche Werte repräsentiert. Der folgende Ausdruck würde den gewünschten Teilstring unabhängig von der Zeichenkette herausziehen, welche die Variable im Moment repräsentiert:

SUBSTRING (Nahrungsmittel FROM 8 FOR 7)

Alle Wertfunktionen können Literale, Variablen oder Ausdrücke, die einen Wert ergeben, als Argumente verarbeiten.

 Bei der SUBSTRING-Funktion müssen Sie einige Dinge beachten. Der gewünschte Teilstring sollte innerhalb des Quellstrings liegen, andernfalls gibt die Funktion einen Nullwert zurück. Sie müssen deshalb ungefähr wissen, wie die Quelldaten aussehen werden. Außerdem dürfen Sie keine negative Teilstringlänge spezifizieren, weil das Ende eines Strings nicht vor seinem Anfang liegen kann.

Wenn Sie – wie beispielsweise bei Spalten vom Datentyp VARCHAR – nicht wissen, wie lang die Daten in einer Spalte sind, und einen zu großen Wert für die Länge angeben, gibt die SUBSTRING-Funktion nur den Teil bis zum Ende des Quellstrings zurück. Die Funktion meldet keinen Fehler.

Nehmen Sie beispielsweise den folgenden Befehl:
```
SELECT * FROM NAHRUNGSMITTEL
   WHERE SUBSTRING (NAHRUNG FROM 9 FOR 12) = 'geröstet' ;
```

Dieser Befehl gibt die Zeile mit dem gerösteten Opossum aus der Tabelle NAHRUNGSMITTEL zurück, obwohl der Wert in der Spalte NAHRUNG ('Opossum, geröstet') kürzer als 20 Zeichen ist.

 Wenn ein Operand in der SUBSTRING-Funktion einen Nullwert hat, gibt er einen Nullwert als Ergebnis zurück.

Um einen Teilstring aus einem Bit-String herauszuziehen, müssen Sie ein B vor das String-Argument setzen. Beispiel:

```
SUBSTRING (B'0111000110101' FROM 4 FOR 6)
```

Dieses Beispiel gibt den Wert B'100011' zurück. Der Teilstring beginnt beim vierten Bit des Quellstrings und ist sechs Bits lang.

UPPER

Die UPPER-Funktion wandelt alle Zeichen einer Zeichenkette in Großbuchstaben um, wie die Beispiele in der folgenden Tabelle zeigen:

Befehl	Ergebnis
UPPER ('e. e. cummings')	'E. E. CUMMINGS'
UPPER ('Isaac Newton, PhD')	'ISAAC NEWTON, PHD'

Zeichenketten, die nur Großbuchstaben enthalten, werden von der UPPER-Funktion nicht betroffen.

LOWER

Die LOWER-Funktion wandelt alle Zeichen einer Zeichenkette in Kleinbuchstaben um, wie die Beispiele in der folgenden Tabelle zeigen:

Befehl	Ergebnis
LOWER ('STEUERN')	'steuern'
LOWER ('E. E. Cummings')	'e. e. cummings'

Zeichenketten, die nur Kleinbuchstaben enthalten, werden von der LOWER-Funktion nicht betroffen.

TRIM

Die TRIM-Funktion schneidet Leerzeichen oder andere spezifizierte Zeichen am Anfang und am Ende einer Zeichenkette ab. Die folgenden Beispiele zeigen ihre Verwendung:

Befehl	Ergebnis
TRIM (LEADING ' ' FROM ' test ')	'test '
TRIM (TRAILING ' ' FROM ' test ')	' test'
TRIM (BOTH ' ' FROM ' test ')	'test'
TRIM (BOTH 't' from 'test')	'es'

Das Leerzeichen ist das Zeichen, das standardmäßig abgeschnitten wird, so daß auch folgender Befehl gültig ist:

TRIM (BOTH FROM '   test   ')

Diese Version ergibt dasselbe Ergebnis wie das dritte Beispiel in der Tabelle.

TRANSLATE und CONVERT

Die Funktionen TRANSLATE und CONVERT wandeln einen Quellstring in einen anderen Zeichensatz um, beispielsweise von Englisch in Kanji oder Hebräisch in Französisch. Die Umwandlungsfunktionen sind implementierungsspezifisch. Lesen Sie in Ihrer Dokumentation die Details nach.

Es wäre großartig, wenn das Übersetzen einer Sprache in eine andere so einfach wäre wie der Aufruf der SQL-Funktion TRANSLATE. Leider ist es nicht so. Die Funktion TRANSLATE übersetzt nur die Zeichen im ersten Zeichensatz in die entsprechenden Zeichen im zweiten Zeichensatz. Die Funktion kann beispielsweise »Ellas« in »Ellas«, jedoch nicht »Ellas« in »Griechenland« übersetzen.

Numerische Funktionen

Numerische Funktionen können Daten verschiedener Typen als Input haben, aber der Output ist immer ein numerischer Wert. SQL enthält fünf numerische Funktionen:

✔ POSITION
✔ CHARACTER_LENGTH
✔ OCTET_LENGTH
✔ BIT_LENGTH
✔ EXTRACT

POSITION

Die Funktion POSITION gibt die Position eines spezifizierten Teilstrings innerhalb eines spezifizierten Quellstrings zurück. Die Syntax lautet:

POSITION (Teilstring IN Quellstring)

Die folgende Tabelle zeigt einige Beispiele.

Befehl	Ergebnis
POSITION ('V' IN 'Vollkornbrot')	1
POSITION ('Vol' IN 'Vollkornbrot')	1
POSITION ('ko' IN 'Vollkornbrot')	5
POSITION ('brei' IN 'Vollkornbrot')	0
POSITION ('' IN 'Vollkornbrot')	1

Wenn die Funktion den Teilstring nicht findet, gibt sie den Wert 0 zurück. Wenn der Teilstring die Länge Null hat (wie im letzten Beispiel), gibt die Funktion den Wert 1 zurück. Wenn ein Operand in der Funktion einen Nullwert hat, ist das Ergebnis ein Nullwert.

CHARACTER_LENGTH

Die Funktion CHARACTER_LENGTH gibt die Anzahl der Zeichen in einer Zeichenkette zurück. Der folgende Befehl gibt beispielsweise 17 zurück:

CHARACTER_LENGTH ('Opossum, geröstet')

Diese Funktion ist nicht besonders nützlich, wenn ihr Argument aus einem Literal besteht. Statt CHARACTER_LENGTH ('Opossum, geröstet') könnte ich schneller und einfacher 17 schreiben. Diese Funktion hat einen größeren Nutzen, wenn ihr Argument eine Variable oder ein Ausdruck ist.

OCTET_LENGTH

In der Musik wird ein Ensemble mit acht Sängern als *Oktett* bezeichnet. Es besteht üblicherweise aus dem ersten und zweiten Sopran, dem ersten und zweiten Alt, dem ersten und zweiten Tenor und dem ersten und zweiten Baß. In der Computerterminologie wird ein Ensemble aus acht Daten-Bits als *Byte* bezeichnet. Leider bringt diese Bezeichnung die Anzahl nicht zum Ausdruck. Durch den Rückgriff auf den musikalischen Terminus *Oktett* wird diese Kollektion von acht Bits plastischer beschrieben.

Praktisch alle modernen Computer verwenden acht Bits, um ein einzelnes alphanumerisches Zeichen zu repräsentieren. Komplexere Zeichensätze (wie z.B. Chinesisch) erfordern 16 Bits für ein Zeichen. Die Funktion OCTET_LENGTH-Funktion gibt die Anzahl der Oktetts (Bytes) in einer Zeichenkette zurück. Wenn es sich bei der Zeichenkette um einen Bit-String handelt, gibt die Funktion die Anzahl der Oktetts zurück, die zur Speicherung der Bits benötigt werden. Wenn die Zeichenkette einen Ausdruck der deutschen Sprache enthält (mit einem Oktett pro Zeichen) gibt die Funktion die Anzahl der Zeichen in dem String zurück. Wenn der String eine chinesische Zeichenkette ist, gibt die Funktion eine Zahl zurück, die doppelt so groß wie die Anzahl der chinesischen Zeichen ist. Einige Beispiele:

```
OCTET_LENGTH ('Limabohnen')      gibt 10 zurück
OCTET_LENGTH (B'10111010011')    gibt 2 zurück
```

Der zweite String ist 11 Bits lang, so daß Sie zwei Oktette (Bytes) benötigen, um den ganzen String zu speichern.

Einige Zeichensätze benutzen eine variable Anzahl von Oktetten für verschiedene Zeichen. Einige Zeichensätze, die eine Mischung von Kanji und lateinischen Buchstaben unterstützen, benutzen sogenannte *Umschaltzeichen*, um zwischen den beiden Zeichensätzen zu wechseln. Beispielsweise benötigt ein String mit 30 Zeichen, die sowohl aus lateinischen Buchstaben als auch aus Kanji bestehen können, 30 Oktette, wenn alle Zeichen aus lateinischen Buchstaben bestehen. Es braucht 62 Oktette, wenn alle Zeichen in Kanji sind (60 Oktette plus je ein Umschaltzeichen am Anfang und am Ende), und 150 Oktette, wenn die Zeichen zwischen Latein und Kanji alternieren (jedes Kanji-Zeichen benötigt zwei Oktette und jeweils ein Umschaltzeichen am Anfang und am Ende). Die Funktion OCTET_LENGTH gibt die Anzahl der Oktette zurück, die Sie für den gegenwärtigen Wert des Strings benötigen.

BIT_LENGTH

Die Funktion BIT_LENGTH gibt die Länge eines Bit-Strings zurück. Wenn der String sechs Bits lang ist, gibt die Funktion den Wert 6 zurück. Der folgende Befehl gibt den Wert 8 zurück:

```
BIT_LENGTH (B'01100111')
```

EXTRACT

Die Funktion EXTRACT gibt eine einzelne Komponente eines Datetime-Datenelements oder eines IntervallDatenelements zurück. Der folgende Befehl gibt beispielsweise den Wert 4 zurück:

```
EXTRACT (MONTH FROM DATE '1995-04-22')
```

Datetime-Funktionen

SQL enthält drei Funktionen, die Informationen über das aktuelle Datum (CURRENT_DATE), die aktuelle Zeit (CURRENT_TIME) oder über beides (CURRENT_TIMESTAMP) zurückgeben. CURRENT_DATE hat kein Argument, CURRENT_TIME und CURRENT_TIMESTAMP haben jeweils ein einzelnes Argument. Das Argument spezifiziert die Genauigkeit des Sekundenbruchteils der Zeitkomponente, welche die Funktion zurückgibt. *Datetimes* und die Genauigkeit der Sekundenbruchteile sind in Kapitel 2 näher beschrieben.

Die folgende Tabelle zeigt einige Beispiele für die Datetime-Funktionen.

Befehl	Ergebnis
CURRENT_DATE	1997-07-22
CURRENT_TIME (1)	08:36:57.3
CURRENT_TIMESTAMP (2)	1997-07-22 08:36:57.38

Das Datum, das die Funktion CURRENT_DATE zurückgibt, ist vom Datentyp DATE, nicht CHARACTER. Analog dazu gibt CURRENT_TIME (p) einen Wert vom Typ TIME und CURRENT_TIMESTAMP(p)einen Wert vom Typ TIMESTAMP zurück. Da SQL das Datum und die Zeit aus der Systemuhr Ihres Computers abliest, geben die Informationen die Zeitzone Ihres Computers korrekt wieder.

Mit dem CAST-Operator können Sie Datetime-Werte in Zeichenketten umwandeln und diese dann mit Stringfunktionen manipulieren. Der CAST-Operator wird in Kapitel 8 beschrieben.

Wertausdrücke

Ausdrücke sind mehr oder weniger komplexe Kombinationen von Literalen, Spaltennamen, Parametern, Host-Variablen, Unterabfragen, logischen Verknüpfungen und arithmetischen Operatoren, die sich auf einen einzigen Wert reduzieren lassen.

Aus diesem Grund werden SQL-Ausdrücke auch als *Wertausdrücke* bezeichnet. Sie können mehrere Ausdrücke zu einem einzelnen Ausdruck kombinieren, wenn sich die Teilwertausdrücke auf Werte von kompatiblen Datentypen reduzieren lassen.

SQL-92 unterscheidet fünf Arten von Wertausdrücken:

✔ Stringwertausdrücke

✔ Numerische Wertausdrücke

✔ Datetime-Wertausdrücke

✔ Intervall-Wertausdrücke

✔ Bedingungswertausdrücke

Stringwertausdrücke

Der einfachste *Stringwertausdruck* besteht aus einem Stringliteral. Andere Formen umfassen eine Spaltenreferenz, eine Mengenfunktion, eine skalare Unterabfrage, einen CASE-Ausdruck, einen CAST-Wertausdruck oder einen komplexen Ausdruck aus diesen Komponenten. CASE-

und CAST-Wertausdrücke werden in Kapitel 8 behandelt. Für Stringwertausdrücke gibt es nur einen Operator – den *Verkettungsoperator*. Mit diesem Operator können Sie alle eben erwähnten Ausdrücke zu komplexeren Stringwertausdrücken zusammensetzen. Der Verkettungsoperator wird durch ein Paar vertikaler Linien (||) repräsentiert. Die folgende Tabelle zeigt einige Beispiele für Stringwertausdrücke.

Ausdruck	Ergebnis
'Ernuß' || 'butter'	'Erdnußbutter'
'Weiße ' || ' ' || 'Bohnen'	'Weiße Bohnen'
VORNAME || ' ' || NACHNAME	'Hans Schmitz'
B'1100111' || B'01010011'	B'110011101010011'
'' || 'Spargel'	'Spargel'
'Spargel' || ''	'Spargel'
'Sp' || '' || 'ar' || '' || 'gel'	'Spargel'

Wie Sie in der Tabelle sehen können, ergibt die Verkettung eines Strings mit einem leeren String den ersten String.

Numerische Wertausdrücke

In *numerischen Wertausdrücken* können Sie numerische Daten addieren, subtrahieren, multiplizieren und dividieren. Der Wertausdruck muß auf einen numerischen Wert reduzierbar sein. Die Komponenten eines numerischen Wertausdrucks müssen numerisch sein, können aber unterschiedliche numerische Datentypen haben. Der Datentyp des Ergebnisses hängt von den Datentypen der Komponenten ab, aus denen Sie es ableiten. Der SQL-92-Standard schreibt nicht vor, welcher Ergebnisdatentyp von den verschiedenen möglichen Kombinationen der Wertausdruckkomponenten abgeleitet werden soll, weil die Hardware-Plattformen unterschiedlich sind. Lesen Sie in der Dokumentation Ihrer Plattform nach, wenn Sie numerische Datentypen mischen.

Hier sind einige Beispiele numerischer Wertausdrücke:

-27

49+83

5*(12-3)

PROTEIN+FETT+KOHLENHYDRATE

METER/5280

EINKAUFSPREIS * :faktorA

Datetime-Wertausdrücke

Datetime-Wertausdrücke arbeiten mit Datumsangaben und Zeiten. Diese Wertausdrücke können Komponenten von den Datentypen DATE, TIME, TIMESTAMP oder INTERVAL enthalten. Das Ergebnis eines Datetime-Wertausdrucks ist immer vom Datetime-Datentyp (entweder DATE, TIME oder TIMESTAMP). Der folgende Wertausdruck gibt beispielsweise das Datum in einer Woche von heute an gerechnet an:

CURRENT_DATE + INTERVAL '7' DAY

Zeiten werden als *Universal Coordinated Time* (UCT) verwaltet, aber Sie können ein Offset spezifizieren, um die Zeit an eine bestimmte Zeitzone anzupassen. Für die lokale Zeitzone Ihres Systems können Sie folgenden einfachen Ausdruck verwenden:

TIME '22:55:00' AT LOCAL

Alternativ können Sie diesen Wert auch in langer Form ausdrücken:

TIME '22:55:00' AT TIME ZONE INTERVAL '-08:00' HOUR TO MINUTE

Dieser Ausdruck zeigt eine Zeit, die sich auf die Zeitzone für Portland im US-Bundesstaat Oregon bezieht, die acht Stunden früher als die Zeit von Greenwich in England ist.

Intervall-Wertausdrücke

Wenn Sie ein Datetime-Datenelement von einem anderen abziehen, erhalten Sie ein *Intervall*. Zwei Datetime-Datenelemente zu addieren ist sinnlos, deshalb können Sie dies in SQL nicht tun. Wenn Sie zwei Intervalle addieren oder voneinander subtrahieren, ist das Ergebnis ein Intervall. Außerdem können Sie Intervalle miteinander oder mit einem numerischen Wert multiplizieren.

Denken Sie daran, daß SQL zwei Intervallarten unterscheidet: *year-month* und *day-time*. Um Zweideutigkeiten zu vermeiden, müssen Sie angeben, welche Art Sie in einem Intervallausdruck verwenden wollen. Der folgende Wertausdruck gibt beispielsweise das Intervall bis zum Rentenalter in Jahren und Monaten an:

(GEBURTSTAG_65 - CURRENT_DATE) YEAR TO MONTH

Das folgende Beispiel gibt dagegen ein Intervall von 40 Tagen an:

INTERVAL '17' DAY + INTERVAL '23' DAY

Das folgende Beispiel gibt die ungefähre Gesamtzahl der Schwangerschaftsmonate einer Mutter von fünf Einzelkindern an:

INTERVAL '9' MONTH * 5

Intervalle können positiv oder negativ sein. Sie können aus einer beliebigen Kombination von Wertausdrücken bestehen, deren Gesamtwert ein Intervall ergibt.

Bedingungswertausdrücke

Der Wert eines *Bedingungswertausdrucks* hängt von einer Bedingung ab. Die Bedingungsausdrücke CASE, NULLIF und COALESCE sind erheblich komplexer als andere Arten von Wertausdrücke. Tatsächlich sind sie so komplex, daß ich hier nicht genügend Platz habe, um sie zu behandeln. Bedingungsausdrücke werden deshalb in Kapitel 8 ausführlich besprochen.

Fortgeschrittene SQL-92 Wertausdrücke

In diesem Kapitel

▶ Eine Spalte in einer Tabellenzeile von anderen Spalten ableiten

▶ Mit einem CASE-Ausdruck Fehler vermeiden

▶ Sonderzeichen einer Datenbanktabelle durch Nullen ersetzen

▶ Datentyp umwandeln

▶ Mit Zeilenausdrücken Zeit bei der Dateneingabe sparen

In Kapitel 2 habe ich SQL als *Datenuntersprache* bezeichnet. Die einzige Funktion von SQL besteht darin, Daten in einer Datenbank zu verwalten. Deshalb fehlen in SQL viele Features konventioneller prozeduraler Sprachen; und Entwickler, die mit SQL arbeiten, müssen häufig zwischen SQL und ihrer Host-Sprache wechseln, um den Programmablauf zu steuern. Dadurch wird die Entwicklungszeit verlängert und das Zeitverhalten bei der Ausführung verschlechtert.

SQL-92 enthält neue Features, die diese Abhängigkeit von einer Host-Sprache verringern sollen. Aufgaben, die Sie früher in der Host-Sprache programmieren mußten, können Sie jetzt innerhalb von SQL ausführen. Eines dieser neuen Features (der CASE-Ausdruck) ermöglicht die lange vermißten Bedingungsstrukturen. Ein weiteres neues Feature (CAST) dient der Umwandlung von Datentypen. Durch ein drittes neues Feature (den) können Sie jetzt mit einer Liste von Werten arbeiten, wo früher nur Einzelwerte verwendet werden konnten. Wenn Ihre Werteliste beispielsweise eine Liste von Tabellenspalten enthält, können Sie jetzt einfach alle Spalten auf einmal verarbeiten.

CASE-Bedingungsausdrücke

Jede vollständige Computersprache verfügt über einen oder mehrere Bedingungsbefehle. Der wahrscheinlich gebräuchlichste Befehl ist die Struktur IF..THEN..ELSE..ENDIF. Wenn die Bedingung nach dem Schlüsselwort IF den Wert wahr hat, werden die Befehle nach dem Schlüsselwort THEN, andernfalls die Befehle nach dem Schlüsselwort ELSE ausgeführt. Das Schlüsselwort ENDIF markiert das Ende der Struktur. Diese Struktur eignet sich besonders gut für Entscheidungen mit zwei Alternativen. Wenn es mehr als zwei Alternativen gibt, ist sie weniger geeignet.

Anmerkung: Der Befehl CASE dient dazu, Entscheidungen zu treffen, die mehr als zwei Alternativen und/oder mehr als zwei Bedingungen umfassen.

Der CASE-Ausdruck von SQL unterscheidet sich von den CASE-Befehlen in anderen Sprachen dadurch, daß CASE in SQL ein Ausdruck und kein Befehl ist. In SQL können Sie einen CASE-

Ausdruck an fast jeder Stelle benutzen, an der ein Wert verwendet werden darf. Der Wert des CASE-Ausdrucks wird zur Laufzeit ermittelt. Die CASE-Befehle in anderen Sprachen ergeben keinen Wert, sondern führen andere Befehle aus.

Sie müssen sich merken, daß CASE in SQL keine komplette Abfrage, sondern nur ein Ausdruck und damit nur Teil einer Abfrage ist.

Der CASE-Ausdruck wird auf zwei verschiedene Weisen benutzt. Bei der ersten Variante wird der Ausdruck in Suchbedingungen verwendet. CASE sucht und ändert Tabellenzeilen, die spezifizierte Bedingungen erfüllen.

Bei der zweiten Variante dient der CASE-Ausdruck dazu, ein Tabellenfeld mit Werten zu vergleichen, die in dem CASE-Ausdruck spezifiziert werden, und die Aktion auszuführen, die mit dem übereinstimmenden Wert verbunden ist.

Die Beispiele im folgenden Abschnitt sollen diese Begriffe klären. Zunächst gebe ich Ihnen zwei Beispiele für CASE in Suchbedingungen. Das erste Beispiel zeigt die sogenannte *übersetzungsorientierte* Verwendung von CASE. Es sucht und ändert Tabellenzeilen aufgrund einer Bedingung. Das zweite Beispiel zeigt die sogenannte *ausnahmevermeidende* Verwendung von CASE. Es prüft Werte einer Tabelle auf Fehlerbedingungen.

Der letzte Abschnitt zeigt ein Beispiel für die Wertform von CASE.

CASE beim Suchen verwenden

Sie können einen CASE-Ausdruck dazu verwenden, Tabellenzeilen zu suchen, die mehrere verschiedene Bedingungen erfüllen können. Die Syntax lautet:

```
CASE
    WHEN Bedingung1 THEN Ergebnis1
    WHEN Bedingung2 THEN Ergebnis2
    ...
    WHEN BedingungN THEN ErgebnisN
    ELSE ErgebnisX
END
```

CASE prüft eine Zeile zunächst im Hinblick darauf, ob Bedingung1 wahr ist. Falls dies der Fall ist, nimmt der CASE-Ausdruck den Wert Ergebnis1 an. Falls Bedingung1 ist nicht wahr ist, prüft CASE die Bedingung2. Falls Bedingung2 wahr ist, nimmt der CASE-Ausdruck den Wert Ergebnis2 an usw. Falls keine der angegebenen Bedingungen wahr ist, nimmt der CASE-Ausdruck den Wert ErgebnisX an. Die Klausel ELSE ist optional. Wenn der Ausdruck keine ELSE-Klausel enthält und keine der spezifizierten Bedingungen wahr ist, wird dem Ausdruck ein Nullwert zugewiesen. Nach der Auswertung des CASE-Ausdrucks werden die restli-

8 ➤ Fortgeschrittene SQL-92 Wertausdrücke

chen Komponenten des SQL-Befehls auf die Zeile angewendet. Danach kommt die jeweils nächste Zeile an die Reihe, bis die ganze Tabelle bearbeitet ist.

Werte bedingungsabhängig aktualisieren

CASE-Ausdrücke sind sehr flexibel, weil Sie sie innerhalb eines SQL-Befehls an fast jeder Stelle verwenden können, wo ein Wert benötigt wird. Beispielsweise können Sie CASE innerhalb eines UPDATE-Befehls benutzen, um Tabellenwerte in Abhängigkeit von einer bestimmten Bedingung zu ändern. Betrachten Sie das folgende Beispiel:

```
UPDATE NAHRUNGSMITTEL
   SET BEWERTUNG = CASE
                   WHEN FETT < 1
                       THEN 'sehr fettarm'
                   WHEN FETT < 5
                       THEN 'fettarm'
                   WHEN FETT < 20
                       THEN 'durchwachsen'
                   WHEN FETT < 50
                       THEN 'fettreich'
                   ELSE 'herzgefährdend'
                END
```

Dieser Befehl wertet die WHEN-Bedingungen nacheinander aus, bis er auf die erste wahre Bedingung stößt. Danach ignoriert er die anderen Bedingungen. Deshalb brauchen Sie das vorhergehende Beispiel nicht folgendermaßen zu codieren:

```
WHEN FETT < 1
    THEN 'sehr fettarm'
WHEN FETT >= 1 AND FETT < 5
    THEN 'fettarm'
WHEN FETT >= 5 AND FETT < 20
    THEN 'durchwachsen'
WHEN FETT >= 20 AND < 50
    THEN 'fettreich'
ELSE 'herzgefährdend'
```

Tabelle 7.2 in Kapitel 7 zeigt den Fettgehalt von 100 Gramm ausgewählter Nahrungsmittel. Eine Datenbanktabelle mit diesen Informationen könnte die Spalte BEWERTUNG enthalten, um den Fettgehalt kurz und knapp zu bewerten. Wenn Sie den eben genannten UPDATE-Befehl für die Tabelle NAHRUNGSMITTEL in Kapitel 7 ausführen, werden Spargel als *sehr fettarm*, Hühnchen als *fettarm* und geröstete Mandeln als *herzgefährdend* bewertet.

Bedingungen vermeiden, die Fehler verursachen

Eine weitere nützliche Funktion von CASE besteht darin, mögliche *Fehler abzufangen*.

Betrachten Sie ein Entlohnungsmodell für Vertriebsleute. Manche Unternehmen, die ihre Vertriebsleute provisionsabhängig entlohnen, zahlen neuen Mitarbeitern einen Gehaltsanteil, der mit der Höhe der Provisionen allmählich abnimmt:

```
UPDATE VERTRIEB
   SET ZAHLUNG = PROVISION + CASE
                    WHEN PROVISION <> 0
                       THEN SOCKELBETRAG/PROVISION
                    WHEN PROVISION = 0
                       THEN SOCKELBETRAG
                 END
```

Wenn die Provision eines Vertreters null ist, wird durch diesen Befehl die nicht erlaubte Division durch Null vermieden, die einen Fehler verursachen würde. Wenn die Provision von null verschieden ist, erhält die Vertriebsperson einen provisionsabhängigen Anteil des Sockelbetrags.

Anmerkung: Die THEN-Ausdrücke in einem CASE-Ausdruck müssen alle vom selben Typ sein – alle numerisch, alle Zeichenketten oder alle Datetime-Datenelemente. Das Ergebnis des CASE-Ausdrucks ist ebenfalls von diesem Typ.

CASE mit Werten verwenden

Sie können eine kompaktere Form des CASE-Ausdrucks benutzen, wenn Sie einen Testwert WertT mit einer Reihe anderer Werte vergleichen wollen. Diese Form ist innerhalb eines SELECT- oder UPDATE-Befehls nützlich, wenn eine Tabellenspalte eine begrenzte Anzahl von Werten enthält und Sie jeden Spaltenwert mit einem bestimmten Ergebnis verbinden wollen. Die Syntax lautet:

```
CASE WertT
   WHEN Wert1 THEN Ergebnis1
   WHEN Wert2 THEN Ergebnis2
   ...
   WHEN WertN THEN ErgebnisN
   ELSE ErgebnisX
END
```

Wenn der Testwert WertT gleich Wert1 ist, nimmt der Ausdruck den Wert Ergebnis1 an, wenn er gleich Wert2 ist, nimmt der Ausdruck den Wert Ergebnis2 an usw. Der Ausdruck vergleicht alle Werte nacheinander, bis er einen gleichen Wert gefunden. Wenn keiner der Werte gleich ist, nimmt der Ausdruck den Wert ErgebnisX der optionalen ELSE-Klausel an. Wenn die ELSE-Klausel fehlt, nimmt der Ausdruck in diesem Fall einen Nullwert an.

Betrachten Sie als Beispiel die Anreden der verschiedenen Offiziere und ihre Ränge. Sie wollen für einen Brief die korrekte Anrede jedes Dienstgrads ermitteln:

8 ► Fortgeschrittene SQL-92 Wertausdrücke

```
SELECT CASE DIENSTGRAD
            WHEN 'General'         THEN 'Herrn General'
            WHEN 'Oberst'          THEN 'Herrn Oberst'
            WHEN 'Oberstleutnant'  THEN 'Herrn Oberstleutnant'
            WHEN 'Major'           THEN 'Herrn Major'
            WHEN 'Hauptmann'       THEN 'Herrn Hauptmann'
            WHEN 'Oberleutnant'    THEN 'Herrn Oberleutnant'
            WHEN 'Leutnant'        THEN 'Herrn Leutnant'
            ELSE 'Herrn'
       END,
         NACHNAME
         FROM OFFIZIER ;
```

Dieser Befehl erzeugt eine Liste wie die folgende:

```
Herrn Hauptmann Beierlein
Herrn Oberst Schmitz
Herrn General Schwarzkopf
Herrn Major Mittendorf
Herrn Nimitz
```

Chester Nimitz war im Zweiten Weltkrieg Admiral der US-Marine. Weil sein Dienstgrad nicht in dem CASE-Ausdruck auftaucht, bestimmt die Klausel ELSE seine Anrede.

Als weiteres Beispiel wollen wir die Beförderung von Hauptmann Beierlein zum Major betrachten. In diesem Fall muß die Tabelle OFFIZIER geändert werden. Nehmen Sie an, daß die Variable Offizier_Nachname den Wert 'Beierlein' und die Variable Neuer_Rang die Ganzzahl 4 enthält, die dem neuen Dienstgrad von Beierlein gemäß der folgenden Tabelle entspricht:

Neuer_Rang	Dienstgrad
1	General
2	Oberst
3	Oberstleutnant
4	Major
5	Hauptmann
6	Oberleutnant
7	Leutnant
8	Herrn

Sie können jetzt die Beförderung mit folgendem SQL-Code speichern:

```
UPDATE OFFIZIER
   SET DIENSTGRAD = CASE :Neuer_Rang
                     WHEN 1 THEN 'General'
                     WHEN 2 THEN 'Oberst'
```

```
                WHEN 3 THEN 'Oberstleutnant'
                WHEN 4 THEN 'Major'
                WHEN 5 THEN 'Hauptmann'
                WHEN 6 THEN 'Oberleutnant'
                WHEN 7 THEN 'Leutnant'
                WHEN 8 THEN 'Herrn'
            END
    WHERE NACHNAME = :Offizier_Nachname
```

 Alternativ könnten Sie den CASE-Ausdruck auch folgendermaßen formulieren:

```
CASE
   WHEN WertT = Wert1 THEN Ergebnis1
   WHEN WertT = Wert2 THEN Ergebnis2
   ...
   WHEN WertT = Wert8 THEN Ergebnis8
END
```

Ein Sonderfall: CASE - NULLIF

Daß sich alles ändert, ist die einzige Konstante in dieser Welt. Das gilt auch für Datenbanken und die in ihnen gespeicherten Daten. Datenbanktabellen enthalten in ihren Feldern entweder Inhalte mit definitiven Werten oder – falls der Inhalt unbekannt ist – mit Nullwerten. In SQL können Sie mit einem CASE-Ausdruck den Inhalt eines Tabellenfelds von einem definitiven Wert in einen Nullwert ändern. Der Nullwert zeigt an, daß Sie den Wert des Felds nicht mehr kennen. Betrachten Sie das folgende Beispiel.

Nehmen Sie an, daß Ihnen eine kleine Fluglinie gehört, die Flüge zwischen Südkalifornien und dem Bundesstaat Washington anbietet. Bis vor kurzem landeten einige Ihrer Flüge auf dem internationalen Flughafen von San Jose zwischen, um aufzutanken. Leider verloren Sie Ihr Recht, San Jose anzufliegen. Ab jetzt müssen Sie entweder auf dem internationalen Flughafen von San Francisco oder in Oakland zwischenlanden. Im Moment wissen Sie noch nicht, welche Flüge auf welchem Flughafen zwischenlanden werden, aber Sie wissen mit Sicherheit, daß die Flüge nicht mehr in San Jose zwischenlanden werden. Sie arbeiten mit einer Tabelle namens FLUG, in der Ihre Routen gespeichert sind, und Sie wollen jetzt alle Referenzen auf San Jose aus der Tabelle entfernen. Ein möglicher Befehl lautet:

```
UPDATE FLUG
   SET ZWISCHEN_STOP = CASE
                       WHEN ZWISCHEN_STOP = 'San Jose'
                           THEN NULL
                           ELSE ZWISCHEN_STOP
                       END ;
```

Weil der Fall, daß ein bekannter Wert durch einen Nullwert ersetzt werden soll, sehr häufig auftritt, gibt es in SQL-92 eine Kurzform das Befehls. Das vorangegangene Beispiel sieht in dieser Kurzform folgendermaßen aus:

```
UPDATE FLUG
   SET ZWISCHEN_STOP = NULLIF(ZWISCHEN_STOP, 'San Jose') ;
```

Sie können diesen Ausdruck folgendermaßen lesen: »Setze die Spalte ZWISCHEN_STOP der Tabelle FLUG auf einen Nullwert, wenn ihr vorhandener Wert San Jose lautet. Andernfalls ändere nichts.«

NULLIF ist besonders nützlich, wenn Sie Daten, die ursprünglich mit einem Programm einer Standardprogrammiersprache wie COBOL oder FORTRAN erfaßt wurden, in Ihre Datenbank importieren wollen. Standardprogrammiersprachen verfügen nicht über Nullwerte und benutzen deshalb besondere Werte, um die Zustände *unbekannt* oder *nicht anwendbar* zu repräsentieren. Beispielsweise könnte ein numerisches *–1* den Wert *unbekannt* einer Spalte GEHALT und die Zeichenkette ***** den Wert *unbekannt* oder *nicht anwendbar* einer Spalte POSITIONSCODE repräsentieren. Falls Sie die Werte *unbekannt* und *nicht anwendbar* in einer SQL-kompatiblen Datenbank durch Nullwerte repräsentieren wollen, müssen Sie diese Sonderwerte in Nullwerte umwandeln. Das folgende Beispiel zeigt diese Umwandlung für eine Mitarbeitertabelle, in der einige Gehaltswerte unbekannt sind:

```
UPDATE MITARBEITER
   SET GEHALT = CASE GEHALT
                   WHEN -1 THEN NULL
                   ELSE GEHALT
                END ;
```

Mit NULLIF geht es bequemer:

```
UPDATE MITARBEITER
   SET GEHALT = NULLIF(GEHALT, -1) ;
```

Ein weiterer Sonderfall: CASE - COALESCE

COALESCE ist wie NULLIF eine Kurzform eines bestimmten CASE-Ausdrucks. COALESCE arbeitet mit einer Liste von Werten, die einen normalen oder einen Nullwert enthalten können. Falls ein Wert in der Liste kein Nullwert ist, nimmt der COALESCE-Ausdruck diesen Wert an. Falls mehrere Werte in der Liste keine Nullwerte sind, nimmt der Ausdruck den ersten Wert an, der kein Nullwert ist. Falls alle Werte in der Liste Nullwerte sind, nimmt der Ausdruck einen Nullwert an.

Ein CASE-Ausdruck mit dieser Funktion hat folgende Form:

```
CASE
   WHEN Wert IS NOT NULL
      THEN Wert
```

```
   WHEN Wert2 IS NOT NULL
      THEN Wert2
   ...
   WHEN WertN IS NOT NULL
      THEN WertN
   ELSE NULL
END
```

Die COALESCE-Kurzform lautet folgendermaßen:

COALESCE(Wert, Wert2, ..., WertN)

Ein COALESCE-Ausdruck kann nach einer OUTER JOIN-Operation (die ich in Kapitel 10 behandle) viel Tipparbeit sparen.

Datentypumwandlungen mit CAST

In Kapitel 2 habe ich die Datentypen von SQL beschrieben. Idealerweise passen die Datentypen der Tabellenspalten zu den Anwendungen, die auf diese Spalten zugreifen. Oft kommen im Laufe der Zeit weitere Anwendungen hinzu, die mit denselben Daten arbeiten, diese aber in Form eines anderen Datentyps benötigen.

Wenn Sie zwei Spalten mit verschiedenen Datentypen in zwei verschiedenen Tabellen vergleichen wollen – beispielsweise Datumsangaben, die in der einen Tabelle als Zeichenketten und in der anderen als Datetime-Datenelemente gespeichert sind –, ist der Vergleich wegen der unterschiedlichen Datentypen nicht möglich. In SQL-86 und SQL-89 war die Typeninkompatibilität ein großes Problem. SQL-92 bietet dafür in Form des CAST-Ausdrucks eine einfache Lösung.

Mit dem CAST-Ausdruck können Sie die Datentypen von Tabellendaten oder Host-Variablen in die von Ihrer Operation benötigten Typen umwandeln.

Die Umwandlung von Datentypen ist natürlich gewissen Einschränkungen unterworfen. Sie können Datentypen nicht beliebig ineinander umwandeln, sondern die Daten müssen mit dem neuen Datentyp kompatibel sein. Beispielsweise können Sie mit CAST eine Zeichenkette vom Typ CHAR(10) und dem Inhalt *1995-04-26* in den Datentyp DATE umwandeln. Mit der Zeichenkette *Rhinozeros* vom selben Typ ist dies jedoch nicht möglich. Auch können Sie eine Zahl vom Datentyp INTEGER nicht in eine Zahl vom Datentyp SMALLINT umwandeln, wenn sie größer als der größtmögliche Wert des Datentyps SMALLINT ist.

Sie können Daten vom Stringtyp in andere Typen, wie z.B. numerische Datentypen oder Datetime-Datentypen, umwandeln, wenn der Ausgangswert die Form eines Literals des neuen Typs hat. Umgekehrt können Sie beliebige Literale dieser Datentypen in den Stringdatentyp umwandeln.

Die folgende Liste beschreibt einige zusätzliche mögliche Umwandlungen:

- ✔ Jeden *Bit-String* in eine *Zeichenkette*. Jedes Bit wird durch ein Zeichen repräsentiert.
- ✔ Jeden *numerischen Typ* in jeden *anderen numerische Typ*. Das System rundet oder beschneidet das Ergebnis, wenn der Zieldatentyp weniger Nachkommastellen oder eine geringere Genauigkeit hat.
- ✔ Jeden *genauen numerischen Typ* in einen *Intervall-Datentyp mit einer einzelnen Komponente*, wie z.B. INTERVAL DAY oder INTERVAL SECOND.
- ✔ Jeden DATE-*Typ* in einen TIMESTAMP-*Typ*. Die Zeitkomponente des TIMESTAMP-Typs wird mit Nullen gefüllt.
- ✔ Jeden TIME-*Typ* in einen TIME-*Typ mit einem anderen Sekundenbruchteil* oder in einen TIMESTAMP-*Typ*. Die Datumskomponente des TIMESTAMP-Typs wird mit dem gegenwärtigen Datum gefüllt.
- ✔ Jeden TIMESTAMP-*Typ* in einen DATE-*Typ*, einen TIME-*Typ* oder einen TIMESTAMP mit einem anderen Sekundenbruchteil.
- ✔ Jeden YEAR-MONTH-INTERVAL-*Typ* in einen *genauen numerischen Typ* oder einen *anderen* YEAR-MONTH-INTERVAL-*Typ mit anderer Genauigkeit des führenden Felds*.
- ✔ Jeden DAY-TIME-INTERVAL-*Typ* in einen *genauen numerischen Typ* oder einen anderen DAY-TIME-INTERVAL-*Typ mit anderer Genauigkeit des führenden Felds*.

CAST in SQL verwenden

Nehmen Sie an, daß Sie für eine Vertriebsfirma arbeiten, die Interessenten (noch kein Kauf) und Kunden (ein oder mehrere Käufe) verwaltet. Die Interessenten werden in der Tabelle INTERESSENT gespeichert und in der Spalte INTERESSENT_ID vom Datentyp CHAR(5) durch eine eindeutige Kennung identifiziert. Die Kunden werden in der Tabelle KUNDE gespeichert und in der Spalte KUNDE_ID vom Typ SMALLINT durch eine eindeutige Kennung identifiziert. Wenn Sie eine Liste aller Personen erstellen wollen, die in beiden Tabellen gespeichert sind, müssen Sie die Kennungen in beiden Tabellen durch einen CAST vergleichbar machen:

```
SELECT * FROM KUNDE
    WHERE KUNDE.KUNDE_ID =
        CAST(INTERESSENT.INTERESSENT_ID AS SMALLINT) ;
```

CAST als Mittler zwischen SQL und einer Host-Sprache

Die Hauptfunktion von CAST besteht darin, zwischen Datentypen zu vermitteln, die in SQL, aber nicht in der verwendeten Host-Sprache vorhanden sind:

- ✔ SQL hat DECIMAL und NUMERIC, aber FORTRAN und Pascal haben diese Datentypen nicht.
- ✔ SQL hat FLOAT und REAL, aber Standard-COBOL nicht.
- ✔ SQL hat DATETIME, aber andere Sprachen nicht.

Wenn Sie beispielsweise mit FORTRAN oder Pascal auf Tabellenspalten vom Datentyp DECIMAL(5,3) zugreifen, aber die Ungenauigkeiten nicht in Kauf nehmen wollen, die mit einer Umwandlung dieser Werte in den REAL-Datentyp von FORTRAN und Pascal verbunden sind, können Sie die Werte mit CAST in Host-Variablen vom Stringdatentyp umwandeln. Sie speichern ein numerisches Gehalt von *198,37* in der Form *0000198,37* in einer Zeichenkette vom Typ CHAR(10). Wenn Sie das Gehalt in *203,74* ändern wollen, speichern Sie diesen Wert in der Form *0000203,74* in einer Zeichenkette vom Typ CHAR(10). Zunächst wandeln Sie mit CAST den SQL-Datentyp DECIMAL(5,3) in den Datentyp CHAR(10) um. Mit dem folgenden Befehl können Sie diese Operation für einen Mitarbeiter ausführen, dessen Kennung in der Host-Variablen :Mitarbeiter_ID_var gespeichert ist:

```
SELECT CAST(GEHALT AS CHAR(10)) INTO :Gehalt_var
        FROM MITARBEITER
        WHERE MITARBEITER_ID = :Mitarbeiter_ID_var ;
```

Die Anwendung in der Host-Sprache übernimmt den Wert der Zeichenkette in der Variablen :Gehalt_var und weist dieser den neuen Wert *000203,74* zu. Dann kann SQL die Datenbank folgendermaßen aktualisieren:

```
UPDATE MITARBEITER
   SET GEHALT = CAST(:Gehalt_var AS DECIMAL(5,3))
      WHERE MITARBEITER_ID = :Mitarbeiter_ID_var;
```

Werte, wie beispielsweise *000198,37*, in Form von Zeichenketten zu manipulieren ist in FORTRAN oder Pascal umständlich, aber es ist mit Hilfe von Unterroutinen machbar und ermöglicht dann den Zugriff auf und die Manipulation von SQL-Daten.

Der Hauptzweck von CAST besteht darin, Datentypen zwischen Host-Sprachen und der Datenbank statt innerhalb der Datenbank umzuwandeln.

Zeilenwertausdrücke

In SQL-86 und SQL-89 arbeiten die meisten Operationen mit einem einzelnen Wert oder einer einzelnen Spalte einer Tabellenzeile. Um mit mehreren Werten zu arbeiten, müssen Sie komplexe Ausdrücke mit logischen Verknüpfungen bilden (die ich in Kapitel 9 beschreibe).

8 ▶ Fortgeschrittene SQL-92 Wertausdrücke

 SQL-92 führt *Zeilenwertausdrücke* ein, die eine Liste von Werten oder Spalten auf einmal statt eines einzelnen Werts oder einer einzelnen Spalte bearbeiten. Ein Zeilenwertausdruck besteht aus einer Liste von Ausdrücken, die in Klammern eingeschlossen und durch Kommas getrennt sind. Die Liste kann eine komplette Zeile oder eine Untermenge einer Zeile enthalten.

In Kapitel 6 habe ich beschreiben, wie Sie mit dem Befehl INSERT eine neue Zeile in eine Tabelle einfügen können. Dieser Befehl benutzt einen Zeilenwertausdruck. Betrachten Sie das folgende Beispiel:

```
INSERT INTO NAHRUNGSMITTEL
   (BEZEICHNUNG, KALORIEN, EIWEISS, FETT, KOHLENHYDRATE)
   VALUES
   ('Käse, Edamer', 398, 25, 32.2, 2.1);
```

In diesem Beispiel ist ('Käse, Edamer', 398, 25, 32.2, 2.1) ein Zeilenwertausdruck. Bei einem INSERT-Befehl kann dieser Zeilenwertausdruck Nullwerte und Standardwerte enthalten. (Ein *Standardwert* ist ein Wert, den eine Tabellenspalte annimmt, wenn Sie keinen anderen Wert angeben.) Der folgende Zeilenwertausdruck ist gültig:

```
('Käse, Edamer', 398, NULL, 32.2, DEFAULT)
```

Sie können mehrere Zeilen auf einmal in eine Tabelle einfügen, indem Sie in der VALUES-Klausel mehrere Zeilenwertausdrücke angeben:

```
INSERT INTO NAHRUNGSMITTEL
   (BEZEICHNUNG, KALORIEN, EIWEISS, FETT, KOHLENHYDRATE)
   VALUES
   ('Salat', 14, 1.2, 0.2, 2.5),
   ('Margarine', 720, 0.6, 81.0, 0.4),
   ('Senf', 75, 4.7, 4.4, 6.4),
   ('Spaghetti', 148, 5.0, 0.5, 30.1);
```

Mit Zeilenwertausdrücken können Sie bei Vergleichen Tipparbeit sparen. Wenn Sie beispielsweise zwei Nährwerttabellen in Englisch und in Spanisch vergleichen und die einander entsprechenden Zeilen ermitteln wollen, können Sie ohne Zeilenwertausdrücke folgenden Befehl formulieren:

```
SELECT * FROM NAHRUNGSMITTEL
   WHERE NAHRUNGSMITTEL.KALORIEN = COMIDA.CALORIA
      AND NAHRUNGSMITTEL.EIWEISS = COMIDA.PROTEINA
      AND NAHRUNGSMITTEL.FETT = COMIDA.GORDO
      AND NAHRUNGSMITTEL.KOHLENHYDRATE = COMIDA.CARBOHIDRATO;
```

Mit Zeilenwertausdrücken können Sie dieselbe Logik folgendermaßen ausdrücken:
```
SELECT * FROM NAHRUNGSMITTEL
   WHERE (NAHRUNGSMITTEL.KALORIEN, NAHRUNGSMITTEL.EIWEISS,
NAHRUNGSMITTEL.FETT,
          NAHRUNGSMITTEL.KOHLENHYDRATE)
   =
         (COMIDA.CALORIA, COMIDA.PROTEINA, COMIDA.GORDO,
          COMIDA.CARBOHIDRATO);
```
In diesem Beispiel sparen Sie nicht viel Tipparbeit. Der Nutzen wäre – allerdings nicht viel – größer, wenn Sie mehr Spalten vergleichen würden. In den Fällen, wo der zusätzliche Nutzen nicht sehr groß ist, sollten Sie bei der älteren Syntax bleiben, weil deren Bedeutung klarer ist.

Zeilenwertausdrücke haben gegenüber einzeln codierten Ausdrücken den Vorteil, daß sie viel schneller sind. Im Prinzip könnte eine sehr clevere Implementierung auch die einzeln codierte Version analysieren und wie die Zeilenwertversion implementieren, aber praktisch ist diese Optimierung so schwierig, daß (meines Wissens nach) kein DBMS auf dem Markt sie durchführt.

Gewünschte Daten zielsicher finden

In diesem Kapitel

▸ Die Tabellen spezifizieren, mit denen Sie arbeiten wollen

▸ Die gewünschten Zeilen herausfiltern

▸ Effiziente WHERE-Klauseln schreiben

▸ Nullwerte verarbeiten

▸ Ausdrücke logisch verknüpfen

▸ Ergebnisse gruppieren

▸ Ergebnisse sortieren

Ein Datenbankverwaltungssystem hat zwei Hauptfunktionen, nämlich Daten zu speichern und einen leichten Zugriff auf die Daten zu ermöglichen. Daten zu speichern ist nichts Besonderes. Das leistet auch ein Ablageschrank. Der schwierige Teil besteht darin, einen leichten Zugriff auf die Daten zu ermöglichen. Dabei geht es darum, die wenigen benötigten Daten von den (normalerweise) vielen anderen Daten zu trennen, die für eine Aufgabe unwesentlich sind.

Mit SQL können Sie die Daten selbst abfragen, um die Tabellenzeilen herauszufinden, die Sie für eine Aufgabe benötigen. Insbesondere die Befehle SELECT, DELETE und UPDATE müssen selektiv auf Tabellenzeilen zugreifen können. Dieser Zweck wird durch Klauseln erreicht, mit denen Sie diese Befehle modifizieren können.

Modifizierende Klauseln

Die modifizierenden Klauseln in SQL lauten: FROM, WHERE, HAVING, GROUP BY und ORDER BY. Mit der Klausel FROM legen Sie die Tabelle oder Tabellen fest, mit denen Sie arbeiten wollen. Mit den Klauseln WHERE und HAVING spezifizieren Sie Auswahlkriterien, die von den Daten erfüllt werden müssen, auf die die Operation angewendet werden soll. Mit den Klauseln GROUP BY und ORDER BY spezifizieren Sie, wie die wiedergewonnenen Zeilen präsentiert werden sollen. Tabelle 9.1 zeigt eine Zusammenfassung.

Modifizierende Klausel	Funktion
FROM	Spezifiziert die Tabellen, aus denen die Daten stammen
WHERE	Spezifiziert Bedingungen, die von den Daten erfüllt werden müssen
GROUP BY	Gruppiert Zeilen anhand der Werte spezifizierter Spalten
HAVING	Selektiert Gruppen, die bestimmte Suchkriterien erfüllen
ORDER BY	Sortiert Zeilen anhand spezifizierter Spalten und Kriterien

Tabelle 9.1: Modifizierende Klauseln und ihre Funktionen

Die Klauseln müssen in folgender Reihenfolge spezifiziert werden:

```
SELECT Spaltenliste
   FROM Tabellenliste
   [WHERE Suchkriterium]
   [GROUP BY Gruppierungsspalten]
   [HAVING Suchkriterium]
   [ORDER BY Sortierkriterien] ;
```

Die Klausel WHERE filtert die Zeilen heraus, die ein bestimmtes Suchkriterium erfüllen, und weist die anderen Zeilen zurück. Die Klausel GROUP BY ordnet die ausgewählten Zeilen anhand der spezifizierten Gruppierungsspalten an. Die Klausel HAVING ist ein weiterer Filter, der auf die Gruppen der Klausel GROUP BY angewendet wird. Die Klausel ORDER BY sortiert die übrigbleibenden Daten anhand bestimmter Sortierkriterien. Die eckigen Klammern ([ ]) zeigen an, daß die Klauseln WHERE, GROUP BY, HAVING und ORDER BY optional sind.

SQL wertet diese Klauseln in der Reihenfolge FROM, WHERE, GROUP BY, HAVING und schließlich SELECT aus. Dabei funktionieren die Klauseln in dem Sinne wie eine Pipeline, daß der Output einer Klausel den Input der nächsten bildet. In funktionaler Notation wird die Reihenfolge der Auswertung folgendermaßen dargestellt:

```
ORDER BY(SELECT(HAVING(GROUP BY(WHERE(FROM...))))))
```

Anmerkung: ORDER BY wird nach SELECT ausgeführt, was erklärt, warum ORDER BY nur Spalten in der SELECT-Liste referenzieren kann. ORDER BY kann keine anderen Spalten der Tabellen in der FROM-Liste sortieren.

FROM-Klauseln

Die Klausel FROM ist leicht zu verstehen, wenn Sie nur eine Tabelle angeben:

```
SELECT * FROM VERKAUF ;
```

Dieser Befehl gibt alle Daten in jeder Spalte und in allen Zeilen in der Tabelle VERKAUF zurück. Sie können jedoch auch mehr als eine Tabelle in einer FROM-Klausel spezifizieren. Betrachten Sie das folgende Beispiel:

```
SELECT *
   FROM KUNDE, VERKAUF ;
```

Dieser Befehl bildet eine virtuelle Tabelle, welche die Daten der Tabelle KUNDE mit den Daten der Tabelle VERKAUF kombiniert. Jede Zeile in der Tabelle KUNDE wird mit jeder Zeile der Tabelle VERKAUF kombiniert, um die neue virtuelle Tabelle zu bilden. Diese Tabelle enthält deshalb soviel Zeilen, wie die Zeilenzahl der Tabelle KUNDE multipliziert mit der Zeilenzahl in der Tabelle VERKAUF ergibt. Wenn die Tabelle KUNDE zehn und die Tabelle VERKAUF hundert Zeilen enthält, verfügt die neue virtuelle Tabelle über tausend Zeilen.

Diese Operation wird als *kartesisches Produkt* der beiden Tabellen bezeichnet. Das kartesische Produkt ist eine Form der JOIN-Operation, die ich im Detail in Kapitel 10 beschreibe.

Bei den meisten Anwendungen enthält der überwiegende Teil der Zeilen, die durch das kartesische Produkt entstehen, nur Datenmüll. In der virtuellen Tabelle, die aus den Tabellen KUNDE und VERKAUF gebildet wird, sind nur die Zeilen von Interesse, bei denen die Spalte KUNDE_ID der Tabelle KUNDE mit der Spalte KUNDE_ID der Tabelle VERKAUF übereinstimmt. Die anderen Zeilen können mit einer WHERE-Klausel herausgefiltert werden.

WHERE-Klauseln

WHERE-Klauseln wurden bereits mehrfach in den vorangegangenen Kapiteln verwendet. Ich habe die Klausel dort benutzt, ohne ihre Bedeutung wirklich zu erklären, weil diese Bedeutung und die Verwendung der Klausel so intuitiv einfach ist: Eine Abfrage führt eine Operation (wie z.B. ein SELECT, DELETE oder UPDATE) nur für Tabellenzeilen aus, bei denen die in der Klausel WHERE spezifizierte Bedingung erfüllt ist. Die Syntax der WHERE-Klausel lautet:

```
SELECT Spaltenliste
   FROM Tabellenliste
   WHERE Bedingung ;

DELETE FROM Tabellenliste
   WHERE Bedingung ;

UPDATE Tabellenname
   SET Spalte1=Wert1, Spalte2=Wert2, ..., SpalteN=WertN
   WHERE Bedingung ;
```

Die Bedingung in der WHERE-Klausel kann einfach oder beliebig komplex sein. Sie können mehrere Bedingungen durch die logischen Operatoren AND, OR und NOT (die ich später in diesem Kapitel beschreibe) zu einer einzigen Bedingung verknüpfen.

Die folgenden Befehle zeigen einige typische WHERE-Klauseln:

```
WHERE KUNDE.KUNDE_ID = VERKAUF.KUNDE_ID
WHERE NAHRUNGSMITTEL.KALORIEN = COMIDA.CALORIA
WHERE NAHRUNGSMITTEL.KALORIEN < 219
WHERE NAHRUNGSMITTEL.KALORIEN > 3 * :Basis_Wert
WHERE NAHRUNGSMITTEL.KALORIEN < 219 AND NAHRUNGSMITTEL.PROTEIN > 27.4
```

Die Bedingungen dieser WHERE-Klauseln werden auch als *Prädikate* bezeichnet. Ein *Prädikat* ist ein Ausdruck, der eine Eigenschaft eines Wertes zusichert.

Beispielsweise ist das Prädikat NAHRUNGSMITTEL.KALORIEN < 219 wahr, wenn der Wert der Spalte NAHRUNGSMITTEL.KALORIEN der aktuellen Zeile kleiner als 219 ist. Wenn die Zusicherung *wahr* ist, erfüllt sie die Bedingung. Eine Zusicherung kann wahr, falsch oder unbekannt sein. Sie ist unbekannt, wenn eins oder mehrere Elemente in der Zusicherung Nullwerte sind. Die *Vergleichsprädikate* (=, <, >, <>, <= und >=) sind die gebräuchlichsten, aber SQL enthält eine Reihe weiterer Prädikate, mit denen die Möglichkeiten, gewünschte Datenelemente herauszufiltern, sehr erweitert werden. Die folgende Liste zeigt die Prädikate, die Sie zum Filtern benutzen können:

✔ Vergleichsprädikate

✔ BETWEEN

✔ IN [NOT IN]

✔ LIKE [NOT LIKE]

✔ NULL

✔ ALL, SOME, ANY

✔ EXISTS

✔ UNIQUE

✔ OVERLAPS

✔ MATCH

Diese Prädikate werden in den folgenden Abschnitten beschrieben.

Vergleichsprädikate

Die Beispiele in dem vorangegangenen Abschnitt zeigen die typischen Einsatzzwecke von Vergleichsprädikaten. Für jede Zeile, in der der Vergleich den Wert *wahr* ergibt, ist die WHERE-Klausel erfüllt, und die Operation (SELECT, UPDATE, DELETE usw.) wird ausgeführt. Betrachten Sie beispielsweise den folgenden SQL-Befehl:

```
SELECT * FROM NAHRUNGSMITTEL
   WHERE KALORIEN < 219 ;
```

Dieser Befehl zeigt alle Zeilen der Tabelle NAHRUNGSMITTEL, die in der Spalte KALORIEN einen Wert enthalten, der kleiner als *219* ist.

Tabelle 9.2 zeigt die sechs Vergleichsprädikate.

Vergleich	Symbol
Gleich	=
Ungleich	<>
Kleiner als	<
Kleiner als oder gleich	<=
Größer als	>
Größer als oder gleich	>=

Tabelle 9.2: Vergleichsprädikate in SQL

BETWEEN

Wenn Sie Zeilen auswählen wollen, bei denen ein Spaltenwert innerhalb eines spezifizierten Wertebereichs liegt, können Sie zwei Vergleichsprädikate verknüpfen. Beispielsweise können Sie eine WHERE-Klausel formulieren, um alle Zeilen der Tabelle NAHRUNGSMITTEL auszuwählen, die in der Spalte KALORIEN einen Wert enthalten, der größer als 100 und kleiner als 300 ist:

```
WHERE NAHRUNGSMITTEL.KALORIEN > 100 AND NAHRUNGSMITTEL.KALORIEN < 300
```

Dieser Vergleich schließt die Nahrungsmittel aus, deren Werte genau 100 bzw. 300 Kalorien betragen. Mit dem folgenden Befehl können Sie diese Grenzwerte ebenfalls einschließen:

```
WHERE NAHRUNGSMITTEL.KALORIEN >= 100 AND NAHRUNGSMITTEL.KALORIEN <= 300
```

Das BETWEEN-Prädikat ist eine andere Methode, um einen Wertebereich zu spezifizieren, der die Grenzwerte einschließt:

```
WHERE NAHRUNGSMITTEL.KALORIEN BETWEEN 100 AND 300
```

Diese Klausel erfüllt dieselbe Funktion wie das davorstehende Beispiel mit den Vergleichsprädikaten. Diese Formulierung spart ein wenig Tipparbeit und ist wahrscheinlich etwas intuitiver zu verstehen als zwei Vergleichsprädikate, die mit einem logischen AND verknüpft sind.

Das Schlüsselwort BETWEEN kann etwas verwirrend sein, weil es nicht explizit ausdrückt, ob die Grenzwerte dazugehören oder nicht. Tatsächlich gehören sie immer zu dem spezifizierten Wertebereich. BETWEEN drückt ebenfalls nicht aus, daß der erste Term des Vergleichs kleiner oder gleich groß wie der zweite sein muß. Falls beispielsweise NAHRUNGSMITTEL.KALORIEN den Wert 200 enthält, gibt die folgende Klausel den Wert *wahr* zurück:

```
WHERE NAHRUNGSMITTEL.KALORIEN BETWEEN 100 AND 300
```

Dagegen gibt die folgende Klausel, die Sie möglicherweise als äquivalent zu der voranstehenden betrachten, genau das Gegenteil, nämlich den Wert *falsch,* zurück:

WHERE NAHRUNGSMITTEL.KALORIEN BETWEEN 300 AND 100

 Wenn Sie mit BETWEEN arbeiten, müssen Sie garantieren können, daß der erste Term nicht größer als der zweite ist.

Sie können das BETWEEN-Prädikat für Zeichenketten, Bit-Strings und Datetime-Datenelemente sowie die numerischen Typen verwenden. Betrachten Sie das folgende Beispiel:

SELECT VORNAME, NACHNAME
    FROM KUNDE
    WHERE KUNDE.NACHNAME BETWEEN 'A' AND 'Mzzz' ;

Dieses Beispiel gibt alle Kunden zurück, deren Nachname in der ersten Hälfte des Alphabets liegt.

IN und NOT IN

Mit den Prädikaten IN und NOT IN können Sie prüfen, ob eine Menge bestimmte Elemente enthält oder nicht. Nehmen Sie beispielsweise an, daß Ihre Firma in einer Tabelle namens LIEFERANT die Lieferanten eines Artikels enthält, den Sie regelmäßig beziehen. Sie wollen die Telefonnummern der Lieferanten wissen, die in den nordwestlichen Pazifikstaaten der USA beheimatet sind. Sie können die Telefonnummern folgendermaßen durch Vergleichsprädikate ermitteln:

SELECT FIRMA, TELEFON
    FROM LIEFERANT
    WHERE BUNDESSTAAT = 'OR' OR BUNDESSTAAT = 'WA' OR BUNDESSTAAT = 'ID' ;

Sie können für diesen Zweck aber auch das Prädikat IN benutzen:

SELECT FIRMA, TELEFON
    FROM LIEFERANT
    WHERE BUNDESSTAAT IN ('OR', 'WA', 'ID') ;

Dieser Befehl ist etwas kompakter als der Befehl mit den Vergleichsprädikaten und dem logischen OR.

Die NOT IN-Version dieses Prädikats funktioniert auf die gleiche Weise. Nehmen Sie beispielsweise an, daß Sie alle Lieferanten suchen, die nicht in bestimmten Staaten beheimatet sind. Dann können Sie sagen:

SELECT FIRMA, TELEFON
    FROM LIEFERANT
    WHERE BUNDSSTAAT NOT IN ('CA', 'AZ', 'NM') ;

Mit dem Schlüsselwort IN können Sie so ein wenig Tipparbeit sparen, und zwar um so mehr, je mehr Elemente in der Menge enthalten sind. Sehr groß ist der Vorteil jedoch nicht, und mit Vergleichsprädikaten können Sie denselben Zweck erfüllen.

 Außer Tipparbeit einzusparen gibt es jedoch möglicherweise einen weiteren Grund, das Prädikat IN statt der Vergleichsprädikate zu verwenden. Wahrscheinlich implementiert Ihr DBMS die beiden Methoden unterschiedlich, und möglicherweise ist eine Methode wesentlich schneller als die andere. Sie sollten ausprobieren, welches Verfahren auf Ihrem System schneller läuft, und dann dieses Verfahren verwenden.

Das Schlüsselwort IN ist auch in einem anderen Bereich nützlich. Wenn IN Teil einer Unterabfrage ist, können Sie damit Ergebnisse aus zwei Tabellen ableiten, die Sie aus einer einzelnen Tabelle nicht erhalten können. Ich behandle Unterabfragen in Kapitel 11, zeige aber im folgenden Beispiel, wie eine Unterabfrage das Schlüsselwort IN benutzt.

Nehmen Sie beispielsweise an, daß Sie die Namen aller Kunden anzeigen wollen, die in den letzen 30 Tagen den Artikel mit der Artikelnummer F-117A gekauft haben. Die Kundennamen sind in der Tabelle KUNDE und die Verkaufstransaktionen in der Tabelle TRANSAKTION gespeichert. Sie können folgende Abfrage formulieren:

```
SELECT VORNAME, NACHNAME
   FROM KUNDE
   WHERE KUNDE_ID IN
      (SELECT KUNDE_ID
         FROM TRANSAKTION
         WHERE ARTIKEL_ID = 'F-117A'
         AND TRANS_DATE >= (CURRENT_DATE - 30)) ;
```

Der innere SELECT-Befehl der Tabelle TRANSAKTION ist in den äußeren SELECT-Befehl der Tabelle KUNDE eingebettet. Der innere SELECT-Befehl ermittelt die Kennungen (KUNDE_ID) aller Kunden, die den Artikel F-117A in den letzten 30 Tagen gekauft haben. Der äußere SELECT-Befehl zeigt die Vornamen und Nachnamen dieser Kunden an.

LIKE und NOT LIKE

Mit dem Prädikat LIKE können Sie Zeichenketten daraufhin vergleichen, ob sie teilweise übereinstimmen. Dies ist besonders dann nützlich, wenn Sie die genaue Form eines Suchbegriffs nicht kennen. Sie können teilweise Übereinstimmungen auch dazu benutzen, Zeilen wiederzugewinnen, die in einer Tabellenspalte ähnliche Zeichenketten enthalten.

Teilweise Übereinstimmungen werden in SQL durch zwei Platzhalterzeichen definiert. Das Prozentzeichen (%) steht für eine beliebige Zeichenfolge mit null oder mehr Zeichen. Der Unterstrich (_) steht für ein einzelnes Zeichen. Tabelle 9.3 zeigt einige Beispiele der Anwendung von LIKE.

Befehl	Rückgabewert
WHERE WORD LIKE 'intern%'	intern
	internal
	international
	internet
	interns
WHERE WORD LIKE '%Frieden%'	Gerechtigkeit des Friedens
	Friedenskrieger
WHERE WORD LIKE 't_p_'	tape
	taps
	tipi
	Tips
	tops
	type

Tabelle 9.3: Die LIKE-Prädikate in SQL

Mit dem Prädikat NOT LIKE können Sie alle Zeilen wiedergewinnen, bei denen eine teilweise Übereinstimmung, einschließlich eines oder mehrerer Platzhalterzeichen, nicht gegeben ist:

```
WHERE TELEFON NOT LIKE '503%'
```

Dieses Beispiel gibt alle Tabellenzeilen zurück, bei denen die Telefonnummer nicht mit 503 beginnt.

Wenn Sie nach einer Zeichenkette suchen, die ein Prozentzeichen oder einen Unterstrich enthält, darf SQL das Prozentzeichen nicht als Platzhalterzeichen interpretieren, sondern muß es als Prozentzeichen werten. Sie können dies erreichen, indem Sie vor das Platzhalterzeichen ein sogenanntes Fluchtzeichen setzen. Wenn SQL auf ein Fluchtzeichen stößt, interpretiert es das unmittelbar darauf folgende Zeichen buchstäblich und nicht als Platzhalter. Wenn das Fluchtzeichen selbst in der Zeichenfolge vorkommt, müssen Sie es in der Zeichenfolge verdoppeln. Fluchtzeichen werden mit dem Schlüsselwort ESCAPE definiert:

```
SELECT ZITAT
    FROM BARTLETTS
    WHERE ZITAT LIKE '20#%%'
        ESCAPE '#' ;
```

Vor dem ersten der beiden Prozentzeichen steht das Fluchtzeichen (#), so daß SQL dieses Prozentzeichen buchstäblich interpretiert, während es das Prozentzeichen als normalen Platzhalter wertet. Beispielsweise findet diese Abfrage in *Bartlett's Familiar Quotations* (ein amerikanisches Zitatenhandbuch) das folgende Zitat:

```
20% der Verkäufer erzielen 80% des Ergebnisses
```

NULL

Prädikat Mit dem NULL können Sie alle Zeilen ermitteln, die in einer spezifizierten Spalte einen Nullwert enthalten. Der Tabelle NAHRUNGSMITTEL in Kapitel 7 enthält mehrere Zeilen, die in der Spalte KOHLENHYDRATE Nullwerte enthalten. Sie können diese Zeilen folgendermaßen abfragen:

```
SELECT (NAHRUNG)
    FROM NAHRUNGSMITTEL
    WHERE KOHLENHYDRATE IS NULL ;
```

Diese Abfrage gibt folgende Werte zurück:

```
Rindfleisch, magerer Hamburger
Huhn, helles Fleisch
Opossum, geröstet
Schwein, Schinken
```

Wenn Sie zusätzlich das Schlüsselwort NOT benutzen, wird das Ergebnis umgekehrt:

```
SELECT (NAHRUNG)
    FROM NAHRUNGSMITTEL
    WHERE KOHLENHYDRATE IS NOT NULL ;
```

Diese Abfrage gibt alle Tabellenzeilen außer den eben genannten zurück.

Der Befehl KOHLENHYDRATE IS NULL ist nicht derselbe wie KOHLENHYDRATE = NULL. Um sich den Unterschied zu verdeutlichen, nehmen Sie an, daß die Spalten KOHLENHYDRATE und EIWEISS in der aktuellen Zeile der Tabelle NAHRUNGSMITTEL beide einen Nullwert enthalten. Dann gelten die folgenden Aussagen:

- ✔ KOHLENHYDRATE IS NULL ist wahr.
- ✔ PROTEIN IS NULL ist wahr.
- ✔ KOHLENHYDRATE IS NULL AND EIWEISS IS NULL ist wahr.
- ✔ KOHLENHYDRATE = EIWEISS ist unbekannt.
- ✔ KOHLENHYDRATE = NULL ist ein ungültiger Ausdruck.

Das Schlüsselwort NULL in einem Vergleich zu verwenden ist sinnlos, weil das Ergebnis immer den Wert *unbekannt* enthält.

Warum hat KOHLENHYDRATE = EIWEISS den Wert *unbekannt*, obwohl KOHLENHYDRATE und EIWEISS beide einen Nullwert enthalten? Weil NULL einfach bedeutet: »Ich weiß es nicht.« Sie wissen nicht, welchen Wert KOHLENHYDRATE hat, und Sie wissen nicht, welchen Wert EIWEISS hat; deshalb wissen Sie auch nicht, ob diese beiden (unbekannten) Werte gleich sind.

Vielleicht hat die Spalte KOHLENHYDRATE den Wert *37* und die Spalte EIWEISS den Wert *14*, oder vielleicht enthält die Spalte KOHLENHYDRATE den Wert *93* und die Spalte EIWEISS den Wert *93*. Wenn Sie beide Werte nicht kennen, können Sie auch nicht sagen, ob sie gleich sind.

ALL, SOME, ANY

Prädikat Prädikat Prädikat Vor etwa 2400 Jahren hat der griechische Philosoph Aristoteles die Gesetze der Logik formuliert, die zur Grundlage eines großen Teils des westlichen Denkens wurden. Das Wesen dieser Gesetze besteht darin, von bestimmten Prämissen auszugehen, deren Wahrheitswert man kennt, und daraus Schlußfolgerungen abzuleiten. Ein klassisches Beispiel für diese Prozedur lautet:

Prämisse 1: Alle Griechen sind Menschen.

Prämisse 2: Alle Menschen sind sterblich.

Schluß: Alle Griechen sind sterblich.

Ein weiteres Beispiel:

Prämisse 1: Einige Griechen sind Frauen.

Prämisse 2: Alle Frauen sind Menschen.

Schluß: Einige Griechen sind Menschen.

ANY kann mehrdeutig sein

Die ursprüngliche Version von SQL benutzte das Wort ANY für den Existenzquantor. Dieser Gebrauch erwies sich als verwirrend und fehleranfällig, weil das englische Wort *any* manchmal eine allgemeingültige und manchmal eine existentielle Konnotation hat:

»Do any of you people know where Baker Street is?« – »Weiß irgendjemand von Ihnen, wo die Baker Street ist?«

»I can eat more eggs than any of you people.« – »Ich kann mehr Eier essen als jeder von euch.«

Im ersten Satz werden wahrscheinlich einige Leute gefragt, wo die Baker Street ist. Das Wort *any* wird als Existenzquantor benutzt. Der zweite Satz drückt eine Angeberei aus, die sagt, daß der Sprecher mehr Eier als alle anderen Leute essen kann. In diesem Fall wird das Wort *any* als Allquantor benutzt.

Deshalb haben die Entwickler im SQL-92-Standard das Wort ANY aus Gründen der Kompatibilität mit früheren Produkten zwar beibehalten, aber durch das Wort SOME als weniger verwirrendes Synonym ergänzt.

Das zweite Beispiel kann auch folgendermaßen ausgedrückt werden:

Wenn einige Griechen Frauen sind und alle Frauen Menschen sind, dann sind einige Griechen Menschen.

Das erste Beispiel benutzt den Allquantor Alle in beiden Prämissen, aus denen eine schlüssige Aussage über alle Griechen abgeleitet werden kann. Das zweite Beispiel benutzt den Existenzquantor Einige in einer Prämisse, die einen Schluß über einige Griechen ermöglicht.

Wie werden SOME und ALL in SQL verwendet?

Stellen Sie sich vor, daß Sie ein Spielervermittler für die erste und zweite Fußballbundesliga sind. Sie haben sich auf die Entdeckung von Talenten in der zweiten Bundesliga spezialisiert. Sie führen zwei separate Tabellen mit allen Stürmern der ersten und zweiten Bundesliga, in denen Sie die Namen und die Tore der Spieler speichern.

Mit dem folgenden Befehl können Sie ermitteln, welche Spieler in der zweiten Bundesliga mehr Tore geschossen haben, als die besten Stürmer der ersten Bundesliga:

```
SELECT VORNAME, NACHNAME
   FROM ZWEITE_LIGA
   WHERE TORE > ALL
      (SELECT TORE FROM ERSTE_LIGA) ;
```

Die Unterabfrage (der innere SELECT-Befehl) gibt eine Liste mit allen Toren der Spieler der ersten Bundesliga zurück. Die äußere Abfrage gibt die Vornamen und Nachnamen der Spieler in der zweiten Bundesliga zurück, die mehr Tore geschossen haben, als alle Stürmer der ersten Bundesliga.

Wenn Sie dagegen wissen wollen, welche Spieler der zweiten Bundesliga mehr Tore geschossen haben als die schlechtesten Stürmer der ersten Bundesliga, können Sie folgenden Befehl verwenden:

```
SELECT VORNAME, NACHNAME
   FROM ZWEITE_LIGA
   WHERE TORE > ANY
      (SELECT TORE FROM ERSTE_LIGA) ;
```

In diesem Fall benutzen Sie den Existenzquantor ANY statt des Allquantors ALL. Die Unterabfrage (der innere SELECT-Befehl) ist identisch mit der Unterabfrage in dem vorangegangenen Beispiel. Diese Unterabfrage gibt eine Liste mit allen Toren der Spieler der ersten Bundesliga zurück. Die äußere Abfrage gibt die Vornamen und Nachnamen der Spieler der zweiten Bundesliga zurück, die mehr Tore geschossen haben als der schlechteste Stürmer der ersten Bundesliga. Weil dieser wahrscheinlich kein Tor geschossen hat, gibt dieser Befehl alle Torschützen der zweiten Liga zurück.

Sie können das Schlüsselwort ANY durch das synonyme Schlüsselwort SOME ersetzen; das Ergebnis bleibt gleich.

EXISTS

Prädikat Mit dem Prädikat EXISTS können Sie feststellen, ob eine Unterabfrage überhaupt eine Zeile zurückgibt. Falls dies der Fall ist, ist die EXISTS-Bedingung erfüllt, und die äußere Abfrage wird ausgeführt. Betrachten Sie das folgende Beispiel:

```
SELECT VORNAME, NACHNAME
  FROM KUNDE
  WHERE EXISTS
    (SELECT DISTINCT KUNDE_ID
      FROM VERKAUF
      WHERE VERKAUF.KUNDE_ID = KUNDE.KUNDE_ID);
```

Die Tabelle VERKAUF speichert alle Verkäufe einer Firma. Sie enthält die Kennung (KUNDE_ID) des Kunden sowie andere verkaufsspezifische Daten. Die Tabelle KUNDE enthält die Kennung des Kunden sowie seinen Vornamen und Nachnamen, aber keine transaktionsspezifischen Daten.

Die Unterabfrage dieses Beispiels gibt für jeden Kunden eine Zeile zurück, der wenigstens einmal etwas gekauft hat. Die äußere Abfrage gibt den Vornamen und den Nachnamen der Kunden zurück.

EXISTS ist gleichwertig mit einem Vergleich mit einem COUNT-Wert null:

```
SELECT VORNAME, NACHNAME
  FROM KUNDE
  WHERE 0 <>
    (SELECT COUNT(*)
      FROM VERKAUF
      WHERE VERKAUF.KUNDE_ID = KUNDE.KUNDE_ID);
```

Dieser Befehl zeigt den Vornamen und Nachnamen jedes Kunden in jeder Zeile in der Tabelle VERKAUF an.

UNIQUE

Prädikat Mit dem Prädikat UNIQUE können Sie feststellen, ob alle Zeilen in einer Unterabfrage eindeutig sind. Das Prädikat hat nur dann den Wert *wahr*, wenn die Unterabfrage keine doppelten Zeilen enthält. Betrachten Sie das folgende Beispiel:

```
SELECT VORNAME, NACHNAME
  FROM KUNDE
  WHERE UNIQUE
    (SELECT KUNDE_ID FROM VERKAUF
      WHERE VERKAUF.KUNDE_ID = KUNDE.KUNDE_ID);
```

Dieser Befehl gibt die Namen aller neuen Kunden zurück, für die es in der Tabelle VERKAUF nur einen Datensatz gibt.

OVERLAPS

Prädikat Mit dem Prädikat OVERLAPS können Sie feststellen, ob sich zwei Zeitintervalle überlappen. Damit können Sie beispielsweise Planungskonflikte vermeiden. Wenn sich die beiden Intervalle überlappen, gibt das Prädikat den Wert *wahr*, andernfalls den Wert *falsch* zurück.

Sie können Intervalle entweder durch einen Startpunkt und einen Endpunkt oder durch einen Startpunkt und eine Dauer spezifizieren.

Folgendes Beispiel gibt den Wert *wahr* zurück, weil *3:30 Uhr* weniger als eine Stunde nach *2:55 Uhr* ist:

```
(TIME '2:55:00', INTERVAL '1' HOUR)
OVERLAPS
(TIME '3:30:00', INTERVAL '2' HOUR)
```

Folgendes Beispiel gibt den Wert *wahr* zurück, weil sich beide Intervalle um eine Minute überlappen:

```
(TIME '9:00:00', TIME '9:30:00')
OVERLAPS
(TIME '9:29:00', TIME '9:31:00')
```

Folgendes Beispiel gibt den Wert *falsch* zurück, weil sich die beiden Intervalle nicht überlappen:

```
(TIME '9:00:00', TIME '10:00:00')
OVERLAPS
(TIME '10:15:00', INTERVAL '3' HOUR)
```

Folgendes Beispiel gibt den Wert *falsch* zurück, weil die beiden Intervalle zwar zusammenhängen, sich aber nicht überlappen:

```
(TIME '9:00:00', TIME '9:30:00)
OVERLAPS
(TIME '9:30:00', TIME '9:35:00)
```

MATCH

Prädikat In Kapitel 5 habe ich die referentielle Integrität beschrieben, die dazu dient, die Konsistenz in einer Mehrtabellendatenbank aufrechtzuerhalten. Sie können die Integrität zerstören, indem Sie eine Zeile in eine Kindtabelle einfügen, zu der es keine entsprechende Zeile in der Elterntabelle gibt. Ähnliche Probleme entstehen, wenn Sie eine Zeile der Elterntabelle löschen, die von Zeilen in einer Kindtabelle referenziert wird.

Nehmen Sie an, daß Ihr Geschäft in der Tabelle KUNDE Ihre Kunden und in der Tabelle VERKAUF die Verkäufe verwaltet. Sie dürfen erst Zeilen in die Tabelle VERKAUF einfügen, nachdem der Kunde in die Tabelle KUNDE eingetragen wurde. Und Sie dürfen keinen Kunden aus der Tabelle KUNDE löschen, wenn die Tabelle VERKAUF Verkäufe dieses Kunden enthält. Vor dem

Einfügen oder Löschen müssen Sie die betreffende Zeile prüfen, um sicherzustellen, daß Sie durch die geplante Operation die Integrität nicht zerstören. Mit dem Prädikat MATCH können Sie eine solche Prüfung ausführen.

Betrachten wir das MATCH-Prädikat im Zusammenhang mit unserem Beispiel. Die Spalte KUNDE_ID soll den Primärschlüssel der Tabelle KUNDE bilden und in der Tabelle VERKAUF als Fremdschlüssel gespeichert sein. Jede Zeile der Tabelle KUNDE muß eine eindeutige KUNDE_ID enthalten, die kein Nullwert sein darf. In der Tabelle VERKAUF braucht KUNDE_ID nicht eindeutig zu sein, weil ein Kunde mehrfach kaufen kann. Dadurch wird die Integrität nicht gefährdet, weil KUNDE_ID in dieser Tabelle ein Fremdschlüssel und kein Primärschlüssel ist.

Wie es aussieht, könnte die Spalte KUNDE_ID in der Tabelle VERKAUF auch Nullwerte enthalten, weil jemand einfach in Ihren Laden kommen, etwas kaufen und wieder gehen kann, ohne Name und Adresse zu hinterlassen. Dadurch könnten Zeilen in der Kindtabelle (VERKAUF) entstehen, zu denen es keine entsprechenden Zeilen in der Elterntabelle (KUNDE) gibt. Um dieses Problem zu lösen, wird überlicherweise ein generischer Kunde (*pro Diverse*) in der Tabelle KUNDE angelegt, dem alle anonymen Transaktionen zugewiesen werden.

Wenn jetzt ein Kunde kommt, behauptet, er habe er habe am 1. April 1997 den Artikel F-117A gekauft, und von seinem Rückgaberecht Gebrauch machen möchte, können Sie seinen Anspruch prüfen, indem Sie die Datenbank mit einem MATCH durchsuchen. Zunächst speichern Sie die Kundenkennung KUNDE_ID in die Variable varKundeID; dann benutzen Sie in Ihrer Abfrage folgende Syntax:

```
... WHERE (:varKundeID, 'F-117A', '01-Apr-1997')
        MATCH
        (SELECT KUNDE_ID, ARTIKEL_ID, VERKAUFSDATUM
            FROM VERKAUF)
```

Falls für diese Kundenkennung, dieses Produkt und dieses Datum in der Tabelle VERKAUF eine Zeile existiert, gibt das MATCH-Prädikat den Wert *wahr* zurück. Geben Sie dem Kunden sein Geld zurück. (**Anmerkung:** Falls einer der Werte im ersten Argument des MATCH-Prädikats ein Nullwert ist, wird immer der Wert *wahr* zurückgegeben.)

Die Prädikate MATCH und UNIQUE existieren beide aus dem Grund, um die Daten im Hinblick auf ihre referentielle Integrität (RI) und die UNIQUE-Constraints explizit testen zu können.

Das MATCH-Prädikat hat folgende allgemeine Form:

```
Zeilenwert MATCH {UNIQUE | PARTIAL | FULL } Unterabfrage
```

Die Optionen UNIQUE, PARTIAL und FULL beziehen sich auf Fälle, bei denen der Zeilenwert eine oder mehrere Spalten mit Nullwerten enthält. Die Regeln für das MATCH-Prädikat kopieren die entsprechenden Regeln der referentiellen Integrität.

Regeln der referentiellen Integrität

Die Regeln der referentiellen Integrität verlangen, daß Spaltenwerte einer Tabelle mit Spaltenwerten in einer anderen Tabelle übereinstimmen. Die Spalten in der ersten Tabelle werden als *Fremdschlüssel* und die Spalten in der zweiten Tabelle als der Primärschlüssel oder der *eindeutige Schlüssel* bezeichnet. Beispielsweise können Sie die Spalte MITARB_ABTNR in einer Tabelle MITARBEITER als Fremdschlüssel deklarieren, der die Spalte ABTNR einer Tabelle ABTEILUNG referenziert. Diese Verbindung stellt sicher, daß in der Tabelle ABTEILUNG eine Zeile mit der ABTNR 123 eingetragen wird, wenn Sie in der Tabelle MITARBEITER einen Mitarbeiter einfügen, der in Abteilung 123 arbeitet.

Diese Situation ist ziemlich unkompliziert, wenn die Fremdschlüssel und Primärschlüssel aus einer einzigen Spalte bestehen. Die beiden Schlüssel können jedoch aus mehreren Spalten bestehen. Beispielsweise könnte der Wert der Spalte ABTNR nur innerhalb von einem STANDORT eindeutig sein, so daß Sie sowohl den STANDORT als auch eine ABTNR spezifizieren müssen, um eine ABTEILUNG-Zeile eindeutig zu identifizieren. Wenn beispielsweise die Niederlassungen in Boston und Tampa beide über eine Abteilung *123* verfügen, müssen Sie die Abteilungen durch ('Boston', '123') und ('Tampa', '123') identifizieren. In diesem Fall benötigt auch die Tabelle MITARBEITER zwei Spalten, um eine ABTEILUNG zu identifizieren. Diese Spalten können MITARB_STANDORT und MITARB_ABTNR heißen. Wenn ein Mitarbeiter in Abteilung *123* in Boston arbeitet, enthalten die Spalten MITARB_STANDORT und MITARB_ABTNR die Werte 'Boston' und '123', und die Fremdschlüsseldeklaration in MITARBEITER lautet:

```
FOREIGN KEY (MITARB_STANDORT, MITARB_ABTNR)
    REFERENCES ABTEILUNG (STANDORT, ABTNR)
```

Wenn die Werte von MITARB_STANDORT und MITARB_ABTNR beide einen Nullwert oder beide keinen Nullwert enthalten, gelten dieselben Regeln für die referentielle Integrität wie für Schlüssel, die aus einer einzigen Spalte bestehen und Nullwerte enthalten. Aber wenn MITARB_STANDORT IS NULL und MITARB_ABTNR IS NOT NULL gilt oder MITARB_STANDORT IS NOT NULL und MITARB_ABTNR IS NULL gilt, brauchen Sie neue Regeln. Wie sollten die Regeln lauten, wenn Sie in die Tabelle MITARBEITER Zeilen einfügen oder ändern wollen, bei denen die Spalten MITARB_STANDORT und MITARB_ABTNR Werte wie (NULL, '123') oder ('Boston', NULL) enthalten? Es gibt drei Hauptalternativen: FULL, PARTIAL und UNIQUE. Sie lassen sich folgendermaßen zusammenfassen:

- ✔ FULL verbietet partielle Nullwerte – beispielsweise sind die Werte ('Boston', '123') und (NULL, NULL) gültig, aber ('Boston', NULL) und (NULL, '123') sind ungültig.

- ✔ PARTIAL erlaubt partielle Nullwerte und überprüft die von NULL verschiedenen Werte – beispielsweise wird ('Boston', NULL) nur zugelassen, wenn Sie wenigstens eine ABTEILUNG mit dem STANDORT 'Boston' haben, und (NULL, '123') wird nur zugelassen, wenn Sie wenigstens einen STANDORT mit ABTNR '123' haben.

- ✔ UNIQUE erlaubt partielle Nullwerte und spezifiziert, daß Sie – falls eine Spalte NULL ist – den Fremdschlüssel komplett als NULL betrachten müssen – beispielsweise wird ('Boston', NULL) und (NULL, '123') wie (NULL, NULL) behandelt.

Die UNIQUE-Regel mutet am Anfang etwas seltsam an. Die Regel besagt, daß Sie eine MITAR-BEITER-Zeile ('Boston', NULL) speichern können, obwohl Sie keine ABTEILUNG-Zeile mit STANDORT 'Boston' haben. Der Grund für diese Regel wird durch folgenden Fall klar.

Nehmen Sie beispielsweise ein, daß Sie einen Mitarbeiter einfügen wollen, dessen Standort Boston Sie kennen, dessen Abteilung Sie aber (noch) nicht kennen. Möglicherweise existiert die Abteilung noch gar nicht. Vielleicht gibt es in Boston auch gar keine Abteilungen. Sie können dann den Mitarbeiter mit MITARB_STANDORT = 'Boston' und MITARB_ABTNR = NULL speichern, weil die Regel zur referentiellen Integrität UNIQUE lautet und diese Regel – falls überhaupt – immer den Wert *wahr* zurückgibt.

Komitee-Regeln

Der SQL-89-Standard spezifizierte die UNIQUE-Regel als Standard, ehe die Alternativen vorgeschlagen und diskutiert wurden. Während der Entwicklung des SQL-92-Standards kamen die Alternativen auf den Tisch. Einige Leute bevorzugten die PARTIAL-Regeln und sprachen sich nachdrücklich dafür aus, daß diese die einzigen Regeln sein sollten. Diese Leute hielten die SQL-89-(UNIQUE)-Regeln für so negativ, daß sie diese als Fehler einstuften, der durch die PARTIAL-Regeln behoben werden sollte. Andere Leute zogen die UNIQUE-Regeln vor und betrachteten die PARTIAL-Regeln als unklar, fehleranfällig und ineffizient. Und wieder andere forderten zusätzlich die FULL-Regeln. Das Problem wurde schließlich dadurch gelöst, daß alle drei Varianten in den Standard aufgenommen wurden, so daß der Benutzer seinen Ansatz wählen kann.

Weil die UNIQUE-Regeln bereits in SQL-89 existierten, ehe es die zusätzlichen Alternativen gab, ist UNIQUE aus Gründen der Kompatibilität der Standardwert. Dies erklärt, warum das MATCH-Prädikat immer den Wert *wahr* zurückgibt, wenn ein Wert im seinem ersten Argument NULL ist – weil nämlich UNIQUE der Standardwert ist und für UNIQUE ein Nullwert »Führe keine Prüfung aus.« bedeutet.

Logische Verknüpfungen

Wie einige der vorangegangenen Beispiele zeigen, reicht eine einzige Bedingung in einer Abfrage oft nicht aus, um die gewünschten Tabellenzeilen wiederzugewinnen. In einigen Fällen müssen die Zeilen zwei oder mehr Bedingungen gleichzeitig erfüllen. In anderen Fällen müssen die Zeilen eine beliebige von zwei oder mehr Bedingungen erfüllen. Manchmal wollen Sie nur die Zeilen wiedergewinnen, die eine bestimmte Bedingung nicht erfüllen. Um diesen Anforderungen gerecht zu werden, gibt es in SQL die logischen Verknüpfungen AND, OR und NOT.

AND

Wenn mehrere Bedingungen gleichzeitig erfüllt sein müssen, um eine Zeile wiederzugewinnen, müssen Sie die logische Verknüpfung AND benutzen. Betrachten Sie das folgende Beispiel:

```
SELECT RECHNUNG_NR, VERKAUFSDATUM, VERKAEUFER, UMSATZ
    FROM VERKAUF
    WHERE VERKAUFSDATUM >= '01-Mai-1997'
        AND VERKAUFSDATUM <= '07-Mai-1997' ;
```

Die WHERE-Klausel muß die folgenden beiden Bedingungen erfüllen:

✔ VERKAUFSDATUM muß größer oder gleich *1. Mai 1997* sein.

✔ VERKAUFSDATUM muß kleiner oder gleich *7. Mai 1997* sein.

Nur die Zeilen mit Verkäufen in der Woche nach dem 1. Mai erfüllen beide Bedingungen. Die Abfrage gibt nur diese Zeilen zurück.

Beachten Sie, daß die AND-Verknüpfung streng logisch gilt. Diese Einschränkung kann manchmal recht verwirrend sein, weil sie dem normalen Sprachgebrauch des Wortes *und* zuwiderläuft, das umgangssprachlich etwas lockerer verwendet wird. Nehmen Sie beispielsweise an, daß Ihr Chef Ihnen sagt: »Ich möchte die Verkäufe von Ferguson und Ford sehen.« Er sagte: »Ferguson und Ford«, so daß Sie möglicherweise folgende SQL-Abfrage schreiben:

```
SELECT *
    FROM VERKAUF
    WHERE VERKAEUFER = 'Ferguson'
        AND VERKAEUFER = 'Ford';
```

Sie legen das Ergebnis dieser Abfrage Ihrem Chef besser nicht vor. Was ihm vorschwebte, wird durch folgende Abfrage besser ausgedrückt:

```
SELECT *
    FROM VERKAUF
    WHERE VERKAEUFER IN ('Ferguson', 'Ford') ;
```

OR

Wenn eine von zwei oder mehr Bedingungen erfüllt sein muß, um eine Zeile wiederzugewinnen, benutzen Sie die logische Verknüpfung OR:

```
SELECT RECHNUNG_NR, VERKAUFSDATUM, VERKAEUFER, UMSATZ
    FROM VERKAUF
        WHERE VERKAEUFER = 'Ford'
            OR UMSATZ > 200 ;
```

Diese Abfrage gibt alle Verkäufe des Verkäufers *Ford* zurück, unabhängig davon, wie groß diese waren, sowie alle Verkäufe über 200 DM, unabhängig davon, wer sie gemacht hat.

NOT

Die NOT-Verknüpfung kehrt den Wert einer Bedingung um. Wenn eine Bedingung den Wert *wahr* hat, gibt sie bei einem vorangestellten NOT den Wert *falsch* zurück und umgekehrt. Betrachten Sie das folgende Beispiel:

```
SELECT RECHNUNG_NR, VERKAUFSDATUM, VERKAEUFER, UMSATZ
    FROM VERKAUF
        WHERE NOT (VERKAEUFER = 'Ford') ;
```

Diese Abfrage gibt alle Verkäufe zurück, die nicht von dem Verkäufer *Ford* abgewickelt wurden.

Wenn die Reichweite von AND, OR oder NOT unklar ist, sollten Sie die Reichweite mit Klammern markieren, damit SQL die Verknüpfung auf das gewünschte Prädikat anwendet. In dem vorhergehenden Beispiel bezieht sich die NOT-Verknüpfung auf das gesamte Prädikat (VERKAEUFER = 'Ford').

GROUP BY-Klausel

Wenn Sie mit einem SELECT-Befehl Zeilen aus einer Tabelle wiedergewinnen, werden die Zeilen in der Reihenfolge zurückgegeben, in der sie in ihrer Tabelle stehen. Normalerweise hat diese Reihenfolge keine Bedeutung. Oft wollen Sie jedoch zusammengehörige Zeilen zu einer Gruppe zusammenfassen, um die Gruppe besser überblicken zu können. Mit der Klausel GROUP BY können Sie eine Spalte oder mehrere Spalten zur Gruppenbildung spezifizieren. Die Output-Tabelle faßt dann alle Zeilen, die in den Gruppenspalten identische Werte enthalten, zu Gruppen zusammen.

Nehmen Sie beispielsweise an, daß Sie ein Verkaufsleiter sind und die Wochenumsätze Ihrer Verkäufer nach Verkäufern gruppiert sehen wollen. Sie können folgenden Befehl benutzen:

```
SELECT RECHNUNG_NR, VERKAUFSDATUM, VERKAEUFER, UMSATZ
    FROM VERKAUF
    WHERE VERKAUFSDATUM >= '01-Mai-1997'
        AND VERKAUFSDATUM <= '07-Mai-1997'
    GROUP BY VERKAEUFER ;
```

Das Ergebnis dieses Beispiels lautet:

```
RECHNUNG_NR   VERKAUFSDATUM   VERKAEUFER   UMSATZ
-----------   -------------   ----------   ------
          1        05/01/97     Ferguson     1.98
          3        05/02/97     Ferguson   249.00
```

```
    5      05/03/97      Ferguson       4.95
    7      05/04/97      Ferguson      12.95
    4      05/02/97      Ford           7.50
    9      05/07/97      Ford           2.50
   10      05/07/97      Ford           2.49
    2      05/01/97      Podolocek      3.50
    6      05/04/97      Podolocek      3.50
    8      05/05/97      Podolocek      5.00
```

Physisch stehen die Zeilen in der Tabelle VERKAUF in der Reihenfolge der RECHNUNG_NR, aber die Klausel GROUP BY in dem Befehl SELECT gruppiert die Zeilen in der virtuellen Tabelle um. Die Zeilen sind jetzt nach Verkäufern gruppiert, und die Gruppen sind alphabetisch aufsteigend sortiert. Bei einigen Implementierungen können Sie Gruppen alphabetisch absteigend sortieren. Innerhalb einer Gruppe ist kein Umordnen möglich.

HAVING-Klausel

Mit der Klausel HAVING können Sie die Gruppen der virtuellen Tabelle einschränken, die durch die Klausel GROUP BY gebildet werden. Die HAVING-Klausel hat für Gruppen dieselbe Funktion wie die WHERE-Klausel für einzelne Zeilen.

Wir wollen beim Beispiel des vorangegangenen Abschnitts bleiben und annehmen, daß der Verkaufsleiter nur die Umsätze der Verkäufer Ford und Podolocek sehen möchte. Mit einer HAVING-Klausel kann er das Ergebnis der Abfrage folgendermaßen einschränken:

```
SELECT RECHNUNG_NR, VERKAUFSDATUM, VERKAEUFER, UMSATZ
   FROM VERKAUF
   WHERE VERKAUFSDATUM >= '01-Mai-1997'
      AND VERKAUFSDATUM <= '07-Mai-1997'
   GROUP BY VERKAEUFER
   HAVING VERKAEUFER = 'Ford'
      OR VERKAEUFER = 'Podolocek' ;
```

Das Ergebnis lautet:

```
RECHNUNG_NR   VERKAUFSDATUM   VERKAEUFER    UMSATZ
-----------   -------------   ----------    ------
    4         05/02/97        Ford           7.50
    9         05/07/97        Ford           2.50
   10         05/07/97        Ford           2.49
    2         05/01/97        Podolocek      3.50
    6         05/04/97        Podolocek      3.50
    8         05/05/97        Podolocek      5.00
```

ORDER BY-Klausel

Mit der Klausel ORDER BY können Sie die Output-Tabelle einer Abfrage absteigend oder aufsteigend sortieren. Während die Klausel GROUP BY Zeilen zu Gruppen zusammenfaßt und diese alphabetisch sortiert, sortiert ORDER BY einzelne Zeilen. Die Klausel ORDER BY muß in einer Abfrage an letzter Stelle stehen. Wenn die Abfrage auch eine GROUP BY-Klausel enthält, werden erst die Gruppen gebildet. Die Klausel ORDER BY sortiert dann die Zeilen innerhalb jeder Gruppe. Wenn es keine GROUP BY-Klausel gibt, betrachtet der Befehl die gesamte Tabelle als Gruppe und sortiert alle Zeilen gemäß der Spezifikation in der Klausel ORDER BY.

Betrachten Sie als Beispiel wieder die Tabelle VERKAUF. Die Tabelle enthält Spalten für RECHNUNG_NR, VERKAUFSDATUM, VERKAEUFER und UMSATZ. Mit folgendem Befehl werden alle Verkäufe in einer nicht spezifizierten Reihenfolge angezeigt:

SELECT * FROM VERKAUF ;

Implementierungsabhängig entspricht diese Reihenfolge der Eingabereihenfolge oder der Reihenfolge der letzten Änderungen. Die Reihenfolge kann sich unerwartet ändern, wenn die Datenbank physisch reorganisiert wird. Deshalb sollten Sie normalerweise die Reihenfolge spezifizieren, in der die Zeilen zurückgegeben werden sollen. Wenn Sie die Zeilen nach VERKAUFSDATUM sortiert sehen wollen, geben Sie ein:

SELECT * FROM VERKAUF ORDER BY VERKAUFSDATUM ;

Bei Zeilen mit demselben VERKAUFSDATUM ist die Standardreihenfolge implementierungsabhängig. Sie können jedoch für diese Fälle ein zusätzliches Sortierkriterium, wie beispielsweise die Rechnungsnummer spezifizieren:

SELECT * FROM VERKAUF ORDER BY VERKAUFSDATUM, RECHNUNG_NR ;

Dieses Beispiel sortiert die Verkäufe erst nach VERKAUFSDATUM und innerhalb eines gleichen Verkaufsdatums nach RECHNUNG_NR. Verwechseln Sie das Beispiel jedoch nicht mit folgender Abfrage:

SELECT * FROM VERKAUF ORDER BY RECHNUNG_NR, VERKAUFSDATUM ;

Diese Abfrage sortiert die Verkäufe erst nach RECHNUNG_NR und innerhalb einer Rechnungsnummer nach VERKAUFSDATUM.

Die folgende Abfrage sortiert die Daten nach VERKAEUFER und VERKAUFSDATUM:

SELECT * FROM VERKAUF ORDER BY VERKAEUFER, VERKAUFSDATUM ;

Sie können die Zeilen auch erst nach VERKAUFSDATUM und dann nach VERKAEUFER sortieren:

SELECT * FROM VERKAUF ORDER BY VERKAUFSDATUM, VERKAEUFER ;

Diese ganzen Beispiele sortieren die Daten aufsteigend (ASC), was die Standardsortierfolge ist. Das letzte Beispiel zeigt ältere Verkäufe zuerst und ordnet die Daten innerhalb eines Datums aufsteigend nach Verkäufernamen. Mit dem Schlüsselwort DESC können Sie die jüngeren Verkäufe zuerst anzeigen:

```
SELECT * FROM VERKAUF
ORDER BY VERKAUFSDATUM DESC, VERKAEUFER ASC ;
```

Dieses Beispiel sortiert die Verkäufe absteigend nach Verkaufsdatum und innerhalb eines Verkaufsdatums aufsteigend nach Verkäufernamen.

Relationale Operatoren

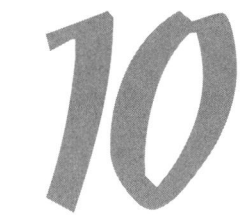

In diesem Kapitel

▶ Tabellen mit ähnlichen Strukturen kombinieren

▶ Tabellen mit verschiedenen Strukturen kombinieren

▶ Daten aus mehreren Tabellen abfragen

SQL wurde als Abfragesprache für relationale Datenbanken entwickelt. In früheren Kapiteln habe ich einfache Datenbanken vorgestellt, und die meisten Beispiele haben nur mit einer Tabelle gearbeitet. Jetzt wird es Zeit, erwachsen zu werden und das *Relationale* der relationalen Datenbanken zum Thema zu machen. Schließlich werden relationale Datenbanken so bezeichnet, weil sie aus mehreren, zusammengehörigen Tabellen bestehen.

Weil die Daten in einer relationalen Datenbank über mehrere Tabellen verteilt sind, müssen Abfragen normalerweise Daten aus mehr als einer Tabelle herausziehen. SQL-92 verfügt über Operatoren, die Daten aus mehreren Quellen zu einer einzigen Ergebnistabelle kombinieren können. Dazu zählen die Operatoren UNION, INTERSECTION und EXCEPT sowie die Familie der JOIN-Operatoren. Jeder kombiniert Daten aus mehreren Tabellen auf eine andere Weise.

UNION

Der UNION-Operator ist die SQL-Implementierung des Union-Operators der relationalen Algebra. Er dient dazu, Daten aus zwei oder mehr Tabellen mit derselben Struktur zu vereinigen.

 Mit *derselben Struktur* ist gemeint, daß die Tabellen dieselbe Anzahl von Spalten mit denselben Datentypen und Spaltenbreiten haben müssen. Wenn dies der Fall ist, sind die Tabellen *union-kompatibel*. Die Vereinigung zweier Tabellen gibt alle Zeilen zurück, die in einer der beiden Tabellen vorkommen, wobei Doubletten entfernt werden.

Die Tabellen ERSTE_LIGA und ZWEITE_LIGA der Fußballspielerdatenbank in Kapitel 9 sind union-kompatibel. Beide Tabellen verfügen über drei Spalten desselben Typs. Tatsächlich haben entsprechende Spalten sogar identische Spaltennamen (was für die Union-Kompatibilität nicht erforderlich ist).

Die beiden Tabellen enthalten die Vornamen, Nachnamen und geschossenen Tore von Stürmern in der ersten und zweiten Bundesliga. Die UNION der beiden Tabellen erzeugt eine virtuelle Ergebnistabelle mit allen Spielern beider Tabellen zusammengenommen. Um dieses Beispiel zu illustrieren, habe ich in jede Tabelle einige (fiktive) Stürmer eingefügt.

```
SELECT * FROM ERSTE_LIGA
VORNAME     NACHNAME    TORE
---------   ---------   ----
Franz       Becker       11
Helmut      Langer        9
Toni        Doppler      13
Helmut      Berthold     12

SELECT * FROM ZWEITE_LIGA

VORNAME     NACHNAME    TORE
---------   ---------   ----
Paul        Peters       12
Helmut      Schmitz      10
Gerd        Müller        8
Arnold      Schwarzer    14

SELECT * FROM ERSTE_LIGA
UNION
SELECT * FROM ZWEITE_LIGA

VORNAME     NACHNAME    TORE
---------   ---------   ----
Arnold      Schwarzer    14
Gerd        Müller        8
Helmut      Berthold     12
Helmut      Schmitz      10
Helmut      Langer        9
Franz       Becker       11
Toni        Doppler      13
Paul        Peters       12
```

Ich habe das Sternchen (*) als Kurzform für alle Spalten einer Tabelle benutzt. Wenn Sie interaktiv arbeiten, ist dies in Ordnung, aber wenn Sie relationale Operatoren in eingebettetem SQL oder in SQL-Modulen verwenden, kann dies zu Problemen führen. Was passiert, wenn Sie eine oder mehrere neue Spalten in eine Tabelle und nicht in die andere einfügen oder wenn Sie in beide Tabellen unterschiedliche Spalten einfügen? Die beiden Tabellen sind dann nicht union-kompatibel, und Ihr Programm funktioniert mit diesen Tabellen nicht mehr. Selbst wenn Sie dieselben neuen Spalten in beide Tabellen einfügen, so daß diese union-kompatibel bleiben, kann Ihr Programm wahrscheinlich nicht mit den zusätzlichen Daten umgehen. Deshalb sollten Sie die Spalten explizit angeben, statt sich auf die Kurzform mit dem Sternchen zu verlassen. Bei Abfragen, die Sie ad hoc an der Konsole eingeben, können Sie das Sternchen ruhig benutzen, um schnell die Tabellenstrukturen anzuzeigen und die Korrektheit Ihrer Abfragen zu prüfen.

Der UNION-Operator entfernt normalerweise alle doppelten Zeilen in der Ergebnistabelle. Wenn die doppelten Zeilen nicht entfernt werden sollen, benutzen Sie den Operator UNION ALL.

Wenn in unserem Bundesligabeispiel ein Spieler in der laufenden Saison von einem Verein der zweiten Liga in einen Verein der ersten Liga wechselt, wird er in beiden Tabellen gespeichert. Wenn dieser Spieler in der ersten Liga zufällig genauso viele Tore schießt wie vorher in der zweiten Liga, entfernt der normale UNION-Operator eine der beiden doppelten Zeilen und zeigt nur halb so viele Tore an, wie der Spieler tatsächlich geschossen hat. Die folgende Abfrage zeigt den wahren Sachverhalt:

```
SELECT * FROM ERSTE_LIGA
UNION ALL
SELECT * FROM ZWEITE_LIGA
```

Manchmal können Sie zwei Tabellen mit dem UNION-Operator verknüpfen, selbst wenn sie nicht union-kompatibel sind. Wenn die Spalten in Ihrer Ergebnistabelle in beiden Ausgangstabellen vorhanden und kompatibel sind, können Sie den Operator UNION CORRESPONDING verwenden. Der Operator wählt nur die spezifizierten Spalten aus.

Fußballstatistiker führen über Torleute und Feldspieler unterschiedliche Statistiken. Torleute kassieren Tore, Feldspieler schießen Tore. Einige Informationen haben sie jedoch gemeinsam, wie z.B. Vornamen, Nachnamen und Anzahl der Spiele. Diese Informationen können mit dem UNION-Operator in einer Tabelle zusammengefaßt werden.

```
SELECT *
    FROM TORMANN
UNION CORRESPONDING
    (VORNAME, NACHNAME, SPIELE)
SELECT *
    FROM FELDSPIELER ;
```

Die Ergebnistabelle enthält die Vornamen, Nachnamen und Spiele aller Spieler. Wie beim einfachen UNION-Operator werden Doubletten entfernt. Wenn ein Spieler beide Funktionen ausgeübt hat, können einige Informationen verlorengehen.

Jeder Spaltenname in der Liste hinter dem Schlüsselwort CORRESPONDING muß in beiden Tabellen vorkommen. Wenn Sie diese Namensliste nicht angeben, wird standardmäßig eine Liste aller Namen verwendet, die in beiden Tabellen übereinstimmen. Diese implizite Liste von Namen kann sich jedoch ändern, wenn neue Spalten in eine oder beide Tabellen eingefügt werden; deshalb ist es besser, die Spaltennamen explizit anzugeben.

INTERSECT

Der UNION-Operator liefert eine Ergebnistabelle mit allen Zeilen der Ausgangstabellen zusammengenommen. Wenn Sie nur die Zeilen suchen, die in allen Ausgangstabellen vorkommen, können Sie den Operator INTERSECT benutzen, der den Schnittmengenoperator der relationalen Algebra in SQL implementiert. Um den Operator INTERSECT zu illustrieren, wollen wir Gerd Müller in der laufenden Saison von der zweiten in die erste Liga transferieren.

```
SELECT * FROM ERSTE_LIGA;
VORNAME     NACHNAME    TORE
---------   ---------   ----
Franz       Becker        11
Helmut      Langer         9
Toni        Doppler       13
Helmut      Berthold      12
Gerd        Müller         8

SELECT * FROM ZWEITE_LIGA;

VORNAME     NACHNAME    TORE
---------   ---------   ----
Paul        Peters        12
Helmut      Schmitz       10
Gerd        Müller         8
Arnold      Schwarzer     14
```

Wenn wir die Schnittmenge beider Tabellen bilden, erhalten wir nur eine einzige Zeile:

```
SELECT *
    FROM ERSTE_LIGA
INTERSECT
SELECT *
    FROM ZWEITE_LIGA;
VORNAME     NACHNAME    TORE
---------   ---------   ----
Gerd        Müller         8
```

Die Ergebnistabelle sagt uns, daß Gerd Müller der einzige Spieler ist, der in beiden Ligen gespielt und dabei dieselbe Anzahl von Toren geschossen hat.

Die Schlüsselwörter ALL und CORRESPONDING funktionieren bei dem INTERSECT-Operator auf dieselbe Weise wie bei dem UNION-Operator. Bei ALL werden Doubletten nicht aus der Ergebnistabelle entfernt. Bei CORRESPONDING brauchen die Ausgangstabellen nicht unionkompatibel zu sein, obwohl die entsprechenden Spalten gleiche Datentypen und Breiten haben müssen.

Betrachten Sie ein weiteres Beispiel. Eine Stadtverwaltung speichert die Pager, die von den Polizeibeamten Feuerwehrleuten, Straßenreinigern und anderen Mitarbeitern der Verwaltung benutzt werden. Eine Datenbanktabelle mit dem Namen PAGER enthält die Daten aller aktiven Pager. Eine weitere, identisch strukturierte Tabelle mit dem Namen OUT speichert die Daten aller Pager, die aus irgendeinem Grund nicht benutzt werden. Es sollte keinen Pager geben, der in beiden Tabellen gespeichert ist. Mit einer INTERSECT-Operation können Sie feststellen, ob eine solche unerwünschte Dopplung vorhanden ist:

```
SELECT *
   FROM PAGER
INTERSECT CORRESPONDING (PAGER_ID)
SELECT *
   FROM OUT
```

Wenn die Ergebnistabelle eine Zeile enthält, haben Sie ein Problem. Sie müssen dann feststellen, welchen Status der Pager mit der PAGER_ID in der Ergebnistabelle hat. Er kann nur aktiv oder inaktiv, aber nicht beides gleichzeitig sein. Wenn Sie die Ursache entdeckt haben, löschen Sie den Pager aus der entsprechenden Tabelle, um die Integrität der Datenbank wiederherzustellen.

EXCEPT

Der UNION-Operator gibt alle Zeilen zurück, die in einer der Ausgangstabellen enthalten sind. Der INTERSECT-Operator gibt alle Zeilen zurück, die in allen Ausgangstabellen gleichzeitig enthalten sind. Der EXCEPT-Operator gibt dagegen alle Zeilen zurück, die nur in einer, aber nicht in der anderen Tabelle enthalten sind.

Wir wollen zu dem Beispiel der Pager-Datenbank zurückkehren und annehmen, daß einige Pager, die beim Hersteller zur Reparatur waren, wieder in Gebrauch genommen werden. Die Tabelle PAGER wurde aktualisiert und enthält jetzt die reparierten, wieder in Gebrauch genommenen Pager. Aus irgendeinem Grund wurden die reparierten Pager nicht – wie es hätte sein sollen – aus der Tabelle OUT gelöscht. Sie können die Kennungen (PAGER_ID) der Pager in der Tabelle OUT ohne die reaktivierten Pager mit dem EXCEPT-Operator ermitteln:

```
SELECT *
   FROM OUT
EXCEPT CORRESPONDING (PAGER_ID)
SELECT *
   FROM PAGER;
```

Dieser Befehl gibt alle Zeilen der Tabelle OUT zurück, deren PAGER_ID nicht gleichzeitig in der Tabelle PAGER gespeichert ist.

Verknüpfungen

Mit den Operatoren UNION, INTERSECT und EXCEPT können Sie union-kompatible Tabellen einer Datenbank verknüpfen. In vielen Fällen wollen Sie jedoch Daten aus mehreren Tabellen herausziehen, die sehr wenig gemeinsam haben. Zu diesem Zweck enthält SQL die relationalen JOIN-Operatoren, die Daten aus mehreren Tabellen zu einer einzelnen Ergebnistabelle kombinieren. Die Ausgangstabellen brauchen nur wenig (oder sogar nichts) gemeinsam zu haben.

SQL-92 unterstützt eine Reihe verschiedener JOIN-Operatoren für unterschiedliche Zwecke.

Die einfache Verknüpfung (JOIN)

Man kann Mehrtabellenabfragen als eine Art von Verknüpfung betrachten, weil die Daten der Ausgangstabellen in einer einzigen Ergebnistabelle zusammengefaßt werden. Der einfachste JOIN verknüpft zwei Tabellen mit einem SELECT-Befehl ohne WHERE-Klausel. Jede Zeile der ersten Tabelle wird mit jeder Zeile der zweiten Tabelle verknüpft. Die Ergebnistabelle ist das kartesische Produkt der beiden Ausgangstabellen. (Das kartesische Produkt wird in Kapitel 9 in Verbindung mit der Klausel FROM behandelt.) Die Anzahl der Zeilen in der Ergebnistabelle ist gleich der Anzahl der Zeilen in der ersten Ausgangstabelle, multipliziert mit der Anzahl der Zeilen in der zweiten Ausgangstabelle.

Nehmen Sie beispielsweise an, daß Sie Personalchef einer Firma sind und die Mitarbeiter in einer Datenbank verwalten. Die meisten Daten der Mitarbeiter, wie z.B. Adressen oder Telefonnummern, sind nicht besonders schutzwürdig. Einige Daten jedoch, wie z.B. das gegenwärtige Gehalt, sollten nur bestimmten, autorisierten Personen zugänglich sein. Um die Sicherheit dieser geheimen Informationen zu gewährleisten, speichern Sie diese Daten in einer separaten Tabelle, die durch ein Kennwort geschützt ist. Betrachten Sie die beiden folgenden Tabellen:

```
MITARBEITER            BEZAHLUNG
----------             ---------
MIT_ID                 MITARB
VORNAME                GEHALT
NACHNAME               BONUS
STADT
TELEFON
```

Wir wollen die Tabellen mit einigen Beispieldaten füllen:

```
MIT_ID  VORNAME  NACHNAME  STADT     TELEFON
------  -------  --------  -------   --------
     1  Whitey   Ford      Orange    555-1001
     2  Don      Larson    Newark    555-3221
     3  Sal      Maglie    Nutley    555-6905
     4  Bob      Turley    Passaic   555-8908

MITARB  GEHALT  BONUS
------  ------  -----
     1   33000  10000
     2   18000   2000
     3   24000   5000
     4   22000   7000
```

Mit der folgenden Abfrage wird das kartesische Produkt beider Tabellen erstellt:

```
SELECT *
   FROM MITARBEITER, BEZAHLUNG ;
```

Die Ergebnistabelle sieht folgendermaßen aus:

```
MIT_ID  VORNAME  NACHNAME  STADT    TELEFON   MITARB  GEHALT  BONUS
------  -------  --------  ------   --------  ------  ------  -----
     1  Whitey   Ford      Orange   555-1001       1   33000  10000
     1  Whitey   Ford      Orange   555-1001       2   18000   2000
     1  Whitey   Ford      Orange   555-1001       3   24000   5000
     1  Whitey   Ford      Orange   555-1001       4   22000   7000
     2  Don      Larson    Newark   555-3221       1   33000  10000
     2  Don      Larson    Newark   555-3221       2   18000   2000
     2  Don      Larson    Newark   555-3221       3   24000   5000
     2  Don      Larson    Newark   555-3221       4   22000   7000
     3  Sal      Maglie    Nutley   555-6905       1   33000  10000
     3  Sal      Maglie    Nutley   555-6905       2   18000   2000
     3  Sal      Maglie    Nutley   555-6905       3   24000   5000
     3  Sal      Maglie    Nutley   555-6905       4   22000   7000
     4  Bob      Turley    Passaic  555-8908       1   33000  10000
     4  Bob      Turley    Passaic  555-8908       2   18000   2000
     4  Bob      Turley    Passaic  555-8908       3   24000   5000
     4  Bob      Turley    Passaic  555-8908       4   22000   7000
```

Die Ergebnistabelle ist das kartesische Produkt der Tabellen MITARBEITER und BEZAHLUNG. Sie enthält viele redundante Daten. Ihr Inhalt ist ziemlich nutzlos, weil sie alle Zeilen beider Tabellen miteinander kombiniert. Sinnvoll sind jedoch nur die Zeilen, in denen die Kennung MIT_ID der Tabelle MITARBEITER mit der Kennung MITARB der Tabelle BEZAHLUNG übereinstimmt, weil in diesen Zeilen die Adresse eines Mitarbeiters mit seiner Bezahlung kombiniert wird.

Ein einfacher JOIN, der das kartesische Produkt zweier Tabellen erzeugt, liefert selten sinnvolle Informationen, sondern ist fast immer nur der erste Schritt zum gewünschten Ziel. Wenn Sie einen JOIN mit einer WHERE-Klausel einschränken, können Sie unerwünschte Zeilen herausfiltern. Der gebräuchlichste JOIN, der eine WHERE-Klausel als Filter benutzt, ist der sogenannte Equi-Join.

Equi-Join

Ein *Equi-Join* ist eine einfache Verknüpfung mit einer WHERE-Klausel, die als Bedingung spezifiziert, daß der Wert in einer Spalte der ersten Tabelle gleich dem Wert der entsprechenden Spalte in der zweiten Tabelle sein muß. Wenn wir die Tabellen des letzten Beispiels mit einem Equi-Join verknüpfen, erhalten wir ein sehr viel sinnvolleres Ergebnis:

```
SELECT *
   FROM MITARBEITER, BEZAHLUNG
   WHERE MITARBEITER.MITARB_ID = BEZAHLUNG.MITARB ;
```

Die Abfrage liefert:

```
MIT_ID  VORNAME  NACHNAME  STADT    TELEFON   MITARB  GEHALT  BONUS
------  -------  --------  ------   --------  ------  ------  -----
     1  Whitey   Ford      Orange   555-1001       1   33000  10000
     2  Don      Larson    Newark   555-3221       2   18000   2000
     3  Sal      Maglie    Nutley   555-6905       3   24000   5000
     4  Bob      Turley    Passaic  555-8908       4   22000   7000
```

In dieser Ergebnistabelle gehören die Adreßdaten auf der linken Seite und die Gehaltsdaten auf der rechten Seite zu demselben Mitarbeiter. Die Tabelle enthält immer noch redundante Daten, weil die Kennung des Mitarbeiters (MIT_ID bzw. MITARB) dupliziert wird. Sie können dieses Problem durch eine leichte Umformulierung der Abfrage beheben:.

```
SELECT MITARBEITER.*,BEZAHLUNG.GEHALT,BEZAHLUNG.BONUS
   FROM MITARBEITER, BEZAHLUNG
   WHERE MITARBEITER.MITARB_ID = BEZAHLUNG.MITARB ;
```

Das Ergebnis lautet jetzt:

```
MIT_ID  VORNAME  NACHNAME  STADT    TELEFON   GEHALT  BONUS
------  -------  --------  ------   --------  ------  -----
     1  Whitey   Ford      Orange   555-1001   33000  10000
     2  Don      Larson    Newark   555-3221   18000   2000
     3  Sal      Maglie    Nutley   555-6905   24000   5000
     4  Bob      Turley    Passaic  555-8908   22000   7000
```

Diese Tabelle zeigt Ihnen, was Sie wissen wollen und mehr nicht. Das Schreiben der Abfrage ist jedoch etwas mühsam. Um Mehrdeutigkeiten zu vermeiden, sollten Sie die Spaltennamen durch die Namen ihrer Tabellen qualifizieren, was allerdings einige Schreibaufwand darstellt.

Sie können die Tipparbeit verringern, wenn Sie einen Tabellennamen durch ein Alias ersetzen. Ein *Alias* ist ein Kurzname für einen Tabellennamen. Wenn Sie in der vorhergehenden Abfrage die Tabellennamen jeweils durch ein Alias ersetzen, sieht diese folgendermaßen aus:

```
SELECT M.*, B.GEHALT, B.BONUS
   FROM MITARBEITER M, BEZAHLUNG B
   WHERE M.MITARB_ID = B.MITARB ;
```

In diesem Beispiel ist M das Alias für MITARBEITER und B das Alias für BEZAHLUNG. Ein Alias gilt nur für den Befehl, in dem es definiert ist. Wenn Sie ein Alias in der Klausel FROM deklarieren, müssen Sie es im ganzen Befehl benutzen. Sie dürfen nicht das Alias und die Langform des Tabellennamens gleichzeitig benutzen.

Diese Regel soll Verwirrung vermeiden. Betrachten Sie das folgende sehr verwirrende Beispiel:

```
SELECT T1.C, T2.C
   FROM T1 T2, T2 T1
   WHERE T1.C > T2.C ;
```

In diesem Beispiel ist T2 das Alias für T1 und T2 das Alias für T1. Zugegeben – diese Wahl der Namen ist ziemlich unintelligent, aber sie ist nicht verboten. Wenn es erlaubt wäre, die Kurzformen und Langformen der Tabellennamen im Rest des Befehls zu mischen, könnte das System die Tabellen nicht eindeutig unterscheiden.

Das vorangegangene Beispiel mit den Aliases ist äquivalent zu dem folgenden SELECT ohne Aliases:

```
SELECT T2.C, T1.C
   FROM T1 , T2
   WHERE T2.C > T1.C ;
```

In SQL-92 können Sie mehr als zwei Tabellen verknüpfen; die maximale Anzahl ist implementierungsabhängig. Die Syntax ist analog zu dem Fall mit zwei Tabellen:

```
SELECT M.*, B.GEHALT, M.BONUS, U.UMSATZ
   FROM MITARBEITER M, BEZAHLUNG B, UMSATZ U
   WHERE M.MITARB_ID = B.MITARB
      AND B.MITARB = U.MITARB_NR ;
```

Dieser Befehl verknüpft drei Tabellen mit einem Equi-Join. Er holt die Namen, die Bezahlung und den Umsatz der Verkäufer aus den korrespondierenden Zeilen der drei Tabellen heraus und setzt daraus die Ergebnistabelle zusammen. Der Verkaufsleiter kann schnell erkennen, ob die Bezahlung den Umsätzen entspricht.

Vielleicht fragen Sie sich, warum die Umsätze eines Verkäufers in einer separaten Tabelle (UMSATZ) statt in der Tabelle MITARBEITER gespeichert werden. Die Gründe dafür sind das Zeitverhalten und die Robustheit. Die Daten in der Tabelle MITARBEITER sind relativ statisch. Die Adreßdaten einer Person ändern sich nicht sehr häufig. Im Gegensatz dazu werden die Umsätze (hoffentlich) sehr oft aktualisiert. Weil die Tabelle UMSATZ weniger Spalten als die Tabelle MITARBEITER enthält, kann sie schneller aktualisiert werden. Wenn Sie beim Ändern der Umsätze nicht auf die Tabelle MITARBEITER zugreifen, ist außerdem das Risiko geringer, diese Daten aus Versehen zu ändern.

Kreuzverknüpfung (CROSS JOIN)

In SQL-92 wurde das neue Schlüsselwort CROSS JOIN für die einfache Verknüpfung ohne WHERE-Klausel eingeführt, die es in den vorangegangenen SQL-Versionen gab. Der Befehl

```
SELECT *
FROM MITARBEITER, BEZAHLUNG ;
```

kann jetzt auch folgendermaßen geschrieben werden:

```
SELECT *
FROM MITARBEITER CROSS JOIN BEZAHLUNG ;
```

Das Ergebnis ist das kartesische Produkt (auch *Kreuzprodukt* genannt) der beiden Ausgangstabellen. Wie ich bereits beim einfachen JOIN erwähnte, erfüllt das kartesische Produkt selten Ihre Informationswünsche, sondern ist meistens nur der erste Schritt einer Kette von Datenmanipulationen, die das Endergebnis erzeugen.

Natural-Join

Ein *Natural-Join* (*natürliche Verknüpfung*) ist ein Sonderfall des Equi-Join. In der WHERE-Klausel eines Equi-Join wird eine Spalte einer Ausgangstabelle mit einer Spalte einer anderen Ausgangstabelle verglichen. Die beiden Spalten müssen vom selben Typ sein und die gleiche Breite haben. Dies gilt auch für die natürliche Verknüpfung, aber darüber hinaus müssen hierbei die verglichenen Spalten denselben Namen haben. Tatsächlich werden bei einer natürlichen Verknüpfung alle Spalten in einer Tabelle, welche dieselben Namen wie die entsprechenden Spalten in der zweiten Tabelle haben, auf Gleichheit geprüft.

Nehmen Sie an, daß die Tabelle BEZAHLUNG des vorangehenden Beispiels die Spalten MITARB_ID, GEHALT und BONUS statt MITARB, GEHALT und BONUS hat. In diesem Fall können Sie eine natürliche Verknüpfung der Tabellen BEZAHLUNG und MITARBEITER herstellen. In der traditionellen SQL-Schreibweise sieht der Befehl folgendermaßen aus:

```
SELECT M.*, B.GEHALT, B.BONUS
   FROM MITARBEITER M, BEZAHLUNG B
   WHERE M.MITARB_ID = B.MITARB_ID ;
```

Dies ist eine natürliche Verknüpfung. SQL-92 hat dafür eine neue Syntax eingeführt:

```
SELECT M.*, B.GEHALT, B.BONUS
   FROM MITARBEITER M NATURAL JOIN BEZAHLUNG B ;
```

Wenn Ihre Implementierung die neue Syntax noch nicht unterstützt, benutzen Sie die alte Form der natürlichen Verknüpfung.

Bedingte Verknüpfung

Eine *bedingte Verknüpfung* funktioniert wie ein Equi-Join, außer daß die getestete Bedingung nicht eine Gleichheitsbedingung zu sein braucht (obwohl sie es sein kann). Es kann sich um ein beliebiges gültiges Prädikat handeln. Wenn die Bedingung erfüllt ist, wird die entsprechende Zeile in die Ergebnistabelle aufgenommen. Die Syntax unterscheidet sich etwas von der bisher betrachteten, weil die Bedingung in einer ON-Klausel statt in einer WHERE-Klausel enthalten ist.

Nehmen Sie als Beispiel an, daß Sie die Stürmer der ersten Bundesliga herausfinden möchten, die genau so viele Tore wie Spieler in der zweiten Bundesliga geschossen haben. Diese Abfrage kann durch einen Equi-Join beantwortet werden. Die Bedingung lautet unter Verwendung einer bedingten Verknüpfung folgendermaßen:

```
SELECT *
  FROM ERSTE_LIGA JOIN ZWEITE_LIGA
  ON BUNDESLIGA.TORE = ZWEITE_LIGA.TORE ;
```

Wenn jetzt die Frage auftaucht, welche Spieler der ersten Bundesliga eine Anzahl von Toren geschossen haben, die kein Spieler der zweiten Liga erzielt hat, können Sie den vorangegangenen Befehl leicht modifizieren:

```
SELECT *
  FROM ERSTE_LIGA JOIN ZWEITE_LIGA
  ON BUNDESLIGA.TORE <> ZWEITE_LIGA.TORE ;
```

Spaltennamenverknüpfungen

Eine Spaltennamenverknüpfung funktioniert wie eine natürliche Verknüpfung, ist aber flexibler. Bei einer natürlichen Verknüpfung haben alle Spalten in den Ausgangstabellen dieselben Namen und werden auf Gleichheit getestet. Bei einer Spaltennamenverknüpfung spezifizieren Sie, welche gleichnamigen Spalten verglichen werden sollen und welche nicht. Sie können natürlich alle gleichnamigen Spalten wählen und damit faktisch eine natürliche Verknüpfung ausführen. Oder Sie wählen nicht alle gleichnamigen Spalten aus. Auf diese Weise haben Sie eine größere Kontrolle über die Auswahl der Zeilen.

Nehmen Sie beispielsweise an, daß Sie Schachfiguren herstellen und Ihre Lagerbestände an weißen und schwarzen Figuren in zwei separaten Tabellen, WEISS und SCHWARZ, speichern. Die Tabellen enthalten folgende Daten:

```
WEISS                             SCHWARZ
-----                             -----

Figur      Menge   Holz           Figur      Menge   Holz
-----      -----   --------       -----      -----   --------
König        502   Eiche          König        502   Ebenholz
Dame         398   Eiche          Dame         397   Ebenholz
Turm        1020   Eiche          Turm        1020   Ebenholz
Läufer       985   Eiche          Läufer       985   Ebenholz
Springer     950   Eiche          Springer     950   Ebenholz
Bauer        431   Eiche          Bauer        453   Ebenholz
```

Die Anzahl der weißen und schwarzen Figuren sollte in beiden Tabellen übereinstimmen. Falls dies nicht der Fall ist, sind Figuren verlorengegangen oder gestohlen worden, und Sie müssen Ihre Sicherheitsmaßnahmen verstärken. Eine natürliche Verknüpfung testet alle gleichnamigen Spalten auf Gleichheit. In diesem Fall enthält die Ergebnistabelle keine einzige Zeile, weil sich alle Tabellenzeilen in den beiden Tabellen durch den Wert in der Spalte HOLZ unterscheiden. Mit dieser Ergebnistabelle können Sie also nicht feststellen, ob Figuren fehlen. Wenn Sie dagegen eine Spaltennamenverknüpfung verwenden, welche die Spalte HOLZ ignoriert, finden Sie die Antwort:

```
SELECT *
   FROM WEISS JOIN SCHWARZ
   USING (FIGUR, MENGE) ;
```

Das Ergebnistabelle zeigt nur die Zeilen, bei denen die Anzahl der weißen Figuren gleich der Anzahl der schwarzen Figuren ist.

```
Figur     Menge    Holz        Figur     Menge    Holz
-----     -----    --------    -----     -----    --------
König      502     Eiche       König      502     Ebenholz
Turm      1020     Eiche       Turm      1020     Ebenholz
Läufer     985     Eiche       Läufer     985     Ebenholz
Springer   950     Eiche       Springer   950     Ebenholz
```

Eine scharfsinnige Person erkennt sofort, daß die Dame und die Bauern in der Liste fehlen, was auf eine Fehlmenge an irgendeiner Stelle hinweist.

Inner-Join

Bis hierher haben Sie wahrscheinlich den Eindruck gewonnen, daß Verknüpfungen ein ziemlich esoterisches Thema sind, das man nur mit einem höheren Grad spiritueller Entwicklung meistern kann. Vielleicht haben Sie sogar von den mysteriösen Inner-Joins gehört und dabei gedacht, daß diese wahrscheinlich den Kern oder das innere Wesen von relationalen Operationen ausmachen. Hah! Reingefallen! Inner-Joins sind nichts Geheimnisvolles. Tatsächlich gehören alle Verknüpfungen, die Sie bis jetzt in diesem Kapitel kennengelernt haben, zu den Inner-Joins. Ich hätte die Spaltennamenverknüpfung im letzten Beispiel auch als Inner-Join ausdrücken können:

```
SELECT *
   FROM WEISS INNER JOIN SCHWARZ
   USING (FIGUR, MENGE) ;
```

Das Ergebnis wäre genau dasselbe.

Der Inner-Join wird trägt diesen Namen, um ihn von dem sogenannten *Outer-Join* zu unterscheiden. Ein Inner-Join schließt alle Zeilen aus der Ergebnistabelle aus, zu denen es keine entsprechenden Zeilen in beiden Ausgangstabellen gibt. Ein Outer-Join übernimmt Zeilen ohne Gegenstück in die Ergebnistabelle. Das ist der Unterschied. Dahinter verbirgt sich kein metaphysisches Geheimnis.

Outer-Join

Wenn Sie zwei Tabellen verknüpfen, kann es vorkommen, daß die erste (die *linke*) Tabelle Zeilen enthält, zu denen es keine Entsprechungen in der zweiten (der *rechten*) Tabelle gibt. Umgekehrt kann die rechte Tabelle Zeilen enthalten, zu denen es keine Entsprechungen in der Tabelle auf der linken Seite gibt. Wenn Sie einen Inner-Join dieser Tabellen ausführen, werden alle Zeilen ohne Entsprechungen vom Ergebnis ausgeschlossen, bei Outer-Joins dagegen nicht. Tatsächlich gibt es drei Arten von Outer-Joins: den Left-Outer-Join, den Right- Outer-Join und den Full-Outer-Join.

Left-Outer-Join

Wenn eine Abfrage ein `JOIN` enthält, wird die Tabelle vor dem Schlüsselwort `JOIN` als *linke Tabelle* bezeichnet. Analog wird die Tabelle nach dem Schlüsselwort *rechte Tabelle* genannt. Der Left-Outer-Join schließt die Zeilen der linken Tabelle, die keine Entsprechung in der rechten Tabelle haben, in das Ergebnis ein.

Betrachten Sie als Beispiel eine Firmendatenbank, in der Tabellen für die Mitarbeiter, Abteilungen und Standorte verwaltet werden. Die Tabellen enthalten folgende Daten:

STANDORT

STANDORT_ID	STADT
1	Boston
3	Tampa
5	Chicago

ABTEILUNG

ABTEILUNG_ID	STANDORT_ID	NAME
21	1	Verkauf
24	1	Verwaltung
27	5	Wartung
29	5	Lager

MITARBEITER

MITARB_ID	ABTEILUNG_ID	NAME
61	24	Kirk
63	27	McCoy

Wenn Sie alle Daten aller Mitarbeiter einschließlich ihrer Abteilungen und Standorte sehen wollen, können Sie folgenden Equi-Join formulieren:

```
SELECT *
   FROM STANDORT F, ABTEILUNG A, MITARBEITER M
   WHERE F.STANDORT_ID = A.STANDORT_ID
     AND A.ABTEILUNG_ID = M.ABTEILUNG_ID ;
```

Dieser Befehl liefert folgendes Ergebnis:

```
1    Boston    24   1    Verwaltung   61    24    Kirk
5    Chicago   27   5    Wartung      63    27    McCoy
```

Diese Ergebnistabelle enthält alle Daten aller Mitarbeiter einschließlich ihrer Standorte und Abteilungen. Dieser Equi-Join funktioniert, weil jeder Mitarbeiter einen Standort und eine Abteilung hat.

Nehmen Sie jetzt an, daß Sie die Daten der Standorte mit den zugehörigen Abteilungen und Mitarbeitern sehen wollen. Dies ist ein anderes Problem, weil es Standorte ohne Abteilungen geben kann. Um das gewünschte Ergebnis zu erzielen, müssen Sie einen Outer-Join verwenden:

```sql
SELECT *
   FROM STANDORT F LEFT OUTER JOIN ABTEILUNG A
      ON (F.STANDORT_ID = A.STANDORT_ID)
   LEFT OUTER JOIN MITARBEITER M
      ON (A.ABTEILUNG_ID = M.ABTEILUNG_ID);
```

Diese Verknüpfung zieht Daten aus drei Tabellen heraus. Zunächst wird die Tabelle STANDORT mit der Tabelle ABTEILUNG verknüpft. Die daraus resultierende Tabelle wird dann mit der Tabelle MITARBEITER verknüpft. Die Zeilen der Tabelle auf der linken Seite des Operators LEFT OUTER JOIN, zu denen es keine entsprechenden Zeilen in der Tabelle auf der rechten Seite des Operators gibt, werden in das Ergebnis eingeschlossen. Deshalb werden bei der ersten Verknüpfung alle Standorte eingeschlossen, selbst wenn es dort keine Abteilungen gibt. Und bei der zweiten Verknüpfung werden alle Abteilungen eingeschlossen, selbst wenn sie keine Mitarbeiter haben. Das Ergebnis lautet:

```
1    Boston    24     1     Verwaltung   61     24     Kirk
5    Chicago   27     5     Wartung      63     27     McCoy
3    Tampa     NULL   NULL  NULL         NULL   NULL   NULL
5    Chicago   29     5     Lager        NULL   NULL   NULL
1    Boston    21     1     Verkauf      NULL   NULL   NULL
```

Die ersten beiden Zeilen entsprechen den beiden Ergebniszeilen des vorangegangenen Beispiels. Die dritte Zeile (3 Tampa) enthält in den Spalten für die Abteilung und Mitarbeiter NULL-Werte, weil es in Tampa keine Abteilungen und Mitarbeiter gibt. Die vierte und fünfte Zeile (5 Chicago und 1 Boston) enthalten Daten über die Abteilungen Lager und Verkauf, aber die Spalten für die Mitarbeiter enthalten NULL-Werte, weil diese beiden Abteilungen keine Mitarbeiter haben. Dieser Outer-Join liefert Ihnen alle Informationen des Equi-Join und zusätzlich folgende Daten:

- ✔ Alle Standorte der Firma unabhängig davon, ob sie Abteilungen haben oder nicht
- ✔ Alle Abteilungen der Firma unabhängig davon, ob sie Mitarbeiter haben oder nicht

Die Zeilen, die in dem vorhergehenden Beispiel zurückgegeben werden, haben keine bestimmte Reihenfolge. Die Reihenfolge ist implementierungsabhängig. Mit einer zusätzlichen ORDER BY-Klausel können Sie die Daten sortieren:

```
SELECT *
   FROM STANDORT F LEFT OUTER JOIN ABTEILUNG A
      ON (F.STANDORT_ID = A.STANDORT_ID)
   LEFT OUTER JOIN MITARBEITER M
      ON (A.ABTEILUNG_ID = M.ABTEILUNG_ID)
   ORDER BY F.STANDORT_ID, A.ABTEILUNG_ID, M.MITARB_ID;
```

Der Ausdruck LEFT OUTER JOIN kann als LEFT JOIN abgekürzt werden, weil es keinen Left-Inner-Join gibt.

Right-Outer-Join

Inzwischen haben Sie sicher herausgefunden, wie der Right-Outer-Join funktioniert. Er übernimmt Zeilen ohne Entsprechung aus der rechten Tabelle in das Ergebnis, aber verwirft die Zeilen ohne Entsprechung der linken Tabelle. Sie können ihn auf dieselben Tabellen anwenden und dasselbe Ergebnis erzielen, wenn Sie die Reihenfolge umkehren, in der Sie die Tabellen im Verhältnis zu dem JOIN angeben:

```
SELECT *
   FROM MITARBEITER M RIGHT OUTER JOIN ABTEILUNG A
      ON (A.ABTEILUNG_ID = M.ABTEILUNG_ID)
   RIGHT OUTER JOIN STANDORT F
      ON (F.STANDORT_ID = A.STANDORT_ID) ;
```

Bei diesem Befehl erzeugt der erste JOIN eine Tabelle, die alle Abteilungen enthält, unabhängig davon, ob die Abteilung Mitarbeiter hat oder nicht. Der zweite JOIN erzeugt eine Tabelle, die alle Standorte enthält, unabhängig davon, ob dieser Standort Abteilungen hat oder nicht.

Der Ausdruck RIGHT OUTER JOIN kann als RIGHT JOIN abgekürzt werden, weil es keinen Right-Inner-Join gibt.

Full-Outer-Join

Der Full-Outer-Join kombiniert die Funktionen des Left-Outer-Join und des Right-Outer-Join. Er übernimmt aus der linken und der rechten Tabelle alle Zeilen ohne Entsprechung in das Ergebnis. Betrachten Sie den allgemeinsten Fall der Firmendatenbank des vorhergehenden Beispiels. Folgende Konstellationen können vorkommen:

- ✔ Standorte ohne Abteilungen
- ✔ Abteilungen ohne Standorte
- ✔ Abteilungen ohne Mitarbeiter
- ✔ Mitarbeiter ohne Abteilungen

Wenn Sie alle Standorte, Abteilungen und Mitarbeiter anzeigen wollen, unabhängig davon, ob es entsprechende Zeilen in den anderen Tabellen gibt, benutzen Sie einen Full-Outer-Join:

```
SELECT *
   FROM STANDORT F FULL JOIN ABTEILUNG A
      ON (F.STANDORT_ID = A.STANDORT_ID)
   FULL JOIN MITARBEITER M
      ON (A.ABTEILUNG_ID = M.ABTEILUNG_ID) ;
```

Der Ausdruck FULL OUTER JOIN kann als FULL JOIN abgekürzt werden, weil es keinen Full-Inner-Join gibt.

Union-Join

Im Gegensatz zu den anderen Arten von Joins versucht der Union-Join nicht, Entsprechungen zwischen den Zeilen der linken Ausgangstabelle und den Zeilen der rechten Ausgangstabelle zu finden. Er erstellt eine neue virtuelle Tabelle, welche die Vereinigung aller Spalten in beiden Ausgangstabellen enthält. In der virtuellen Ergebnistabelle enthalten die Spalten, die aus der linken Ausgangstabelle stammen, alle Zeilen der linken Ausgangstabelle. In diesen Zeilen enthalten die Spalten, die aus der rechten Ausgangstabelle stammen, einen NULL-Wert. Ähnlich enthalten die Spalten, die aus der rechten Ausgangstabelle stammen, alle Zeilen der rechten Ausgangstabelle. In diesen Zeilen enthalten die Spalten, die aus der linken Ausgangstabelle stammen, einen NULL-Wert. Deshalb enthält die Ergebnistabelle eines Union-Joins alle Spalten beider Ausgangstabellen, und die Anzahl der Zeilen in der Ergebnistabelle ist gleich der Summe der Zeilenzahl in den beiden Ausgangstabellen.

Das Ergebnis eines Union-Joins ist in den meisten Fällen nicht direkt brauchbar. Diese Verknüpfung erzeugt Ergebnistabellen mit vielen NULL-Werten. Sie können einen Union-Join aber mit einem COALESCE-Ausdruck (siehe Kapitel 8) verbinden, um nützliche Informationen zu gewinnen. Betrachten wir ein Beispiel.

Nehmen Sie beispielsweise an, daß Sie für eine Firma arbeiten, die Raketen entwickelt und testet. Sie betreuen mehrere Projekte. Außerdem verfügen Sie über mehrere Entwurfsingenieure, die jeweils über Fähigkeiten auf verschiedenen Gebieten verfügen. Als Manager wollen Sie wissen, welcher Mitarbeiter über welche Fähigkeiten verfügt und an welchen Projekten er mitgearbeitet hat. Im Moment sind diese Daten verstreut in den Tabellen MITARBEITER, PROJEKT und FAEHIGKEIT gespeichert.

Die Tabelle MITARBEITER speichert Daten über die Mitarbeiter. Sie hat den Primärschlüssel MITARBEITER.MITARB_ID. Die Tabelle PROJEKTE enthält eine Zeile für jedes Projekt, an dem ein Mitarbeiter gearbeitet hat. Die Spalte PROJEKTE.MITARB_ID ist ein Fremdschlüssel, der die Tabelle MITARBEITER referenziert. Die Tabelle FAEHIGKEIT speichert die Fähigkeiten jedes Mitarbeiters. Die Spalte FAEHIGKEIT.MITARB_ID ist ein Fremdschlüssel, der die Tabelle MITARBEITER referenziert.

Die Tabelle MITARBEITER enthält für jeden Mitarbeiter genau eine Zeile; die Tabellen PROJEKTE und FAEHIGKEIT können pro Mitarbeiter null oder mehr Zeilen enthalten.

Die Tabellen 10.1, 10.2 und 10.3 zeigen die Beispieldaten in den drei Tabellen.

MITARB_ID	NAME
1	Ferguson
2	Frost
3	Toyon

Tabelle 10.1: Tabelle MITARBEITER

PROJEKT_NAME	MITARB_ID
X-63 Struktur	1
X-64 Struktur	1
X-63 Steuerung	2
X-64 Steuerung	2
X-63 Telemetrie	3
X-64 Telemetrie	3

Tabelle 10.2: Tabelle PROJEKTE

FAEHIGKEIT	MITARB_ID
Mechanikdesign	1
Aerodynamik	1
Analogdesign	2
Gyroskopbau	2
Digitaldesign	3
R/F-Design	3

Tabelle 10.3: Tabelle FAEHIGKEIT

Aus den Tabellen können Sie ablesen, daß Ferguson an der Struktur von X-63 und X-64 mitgearbeitet hat und über Fähigkeiten auf den Gebieten *Mechanikdesign* und *Aerodynamik* verfügt.

Nehmen Sie an, daß Sie als Manager alle Informationen über alle Mitarbeiter sehen wollen und deshalb folgende Abfrage mit einem Equi-Join der Tabellen MITARBEITER, PROJEKTE und FAEHIGKEIT formulieren:

```
SELECT *
   FROM MITARBEITER M, PROJEKTE P, FAEHIGKEIT F
   WHERE M.MITARB_ID = P.MITARB_ID
      AND M.MITARB_ID = F.MITARB_ID ;
```

Sie können dieselbe Operation auch mit einem Inner-Join folgendermaßen formulieren:
```
SELECT *
   FROM MITARBEITER M INNER JOIN PROJEKTE P
      ON (M.MITARB_ID = P.MITARB_ID)
   INNER JOIN FAEHIGKEIT F
      ON (M.MITARB_ID = F.MITARB_ID ;
```
Beide Varianten liefern dasselbe Ergebnis (siehe Tabelle 10.4).

M.MITARB_ID	M.NAME	P.MITARB_ID	PROJEKT_NAME	F.MITARB_ID	F.FAEHIGKEIT
1	Ferguson	1	X-63 Struktur	1	Mechanikdesign
1	Ferguson	1	X-63 Struktur	1	Aerodynamik
1	Ferguson	1	X-64 Struktur	1	Mechanikdesign
1	Ferguson	1	X-64 Struktur	1	Aerodynamik
2	Frost	2	X-63 Steuerung	2	Analogdesign
2	Frost	2	X-63 Steuerung	2	Gyroskopbau
2	Frost	2	X-64 Steuerung	2	Analogdesign
2	Frost	2	X-64 Steuerung	2	Gyroskopbau
3	Toyon	3	X-63 Telemetrie	3	Digitaldesign
3	Toyon	3	X-63 Telemetrie	3	R/F-Design
3	Toyon	3	X-64 Telemetrie	3	Digitaldesign
3	Toyon	3	X-64 Telemetrie	3	R/F-Design

Tabelle 10.4: Ergebnis des Inner-Join

Diese Anordnung der Daten ist nicht besonders erhellend. Die Kennungen der Mitarbeiter kommen dreimal, und die Projekte und Fähigkeiten für jeden Mitarbeiter zweimal vor. Ein Inner-Join ist für diese Art von Abfrage nicht besonders brauchbar. Sie können hier statt dessen mit einem Union-Join arbeiten, den Sie mit einigen strategisch gewählten SELECT-Befehlen kombinieren, um ein ansprechenderes Ergebnis zu erzeugen. Sie beginnen mit einem einfachen Union-Join:

```
SELECT *
   FROM MITARBEITER M UNION JOIN PROJEKTE P
      UNION JOIN FAEHIGKEIT F ;
```

Beachten Sie, daß der Union-Join keine ON-Klausel enthält. Er filtert keine Daten und braucht deshalb keine ON-Klausel. Dieser Befehl erzeugt folgendes Ergebnis (siehe Tabelle 10.5):

M.MITARB_ID	M.NAME	P.MITARB_ID	P.PROJEKT_NAME	F.MITARB_ID	F.FAEHIGKEIT
1	Ferguson	NULL	NULL	NULL	NULL
NULL	NULL	1	X-63 Struktur	NULL	NULL
NULL	NULL	1	X-64 Struktur	NULL	NULL
NULL	NULL	NULL	NULL	1	Mechanikdesign
NULL	NULL	NULL	NULL	1	Aerodynamik
2	Frost	NULL	NULL	NULL	NULL
NULL	NULL	2	X-63 Steuerung	NULL	NULL
NULL	NULL	2	X-64 Steuerung	NULL	NULL
NULL	NULL	NULL	NULL	2	Analogdesign
NULL	NULL	NULL	NULL	2	Gyroskopbau
3	Toyon	NULL	NULL	NULL	NULL
NULL	NULL	3	X-63 Telemetrie	NULL	NULL
NULL	NULL	3	X-64 Telemetrie	NULL	NULL
NULL	NULL	NULL	NULL	3	Digitaldesign
NULL	NULL	NULL	NULL	3	R/F-Design

Tabelle 10.5: Ergebnis des Union-Join

Jede Tabelle ist zunächst links oder rechts durch Spalten mit NULL-Werten erweitert worden, und dann wurden die erweiterten Tabellen vereinigt. Die Reihenfolge der Zeilen ist nicht definiert und implementierungsabhängig. Jetzt können Sie die Daten »massieren«, um sie in eine brauchbarere Form zu bringen.

Beachten Sie zunächst, daß die Tabelle drei ID-Spalten enthält, von denen in einer Zeile jeweils nur eine von NULL verschieden ist. Sie können die Anzeige verbessern, indem Sie ein COALESCE auf die ID-Spalten anwenden. Wie ich in Kapitel 8 beschrieben habe, nimmt der COALESCE-Ausdruck den ersten von NULL verschiedenen Wert in einer Liste von Werten an. Im gegenwärtigen Fall nimmt er den einzigen von NULL verschiedenen Wert einer Liste von Spalten an:

```
SELECT COALESCE (M.MITARB_ID, P.MITARB_ID, F.MITARB_ID) AS ID,
    M.NAME, P.PROJEKT_NAME, F.SKILL
  FROM MITARBEITER M UNION JOIN PROJEKTE P
    UNION JOIN FAEHIGKEIT F
  ORDER BY ID ;
```

Die FROM-Klausel hat sich dem vorangegangenen Beispiel gegenüber nicht geändert, aber jetzt verdichten Sie die drei MITARB_ID-Spalten mit COALESCE zu einer einzigen Spalte mit dem Namen ID. Außerdem sortieren Sie das Ergebnis nach der ID. Tabelle 10.6 zeigt das Ergebnis:

ID	M.NAME	P.PROJEKT_NAME	F.FAEHIGKEIT
1	Ferguson	X-63 Struktur	NULL
1	Ferguson	X-64 Struktur	NULL
1	Ferguson	NULL	Mechanikdesign
1	Ferguson	NULL	Aerodynamik
2	Frost	X-63 Steuerung	NULL
2	Frost	X-64 Steuerung	NULL
2	Frost	NULL	Analogdesign
2	Frost	NULL	Gyroskopbau
3	Toyon	X-63 Telemetrie	NULL
3	Toyon	X-64 Telemetrie	NULL
3	Toyon	NULL	Digitaldesign
3	Toyon	NULL	R/F-Design

Tabelle 10.6: Ergebnis des Union-Join mit COALESCE-Ausdruck

Jede Zeile in diesem Ergebnis enthält entweder Daten über ein Projekt oder eine Fähigkeit, aber nicht über beides. Wenn Sie das Ergebnis betrachten, müssen Sie erst feststellen, welche Art von Informationen – Projekt oder Fähigkeit – eine bestimmte Zeile anzeigt. Wenn die Spalte PROJEKT_NAME nicht NULL ist, enthält die Zeile ein Projekt, an dem der Mitarbeiter beteiligt war. Wenn die Spalte FAEHIGKEIT nicht NULL ist, enthält die Zeile die Fähigkeit des Mitarbeiters.

Sie können das Ergebnis noch etwas klarer gestalten, wenn Sie einen weiteren COALESCE-Ausdruck in den SELECT-Befehl einfügen:

```
SELECT COALESCE (M.MITARB_ID, P.MITARB_ID, F.MITARB_ID) AS ID,
       M.NAME, COALESCE (P.TYP, F.TYP) AS TYP,
       PROJEKT_NAME, F.FAEHIGKEIT
   FROM MITARBEITER M
      UNION JOIN (SELECT 'Projekt' AS TYP, P.*
                    FROM PROJEKTE) P
      UNION JOIN (SELECT 'Fähigkeit' AS TYP, F.*
                    FROM FAEHIGKEIT) F
   ORDER BY ID, TYP ;
```

Die Tabelle PROJEKTE wurde in dem Union-Join durch einen eingebetteten SELECT-Befehl ersetzt, der den Spalten aus der Tabelle PROJEKTE eine Spalte namens P.TYP mit dem konstanten Wert Projekt hinzufügt. Analog wurde die Tabelle FAEHIGKEIT durch einen eingebetteten SELECT-Befehl ersetzt, der den Spalten aus der Tabelle FAEHIGKEIT eine Spalte namens TYP mit dem konstanten Wert Fähigkeit hinzufügt. In jeder Zeile hat P.TYP entweder den Wert NULL oder den Wert Projekt, und S.TYP hat entweder den Wert NULL oder den Wert Fähigkeit.

Die äußere SELECT-Liste enthält einen COALESCE-Ausdruck, der diese beiden TYP-Spalten zu einer einzelnen Spalte namens TYP zusammenfaßt. Sie können TYP dann in der Klausel ORDER BY als Sortierkriterium spezifizieren, so daß alle Zeilen mit derselben ID so sortiert werden, daß erst die Fähigkeiten und dann die Projekte aufgeführt werden. Das Ergebnis wird in Tabelle 10.7 gezeigt.

ID	M.NAME	TYP	PROJEKT_NAME	F.FAEHIGKEIT
1	Ferguson	Fähigkeit	NULL	Mechanikdesign
1	Ferguson	Fähigkeit	NULL	Aerodynamik
1	Ferguson	Projekt	X-63 Struktur	NULL
1	Ferguson	Projekt	X-64 Struktur	NULL
2	Frost	Fähigkeit	NULL	Analogdesign
2	Frost	Fähigkeit	NULL	Gyroskopbau
2	Frost	Projekt	X-63 Steuerung	NULL
2	Frost	Projekt	X-64 Steuerung	NULL
3	Toyon	Fähigkeit	NULL	Digitaldesign
3	Toyon	Fähigkeit	NULL	R/F-Design
3	Toyon	Projekt	X-63 Telemetrie	NULL
3	Toyon	Projekt	X-64 Telemetrie	NULL

Tabelle 10.7: Verfeinertes Ergebnis des Union-Join mit COALESCE-Ausdrücken

Die Ergebnistabelle gibt jetzt eine sehr gut lesbare Übersicht über die Fähigkeiten und Projekterfahrungen aller Mitarbeiter in der Tabelle MITARBEITER.

In Anbetracht der vielen verschiedenen verfügbaren JOIN-Operationen sollte es kein Problem sein, Daten aus verschiedenen Tabellen zu verknüpfen, unabhängig davon, wie diese Tabellen strukturiert sind. Vertrauen Sie darauf, daß Sie mit SQL-92 die Daten in eine lesbare, sinnvolle Form bringen können, wenn die Rohdaten in Ihrer Datenbank gespeichert sind.

ON im Vergleich zu WHERE

Die Funktion der Klauseln ON und WHERE kann in den verschiedenen Verknüpfungsarten zur Verwirrung führen. Die folgenden Fakten sollen Ihnen helfen, den Überblick zu bewahren:

- ✔ Die Klausel ON gehört zu einem Inner-, Left-, Right- oder Full-Join. Bei einem Cross-Join oder Union-Join gibt es keine ON-Klausel, weil diese keine Daten filtern.
- ✔ Die Klausel ON ist bei einem Inner-Join logisch gleichwertig mit einer WHERE-Klausel; dieselbe Bedingung kann entweder mit einer ON- oder einer WHERE-Klausel spezifiziert werden.

✔ Die ON-Klauseln bei Outer-Joins (Left-, Right- und Full-Joins) unterscheiden sich von WHERE-Klauseln. Die WHERE-Klausel filtert einfach die Zeilen, die von der FROM-Klausel zurückgegeben werden. Zeilen, welche die Filterbedingung nicht erfüllen, werden einfach nicht in das Ergebnis eingeschlossen. Die ON-Klausel eines Outer-Join filtert erst die Zeilen eines Kreuzprodukts und schließt dann die zurückgewiesenen Zeilen – durch NULL-Werte ergänzt – ein.

Verschachtelte Abfragen

In diesem Kapitel

▶ Daten mit einem einzigen SQL-Befehl aus mehreren Tabellen wiedergewinnen

▶ Werte einer Tabelle mit einer Menge von Werten aus einer anderen Tabelle vergleichen

▶ Werte einer Tabelle mit einem einzelnen, durch SELECT gewonnenen Wert einer anderen Tabelle vergleichen

▶ Werte einer Tabelle mit entsprechenden Werten einer anderen Tabelle vergleichen

▶ Zeilen einer Tabelle mit entsprechenden Zeilen einer anderen Tabelle korrelieren

▶ Mit einer Unterabfrage festlegen, welche Zeilen geändert, gelöscht oder eingefügt werden sollen

---

*I*n Kapitel 5 habe ich die Normalisierung einer Datenbank als eine der besten Methoden beschrieben, um die Integrität der Daten zu schützen. Dabei wird eine einzelne Tabelle in mehrere, thematisch einheitliche Tabellen zerlegt. Artikeldaten werden von Kundendaten getrennt, selbst wenn die Kunden Artikel gekauft haben.

Wenn Sie eine Datenbank korrekt normalisieren, werden die Daten über mehrere Tabellen verteilt. Die meisten Abfragen müssen Daten aus zwei oder mehr Tabellen wiedergewinnen. Eine Methode, solche Abfragen zu formulieren, besteht darin, mit dem JOIN-Operator oder einem der anderen relationalen Operatoren (UNION, INTERSECT, EXCEPT) zu arbeiten (siehe Kapitel 10). Diese Operatoren kombinieren Informationen aus mehreren Tabellen zu einer einzelnen Tabelle, jeder Operator auf andere Weise. Eine andere Methode, Daten aus zwei oder mehr Tabellen wiederzugewinnen, arbeitet mit verschachtelten Abfragen.

Eine *verschachtelte Abfrage* ist eine Abfrage, die eine Unterabfrage enthält. Unterabfragen können selbst weitere Unterabfragen enthalten. Theoretisch ist die Schachtelungstiefe nicht begrenzt, praktisch ist sie implementierungsabhängig.

Unterabfragen bestehen aus SELECT-Befehlen, während der äußere, einschließende Befehl auch ein INSERT, UPDATE oder DELETE sein kann.

Weil Unterabfragen auf andere Tabellen zugreifen können als der einschließende Befehl, stellen sie eine weitere Methode dar, um Informationen aus mehreren Tabellen herauszuziehen.

Nehmen Sie beispielsweise an, daß Sie Ihre Firmendatenbank abfragen wollen, um alle Abteilungen zu ermitteln, deren Manager älter als 50 Jahre sind. Beispielsweise können Sie die Tabellen folgendermaßen verknüpfen (Verknüpfungen: siehe Kapitel 10):

```
SELECT A.ABTNR, A.NAME, M.NAME, M.ALTER
   FROM ABTEILUNG A, MITARBEITER M
   WHERE A.MANAGER_ID = M.ID AND M.ALTER > 50 ;
```

A ist das Alias für die Tabelle ABTEILUNG, und M ist das Alias für die Tabelle MITARBEITER. Die Tabelle MITARBEITER hat eine ID-Spalte, die zugleich Primärschlüssel ist, und die Tabelle ABTEILUNG hat die Spalte MANAGER_ID, welche die Kennung des Mitarbeiters enthält, der die Abteilung managt. Die Tabellen werden in der FROM-Klausel einfach verknüpft. Die Bedingungen in der WHERE-Klausel filtern nur die Zeilen heraus, die das Kriterium erfüllen. Beachten Sie, daß die Parameterliste des SELECT-Befehls die Spalten ABTNR und NAME der Tabelle ABTEILUNG und die Spalten NAME und ALTER der Tabelle MITARBEITER enthält.

Nehmen Sie jetzt an, daß Sie dieselbe Menge von Zeilen wiedergewinnen wollen, dabei aber nur die Spalten der Tabelle ABTEILUNG sehen wollen, oder – anders ausgedrückt – daß Sie nur an den Abteilungen interessiert sind, deren Manager älter als 50 Jahre ist, aber nicht an dem Namen und dem konkreten Alter des Managers. Dann können Sie eine Abfrage mit einer *Unterabfrage* statt mit einer Verknüpfung verwenden:

```
SELECT A.ABTNR, A.NAME
   FROM ABTEILUNG A
   WHERE EXISTS (SELECT * FROM MITARBEITER M
                 WHERE M.ID = A.MANAGERID AND M.ALTER > 50) ;
```

Diese Abfrage enthält zwei neue Elemente: das Schlüsselwort EXISTS und den Ausdruck SELECT * in der WHERE-Klausel des ersten SELECT-Befehls. Der zweite SELECT-Befehl ist eine Unterabfrage. Das Schlüsselwort EXISTS gehört zu den Werkzeugen, die bei Unterabfragen benutzt werden und die ich in diesem Kapitel beschreibe.

Was Unterabfragen tun

Unterabfragen stehen in der WHERE-Klausel des einschließenden Befehls und bilden dort einen Teil der Bedingung. Verschiedene Arten von Unterabfragen produzieren unterschiedliche Ergebnisse. Einige Unterabfragen erzeugen eine Liste von Werten, die als Input des einschließenden Befehls verwendet wird. Andere Unterabfragen produzieren einen einzelnen Wert, der dann von dem einschließenden Befehl mit einem Vergleichsoperator ausgewertet wird. Ein dritte Art von Unterabfragen gibt den Wert *wahr* oder *falsch* zurück.

Warum werden Unterabfragen benutzt?

In vielen Fällen können Sie mit einer Unterabfrage dasselbe Ergebnis erzielen wie mit einem JOIN. Die Komplexität beider Varianten ist etwa gleich. Oft hängt die Wahl der Methode nur von den persönlichen Präferenzen ab. Einige Leute arbeiten lieber mit Verknüpfungen, andere mit verschachtelten Abfragen. Manchmal müssen Sie jedoch Unterabfragen verwenden, weil das Ergebnis mit Verknüpfungen nicht erzielbar ist. In solchen Fällen müssen Sie entweder eine verschachtelte Abfrage benutzen oder das Problem in mehrere SQL-Befehle zerlegen und diese nacheinander ausführen.

Verschachtelte Abfragen, die eine Zeilenmenge zurückgeben

Um zu zeigen, wie eine verschachtelte Abfrage eine Zeilenmenge zurückgibt, nehmen Sie an, daß Sie für ein Computer-Systemhaus arbeiten. Ihre Firma, die *Zetec*-Corporation, baut Systeme aus gekauften Komponenten zusammen und verkauft diese dann an Unternehmen und Behörden. Sie verwalten das Geschäft mit einer relationalen Datenbank. Die Datenbank enthält viele Tabellen, von denen im Moment nur die Tabellen ARTIKEL, VERWENDUNG und KOMPONENTE interessant sind. Die Tabelle ARTIKEL (siehe Tabelle 11.1) enthält eine Liste Ihrer Standardprodukte. Die Tabelle KOMPONENTE (siehe Tabelle 11.2) enthält die Komponenten, aus denen Sie Ihre Produkte bauen, und die Tabelle VERWENDUNG (siehe Tabelle 11.3) zeigt, welche Komponenten bei welchem Produkt verwendet werden. Die Tabellen sind folgendermaßen aufgebaut:

Spalte	Typ	Constraints
MODELL	Char (6)	NOT NULL, PRIMARY KEY
ARTNAME	Char (35)	
ARTBESCHR	Char (31)	
LISTENPREIS	Numeric (9,2)	

Tabelle 11.1: Tabelle ARTIKEL

Spalte	Typ	Constraints
KOMPID	CHAR (6)	NOT NULL, PRIMARY KEY
KOMPTYP	CHAR (10)	
KOMPBESCHR	CHAR (31)	

Tabelle 11.2: Tabelle KOMPONENTE

Spalte	Typ	Constraints
MODELL	CHAR (6)	FOREIGN KEY (für ARTIKEL)
KOMPID	CHAR (6)	FOREIGN KEY (für KOMPONENTE)

Tabelle 11.3: Tabelle VERWENDUNG

Eine Komponente kann in mehreren Produkten verwendet werden, und ein Produkt kann mehrere Komponenten enthalten (eine Viele-zu-viele-Beziehung). Diese Beziehung kann Integritätsprobleme verursachen. Deshalb verbinden Sie die Tabellen KOMPONENTE und ARTIKEL nicht direkt, sondern über die Verknüpfungstabelle VERWENDUNG. Eine Komponente kann in vielen Zeilen der Tabelle VERWENDUNG vorkommen, aber jede dieser Zeilen referenziert nur eine Komponente (eine Eins-zu-viele-Beziehung). Analog kann ein Artikel in vielen Zeilen der Tabelle VERWENDUNG vorkommen, aber jede dieser Zeilen referenziert nur einen Artikel (eine weitere Eins-zu-viele-Beziehung). Durch die Zwischentabelle VERWENDUNG wird die fehlerträchtige Viele-zu-viele-Beziehung in zwei robustere Eins-zu-viele-Beziehungen aufgelöst. Dies ist ein Beispiel dafür, wie Komplexität durch Normalisierung reduziert werden kann.

Unterabfragen und das Schlüsselwort IN

Eine Form der verschachtelten Abfrage vergleicht einen einzelnen Wert mit einer Menge von Werten, die durch eine Unterabfrage zurückgegeben wird, indem sie das Prädikat IN benutzt:

```
SELECT Spaltenliste
   FROM Tabelle
   WHERE Testwert IN (Unterabfrage) ;
```

Der Ausdruck in der WHERE-Klausel ergibt den Wert *wahr*, wenn der Testwert in der Wertemenge enthalten ist, die von der Unterabfrage zurückgegeben wird. Andernfalls ergibt er den Wert *falsch*. Die Unterabfrage kann dieselbe oder eine andere Tabelle wie die äußere Abfrage referenzieren.

Wir wollen diese Art von Abfrage anhand von Zetecs Datenbank demonstrieren. Nehmen Sie an, daß ein Mangel an Computerbildschirmen besteht. Wenn Sie keine Monitore haben, können Sie die Produkte nicht mehr ausliefern, zu denen ein Monitor gehört. Wenn Sie wissen wollen, welche Produkte betroffen sind, geben Sie folgende Abfrage ein:

```
SELECT MODELL
   FROM VERWENDUNG
   WHERE KOMPID IN
     (SELECT KOMPID
        FROM KOMPONENTE
        WHERE KOMPTYP = 'Monitor') ;
```

Da SQL zuerst die innere Abfrage verarbeitet, ermittelt es zunächst in der Tabelle KOMPONENTE alle Zeilen mit einem Monitor als Komponententyp und stellt die KOMPID-Werte dieser Zeilen zu einer Liste aller Monitore zusammen. Die äußere Abfrage prüft dann, ob der Wert der KOMPID in jeder Zeile der Tabelle VERWENDUNG in dieser Liste enthalten ist. Falls dies der Fall ist, wird der Wert der Spalte MODELL dieser Zeile in die Ergebnistabelle des SELECT-Befehls eingetragen. Das Ergebnis ist eine Liste aller Modelle, die einen Monitor enthalten. Das Ergebnis könnte folgendermaßen aussehen:

11 ➤ Verschachtelte Abfragen

```
MODELL
------
CX3000
CX3010
CX3020
MB3030
MX3020
MX3030
```

Jetzt wissen Sie, welche Produkte bald nicht mehr auf Lager sein werden, und Sie können Ihren Kollegen im Verkauf sagen, diese Produkte im Augenblick nicht zu forcieren.

 Bei dieser Art der verschachtelten Abfrage muß in der Unterabfrage eine einzelne Spalte spezifiziert werden, deren Datentyp mit dem Datentyp des Arguments vor dem Schlüsselwort IN übereinstimmt.

Unterabfragen und das Schlüsselwort NOT IN

Wenn Sie Schlüsselwort das NOT vor das Schlüsselwort IN setzen, kehren Sie das Ergebnis um. Mit der Abfrage im vorhergehenden Abschnitt hat das Management von Zetec zwar erfahren, welche Produkte im Augenblick nicht verkauft werden sollten, aber davon kann man die Miete nicht bezahlen. Was das Management wirklich wissen muß, sind die Produkte, die verkauft werden können. Das Management möchte den Verkauf der Produkte forcieren, die keine Monitore enthalten. Eine verschachtelte Abfrage mit einer Unterabfrage, vor der das Schlüsselwort NOT IN steht, liefert die gewünschten Informationen:

```
SELECT MODELL
    FROM VERWENDUNG
    WHERE MODELL NOT IN
        (SELECT MODELL
            FROM VERWENDUNG
            WHERE KOMPID IN
                (SELECT KOMPID
                    FROM KOMPONENTE
                    WHERE KOMPTYP = 'Monitor')) ;
```

Diese Abfrage produziert das folgende Ergebnis:

```
MODELL
------
PX3040
PB3050
PX3040
PB3050
```

Einige Dinge sind bei diesem Beispiel erwähnenswert. Zunächst enthält diese Abfrage zwei Verschachtelungsebenen. Die beiden Unterabfragen sind mit der vorangegangenen Abfrage identisch. Der einzige Unterschied besteht darin, daß sie durch einen neuen Befehl eingeschlossen werden. Der einschließende Befehl geht von der Liste von Produkten mit Monitoren aus und wendet darauf einen SELECT-Befehl an, indem das Schlüsselwort NOT IN vor diese Liste gesetzt wird. Das Ergebnis ist eine weitere Liste, die alle Modelle ohne Monitore enthält.

Außerdem enthält die Ergebnistabelle Duplikate. Diese Verdopplung kommt dadurch zustande, daß es zu einem Produkt in der Tabelle VERWENDUNG mehrere Komponenten geben kann, die nicht Monitore sind. Die Abfrage erzeugt für jede dieser Zeilen einen Eintrag in der Ergebnistabelle.

In unserem Beispiel bildet die Anzahl der Zeilen kein Problem, weil die Ergebnistabelle kurz ist. In der Praxis kann eine solche Ergebnistabelle jedoch Hunderte oder Tausende von Zeilen umfassen. Deshalb sollten Sie die Duplikate entfernen, um Verwirrung zu vermeiden. Mit dem Schlüsselwort DISTINCT können Sie diese Aufgabe einfach lösen. Damit werden nur solche Zeilen, die sich von allen vorher zurückgewonnenen Zeilen unterscheiden, in die Ergebnistabelle eingefügt:

```
SELECT DISTINCT MODELL
    FROM VERWENDUNG
    WHERE MODELL NOT IN
        (SELECT MODELL
            FROM VERWENDUNG
            WHERE KOMPID IN
                (SELECT KOMPID
                    FROM KOMPONENTE
                    WHERE KOMPTYP = 'Monitor')) ;
```

Das Ergebnis lautet jetzt:

```
MODELL
-----
PX3040
PB3050
```

Verschachtelte Abfragen, die einen einzelnen Wert zurückgeben

Sie können das Ergebnis einer Unterabfrage auch mit einem der sechs Vergleichsoperatoren (=, <>, <, <=, >, >=) weiterverarbeiten. In diesem Fall muß die Unterabfrage einen einzigen Wert zurückgeben. Eine Ausnahme bilden nur die quantifizierenden Vergleichsoperatoren (ANY, SOME oder ALL), bei denen das Ergebnis der Unterabfrage auch mehrere Werte enthalten kann.

Als Beispiel einer Unterabfrage, die einen einzelnen Wert zurückgibt, wollen wir einen anderen Ausschnitt von Zetecs Firmendatenbank betrachten. Er enthält die Tabelle KUNDE mit Informationen über die Firmen, die Zetec-Produkte kaufen, und die Tabelle KONTAKT mit Informationen über die einzelnen Kontaktpersonen in diesen Kundenfirmen. Die Tabellen sind folgendermaßen aufgebaut:

Spalte	Typ	Constraints
KUNDID	INTEGER	NOT NULL, PRIMARY KEY
FIRMA	CHAR (40)	
KUNDADRESSE	CHAR (30)	
KUNDORT	CHAR (20)	
KUNDSTAAT	CHAR (2)	
KUNDPLZ	CHAR (10)	
KUNDTEL	CHAR (12)	
MODEBENE	INTEGER	

Tabelle 11.4: Tabelle KUNDE

Spalte	Typ	Constraints
KUNDID	INTEGER	(Fremdschlüssel)
KONTVORNAME	CHAR (10)	
KONTNACHNAME	CHAR (16)	
KONTTEL	CHAR (12)	
KONTINFO	CHAR (50)	

Tabelle 11.5: Tabelle KONTAKT

Wenn Sie die Kontaktinformationen der Firma *Verkaufsolymp* sehen möchten, aber sich nicht an die KUNDID der Firma erinnern, können Sie die Informationen mit einer verschachtelten Abfrage gewinnen:

```
SELECT *
   FROM KONTAKT
      WHERE CONTID =
         (SELECT CONTID
            FROM KUNDE
               WHERE FIRMA = 'Verkaufsolymp') ;
```

Das Ergebnis könnte folgendermaßen aussehen:

```
KUNDID KONTVORNAME  KONTNACHNAME  KONTTEL       KONTINFO
------ -----------  ------------  --------      --------
   118 Jerry        Attwater      505-876-3456  Wird Hauptrolle
                                                beim Ausbau der
                                                Datenautobahn
                                                spielen.
```

Jetzt können Sie Jerry von Verkaufsolymp anrufen und ihm das Monatssonderangebot von Faxmodems unterbreiten.

 Wenn Sie bei einem »=«-Vergleich eine Unterabfrage verwenden, muß die SELECT-Liste der Unterabfrage eine einzelne Spalte (CONTID in unserem Beispiel) spezifizieren, und die Unterabfrage darf nur eine einzige Zeile zurückgeben, damit die Unterabfrage in dem Vergleich nur einen einzigen Wert repräsentiert.

In diesem Beispiel gehe ich davon aus, daß die Tabelle KUNDE nur eine Zeile mit dem Wert *Verkaufsolymp* in der Spalte FIRMA enthält. Wenn Sie bei der Definition der Tabelle FIRMA der Spalte KUNDE ein UNIQUE-Constraint zugewiesen haben, ist sichergestellt, daß die Unterabfrage in dem vorhergehenden Beispiel nur einen einzigen (oder keinen) Wert zurückgibt. Häufig werden Unterabfragen wie in unserem Beispiel jedoch für Spalten benutzt, für die kein UNIQUE-Constraint spezifiziert ist. In solchen Fällen müssen Sie auf andere Weise sicherstellen, daß die Abfrage nur einen einzigen Wert zurückgibt.

Falls die Tabelle KUNDE mehr als einen Kunden mit dem Namen *Verkaufsolymp* (möglicherweise in einem anderen Bundesstaat) enthält, meldet die Unterabfrage einen Fehler.

Wenn die Tabelle KUNDE dagegen keinen Kunden mit diesem Namen enthält, gibt die Unterabfrage einen NULL-Wert zurück, und der Vergleichswert ist *unbekannt*. In diesem Fall gibt die WHERE-Klausel keine Zeile zurück. (WHERE gibt nur Zeilen zurück, für die die Bedingung *wahr* ist). Wahrscheinlich würde dies passieren, wenn Sie den Firmennamen aus Versehen falsch schreiben, wie z.B. *Verkaufsolump*.

Der Gleichheitsoperator (=) wird am häufigsten verwendet. Sie können aber auch die anderen fünf Vergleichsoperatoren auf ähnliche Weise verwenden. Der Einzelwert, den die Unterabfrage zurückgibt, wird in die Bedingung der WHERE-Klausel eingesetzt und gemäß dem spezifizierten Operator getestet. Wenn die Bedingung den Wert *wahr* ergibt, wird die betreffende Zeile in die Ergebnistabelle aufgenommen.

Sie können garantieren, daß die Unterabfrage einen einzelnen Wert zurückgibt, wenn Sie eine Aggregatfunktion in der Unterabfrage verwenden. Aggregatfunktionen geben immer einen einzelnen Wert zurück. (Aggregatfunktionen werden in Kapitel 3 beschrieben.) Natürlich ist dies nur sinnvoll, wenn Sie die Aggregatfunktion tatsächlich brauchen. Hier ist ein Beispiel.

Nehmen Sie an, daß Sie ein Verkäufer von Zetec sind. Weil einige Rechnungen fällig werden, müssen Sie in dieser Woche eine besonders hohe Provision verdienen. Sie glauben, daß Sie dies am ehesten erreichen können, wenn Sie sich auf den Verkauf des teuersten Produkts von Zetec konzentrieren. Um herauszufinden, welches Produkt den höchsten Preis hat, benutzen Sie folgende verschachtelte Abfrage:

```
SELECT MODELL, ARTNAME, LISTENPREIS
    FROM ARTIKEL
        WHERE LISTENPREIS =
            (SELECT MAX(LISTENPREIS)
                FROM ARTIKEL) ;
```

Dieses Beispiel zeigt eine verschachtelte Abfrage, in der sowohl die Unterabfrage als auch der einschließende Befehl auf dieselbe Tabelle zugreifen. Die Unterabfrage gibt einen einzelnen Wert zurück: den höchsten Listenpreis in der Tabelle ARTIKEL. Die äußere Abfrage ermittelt alle Zeilen der Tabelle ARTIKEL mit diesem Listenpreis.

Im folgenden Beispiel wird die Unterabfrage zusammen mit einem anderen Vergleichsoperator als »gleich« (=) benutzt.

```
SELECT MODELL, ARTNAME, LISTENPREIS
    FROM ARTIKEL
        WHERE LISTENPREIS <
            (SELECT AVG(LISTENPREIS)
                FROM ARTIKEL) ;
```

Die Unterabfrage gibt einen einzelnen Wert zurück: den durchschnittlichen Listenpreis in der Tabelle ARTIKEL. Die äußere Abfrage ermittelt alle Zeilen der Tabelle ARTIKEL mit einem Listenpreis, der kleiner als der durchschnittliche Listenpreis ist.

Im Original-SQL-Standard und in den meisten gegenwärtigen Produkten darf ein Vergleich nur eine Unterabfrage enthalten, und diese muß auf der rechten Seite des Vergleichs stehen. In SQL-92 können beide Operanden eines Vergleichs aus Unterabfragen bestehen.

Die quantifizierenden Vergleichsoperatoren ALL, SOME und ANY

Ein weitere Methode, um sicherzustellen, daß eine Unterabfrage einen einzelnen Wert zurückgibt, besteht darin, mit einem quantifizierenden Vergleichsoperator (Quantor) zu arbeiten. Der Allquantor ALL und die Existenzquantoren SOME und ANY reduzieren in Verbindung mit einem Vergleichsoperator die Liste, die von einer Unterabfrage zurückgegeben wird, auf einen einzigen Wert.

Die Wirkung dieser Quantoren läßt sich am besten anhand von Beispielen zeigen. Wir wollen noch einmal auf das Bundesligabeispiel von Kapitel 10 zurückkommen.

Der Inhalt der beiden Tabellen wird durch die folgenden beiden Abfragen erzeugt:

```
SELECT * FROM ERSTE_LIGA

VORNAME      NACHNAME      TORE
----------   ----------    ----
Franz        Becker         11
Helmut       Langer          9
Toni         Doppler        13
Helmut       Berthold       12
Gerd         Müller          8
```

```
SELECT * FROM ZWEITE_LIGA

VORNAME      NACHNAME     TORE
---------    ---------    ----
Paul         Peters         12
Helmut       Schmitz        10
Gerd         Müller          8
Arnold       Schwarzer      14
```

Wenn Sie die Stürmer der zweiten Bundesliga herausfinden wollen, die mehr Tore geschossen haben als die besten Stürmer der ersten Liga, können Sie folgende Abfrage eingeben:

```
SELECT *
   FROM ZWEITE_LIGA
   WHERE TORE > ALL
      (SELECT TORE FROM ERSTE_LIGA) ;
```

Dies ist das Ergebnis:

```
VORNAME      NACHNAME     TORE
---------    ---------    ----
Arnold       Schwarzer      14
```

Die Unterabfrage (SELECT TORE FROM ERSTE_LIGA) gibt die Werte in der Spalte TORE aller Spieler der ersten Liga zurück. Der quantifizierende Vergleichsoperator > ALL gibt nur die Werte der Spalte TORE in der Tabelle ZWEITE_LIGA zurück, die größer sind als alle Werte der Unterabfrage. Umgangssprachlich lautet die Bedingung: »Größer als der größte Wert der Unterabfrage.« In diesem Fall ist der größte Wert der Unterabfrage 13 (Toni Doppler). Die einzige Zeile in der zweiten Liga mit einem größeren Wert ist die von Arnold Schwarzer mit 14 Toren.

Was passiert, wenn es in der zweiten Liga keinen Spieler gibt, der mehr Tore als alle Spieler der ersten Liga geschossen hat? In diesem Fall gibt die Abfrage

```
SELECT *
   FROM ZWEITE_LIGA
   WHERE TORE > ALL
      (SELECT TORE FROM BUNDESLIGA) ;
```

eine Warnmeldung zurück, die besagt, daß keine Zeile die Bedingungen der Abfrage erfüllt, d.h., daß es in der zweiten Liga keinen Spieler gibt, der mehr Tore als alle Spieler der ersten Liga geschossen hat.

Verschachtelte Abfragen und Existenztests

Eine Abfrage gibt die Daten aller Tabellenzeilen zurück, welche die Bedingungen der Abfrage erfüllen. Manchmal werden viele Zeilen zurückgegeben, manchmal nur eine und manchmal keine, weil keine Zeile die Bedingungen erfüllt. Mit den Prädikaten EXISTS und NOT EXISTS können Sie prüfen, ob eine Unterabfrage überhaupt Zeilen zurückgibt oder nicht.

Unterabfragen mit EXISTS und NOT EXISTS unterscheiden sich grundsätzlich von den Unterabfragen, die wir bis jetzt in diesem Kapitel behandelt haben. In allen vorangegangenen Fällen hat SQL erst die Unterabfrage ausgeführt und dann das Ergebnis dieser Operation an den einschließenden Befehl übergeben. Unterabfragen mit den Prädikaten EXISTS und NOT EXISTS gehören dagegen zu den sogenannten *korrelierten Unterabfragen*.

Eine *korrelierte Unterabfrage* ermittelt zunächst die Zeilen, die durch den einschließenden Befehl spezifiziert werden, und führt dann die Unterabfrage mit der Zeile in der Tabelle der Unterabfrage durch, die mit der aktuellen Zeile der Tabelle des einschließenden Befehls korreliert.

Die Unterabfrage gibt entweder keine, eine oder mehrere Zeilen zurück. Wenn sie wenigstens eine Zeile zurückgibt, hat das Prädikat EXISTS den Wert *wahr*, und der einschließende Befehl führt seine Aktion aus. Unter denselben Umständen hat das Prädikat NOT EXISTS den Wert *falsch*, und der einschließende Befehl führt seine Aktion nicht aus. Wenn eine Zeile der Tabelle des einschließenden Befehls bearbeitet wurde, wird der Vorgang für die nächste Zeile wiederholt, bis alle Zeilen in der Tabelle des einschließenden Befehls abgearbeitet sind.

EXISTS

Nehmen Sie an, daß Sie Verkäufer der Firma Zetec sind und die Kontaktpersonen in den kalifornischen Kundenfirmen von Zetec anrufen wollen. Sie versuchen es mit folgender Abfrage:

```
SELECT *
   FROM KONTAKT
   WHERE EXISTS
      (SELECT *
         FROM KUNDE
         WHERE KUNDSTAAT = 'CA'
           AND KONTAKT.KUNDID = KUNDE.KUNDID) ;
```

Achten Sie auf die Verwendung von KONTAKT.KUNDID. Dieser Parameter referenziert eine Spalte der äußeren Abfrage und wird gleichzeitig mit einer Spalte der inneren Abfrage, KUNDE.KUNDID, verglichen. Das ist die Methode, mit der solche Abfragen definiert und ausgewertet werden: Für jede Kandidatenzeile der äußeren Abfrage führen Sie die innere Abfrage aus, wobei die dabei zu prüfenden Zeilen der inneren Abfrage durch den Wert der KUNDID der aktuellen KONTAKT-Zeile der äußeren Abfrage vorgegeben werden.

Die Spalte KUNDID verknüpft die Tabelle KONTAKT mit der Tabelle KUNDE. SQL untersucht den ersten Datensatz in der Tabelle KONTAKT, sucht dann die Zeilen der Tabelle KUNDE mit derselben KUNDID und prüft das KUNDSTAAT-Feld dieser Zeilen. Wenn KUNDE.KUNDSTAAT = 'CA' wahr ist, wird die aktuelle KONTAKT-Zeile in die Ergebnistabelle eingefügt. Der nächste KONTAKT-Datensatz wird dann auf die gleiche Weise bearbeitet usw., bis die gesamte Tabelle KONTAKT abgearbeitet ist.

NOT EXISTS

Im vorangegangenen Beispiel wollte der Zetec-Verkäufer die Kontaktpersonen der Firmenkunden in Kalifornien wissen. Nehmen Sie jetzt an, daß ein zweiter Verkäufer für alle Kunden außer denen in Kalifornien zuständig ist. Diese Kunden können mit dem Prädikat NOT EXISTS abgefragt werden:

```
SELECT *
   FROM KONTAKT
   WHERE NOT EXISTS
      (SELECT *
          FROM KUNDE
          WHERE KUNDSTAAT = 'CA'
          AND KONTAKT.KUNDID = KUNDE.KUNDID) ;
```

Jede Zeile in KONTAKT, für die in der Unterabfrage keine entsprechende Zeile gefunden wird, wird in die Ergebnistabelle aufgenommen.

Andere korrelierte Unterabfragen

Wie bereits weiter oben in diesem Kapitel bemerkt, müssen Unterabfragen, die durch ein IN oder einen Vergleichsoperator eingeleitet werden, keine korrelierten Abfragen sein, können es aber sein.

Unterabfragen, die durch IN eingeleitet werden

Ein Abschnitt weiter oben in diesem Kapitel beschreibt, wie eine nicht korrelierte Unterabfrage mit dem IN-Prädikat verwendet werden kann. Um zu zeigen, wie eine korrelierten Unterabfrage mit dem IN-Prädikat benutzt werden kann, können wir dieselbe Frage stellen, die wir bereits mit dem EXISTS-Prädikat beantwortet haben: »Wie lauten die Namen und Telefonnummern der Kontaktpersonen aller Zetec-Kunden in Kalifornien?« Sie können diese Frage mit einer korrelierten IN-Unterabfrage beantworten:

```
SELECT *
   FROM KONTAKT
   WHERE 'CA' IN
      (SELECT KUNDSTAAT
          FROM KUNDE
          WHERE KONTAKT.KUNDID = KUNDE.KUNDID) ;
```

Der Befehl wird für jeden Datensatz in der Tabelle KONTAKT ausgewertet. Wenn für diesen Datensatz die KONTAKT.KUNDID mit der KUNDE.KUNDID übereinstimmt, wird der Wert von KUNDE.KUNDSTAAT mit der Konstanten 'CA' verglichen. Das Ergebnis der Unterabfrage ist eine Liste, die höchstens ein Element enthält. Falls dieses Element 'CA' lautet, ist die WHERE-Klausel des einschließenden Befehls erfüllt, und die Zeile wird in die Ergebnistabelle der Abfrage eingefügt.

Unterabfragen, die durch Vergleichsoperatoren eingeleitet werden

Eine korrelierte Unterabfrage kann auch durch einen der sechs Vergleichsoperatoren eingeleitet werden. Wir wollen dies durch einen weiteren Aspekt von Zetecs Datenbanksystem illustrieren.

Die Firma Zetec zahlt ihren Verkäufern monatlich einen Bonus, der von deren Gesamtumsatz in dem betreffenden Monat abhängt. Je höher der Umsatz, desto größer der Bonus. Die Bonusprozentsätze werden in der Tabelle BONUSRATE gespeichert:

```
MIN_BETRAG         MAX_BETRAG          BONUS_PZT
----------         ----------          ---------
      0.00          24999.99           0.
  25000.00          49999.99           0.001
  50000.00          99999.99           0.002
 100000.00         249999.99           0.003
 250000.00         499999.99           0.004
 500000.00         749999.99           0.005
 750000.00         999999.99           0.006
```

Wenn ein Verkäufer einen Monatsumsatz zwischen 100.000,00 DM und 249.999,99 DM macht, beträgt sein Bonus 0,3 Prozent des Umsatzes.

Die Umsätze werden in einer Transaktionshaupttabelle mit dem Namen TRANSMASTER gespeichert:

```
TRANSMASTER
-----------

Spalte            Type              Constraints
------            ----              -----------
TRANSID           INTEGER           NOT NULL, PRIMARY KEY
KUNDID            INTEGER           FOREIGN KEY
MITID             INTEGER           FOREIGN KEY
TRANSDATUM        DATE
NET_BETRAG        NUMERIC
FRACHT            NUMERIC
STEUER            NUMERIC
BRUTTO            NUMERIC
```

Die Boni werden auf der Basis des Felds NET_BETRAG aller Transaktionen eines Verkäufers in dem Monat berechnet. Sie können die Bonusrate einer bestimmten Person mit einer korrelierten Unterabfrage ermitteln, die mit Vergleichsoperatoren arbeitet:

```
SELECT BONUS_PZT
   FROM BONUSRATE
      WHERE MIN_BETRAG <
         (SELECT SUM (NET_BETRAG)
            FROM TRANSMASTER
               WHERE MITID = 133)
```

```
             AND MAX_BETRAG >
                (SELECT SUM (NET_BETRAG)
                    FROM TRANSMASTER
                       WHERE MITID = 133) ;
```

Interessant sind an dieser Abfrage die beiden Unterabfragen, die mit einem logischen AND verknüpft sind. Die Unterabfragen benutzen die Aggregatfunktion SUM, die einen einzelnen Wert zurückgibt, nämlich den Gesamtumsatz des Mitarbeiters mit der MITID 133. Dieser Wert wird dann mit den Spalten MIN_BETRAG und MAX_BETRAG der Tabelle BONUSRATE verglichen, um die Bonusrate dieses Mitarbeiters zu ermitteln.

Wenn Sie nicht die MITID, sondern nur den Namen des Verkäufers kennen, wird die Abfrage etwas komplexer:

```
SELECT BONUS_PZT
   FROM BONUSRATE
      WHERE MIN_BETRAG <
         (SELECT SUM (NET_BETRAG)
             FROM TRANSMASTER
                WHERE MITID =
                   (SELECT MITID
                       FROM MITARBEITER
                          WHERE MITNACHNAME = 'Coffin'))
            AND MAX_BETRAG >
               (SELECT SUM (NET_BETRAG)
                   FROM TRANSMASTER
                      WHERE MITID =
                         (SELECT MITID
                             FROM MITARBEITER
                                WHERE MITNACHNAME = 'Coffin'));
```

Dieses Beispiel enthält zwei zusätzliche Unterabfragen, die in die Unterabfragen des ersten Beispiels eingebettet sind, um die MITID des Verkäufers mit Hilfe seines Namens zu ermitteln. Diese Struktur funktioniert nur, wenn Sie mit Sicherheit wissen, daß die Firma einen und nur einen Mitarbeiter mit dem Nachnamen Coffin beschäftigt. Wenn es mehrere Mitarbeiter mit diesem Namen gibt, werden ihre Umsätze addiert, und die ermittelte Bonusrate wird zu hoch. Wenn Sie wissen, daß mehr als ein Mitarbeiter Coffin heißt, müssen Sie die einzelnen Personen durch eine WHERE-Klausel in der innersten Unterabfrage so unterscheiden, daß nur eine Zeile der Tabelle MITARBEITER ausgewählt wird.

Unterabfragen in einer HAVING-Klausel

Sie können eine korrelierten Unterabfrage in einer HAVING-Klausel genau wie in einer WHERE-Klausel verwenden. Wie ich in Kapitel 9 ausgeführt habe, steht vor einer HAVING-Klausel normalerweise eine GROUP BY-Klausel. Die HAVING-Klausel dient als Filter für die Gruppen, die durch die GROUP BY-Klausel gebildet werden. Gruppen, welche die Bedingung der HAVING-

Klausel nicht erfüllen, werden nicht in das Ergebnis aufgenommen. Bei dieser Verwendung wird die HAVING-Klausel für jede Gruppe ausgewertet, die von der GROUP BY-Klausel erzeugt wird. Wenn der Befehl keine GROUP BY-Klausel enthält, wird die HAVING-Klausel für die Menge der Zeilen ausgewertet, die von der WHERE-Klausel übergeben wird; diese Menge wird als eine einzelne Gruppe betrachtet. Wenn der Befehl weder eine WHERE-Klausel noch eine GROUP BY-Klausel enthält, wird die HAVING-Klausel für die gesamte Tabelle ausgewertet:

```
SELECT TM1.MITID
   FROM TRANSMASTER TM1
      GROUP BY TM1.MITID
      HAVING MAX (TM1.NET_BETRAG) >= ALL
         (SELECT 2 * AVG (TM2.NET_BETRAG)
            FROM TRANSMASTER TM2
               WHERE TM1.MITID <> TM2.MITID) ;
```

Diese Abfrage benutzt zwei Aliases für dieselbe Tabelle. Sie ermittelt die Mitarbeiterkennungen (MITID) aller Verkäufer, deren Umsatz wenigstens doppelt so groß wie der Durchschnittsumsatz alle anderen Verkäufer war.

Die Abfrage funktioniert folgendermaßen:

1. Die äußere Abfrage gruppiert die TRANSMASTER-Zeilen mit Hilfe der Klauseln SELECT, FROM und GROUP BY nach der MITID.

2. Die HAVING-Klausel filtert diese Gruppen. Für jede Gruppe berechnet sie das Maximum (MAX) der Spalte NET_BETRAG aller Zeilen dieser Gruppe.

3. Die innere Abfrage ermittelt zweimal den Durchschnittsbetrag der Spalte NET_BETRAG aller Zeilen von TRANSMASTER, deren MITID sich von der MITID der gegenwärtigen Gruppe der äußeren Abfrage unterscheidet. Beachten Sie, daß Sie in der letzten Zeile zwei verschiedene MITID-Werte referenzieren müssen, weshalb die FROM-Klauseln der äußeren und inneren Abfragen mit verschiedenen Aliases für TRANSMASTER arbeiten.

4. Sie benutzen dann diese beiden Aliases im Vergleich in der letzten Zeile der Abfrage, um anzuzeigen, daß Sie sowohl die MITID der aktuellen Zeile der inneren Unterabfrage (TM2.MITID) als auch die MITID der gegenwärtigen Gruppe der äußeren Unterabfrage (TM1.MITID) referenzieren.

Die Befehle UPDATE, DELETE und INSERT

Neben den SELECT-Befehlen können auch die Befehle UPDATE, DELETE und INSERT WHERE-Klauseln enthalten. Diese WHERE-Klauseln können ebenso mit Unterabfragen arbeiten wie die WHERE-Klauseln in SELECT-Befehlen.

Beispielsweise hat Zetec gerade einen größeren Abnahmevertrag mit der Firma *Verkaufsolymp* unterzeichnet und möchte der Firma rückwirkend einen zehnprozentigen Rabatt auf alle Käufe im letzten Monat gewähren. Sie können die korrigierten Umsätze mit einem einzigen UPDATE-Befehl in die Tabelle eintragen:

```
UPDATE TRANSMASTER
    SET NET_BETRAG = NET_BETRAG * 0.9
    WHERE KUNDID =
        (SELECT KUNDID
            FROM KUNDE
            WHERE FIRMA = 'Verkaufsolymp') ;
```

Sie können in einem UPDATE-Befehl auch eine korrelierte Unterabfrage benutzen. Nehmen Sie beispielsweise an, daß die Tabelle KUNDE eine Spalte namens LETZT_MONAT_MAX enthält und Zetec auf alle Käufe, die das Maximum des letzen Monats (LETZT_MONAT_MAX) des Kunden überschritten haben, rückwirkend denselben Rabatt gewähren will:

```
UPDATE TRANSMASTER TM
    SET NET_BETRAG = NET_BETRAG * 0.9
    WHERE NET_BETRAG >
        (SELECT LETZT_MONAT_MAX
            FROM KUNDE K
            WHERE K.KUNDID = TM.KUNDID) ;
```

Beachten Sie, daß diese Unterabfrage korreliert ist: die WHERE-Klausel in der letzten Zeile referenziert sowohl die KUNDID der KUNDE-Zeile der Unterabfrage als auch die KUNDID der gegenwärtigen TRANSMASTER-Zeile, die ein UPDATE-Kandidat ist.

Eine Unterabfrage in einem UPDATE-Befehl kann auch die Tabelle referenzieren, die geändert werden soll. Nehmen Sie beispielsweise an, daß Zetec den Kunden, deren Umsätze 10.000 DM überschritten haben, einen zehnprozentigen Rabatt gewähren will:

```
UPDATE TRANSMASTER TM1
    SET NET_BETRAG = NET_BETRAG * 0.9
    WHERE 10000 < (SELECT SUM(NET_BETRAG)
        FROM TRANSMASTER TM2
            WHERE TM1.KUNDID = TM2.KUNDID);
```

Die innere Unterabfrage berechnet die Summe (SUM) der Spalte NET_BETRAG aller TRANSMASTER-Zeilen eines Kunden. Aber was bedeutet das? Nehmen Sie beispielsweise an, daß der Kunde mit der KUNDID 37 über vier Zeilen in der Tabelle TRANSMASTER mit den folgenden Werten für NET_BETRAG verfügt: 3000, 5000, 2000 und 1000. Die Summe (SUM) von NET_BETRAG dieses KUNDID beträgt 11000.

Beachten Sie, daß die Reihenfolge, in welcher der UPDATE-Befehl die Zeilen verarbeitet, implementierungsabhängig und im allgemeinen nicht vorhersagbar ist. Die Reihenfolge kann von Tag zu Tag gleich sein oder sich mit der physischen Speicherung auf der Festplatte ändern. Nehmen Sie an, daß die Implementierung die Zeilen für diese KUNDID in der folgenden Reihenfolge verarbeitet: erst die TRANSMASTER-Zeile mit NET_BETRAG 3000; dann die mit NET_BETRAG 5000 usw. Nachdem die ersten drei Zeilen für KUNDID 37 geändert wurden, betragen ihre NET_BETRAG-Werte 2700 (90 Prozent von 3000), 4500 (90 Prozent von 5000) und 1800 (90 Prozent von 2000). Wenn Sie dann die letzte TRANSMASTER-Zeile für KUNDID 37 verarbeiten, deren NET_BETRAG 1000 ist, würde die SUM, die von der Unterabfrage zurückgegeben wird, 10000 betragen, d.h. die SUM der neuen NET_BETRAG-Werte der ersten drei Zeilen von KUNDID 37 plus dem alten NET_BETRAG-Wert der letzten Zeile von KUNDID 37. Das würde dazu führen, daß die letzte Zeile von KUNDID 37 nicht geändert werden würde, weil der Vergleich mit dieser SUM nicht *wahr* ist (10000 ist nicht kleiner als SELECT SUM (NET_BETRAG)). Aber dies ist entspricht nicht der Art und Weise, wie der UPDATE-Befehl definiert wird, wenn eine Unterabfrage die Tabelle referenziert, die geändert werden soll. Die Regel schreibt vor, daß alle Auswertungen von Unterabfragen in einem UPDATE-Befehl die alten Werte der Tabelle referenzieren, die geändert werden soll. Deshalb gibt die Unterabfrage in dem vorhergehenden UPDATE für KUNDID 37 den Wert 11000 zurück, also die ursprüngliche SUM.

Wie Sie sehen können, funktioniert eine Unterabfrage in einer WHERE-Klausel eines UPDATE-Befehls genau wie in der WHERE-Klausel eines SELECT-Befehls. Dasselbe gilt für DELETE und INSERT. Um alle Transaktionen von *Verkaufsolymp* zu löschen, können Sie folgenden Befehl eingeben:

```
DELETE TRANSMASTER
   WHERE KUNDID =
      (SELECT KUNDID
         FROM KUNDE
            WHERE FIRMA = 'Verkaufsolymp') ;
```

Wie bei UPDATE können auch DELETE-Unterabfragen korreliert sein und ebenfalls die Tabellen referenzieren, deren Zeilen gelöscht werden sollen. Die Regeln sind ähnlich wie die Regeln für UPDATE-Unterabfragen. Nehmen Sie beispielsweise an, daß Sie alle TRANSMASTER-Zeilen für Kunden löschen wollen, deren gesamter NET_BETRAG größer als 10.000 DM ist:

```
DELETE TRANSMASTER TM1
   WHERE 10000 < (SELECT SUM(NET_BETRAG)
      FROM TRANSMASTER TM2
         WHERE TM1.KUNDID = TM2.KUNDID) ;
```

Dieser Befehl löscht alle Kunden aus TRANSMASTER, deren Gesamtumsatz größer als 10.000 DM ist. Alle Referenzen auf TRANSMASTER in der Unterabfrage beziehen sich auf den Inhalt von TRANSMASTER, ehe der gegenwärtige Befehl irgendeine Zeile gelöscht hat. Deshalb arbeitet die Unterabfrage – selbst wenn Sie die letzte TRANSMASTER-Zeile für KUNDID 37 löschen – mit den ursprünglichen Daten von TRANSMASTER und gibt 11000 zurück.

Immer wenn Sie in einer Datenbank Datensätze einfügen, ändern oder löschen, besteht die Gefahr, daß Sie Tabellendaten so ändern, daß sie mit anderen Tabellen in der Datenbank nicht mehr konsistent sind. Eine solche Inkonsistenz wird als *Änderungsanomalie* bezeichnet, ein Problem, das ich in Kapitel 5 beschrieben habe. Speziell wenn Sie TRANSMASTER-Datensätze löschen und über eine weitere Tabelle TRANSDETAIL verfügen, die von TRANSMASTER abhängt, müssen Sie auch die entsprechenden Datensätze aus TRANSDETAIL löschen. Diese Operation wird als *kaskadierendes Löschen* bezeichnet, weil das Löschen eines Elterndatensatzes wie eine Kaskade auf alle abhängigen Kinddatensätze überfließen muß. Andernfalls werden die nicht gelöschten Kinddatensätze zu Waisen. In diesem Fall gäbe es beispielsweise Rechnungspositionen ohne zugehörige Rechnungsdatensätze.

Der INSERT-Befehl kann eine SELECT-Klausel enthalten. Ein typischer Anwendungsbereich dafür ist die Erstellung sogenannter *Schnappschußtabellen* (engl. *snapshot*). Beispielsweise können Sie eine Tabelle mit dem Inhalt von TRANSMASTER vom 27. Mai folgendermaßen erstellen:

```
CREATE TABLE TRANSMASTER_0527
   (TRANSID INTEGER, TRANSDATUM DATE,
   ...) ;
INSERT INTO TRANSMASTER_0527
   (SELECT * FROM TRANSMASTER
      WHERE TRANSDATUM = '27-Mai-1997') ;
```

Wenn Sie nur die Zeilen mit großen NET_AMOUNT-Werten festhalten wollen, können Sie sagen:

```
INSERT INTO TRANSMASTER_0527
   (SELECT * FROM TRANSMASTER TM
      WHERE TM.NET_BETRAG > 10000
         AND TRANSDATUM = '27-Mai-1997') ;
```

Teil IV

Den Arbeitsablauf steuern

»Soll ich bei der Firma noch eine Besprechungskopie des Datenbankverwaltungssystems anfordern, oder wissen Sie schon, was Sie schreiben werden?«

In diesem Teil...

Nachdem Sie eine Datenbank erstellt und mit Daten gefüllt haben, sind Sie sicher daran interessiert, die Datenbank vor Schaden und Mißbrauch zu bewahren. In diesem Teil beschreibe ich detailliert die SQL-Werkzeuge, mit denen Sie die Sicherheit und Integrität Ihrer Daten gewährleisten können. Mit der Data Control Language (DCL, dt. *Datenkontrollsprache*) von SQL können Sie Ihre Daten vor Mißbrauch schützen, indem Sie Benutzern selektiv Zugriff auf die Daten gewähren oder verweigern. Mit den Werkzeugen zur Transaktionsverarbeitung können Sie Ihre Datenbank auch gegen andere Gefahren schützen – wie z.B. gegen gegenseitige Störungen bei gleichzeitigem Zugriff mehrerer Benutzer. Mit Constraints können Sie verhindern, daß Benutzer ungültige Daten in die Datenbank eingeben. SQL kann Sie nicht vor einem schlechten Anwendungsentwurf schützen. Aber wenn Sie die Werkzeuge voll nutzen, die SQL für Sie bereitstellt, *kann* SQL Ihre Daten vor den meisten Problemen bewahren.

Datenbanken schützen

In diesem Kapitel

▶ Den Zugriff auf Datenbanktabellen kontrollieren

▶ Entscheiden, wer worauf zugreifen darf

▶ Zugriffsberechtigungen vergeben

▶ Zugriffsberechtigungen entziehen

▶ Nicht autorisierte Zugriffsversuche verhindern

▶ Das Recht zur Vergabe von Berechtigungen delegieren

In den vorangegangenen Kapiteln habe ich die Komponenten von SQL beschrieben, mit denen Sie eine Datenbank erstellen und Daten in Datenbanken manipulieren können. In Kapitel 3 habe ich kurz die Möglichkeit erwähnt, Datenbanken mit SQL vor Schäden und Mißbrauch zu bewahren. In diesem Kapitel gehe ich detailliert auf das Thema des Mißbrauchs ein. Die Person, die für eine Datenbank verantwortlich ist, kann darüber bestimmen, welche Benutzer auf die Datenbank zugreifen dürfen und was diese dabei machen können. Diese Person kann selektiv die Zugriffsberechtigungen für bestimmte Teile des Systems vergeben oder entziehen. Sie kann sogar dieses Recht zur Vergabe und zum Entzug von Berechtigungen an andere Personen delegieren. Richtig eingesetzt sind die Sicherheitswerkzeuge von SQL mächtige Schutzfaktoren wichtiger Daten. Falsch eingesetzt können dieselben Werkzeuge zu frustrierenden Störfaktoren werden, die legitime Benutzer bei ihrer Arbeit behindern.

Datenbanken enthalten oft sensitive Informationen, die nicht für jeden verfügbar sein sollten. SQL bietet verschiedene Zugriffsebenen – von keinem bis zu totalem Zugriff mit mehreren Zwischenstufen. Durch genaue Festlegung der Operationen, die ein autorisierter Benutzer ausführen darf, kann die Person, die für die Datenbank verantwortlich ist, sicherstellen, daß die Benutzer genau auf die Daten zugreifen können, die sie für ihre Arbeit benötigen, aber nicht die anderen Teile der Datenbank, die sie nichts angehen.

Der Job ist hart, aber . . .

Wahrscheinlich haben Sie sich schon gefragt, wie man DBA (Datenbankadministrator) wird und in den Genuß des Status und der Bewunderung kommen kann, die mit diesem Titel verbunden sind. Es ist wie mit jeder anderen Position: Machen Sie sich beim Chef beliebt und hoffen Sie, daß er Sie mit dieser Aufgabe betraut. Seine normalen Aufgaben kompetent, integer und zuverlässig zu erledigen ist auch kein Nachteil. (Tatsächlich ist die Hauptvoraussetzung, daß sie dumm genug sind, den Job zu übernehmen. Ich habe einen Scherz gemacht, als ich von dem Status und der Bewunderung sprach. Meistens bleibt es am DBA hängen, wenn mit der Datenbank etwas schiefgeht – und früher oder später geht immer etwas schief.)

Die Data Control Language (DCL) von SQL

Die SQL-Befehle mit denen Sie Datenbanken erstellen, werden zusammenfassend als *Data Definition Language* (*DDL*, dt. *Datendefinitionssprache*) bezeichnet. Die SQL-Befehle, mit denen Sie die Daten in einer Datenbank manipulieren, werden zusammenfassend als *Data Manipulation Language* (*DML*, dt. *Datenmanipulationssprache*) bezeichnet. Darüber hinaus enthält SQL Befehle, die nicht zu diesen beiden Kategorien gehören. Diese Befehle werden manchmal zusammenfassend als *Data Control Language* (*DCL*, dt. *Datenkontrollsprache*) bezeichnet. Die DCL-Befehle dienen hauptsächlich dazu, die Datenbank vor unautorisierten Zugriffen, schädlichen Interaktionen zwischen mehreren Datenbankbenutzern sowie Strom- und Geräteausfällen zu schützen. In diesem Kapitel behandle ich den Schutz vor unautorisierten Zugriffen. In Kapitel 13 beschreibe ich die anderen DCL-Funktionen.

Benutzerzugriffsebenen

SQL-92 ermöglicht einen kontrollierten Zugriff auf folgende sechs Datenbankverwaltungsfunktionen: erstellen, sehen, modifizieren, löschen, referenzieren und benutzen. *Erstellen, sehen, modifizieren* und *löschen* entsprechen den Operationen INSERT, SELECT, UPDATE und DELETE, die ich in Kapitel 6 beschreibe. *Referenzieren* – d.h. die Benutzung des Schlüsselworts REFERENCES (das ich in den Kapiteln 3 und 5 beschreibe) – hat mit der Anwendung von Constraints zur Aufrechterhaltung der referentiellen Integrität von Tabellen zu tun, die von anderen Tabellen der Datenbank abhängen. *Benutzen,* das durch das Schlüsselwort USAGE festgelegt wird, bezieht sich auf Domänen, Zeichensätze, Sortierfolgen und Übersetzungstabellen (siehe Kapitel 5.)

Der Datenbankadministrator

Die höchste Autorität in einer Datenbank ist der Datenbankadministrator (*DBA*). Der DBA hat alle Rechte und Berechtigungen für alle Aspekte der Datenbank. Die Position eines DBA ist mit Macht, aber auch mit Verantwortung verbunden. Mit dieser Macht können Sie Ihre Datenbank leicht beschädigen und Tausende von Arbeitsstunden zunichte machen. Ein DBA muß sich die Konsequenzen seiner Aktionen sorgfältig überlegen.

Ein DBA verfügt nicht nur über alle Rechte in der Datenbank, sondern kontrolliert auch die Rechte der anderen Benutzer. Er kann beispielsweise besonders zuverlässigen Mitarbeitern größere Zugriffsrechte auf mehr Tabellen einräumen als der Mehrzahl der anderen Benutzer.

Der beste Weg, DBA zu werden, besteht darin, das Datenbankverwaltungssystem selbst zu installieren. Dabei nennt Ihnen das Installationshandbuch ein *Konto*, auch *Login* oder *Benutzername* genannt, und ein Kennwort. Der Benutzername identifiziert Sie als speziellen, privilegierten Benutzer. Bei manchen Systemen wird dieser privilegierte Benutzer als *DBA*, bei anderen als *Systemadministrator* und oder auch als *Superuser* bezeichnet. Auf jeden Fall sollte Ihre erste Aktion nach Ihrer ersten offiziellen Anmeldung darin bestehen, Ihr Kennwort zu ändern. Wenn Sie das Kennwort nicht ändern, kann sich jeder, der das Handbuch kennt, als DBA mit allen Berechtigungen einloggen – eine Situation, die für Ihre Datenbank recht ungesund sein kann. Nachdem Sie das Kennwort geändert haben, können sich nur die Leute als DBA einloggen, die das neue Kennwort kennen.

Ich rate Ihnen, das neue DBA-Kennwort einigen wenigen, sehr zuverlässigen Personen mitzuteilen. Schließlich könnten Sie morgen von einem Meteoriten getroffen werden, im Lotto gewinnen oder auf eine andere Weise für Ihre Firma unerreichbar werden. Ihre Kollegen müssen auch ohne Sie weiterarbeiten können. Jeder, der sich mit dem Benutzernamen und dem Kennwort des DBA anmeldet, gilt für das System als DBA.

 Selbst wenn Sie über DBA-Berechtigungen verfügen, sollten Sie sich nur als DBA einloggen, wenn Sie spezielle Aufgaben ausführen wollen, für die DBA-Berechtigungen erforderlich sind. Wenn Sie damit fertig sind, loggen Sie sich aus, und loggen Sie sich dann für Ihre normalen Arbeiten mit Ihrem normalen Benutzernamen und Kennwort wieder ein. Damit können Sie verhindern, daß Sie als DBA Fehler machen, die für Ihre Tabellen und die der anderen Benutzer fatale Folgen haben könnten.

Datenbankobjektbesitzer

Neben dem DBA gibt es eine weitere Klasse privilegierter Benutzer, die sogenannten *Besitzer* (engl. *owner*) von Datenbankobjekten. Beispielsweise zählen Tabellen und Sichten zu den Datenbankobjekten. Jeder Benutzer, der ein solches Objekt erstellt, wird als Besitzer des Objekts betrachtet. Ein Tabellenbesitzer verfügt über jede mögliche Berechtigung, die mit dieser Tabelle verbunden ist, einschließlich der Berechtigung, anderen Benutzern die Zugriffsberechtigung auf seine Tabelle einzuräumen. Weil Sichten auf Tabellen beruhen, können Sie mit Sichten auf Tabellen zugreifen, auch wenn Sie nicht deren Besitzer sind. In einem solchen Fall verfügt der Besitzer der Sicht aber nur über dieselben Berechtigungen für die Sicht wie ein Benutzer, der direkt mit den zugrunde liegenden Tabellen arbeitet. Sie können sich also nicht dadurch den Zugriff auf Tabellen anderer Benutzer erschleichen, daß Sie einfach eine neue Sicht auf diese Tabellen definieren.

Die Öffentlichkeit

Die Öffentlichkeit besteht aus allen Benutzern, die keine speziellen Privilegien (entweder als DBA oder Objektbesitzer) haben und denen kein privilegierter Benutzer spezielle Berechtigungen eingeräumt hat. Wenn ein privilegierter Benutzer dem allgemeinen Benutzer PUBLIC bestimmte Berechtigungen einräumt, verfügt jeder, der sich beim System anmeldet, über diese Berechtigungen.

Abbildung 12.1 zeigt eine mögliche Hierarchie von Benutzerberechtigungen, in der der DBA auf der oberen Ebene und die Öffentlichkeit auf der unteren Ebene steht.

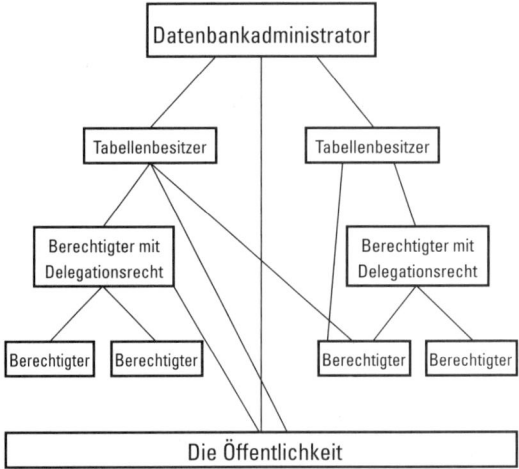

Abbildung 12.1: Beispiel der Berechtigungshierachie.

Berechtigungen an Benutzer vergeben

Der DBA verfügt kraft seiner Position über alle Berechtigungen für alle Objekte in der Datenbank. Der Besitzer eines Objekts verfügt über alle Berechtigungen bezüglich dieses Objekts. Sonst verfügt niemand über irgendwelche Berechtigungen bezüglich irgendeines Objekts, es sei denn, ihm wurden diese Berechtigungen von jemandem eingeräumt, der bereits über diese Berechtigungen verfügte und der autorisiert war, diese Berechtigungen an andere Personen zu delegieren. Berechtigungen werden mit dem Befehl GRANT eingeräumt. Die Syntax des Befehls hat zwei Varianten, je nachdem, ob Sie einzelne oder alle Privilegien vergeben wollen. Bei einzelnen Privilegien lautet sie:

```
GRANT Privileg [, Privileg] ...
    ON Objekt
    TO Benutzerliste
    [WITH GRANT OPTION]
```

Bei allen Privilegien lautet sie:

```
GRANT ALL PRIVILEGES
    ON Objekt
    TO Benutzerliste
    [WITH GRANT OPTION]
```

Ein Privileg ist hier folgendermaßen definiert:

```
SELECT
| DELETE
| INSERT [(Spaltenname [, Spaltenname]...)]
| UPDATE [(Spaltenname [, Spaltenname]...)]
| REFERENCES [(Spaltenname [, Spaltenname]...)]
| USAGE
```

Ein Objekt ist folgendermaßen definiert:

```
[TABLE] Tabellenname
| DOMAIN Domänenname
| CHARACTER SET Zeichensatzname
| COLLATION Collation-Name
| TRANSLATION Translation-Name
```

Die Benutzerliste ist folgendermaßen definiert:

```
  Login-ID [, Login-ID]...
| PUBLIC
```

Die Syntax für Sichten und Tabellen ist gleich. Die Berechtigungen SELECT, DELETE, INSERT, UPDATE und REFERENCES gelten nur für Tabellen und Sichten. Das USAGE-Privileg bezieht sich auf Domänen, Zeichensätze, Sortierfolgen und Übersetzungstabellen. Die folgenden Abschnitte zeigen verschiedene Beispiele für den GRANT-Befehl und die zugehörigen Ergebnisse.

Daten einfügen

Die Berechtigung, Daten in eine Tabelle einzufügen, wird folgendermaßen eingeräumt:

```
GRANT INSERT
   ON KUNDE
   TO VERKAUF_MIT ;
```

Diese Berechtigung räumt dem Mitarbeiter in der Verkaufsabteilung das Recht ein, neue Kundendatensätze in die Tabelle KUNDE einzufügen.

Daten betrachten

Die Berechtigung, Daten einer Tabelle zu sehen, wird folgendermaßen eingeräumt:

```
GRANT SELECT
   ON ARTIKEL
   TO PUBLIC ;
```

Diese Berechtigung räumt jeder Person, die Zugang zu dem System hat (PUBLIC), das Recht ein, die Daten der Tabelle ARTIKEL zu betrachten.

 Tatsächlich kann dieser Befehl recht gefährlich sein. Manche Spalten der Tabelle ARTIKEL könnten Informationen enthalten, die nicht für jeden bestimmt sind, wie z.B. EINKAUFSPREIS. Um einen selektiven Zugriff auf bestimmte Spalten zu ermöglichen und andere Spalten zu unterdrücken, können Sie eine Sicht auf die Tabelle definieren, welche die sensitiven Spalten nicht enthält. Gewähren Sie dann die SELECT-Berechtigung für diese Sicht statt für die zugrunde liegende Tabelle. Das folgende Beispiel zeigt die Syntax für diese Prozedur:

```
CREATE VIEW ARTIKELSICHT AS
    SELECT MODELL, ARTNAME, ARTBESCHR, LISTENPREIS
        FROM ARTIKEL ;
GRANT SELECT
    ON ARTIKELSICHT
    TO PUBLIC ;
```

Die Sicht ARTIKELSICHT gewährt der Öffentlichkeit nur den Einblick in die vier in der zweiten Zeile aufgeführten Spalten, während die Spalte EINKAUFSPREIS und die anderen Spalten des Artikels verborgen bleiben.

Tabellendaten ändern

In jeder aktiven Organisation ändern sich Tabellendaten im Zeitablauf. Deshalb müssen Sie einigen Leuten die Berechtigung einräumen, die Daten zu ändern, während andere Personen nicht über dieses Recht verfügen. Änderungsberechtigungen werden folgendermaßen vergeben:

```
GRANT UPDATE (BONUSPZT)
    ON BONUSRATE
    TO VERKAUF_MGR ;
```

Der Verkaufsmanager kann die Rate für den Bonus, den Verkäufer für ihre Umsätze bekommen (die Spalte BONUSPZT), ändern. Er kann jedoch nicht die Werte in den Spalten MINAMOUNT und MAXAMOUNT ändern, mit denen die Wertebereiche für die einzelnen Stufen des Bonusplans definiert werden. Wenn Sie die Änderungsberechtigung für alle Spalten einräumen wollen, müssen Sie entweder alle oder überhaupt keine Spaltennamen spezifizieren:

```
GRANT UPDATE
    ON BONUSRATE
    TO VP_VERKAUF ;
```

Tabellenzeilen löschen

Kunden ziehen weg. Mitarbeiter scheiden aus, gehen in Rente, werden entlassen oder sterben. Produkte werden ausgemustert. Das Leben geht weiter, und Informationen, die Sie in der Vergangenheit gespeichert haben, sind heute überflüssig. Jemand muß veraltete Datensätze aus Ihren Tabellen löschen. Mit dieser Aufgabe sollten jedoch nur zuverlässige Mitarbeiter betraut werden. Mit dem GRANT-Befehl können Sie Löschberechtigungen folgendermaßen vergeben:

```
GRANT DELETE
   ON MITARBEITER
   TO PERSONAL_MGR ;
```

Der Personalmanager kann Datensätze aus der Tabellen MITARBEITER löschen. Über dieses Recht verfügen außerdem noch der DBA und die Person, welche die Tabelle MITARBEITER angelegt hat (wahrscheinlich ebenfalls der DBA). Niemand sonst kann Personaldatensätze löschen (es sei denn, ein weiterer GRANT-Befehl räumt dieser Person das Recht dazu ein).

Zusammengehörige Tabellen referenzieren

Wenn eine Tabelle den Primärschlüssel einer zweiten Tabelle als Fremdschlüssel enthält, sind die Informationen in der zweiten Tabelle für die Benutzer der ersten Tabelle zugänglich. Diese Situation schafft eine potentiell gefährliche »Hintertür«, durch die nicht unautorisierte Benutzer auf vertrauliche Informationen zugreifen können. In einem solchen Fall braucht ein Benutzer keine Zugriffsrechte, um etwas über den Inhalt einer Tabelle zu erfahren. Oft reicht es aus, daß der Benutzer Zugriffsrechte auf eine Tabelle hat, welche die Zieltabelle referenziert, um auch auf die Zieltabelle zugreifen zu können.

Nehmen Sie beispielsweise an, daß die Tabelle ENTLASSUNG die Namen der Mitarbeiter enthält, die im nächsten Monat entlassen werden sollen. Nur autorisierte Manager verfügen über eine SELECT-Berechtigung für diese Tabelle. Ein unautorisierter Mitarbeiter vermutet nun, daß der Primärschlüssel dieser Tabelle die Mitarbeiterkennung MITID ist. Er erstellt eine neue Tabelle namens SPION mit MITID als Fremdschlüssel, wodurch er die Tabelle ENTLASSUNG referenzieren kann. (Wie Fremdschlüssel mit der Klausel REFERENCES erstellt werden, wird in Kapitel 5 beschrieben.)

```
CREATE TABLE SPION
   (MITID INTEGER REFERENCES ENTLASSUNG) ;
```

Jetzt braucht der Mitarbeiter nur noch zu versuchen, bestimmte Mitarbeiterkennungen in seine neue Tabelle SPION einzufügen. Da die Tabelle nur solche MITID-Werte annimmt, die in der Tabelle ENTLASSUNGEN enthalten sind, kann der Mitarbeiter ermitteln, wer entlassen wird und wer nicht.

SQL-92 verhindert diese Art von Sicherheitsverletzung, indem es verlangt, daß ein privilegierter Benutzer den anderen Benutzern explizit Referenzberechtigungen einräumen muß. Das folgende Beispiel zeigt, wie:

```
GRANT REFERENCES (MITID)
   ON ENTLASSUNG
   TO PERSONAL_MIT ;
```

Domänen, Zeichensätze, Sortierfolgen und Übersetzungstabellen

Domänen, Zeichensätze, Sortierfolgen und Übersetzungstabellen haben ebenfalls einen Einfluß auf die Sicherheit. Insbesondere Domänen müssen sorgfältig definiert werden, um zu verhindern, daß Ihre Sicherheitsmaßnahmen unterlaufen werden können.

Sie können eine Domäne definieren, die mehrere Spalten umfaßt; damit legen Sie fest, daß diese ganzen Spalten denselben Datentyp haben und denselben Constraints unterworfen sind. Die Spalten, die Sie mit Ihrem CREATE DOMAIN-Befehl erstellen, erben den Typ und die Constraints der Domäne. Sie können diese Eigenschaften bei speziellen Spalten auf Wunsch umdefinieren, aber Domänen bieten eine einfache Methode, um mit einer einzigen Deklaration zahlreiche Eigenschaften für mehrere Spalten gleichzeitig festzulegen.

Domänen sind nützlich, wenn Sie mit mehreren Tabellen arbeiten, die Spalten mit ähnlichen Eigenschaften enthalten. Beispielsweise kann Ihre Geschäftsdatenbank aus mehreren Tabellen bestehen, die alle eine PREIS-Spalte vom Datentyp DECIMAL(10,2) enthalten und deren Werte nicht negativ und nicht größer als 10.000 DM werden dürfen. Ehe Sie die Tabellen mit diesen Spalten erstellen, können Sie eine Domäne mit den gewünschten Spalteneigenschaften definieren:

```
CREATE DOMAIN PREIS_DOMAIN DECIMAL (10,2)
   CHECK (VALUE >= 0 AND VALUE <= 10000) ;
```

Ein zweites Beispiel: Wenn Sie Ihre Artikel in mehreren Tabellen durch die Spalte ARTIKEL_CODE identifizieren, die vom Typ CHAR (5) ist und deren Werte immer mit einem X, C, oder H beginnen und mit 0 oder 9 enden, können Sie folgende Domäne für diese Spalten definieren:

```
CREATE DOMAIN ARTIKEL_CODE_DOMAIN CHAR (5)
   CHECK (SUBSTR (VALUE, 1,1) IN ('X', 'C', 'H')
     AND SUBSTR (VALUE, 5, 1) IN ('9', '0') ) ;
```

Diese Domänen können Sie dann in der Definition von Tabellen verwenden:

```
CREATE TABLE ARTIKEL
   (ARTIKEL_CODE    ARTIKEL_CODE_DOMAIN,
    ARTIKEL_NAME    CHAR (30),
    PREIS           PREIS_DOMAIN) ;
```

In dieser Tabellendefinition geben Sie nicht den Datentyp für ARTIKEL_CODE und PREIS an, sondern die entsprechende Domäne. Damit werden den Spalten die Datentypen und Constraints zugewiesen, die Sie bei der Definition der Domäne spezifiziert haben.

Das Arbeiten mit Domänen hat Einfluß auf die Sicherheit der Daten. Kann es Probleme geben, wenn jemand die Domänen benutzen möchte, die Sie definiert haben? Ja. Wenn jemand eine Tabelle mit einer Spalte vom Typ PREIS_DOMAIN erstellt und dann dieser Spalte immer größere Werte zuweist, bis das System den Wert abweist, kann die Person herausfinden, welche Preisobergrenze Sie in der CHECK-Klausel Ihres Befehls CREATE DOMAIN für den PREIS festgelegt haben. Wenn diese Obergrenze geheim bleiben soll, darf niemand die PREIS_DOMAIN benutzen. Um die Sicherheit in solchen Situationen zu gewährleisten, können Sie in SQL eine Benutzungsberechtigung (USAGE) für Domänen erteilen. Nur der Benutzer, der eine Domäne definiert (und natürlich der DBA) kann eine solche Berechtigung vergeben. Die Berechtigung wird folgendermaßen erteilt:

```
GRANT USAGE ON PREIS_DOMAIN TO VERKAUF_MGR ;
```

Wenn Sie Domänen löschen, können verschiedene Sicherheitsprobleme auftreten. Tabellen mit Spalten, die durch eine Domäne definiert wurden, können Probleme verursachen, wenn Sie versuchen, die Domäne zu löschen. Möglicherweise müssen Sie vorher alle betroffenen Tabellen löschen. Oder das System weigert sich, die Domäne zu löschen. Wie das Löschen von Domänen gehandhabt wird, ist implementierungsabhängig. *SQL Server* macht es auf eine und *Oracle* auf andere Weise. Auf jeden Fall sollten Sie die Berechtigung, Domänen zu löschen, auf zuverlässige Mitarbeiter beschränken. Dasselbe gilt für Zeichensätze, Sortierfolgen und Übersetzungstabellen.

Die Vergabe von Berechtigungen delegieren

Der DBA kann jedem Benutzer jede Berechtigung einräumen. Ein Objektbesitzer kann nur Berechtigungen einräumen, die sein Objekt betreffen. Benutzer, die auf diese Weise Berechtigungen erhalten, können diese ihrerseits jedoch nicht an andere weitergeben. Diese Einschränkung unterstützt den DBA oder einen Tabellenbesitzer dabei, die Übersicht über die vergebenen Berechtigungen zu bewahren. Nur die Benutzer, die vom DBA oder Objektbesitzer die entsprechenden Berechtigungen erhalten haben, können auf die betroffenen Objekte zugreifen.

Vom Standpunkt der Sicherheit aus beurteilt, ist es sehr sinnvoll, die Möglichkeiten einer Person einzuschränken, Zugriffsberechtigungen zu delegieren. Es gibt jedoch häufig Situationen, in denen Benutzer die Möglichkeit haben müssen, Autorität zu delegieren. Die Arbeit darf nicht bloß deswegen stillstehen, weil jemand krank, in Urlaub oder in der Mittagspause ist. Sie können *einigen* Benutzern das Recht geben, ihre Zugriffsrechte an bestimmte zuverlässige Ersatzleute weiterzugeben. Um einem Benutzer eine solche Delegationsberechtigung zuzuweisen, wird der Befehl GRANT mit der Klausel WITH GRANT OPTION benutzt. Der folgende Befehl zeigt ein Beispiel:

```
GRANT UPDATE (BONUSPZT)
    ON BONUSRATE
    TO VERKAUF_MGR
    WITH GRANT OPTION ;
```

Jetzt kann der Verkaufsmanager die UPDATE-Berechtigung mit folgendem Befehl an seinen Assistenten weitergeben:

```
GRANT UPDATE (BONUSPZT)
   ON BONUSRATE
   TO ASST_VERKAUF_MGR ;
```

Nach der Ausführung dieses Befehls kann auch der Assistent des Verkaufsmanagers die Tabelle BONUSRATE ändern.

Sie müssen immer zwischen Sicherheit und Bequemlichkeit abwägen. Der Besitzer der Tabelle BONUSRATE verzichtet auf einen großen Teil seiner Kontrollmöglichkeiten, indem er dem Verkaufsmanager die UPDATE-Berechtigung mit der WITH GRANT OPTION einräumt. Man kann nur hoffen, daß der Verkaufsmanager sich seiner Verantwortung bewußt ist und dieses Privileg sehr sorgfältig delegiert.

Berechtigungen entziehen

Mit SQL können Sie Berechtigungen nicht nur einräumen, sondern auch wieder entziehen. Die Aufgaben der Mitarbeiter ändern sich und damit auch die Daten, mit denen sie arbeiten. Manche Leute verlassen die Firma und fangen bei der Konkurrenz an. Es wäre besser, alle Zugriffsberechtigungen solcher Leute aufzuheben. SQL stellt für diesen Zweck den Befehl REVOKE zur Verfügung. Dieser Befehl kehrt die Wirkung des Befehls GRANT um. Die Syntax für diesen Befehl lautet:

```
REVOKE [GRANT OPTION FOR] Privilegliste
   ON Objekt
   FROM Benutzerliste [RESTRICT|CASCADE] ;
```

Sie können damit spezifizierte Berechtigungen entziehen und andere bestehen lassen. Die Befehle REVOKE und GRANT unterscheiden sich hauptsächlich durch die optionalen Schlüsselwörter RESTRICT oder CASCADE in dem Befehl REVOKE. Wenn Sie die Berechtigungen, die Sie jetzt entziehen wollen, mit der Option WITH GRANT OPTION eingeräumt haben, dann können Sie mit der Option CASCADE in dem Befehl REVOKE nicht nur die Berechtigungen für die unmittelbar betroffene Person aufheben, sondern auch für alle Personen, an welche die betroffene Person die Berechtigungen aufgrund der Klausel WITH GRANT OPTION weitergegeben hat. Andererseits funktioniert der Befehl REVOKE mit der RESTRICT-Option nur, wenn die begünstigte Person die spezifizierten Berechtigungen nicht delegiert hat. In letzten Fall widerruft der Befehl REVOKE die Berechtigungen der begünstigten Person. Wenn die begünstigte Person die spezifizierten Berechtigungen delegiert hat, widerruft der Befehl REVOKE mit RESTRICT-Option nichts, sondern gibt einen Fehler zurück.

Wenn Sie den Befehl REVOKE mit der optionalen Klausel GRANT OPTION FOR benutzen, können Sie dem betroffenen Benutzer das Recht entziehen, seine Berechtigungen zu delegieren, ihm die Berechtigungen selbst aber lassen. Wenn Sie sowohl die Klausel GRANT OPTION FOR als auch das Schlüsselwort CASCADE verwenden, werden alle Berechtigungen widerrufen, die der betroffene Benutzer delegiert hat, sowie seine eigene Berechtigung zur Delegation dieser Berechtigungen – so als hätten Sie ihm nie das Recht zur Delegation eingeräumt. Wenn Sie sowohl die Klausel GRANT OPTION FOR als auch die Klausel RESTRICT benutzen, können zwei Dinge geschehen. Wenn der betroffene Benutzer die Berechtigungen nicht delegiert hat, wird der REVOKE-Befehl ausgeführt und dem Benutzer das Delegationsrecht entzogen. Wenn der Benutzer jedoch bereits wenigstens eine der betroffenen Berechtigungen delegiert hat, wird der REVOKE-Befehl nicht ausgeführt, sondern statt dessen ein Fehler zurückgegeben.

Die Tatsache, daß Sie Berechtigungen mit der Option WITH GRANT OPTION vergeben können, kombiniert mit der Tatsache, daß Sie Berechtigungen selektiv widerrufen können, macht das Konzept der Systemsicherheit viel komplexer, als es dem ersten Anschein nach ist. Beispielsweise könnten mehrere dazu berechtigte Personen ihre Berechtigungen an ein und denselben Benutzer delegieren. Wenn eine dieser Personen die Berechtigung widerruft, verfügt der Benutzer noch über diese Berechtigung, weil diese ihm ja auch von einer anderen Person eingeräumt wurde. Wenn eine Berechtigung mit der Option WITH GRANT OPTION von einem Benutzer an einen anderen weitergegeben wird, entsteht eine *Kette von Abhängigkeiten*, in der die Berechtigungen eines Benutzers von denen eines anderen Benutzers abhängen. Wenn Sie ein DBA oder Objektbesitzer sind, denken Sie immer daran, daß eine Berechtigung, die Sie mit der WITH GRANT OPTION erteilen, an ganz unerwarteten Stellen wieder auftauchen kann. Eine solche Berechtigung für einen unerwünschten Benutzer zu widerrufen und den anderen legitimen Benutzern zu lassen, kann ziemlich schwierig sein. Im allgemeinen sind die Klauseln GRANT OPTION und CASCADE mit zahlreichen subtilen Details behaftet. Wenn Sie diese Klauseln benutzen wollen, lesen Sie sowohl den SQL-92-Standard als auch Ihre Produktdokumentation sehr sorgfältig, damit Sie die Funktion dieser Klauseln in Ihrem System genau verstehen.

Mit GRANT und REVOKE zusammen Zeit und Aufwand sparen

Wenn Sie mehreren Benutzern mehrere Berechtigungen nur für bestimmte Spalten einer Tabelle einräumen wollen, müssen Sie viel tippen. Betrachten Sie das folgende Beispiel der Firma Zetec. Der Verkaufsdirektor möchte, daß jeder Mitarbeiter der Verkaufsabteilung alle Daten in der Tabelle KUNDE sehen kann. Jedoch nur die Verkaufsleiter sollen die Fähigkeit haben, Zeilen einzufügen, zu ändern oder zu löschen – und *niemand* soll die Fähigkeit haben, das Feld KUNDID zu ändern. Die Verkaufsleiter heißen Tyson, Keith und David. Sie können die Berechtigungen dieser drei Manager mit einer Reihe von GRANT-Befehlen festlegen:

```
GRANT SELECT, INSERT, DELETE
   ON KUNDE
   TO TYSON, KEITH, DAVID ;
GRANT UPDATE
```

```
    ON KUNDE (FIRMA, KUNDADRESSE, KUNDORT,
        KUNDSTAAT, KUNDPLZ, KUNDTEL, MODEBENE)
    TO TYSON, KEITH, DAVID ;
GRANT SELECT
    ON KUNDE
    TO JENNY, VALERIE, MELODY, NEIL, ROBERT, SAMMY,
        PRESTON, BRANDON, MICHELLE_T, ALLISON, ANDREW,
        SCOTT, MICHELLE_B, JAIME, LINLEIGH, MATT, AMANDA;
```

Diese Befehlsfolge sollte die Forderungen des Verkaufsdirektors erfüllen. Jeder verfügt jetzt über eine SELECT-Berechtigung für die Tabelle KUNDE. Die Verkaufsleiter verfügen über volle INSERT- und DELETE-Berechtigungen für die Tabelle, und Sie haben außerdem die Berechtigung, alle Spalten außer der Spalte KUNDID zu ändern. Dieser Ansatz funktioniert. Es gibt jedoch eine einfachere Methode, um dasselbe Ergebnis zu erzielen. Versuchen Sie es mit folgendem Beispiel:

```
GRANT SELECT
    ON KUNDE
    TO PUBLIC ;
GRANT INSERT, DELETE, UPDATE
    ON KUNDE
    TO TYSON, KEITH, DAVID ;
REVOKE UPDATE
    ON KUNDE (KUNDID)
    FROM TYSON, KEITH, DAVID ;
```

Sie benötigen in diesem Beispiel immer noch drei Befehle, um denselben Schutz wie im vorangegangenen Beispiel zu erzielen. Niemand kann die Daten in der Spalte KUNDID ändern, und nur Tyson, Keith und David verfügen über INSERT-, DELETE- und UPDATE-Berechtigungen. Das letzte Beispiel ist jedoch erheblich kürzer als das vorhergehende, weil Sie nicht alle Benutzer der Verkaufsabteilung und nicht alle Spalten der Tabelle aufzuführen brauchen.

Daten schützen

In diesem Kapitel

▶ Die Datenbank vor Schaden bewahren

▶ Probleme, die bei parallelen Operationen auftreten können

▶ Probleme der Parallelverarbeitung mit SQL-Mechanismen lösen

▶ Schutzmaßnahmen mit SET TRANSACTION an den eigenen Bedarf anpassen

▶ Daten schützen, ohne die Arbeit lahmzulegen

*J*eder hat von Murphys Gesetz gehört, das normalerweise in folgender Weise ausgedrückt wird: »Alles, was schiefgehen kann, geht schief.« Wir lachen über dieses Pseudogesetz, weil meistens alles reibungslos verläuft. Manchmal sieht es so aus, als würden wir zu den wenigen Glücklichen gehören, für die die Grundgesetze des Universums nicht gelten. Wenn unerwartete Probleme auftreten, erkennen wir normalerweise die Ursache und handeln entsprechend.

In einer sehr komplexen Struktur jedoch wächst das Potential für unerwartete Probleme ungefähr mit dem Quadrat der Komplexität. Das ist der Grund dafür, daß Softwareprojekte fast immer zu spät beendet werden und voller Fehler stecken. Eine nichttriviale Multiuser-DBMS-Anwendung hat eine große, komplexe Struktur. Beim Arbeiten mit einem solchen System können viele Dinge schiefgehen. Es wurden Methoden entwickelt, um die Auswirkungen dieser Probleme zu minimieren, aber die Probleme können niemals ganz vermieden werden. Das sind gute Nachrichten – zumindest für die Leute, die mit der Wartung von Datenbanken ihr Geld verdienen, weil es wahrscheinlich nie möglich sein wird, diese Aufgabe zu automatisieren und sie so brotlos zu machen.

Gefahren für die Datenintegrität

Daten können auf vielerlei Weise beschädigt werden. In Kapitel 5 beschreibe ich Probleme, die durch das Eingeben falscher Daten, absichtliche Beschädigungen und Parallelzugriffe auf gleiche Daten entstehen können. Schlecht formulierte SQL-Befehle und falsch entworfene Anwendungen können Ihre Daten ebenfalls beschädigen, und es ist nicht schwer vorzustellen, wie das passieren kann. Zwei Bedrohungen habe ich noch nicht erwähnt: die Plattforminstabilität und den Ausfall von Geräten. Ich werde in diesem Kapitel kurz auf diese Gefahren eingehen, mich aber hauptsächlich auf die Probleme konzentrieren, die durch den parallelen Zugriff auf die Daten entstehen können.

Plattforminstabilität

Plattforminstabilität ist eine Kategorie von Problemen, die es überhaupt nicht geben sollte – aber leider sieht die Praxis anders aus. Probleme dieser Art treten meistens auf, wenn Sie eine oder mehrere neue, noch wenig bewährte Komponenten in Ihr System einfügen. Probleme können durch eine neue DBMS-Version, eine neue Version des Betriebssystems oder neue Hardware ausgelöst werden. Während Sie eine kritische Anwendung laufen lassen, treten Bedingungen oder Situationen ein, die es nie zuvor gab. Ihr System hängt sich auf, und Ihre Daten sind beschädigt. Um das Problem zu beheben, können Sie Ihren Computer und seine Erbauer insgeheim oder lautstark beschimpfen, aber darüber hinaus können Sie nur hoffen, daß Ihre letzte Datensicherung in Ordnung ist.

Führen Sie niemals wichtige Geschäftsaufgaben auf einem System mit Komponenten aus, die sich noch nicht in der Praxis bewährt haben. Widerstehen Sie der Versuchung, die Betaversion der neuesten, mit vielen versprochenen Zusatzfunktionen versehenen Version Ihres DBMS oder Betriebssystems zur Erledigung Ihrer täglichen Aufgaben einzusetzen, mit denen Sie Ihr Brot verdienen. Wenn Sie glauben, praktische Erfahrungen mit neuen Versionen sammeln zu müssen, benutzen Sie dafür eine Maschine, die von dem Netzwerk, mit dem Sie Ihre geschäftlichen Aufgaben erledigen, vollkommen getrennt ist.

Geräteausfall

Selbst bewährte, sehr zuverlässige Geräte fallen manchmal aus. Jedes physische Gerät nutzt sich mit der Zeit ab – sogar Computer aus Festkörperbauteilen. Wenn ein solcher Geräteausfall eintritt, während Ihre Datenbank geöffnet und aktiv ist, können Sie Daten verlieren. Es kann sogar noch schlimmer sein: Sie verlieren Daten und bemerken es nicht. Sie können sich darauf verlassen, daß ein solcher Ausfall früher oder später eintritt. Wenn Murphys Gesetz gerade an diesem Tag gilt, ist der Zeitpunkt denkbar ungünstig.

Eine Möglichkeit, sich gegen Geräteausfälle zu schützen, ist Redundanz. Machen Sie von allem eine Extrakopie. Halten Sie ein zweites Hardwaresystem als Ersatz bereit, das genauso wie Ihr Arbeitssystem konfiguriert ist. Machen Sie Sicherungen Ihrer Datenbank und Anwendungen, die Sie im Bedarfsfall auf Ihrer Ersatz-Hardware laden können.

Die Kosten können Sie davon abhalten, alles zu duplizieren (wodurch auch die Kosten verdoppelt werden), aber achten Sie wenigstens darauf, daß Ihre Datenbank und Ihre Anwendungen häufig genug gesichert werden, damit Sie nach einem Ausfall nicht ein zweites Mal große Datenmengen eingeben müssen.

Eine weitere Möglichkeit, die schlimmsten Folgen eines Geräteausfalls zu vermeiden, ist die sogenannte *Transaktionsverarbeitung*. Dieses wichtige Thema wird später in diesem Kapitel behandelt.

Eine *Transaktion* ist eine unteilbare Arbeitseinheit. Entweder wird die gesamte Transaktion ausgeführt oder gar kein Teil von ihr. Die schlimmsten Probleme entstehen dadurch, daß nur ein Teil einer Reihe zusammengehöriger Datenbankoperationen ausgeführt wird.

Parallelzugriff

Nehmen Sie an, daß Sie mit einer bewährten Hard- und Software arbeiten, daß Ihre Daten in Ordnung sind, daß Ihre Anwendung fehlerfrei ist und Ihre Ausrüstung zuverlässig funktioniert. Auch dann können noch Probleme auftreten, und zwar durch sogenannte *Zugriffskonflikte*, wenn mehrere Leute versuchen, gleichzeitig auf dieselben Datenbanktabellen zuzugreifen. Multiuser-Datenbanksysteme müssen mit den Problemen des Parallelzugriffs auf dieselben Daten umgehen können.

Betrachten wir ein Beispiel, wo die Interaktion zwischen parallelen Benutzern Probleme verursachen kann. Nehmen Sie beispielsweise an, daß Sie eine Anwendung zur Auftragsverarbeitung schreiben, die mit vier Tabellen arbeitet: AUFTRAGSKOPF, AUFTRAGSPOSITION, KUNDE und ARTIKEL. Die Tabelle AUFTRAGSKOPF hat die Spalten AUFTRAGSNUMMER (als Primärschlüssel), KUNDE_NUMMER (als Fremdschlüssel, der die Tabelle KUNDE referenziert) sowie einige andere Spalten, die hier unwichtig sind. Die Tabelle AUFTRAGSPOSITION hat die Spalten POS_NUMMER (als Primärschlüssel), ARTIKEL_NUMMER (als Fremdschlüssel, der die Tabelle ARTIKEL referenziert) und MENGE. Die Tabelle ARTIKEL hat die Spalten ARTIKEL_NUMMER (als Primärschlüssel), LAGERBESTAND und andere Spalten.

Ihre Firmenpolitik schreibt vor, einen Auftrag komplett oder gar nicht abzuwickeln. Es gibt keine Teillieferungen und keine Rückstände. Die Anwendung AUFTRAGSVERARBEITUNG bearbeitet alle Aufträge in AUFTRAGSKOPF und stellt fest, ob eine Lieferung *aller* Auftragspositionen möglich ist. Falls dies der Fall ist, stellt Sie die Papiere aus, verringert den LAGERBESTAND in der Tabelle ARTIKEL und löscht die betreffenden Einträge in den Tabellen AUFTRAGSKOPF und AUFTRAGSPOSITION.

Es gibt mehrere Methoden, um die Aufträge zu verwalten. Die erste Methode besteht darin, die ARTIKEL-Zeilen entsprechend den Zeilen in der Tabelle AUFTRAGSPOSITION zu verarbeiten. Wenn der LAGERBESTAND genügend groß ist, ziehen Sie die Auftragsmenge ab. Falls der LAGERBESTAND nicht ausreichend ist, führen Sie ein Rollback der Transaktion durch, um alle Lagerreduzierungen der Positionen dieses Auftrags rückgängig zu machen.

Die zweite Methode besteht darin, zunächst alle ARTIKEL-Zeilen zu prüfen, die von den Auftragspositionen betroffen sind, und danach – wenn *alle* Lagerbestände groß genug sind – die Auftragspositionen vom Lager abzubuchen.

Die erste Methode ist effizienter, wenn alle Artikel auf Lager sind, die zweite, wenn Artikel fehlen. Wenn Ihre Lagerbestände normalerweise ausreichen, um Aufträge ausliefern zu können, sollten Sie deshalb die erste Methode verwenden, andernfalls die zweite.

Welchen Einfluß hat die Wahl der Methode bei einem Multiuser-System ohne ausreichende Kontrolle der Parallelverarbeitung? Nehmen Sie an, daß Benutzer A einen Auftrag nach der ersten Methode abwickelt. Vom Artikel-1 des Auftrags sind zehn Stück auf Lager, die von dem Auftrag komplett beansprucht werden. Die Auftragsverarbeitung läuft, und die Lagermenge von Artikel-1 wird auf null reduziert. An dieser Stelle bearbeitet Benutzer B einen kleinen Auftrag über ein Stück von Artikel-1 und sieht, daß er den Auftrag nicht erfüllen kann, weil die Lagermenge null ist. Deshalb führt Benutzer B ein Rollback seines Auftrags aus. Inzwischen versucht Benutzer A, fünf Stück von Artikel-37 abzubuchen, von dem aber nur vier Stück auf Lager sind. Benutzer A führt deshalb ein Rollback seines Auftrags aus, weil er den Auftrag nicht komplett erfüllen kann. Die Tabelle ARTIKEL ist jetzt wieder in dem Zustand, in dem sie war, bevor beide Benutzer anfingen zu arbeiten. Keiner der beiden Aufträge ist erledigt, obwohl der zweite hätte erfüllt werden können.

Wenn in einer ähnlichen Situation die zweite Methode verwendet wird, kann ein anderes Problem auftreten. Benutzer A könnte alle bestellten Artikel prüfen und feststellen, daß alle Artikel in ausreichender Menge auf Lager sind. Wenn jetzt Benutzer B mit einem Auftrag dazwischenkommt und einen der (von A) bestellten Artikel abbucht, ehe Benutzer A seine Abbuchungen ausführt, können die Abbuchungen in der Transaktion von Benutzer A scheitern.

Wenn die Transaktionen seriell statt parallel ausgeführt werden, tritt kein Konflikt ein. Wenn im ersten Beispiel die Transaktion von Benutzer A vor dem Beginn der Transaktion von Benutzer B komplett abgeschlossen worden wäre, würde das ROLLBACK, das Benutzer A ausführt, weil er nicht alle Auftragspositionen befriedigen kann, dazu führen, daß Benutzer B den bestellten Artikel in seiner Transaktion liefern kann. Im zweiten Beispiel hat Benutzer B keine Gelegenheit, die Menge eines Artikels zu ändern, ehe nicht die Transaktion von Benutzer A abgeschlossen ist. Die Transaktion von Benutzer A wird erfolgreich beendet.

Wenn Transaktionen *seriell* (nacheinander) ausgeführt werden, können sie sich nicht gegenseitig schaden. Die Ausführung paralleler Transaktionen wird als *serialisierbar* bezeichnet, wenn das Ergebnis dasselbe wäre wie bei einer seriellen Ausführung der Transaktionen.

Bei der Wahl des Verfahrens müssen Sie das Zeitverhalten gegen den Sicherheitsbedarf abwägen. Je stärker die Absicherung, desto länger dauert die Ausführung einer Funktion. Versuchen Sie, die richtige Balance zu finden, und sichern Sie Ihr System so weit wie nötig – aber nicht weiter. Eine zu strikte Kontrolle von Parallelzugriffen kann das Systemverhalten in die Knie zwingen.

Die Gefahr von Datenkorruption reduzieren

Sie können an mehreren Stellen ansetzen, um die Gefahr einer Datenkorruption durch ein Mißgeschick oder eine unvorhergesehene Interaktion zu vermeiden. Einige dieser Vorsichtsmaßnahmen sind in Ihr DBMS eingebaut. Sie bewahren Sie wie Schutzengel vor Schaden. Und wie bei Schutzengeln bemerken Sie ihr Wirken wahrscheinlich nicht einmal. Ihr Datenbankadministrator (DBA) trifft bestimmte Vorsichtsmaßnahmen, von denen Sie wahrscheinlich ebenfalls nichts wissen. Schließlich können Sie – als Entwickler – selbst einige Vorkehrungen treffen. Versuchen Sie, daraus eine Gewohnheit zu machen, so daß Sie diese Vorkehrungen automatisch in Ihren Code oder in Ihre Interaktionen mit Ihrer Datenbank einfügen. Sie können viel Ärger vermeiden, wenn Sie einige einfache Prinzipien beherzigen, wenn Sie mit einer Datenbank arbeiten.

Mit SQL-Transaktionen arbeiten

Transaktionen gehören zu den Hauptwerkzeugen von SQL, um die Integrität einer Datenbank zu bewahren. Eine SQL-Transaktion kapselt alle SQL-Befehle ein, die eine Auswirkung auf die Datenbank haben können. Eine SQL-Transaktion wird entweder mit dem Befehl COMMIT oder dem Befehl ROLLBACK abgeschlossen. Wenn sie mit dem Befehl COMMIT beendet wird, werden alle Befehle in der Transaktion schnell nacheinander auf die Datenbank angewendet. Wenn die Transaktion mit dem Befehl ROLLBACK beendet wird, werden die Auswirkungen aller Befehle aufgehoben, und die Datenbank wird in den Zustand vor dem Beginn der Transaktion zurückversetzt.

Bei der folgenden Beschreibung benutze ich den Terminus *Anwendung*, um entweder die Ausführung eines Programms (in COBOL, C oder einer anderen Programmiersprache) oder eine Reihe von Aktionen zu bezeichnen, die in einer einzelnen Sitzung an einem Terminal eingegeben werden. Eine Anwendung kann eine Reihe von SQL-Transaktionen umfassen. Die erste SQL-Transaktion beginnt, wenn die Anwendung beginnt; die letzte SQL-Transaktion endet, wenn die Anwendung endet. Jedes COMMIT oder ROLLBACK, das die Anwendung ausführt, beendet eine SQL-Transaktion und beginnt die nächste. Beispielsweise hätte eine Anwendung mit drei SQL-Transaktionen die folgende Form:

```
Beginn der Anwendung
    Verschiedene SQL-Befehle (SQL-Transaktion-1)
COMMIT oder ROLLBACK
    Verschiedene SQL-Befehle (SQL-Transaktion-2)
COMMIT oder ROLLBACK
    Verschiedene SQL-Befehle  (SQL-Transaktion-3)
Ende der Anwendung
```

Ich benutze die Bezeichnung *SQL-Transaktion*, weil die Anwendung auch andere Funktionen, wie z.B. Netzwerkzugriffe, ausführen kann, die andere Arten von Transaktionen verwenden. Wenn ich im folgenden Text von *Transaktion* spreche, meine ich damit eine *SQL-Transaktion*.

Eine Transaktion hat einen *Zugriffsmodus*, der entweder den Wert READ-WRITE oder den Wert READ-ONLY hat, und eine *Isolierungsebene*, die einen der Werte SERIALIZABLE, REPEATABLE READ, READ COMMITTED oder READ UNCOMMITTED annehmen kann. Ich werde diese Transaktionseigenschaften gleich beschreiben. Die Standardeigenschaften lauten READ-WRITE und SERIALIZABLE. Alle anderen Eigenschaften müssen Sie mit dem Befehl SET TRANSACTION setzen, wie beispielsweise

```
SET TRANSACTION READ ONLY ;
```

oder

SET TRANSACTION READ ONLY REPEATABLE READ ;

oder

SET TRANSACTION READ COMMITTED ;

Eine Anwendung kann mehrere SET TRANSACTION-Befehle enthalten, aber jede Transaktion darf nur einen dieser Befehle enthalten, und dieser muß der erste SQL-Befehl der Transaktion sein. Wenn Sie einen SET TRANSACTION-Befehl verwenden wollen, führen Sie ihn entweder am Beginn der Anwendung oder nach einem COMMIT oder ROLLBACK aus. Wenn eine Transaktion nicht die Standardeigenschaften haben soll, müssen Sie den SET TRANSACTION-Befehl am Beginn jeder betroffenen Transaktion ausführen, weil jede neue Transaktion nach einem COMMIT oder ROLLBACK automatisch wieder mit den Standardeigenschaften arbeitet.

Der Befehl SET TRANSACTION kann mit der Option DIAGNOSTICS SIZE die maximale Anzahl der Fehlermeldungen festlegen, die das System bei der Ausführung der Anwendung speichern soll (weil bei der Ausführung eines Befehls mehr als ein Fehler auftreten kann). Der Standardwert für diese Fehleranzahl ist implementierungsabhängig und fast immer groß genug.

Die Standardtransaktion

Die Standardtransaktion verfügt über Eigenschaften, die für die meisten Benutzer in den meisten Fällen ausreichend sind. Bei den wenigen Gelegenheiten, bei denen Sie mit anderen Transaktionseigenschaften arbeiten müssen, können Sie diese mit dem Befehl SET TRANSACTION ändern (siehe den vorangegangenen Abschnitt). (Ich gehe auch später in diesem Kapitel noch einmal auf diesen Befehl im Detail ein.)

Die Standardtransaktion arbeitet im READ-WRITE-Modus, in dem Sie die Datenbank ändern können. Die Isolierungsebene ist auf SERIALIZABLE gesetzt – die höchstmögliche und damit auch sicherste Isolierungsebene. Die Standardgröße für den Fehlerspeicher (DIAGNOSTICS SIZE) ist implementierungsabhängig und geht aus der SQL-Dokumentation Ihres Systems hervor.

Isolierungsebenen

Idealerweise wären alle parallel ausgeführten Transaktionen auf Ihrem System vollkommen voneinander isoliert. In der Praxis ist dieses Ideal bei Multiuser-Systemen jedoch nicht immer zu erreichen, weil das Zeitverhalten zu sehr darunter leiden würde. Deshalb tritt die Frage auf: »Wieviel Isolierung wollen Sie haben, und welchen Preis in Form schlechteren Zeitverhaltens sind Sie bereit zu zahlen?«

Die schwächste Isolierungsebene heißt READ UNCOMMITTED, mit dem ein manchmal problematischer Dirty-Read möglich ist. Ein *Dirty-Read* ist eine Situation, in der eine Änderung, die von einem Benutzer gemacht wurde, von einem zweiten Benutzer gelesen werden kann, ehe der erste Benutzer die Änderung mit einem `COMMIT` endgültig macht. Ein Problem tritt auf, wenn der erste Benutzer seine Transaktion abbricht und rückgängig macht. Die folgenden Operationen des zweiten Benutzers basieren jetzt auf einem falschen Wert. Das klassische Beispiel dafür ist eine Anwendung zur Lagerverwaltung, bei der der erste Benutzer den Lagerbestand reduziert und der zweite Benutzer den neuen, niedrigeren Wert liest. Der erste Benutzer macht dann seine Transaktion rückgängig und stellt dabei den ursprünglichen Lagerbestand wieder her. Der zweite Benutzer hält aber den Lagerbestand für niedrig, bestellt den Artikel nach und schafft damit möglicherweise eine Situation, in welcher der Lagerbestand viel zu groß ist.

 Arbeiten Sie nicht mit der Isolierungsebene `READ UNCOMMITTED`, wenn Ihnen die Genauigkeit Ihrer Daten wichtig ist oder wenn Ihr System nicht extrem belastet ist.

`READ UNCOMMITTED` ist unproblematisch, wenn Sie nur ungefähre statistische Daten benötigen, wie beispielsweise die folgenden:

✔ Die Durchschnittsdauer für die Abwicklung eines Auftrags

✔ Das Durchschnittsalter der Verkäufer, die ihre Quoten nicht erreichen

✔ Das Durchschnittsalter neuer Mitarbeiter

In vielen solcher Fälle reichen die ungefähren Informationen aus und die zusätzlichen Kosten (in Form eines schlechteren Zeitverhaltens), um die Parallelverarbeitung strenger zu regulieren und damit genauere Daten zu erhalten, sind den Aufwand nicht wert.

Die nächsthöhere Isolierungsebene ist `READ COMMITTED`, bei der eine Änderung einer anderen Transaktion für Ihre Transaktion erst sichtbar wird, wenn der andere Benutzer seine Transaktion mit `COMMIT` abgeschlossen hat. Dies ist besser als der vorangegangene Fall, kann aber immer noch zu einem ernsten Problem führen – dem nicht reproduzierbaren Tabellen-Read. Um dieses Phänomen zu illustrieren, wollen wir zu dem Lagerbestandsbeispiel zurückkehren. Benutzer A fragt die Datenbank ab, um festzustellen, wieviel Stück eines bestimmten Artikels auf Lager sind. Die Zahl sei zehn. Fast gleichzeitig startet und beendet Benutzer B eine Transaktion, bei welcher der Lagerbestand dieses Artikels um zehn Stück auf null reduziert wird. Benutzer A, der gesehen hat, daß zehn Stück des Artikels auf Lager sind, versucht jetzt, fünf davon für einen Auftrag abzubuchen. Es sind jedoch keine fünf Stück mehr auf Lager. Das ursprüngliche Ergebnis der ersten Abfrage von Benutzer A ist nicht reproduzierbar, weil sich die Lagermenge geändert hat, so daß die Annahmen, die auf der ersten Abfrage basieren, nicht gültig sind.

Die Isolierungsebene `REPEATABLE READ` garantiert, daß das Problem des nicht reproduzierbaren Reads nicht auftreten kann. Bei dieser Isolierungsebene kann jedoch immer noch ein sogenannter *Phantom-Read* auftreten – ein Problem, das entsteht, wenn ein Benutzer einen Befehl gibt, dessen Suchbedingung (die `WHERE`- oder `HAVING`-Klausel) eine Menge von Zeilen auswählt. Wenn unmittelbar danach Benutzer B eine Operation ausführt und beendet, mit der die Daten in einigen Zeilen geändert werden, kann es passieren, daß die Daten die Suchbedingung jetzt nicht mehr erfüllen und umgekehrt andere, welche die Suchbedingung ursprünglich nicht erfüllten, es jetzt tun. Benutzer A, dessen Transaktion noch aktiv ist, gibt einen weiteren SQL-Befehl mit derselben Suchbedingung wie beim ersten Befehl ein. Er erwartet, daß dieselben Zeilen zurückgegeben werden. Statt dessen aber wird die zweite Operation – von ihm unbemerkt – mit einer anderen Menge von Zeilen als die erste ausgeführt.

Die Isolierungsebene SERIALIZABLE ist keinem dieser Probleme unterworfen. Auf dieser Ebene können parallele Transaktionen im Prinzip seriell oder nacheinander statt parallel ausgeführt werden, ohne daß sich das Ergebnis ändert. Wenn Sie mit dieser Isolierungsebene arbeiten, können Ihre Transaktionen zwar noch durch Hardware- oder Softwareprobleme scheitern, aber Sie brauchen sich wenigstens keine Sorgen um die Korrektheit der Ergebnisse zu machen, wenn Ihr System einwandfrei funktioniert. Tabelle 13.1 zeigt die vier Isolierungsebenen und die durch sie gelösten Probleme.

Isolierungsebene	Gelöste Probleme
READ UNCOMMITTED	Keine
READ COMMITTED	Dirty-Read
REPEATABLE READ	Dirty-Read
	nichtreproduzierbarer Tabellen-Read
SERIALIZABLE	Dirty-Read
	nichtreproduzierbarer Tabellen-Read
	Phantom-Read

Tabelle 13.1: Isolierungsebenen und gelöste Probleme

Befehle mit implizitem Transaktionsbeginn

Bei einigen Implementierungen von SQL müssen Sie eine Transaktion explizit mit einem Befehl, wie z.B. BEGIN oder BEGIN TRAN, beginnen. In SQL-92 wird dies nicht gefordert. Wenn im Moment keine Transaktion aktiv ist und Sie einen Befehl geben, der in einer Transaktion ausgeführt wird, beginnt SQL-92 für Sie automatisch eine Standardtransaktion. CREATE TABLE, SELECT und UPDATE sind Beispiele für Befehle, die im Kontext einer Transaktion ausgeführt werden. Wenn Sie einen dieser Befehle eingeben, startet SQL automatisch eine Transaktion.

SET TRANSACTION

Wenn Sie nicht mit den Standardtransaktionseigenschaften arbeiten wollen, können Sie diese mit dem Befehl SET TRANSACTION ändern, der in diesem Fall der erste Befehl der Transaktion sein muß. Mit dem Befehl SET TRANSACTION können Sie den Modus, die Isolierungsebene und die Größe des Diagnosebereichs spezifizieren.

Beispielsweise können Sie folgenden Befehl geben:

```
SET TRANSACTION
    READ ONLY,
    ISOLATION LEVEL READ UNCOMMITTED,
    DIAGNOSTICS SIZE 4
```

Damit legen Sie fest, daß die Datenbank nicht geändert werden kann (READ ONLY) und Sie mit der niedrigsten und gefährlichsten Isolierungsebene (READ UNCOMMITTED) arbeiten wollen. Der Diagnosebereich soll die Größe vier haben. Mit diesem Befehl belasten Sie die Ressourcen des Systems nur minimal.

Im Gegensatz dazu können Sie auch sagen:

```
SET TRANSACTION
    READ WRITE,
    ISOLATION LEVEL SERIALIZABLE,
    DIAGNOSTICS SIZE 8
```

Damit legen Sie fest, daß die Datenbank geändert werden darf und Sie mit der höchsten Isolierungsebene arbeiten wollen. Der Diagnosebereich soll die Größe acht haben. Damit belasten Sie die Ressourcen des Systems in höherem Maße. Abhängig von Ihrer Implementierung könnten diese Einstellungen mit denen einer Standardtransaktion übereinstimmen. Natürlich können Sie auch andere Eigenschaften mit dem Befehl SET TRANSAKTION festlegen.

Die Isolierungsebene immer auf SERIALIZABLE zu setzen scheint unter dem Gesichtspunkt der Sicherheit das Vernünftigste zu sein. Abhängig von Ihrer Implementierung und Ihrer Aufgabe ist dies möglicherweise nicht immer erforderlich, und das Zeitverhalten des Systems kann beträchtlich darunter leiden, wenn Sie immer diese Isolierungsebene wählen. Setzen Sie deshalb die Isolierungsebene Ihrer Transaktionen so hoch wie nötig, aber nicht höher. Wenn Sie die Datenbank in Ihrer Transaktion nicht ändern wollen, setzen Sie den Modus auf READ ONLY. Belegen Sie keine Systemressourcen, die Sie nicht benötigen.

COMMIT

In SQL-92 gibt es keinen Befehl, um eine Transaktion explizit einzuleiten, aber zwei Befehle, um sie explizit zu beenden: COMMIT und ROLLBACK. Mit COMMIT können Sie die Änderungen der Transaktion dauerhaft speichern. Sie können zusätzlich das optionale Schlüsselwort WORK (COMMIT WORK) angeben. Wenn Sie bei der Ausführung eines COMMIT auf einen Fehler stoßen oder das System abstürzt, können Sie die Transaktion mit ROLLBACK rückgängig machen und von vorne beginnen.

ROLLBACK

Wenn Sie die Änderungen einer Transaktion nicht dauerhaft speichern, sondern die Datenbank in den Zustand vor dem Beginn der Transaktion zurückversetzen wollen, können Sie die Transaktion mit dem Befehl ROLLBACK beenden. ROLLBACK dient als Sicherheitsmechanismus. Selbst wenn das System abstürzt, während ein ROLLBACK läuft, können Sie das ROLLBACK neu starten, wenn das System wiederhergestellt ist, um die Datenbank in den Zustand vor der Transaktion zurückzuversetzen.

Locking

Die Isolierungsebene, die entweder standardmäßig oder durch den Befehl SET TRANSACTION eingestellt ist, teilt dem DBMS mit, wie streng es Ihre Arbeit von den Einflüssen der Arbeit anderer Benutzer isolieren soll. Der Hauptschutz, den Ihnen das DBMS vor schädlichen Transaktionen bietet, besteht darin, die Datenbankobjekte zu sperren, mit denen Ihre Anwendung arbeitet. Manchmal wird die Tabellenzeile gesperrt, auf die Sie gerade zugreifen, um andere Benutzer daran zu hindern, gleichzeitig darauf zuzugreifen. Manchmal wird eine ganze Tabelle gesperrt, wenn Ihre Operation die gesamte Tabelle betreffen kann. Manchmal ist nur das Lesen, aber nicht das Ändern der Daten zugelassen. Manchmal ist beides verboten. Jede Implementierung handhabt Sperren auf eigene Weise. Einige Implementierungen sind sicherer als andere, aber die meisten modernen Systeme schützen Ihre Daten vor den schlimmsten Problemen, die beim Parallelzugriff auf Daten auftreten können.

Backup

Das Backup ist eine vorbeugende Schutzmaßnahme, die Ihr DBA regelmäßig ausführen sollte. Alle Komponenten Ihres Systems sollten regelmäßig gesichert werden, wobei das Intervall von der Änderungshäufigkeit der Komponenten abhängt. Wenn Ihre Datenbank täglich geändert wird, sollte sie täglich gesichert werden. Auch Ihre Anwendungen, Formulare und Berichte ändern sich, wenn auch weniger häufig. Bei jeder Änderung sollte Ihr DBA die neuen Versionen ebenfalls sichern.

Arbeiten Sie mit mehreren Sicherungsgenerationen. Manchmal wird ein Schaden an der Datenbank erst einige Zeit später bemerkt. Dann müssen Sie möglicherweise auf eine ältere Generation zurückgreifen, um eine mit Sicherheit noch korrekte Version der Datenbank wiederherzustellen.

Es gibt viele verschiedene Methoden, Daten zu sichern. Eine Methode besteht darin, mit SQL Sicherungstabellen zu erstellen und die Daten in diese Tabellen zu kopieren. Eine zweite Methode benutzt einen implementierungsabhängigen Mechanismus, um die komplette Datenbank oder Teile von ihr zu sichern. Dieser Mechanismus ist im allgemeinen viel bequemer und effizienter als die Verwendung von SQL. Schließlich kann Ihre Installation auch über einen Mechanismus verfügen, der ihr gesamtes System – einschließlich Datenbanken, Programme, Dokumente, Tabellenkalkulationen, Utilities und Computerspiele – auf einmal sichert. Falls dies der Fall ist, brauchen Sie nur darauf zu achten, daß die Sicherungen häufig genug erfolgen, um die Sicherheit Ihrer Daten zu gewährleisten.

Constraints innerhalb von Transaktionen

Um die Gültigkeit der Daten in Ihrer Datenbank zu gewährleisten, müssen Sie mehr tun, als darauf zu achten, daß die Datentypen der Daten stimmen. Einige Spalten dürfen beispielsweise keine NULL-Werte enthalten. Andere müssen Werte enthalten, die innerhalb eines bestimmten Wertebereichs liegen. Diese Arten von Einschränkungen, sogenannte *Constraints,* werden in Kapitel 5 beschrieben.

Constraints spielen auch bei Transaktionen eine Rolle, weil sie Sie daran hindern können, bestimmte Aufgaben auszuführen. Nehmen Sie beispielsweise an, daß Sie Daten in eine Tabelle einfügen wollen, die eine Spalte mit einem NOT NULL-Constraint enthält. Eine häufige Methode, um einen Datensatz in eine Tabelle einzufügen, besteht darin, zunächst eine leere Zeile in die Tabelle einzufügen und die Werte später einzusetzen. Bei einem NOT NULL-Constraint einer Spalte ist dieses Verfahren jedoch nicht anwendbar, weil Sie dann keine leere Zeile in die Tabelle einfügen können. Um dieses Problem zu lösen, können Sie in SQL-92 Constraints entweder als DEFERRABLE oder NOT DEFERRABLE (dt. *aufschiebbar* oder *nicht aufschiebbar*) definieren.

Constraints mit dem Attribut NOT DEFERRABLE werden sofort angewendet. Ein aufschiebbares Constraint kann wahlweise mit dem Anfangsattribut DEFERRED (dt. *aufgeschoben*) oder IMMEDIATE (dt. *sofort*) versehen werden. Wenn ein aufschiebbares Constraint auf IMMEDIATE gesetzt ist, funktioniert es wie ein Constraint mit dem Attribut NOT DEFERRABLE. Es wird sofort angewendet. Wenn ein aufschiebbares Constraint auf DEFERRED gesetzt ist, wird seine Einhaltung nicht erzwungen.

Um leere Datensätze einzufügen oder andere Operationen auszuführen, die gegen Constraints mit dem Attribut DEFERRABLE verstoßen könnten, können Sie folgenden Befehl benutzen:

SET CONSTRAINTS ALL DEFERRED

Damit werden alle DEFERRABLE-Constraints in den Modus DEFERRED (dt. *aufgeschoben*) gesetzt. Die NOT DEFERRABLE-Constraints werden von dem Befehl nicht berührt. Wenn Sie alle Operationen ausgeführt haben, die gegen Constraints verstoßen könnten, und sich die Tabelle jetzt in einem Zustand befindet, der nicht mehr gegen diese Constraints verstößt, können Sie die Constraints folgendermaßen wieder reaktivieren:

SET CONSTRAINTS ALL IMMEDIATE

Wenn Sie einen Fehler gemacht haben und ein oder mehrere Ihrer Constraints verletzt wurden, erfahren Sie es zu diesem Zeitpunkt.

Wenn Sie DEFERRED-Constraints nicht explizit auf IMMEDIATE setzen, macht SQL dies automatisch für Sie, wenn Sie versuchen, Ihre Transaktion mit COMMIT dauerhaft zu speichern.

Wenn zu diesem Zeitpunkt noch Constraints verletzt werden, wird die Transaktion nicht mit COMMIT abgeschlossen, sondern SQL meldet Ihnen einen Fehler.

Die Art und Weise, wie SQL mit Constraints umgeht, schützt Sie einerseits davor, ungültige Daten einzugeben (oder keine Daten einzugeben, wo welche gefordert sind), und gibt Ihnen andererseits die Flexibilität, um Constraints temporär während einer aktiven Transaktion außer Kraft zu setzen.

Wir wollen ein Lohnabrechnungsbeispiel betrachten, um zu zeigen, warum die Möglichkeit wichtig ist, die Anwendung von Constraints aufzuschieben.

Nehmen Sie an, daß die Tabelle MITARBEITER die Spalten MITARB_NO, MITARB_NAME, ABTEILUNG_NO und GEHALT hat. ABTEILUNG_NO ist ein Fremdschlüssel, der die Tabelle ABTEILUNG referenziert. Nehmen Sie weiter an, daß die Tabelle ABTEILUNG die Spalten ABTEILUNG_NO und ABTEILUNG_NAME hat, wobei ABTEILUNG_NO der Primärschlüssel ist.

Außerdem soll es eine Tabelle wie ABTEILUNG geben, die zusätzlich über die Spalte GEHALTS-SUMME verfügt, welche die Summe der GEHALT-Werte der Mitarbeiter jeder Abteilung enthält.

Sie können ein Äquivalent dieser Tabelle mit der folgenden Sicht erstellen:

```
CREATE VIEW ABT2 AS
   SELECT A.*, SUM(M.GEHALT) AS GEHALTSSUMME
      FROM ABTEILUNG A, MITARBEITER M
      WHERE A.ABTEILUNG_NO = M.ABTEILUNG_NO
      GROUP BY A.ABTEILUNG_NO ;
```

Alternativ können Sie diese Sicht auch folgendermaßen definieren:

```
CREATE VIEW ABT3 AS
   SELECT A.*,
      (SELECT SUM(M.GEHALT)
         FROM MITARBEITER M
         WHERE A.ABTEILUNG_NO = M.ABTEILUNG_NO) AS GEHALTSSUMME
      FROM ABTEILUNG A ;
```

Nehmen Sie aber an, daß Sie aus Gründen der Effizienz die Summe (SUM) nicht bei jeder Referenz von ABTEILUNG.GEHALTSSUMME neu berechnen wollen. Statt dessen wollen Sie in der Tabelle ABTEILUNG eine echte Spalte namens GEHALTSSUMME verwenden und diese Spalte jedesmal aktualisieren, wenn Sie ein GEHALT ändern.

Um sicherzustellen, daß die Spalte GEHALT korrekte Werte enthält, fügen Sie in die Tabellendefinition ein Constraint ein:

```
CREATE TABLE ABTEILUNG
   (ABTEILUNG_NO CHAR(5),
    ABTEILUNG_NAME CHAR(20),
    GEHALTSSUMME DECIMAL(15,2),
    CHECK (GEHALTSSUMME = SELECT SUM(GEHALT)
       FROM MITARBEITER M WHERE M.ABTEILUNG_NO = ABTEILUNG.ABTEILUNG_NO));
```

Nehmen Sie jetzt an, daß Sie das GEHALT von Mitarbeiter 123 um 100 DM erhöhen wollen. Sie können dies mit dem folgenden UPDATE-Befehl erreichen:

```
UPDATE MITARBEITER
   SET GEHALT = GEHALT + 100
   WHERE MITARB_NO = '123' ;
```

Sie dürfen nicht vergessen, den folgenden Befehl auszuführen:

```
UPDATE ABTEILUNG A
SET GEHALTSSUMME = GEHALTSSUMME + 100
WHERE A.ABTEILUNG_NO = SELECT M.ABTEILUNG_NO
                      FROM MITARBEITER M
                      WHERE M.MITARB_NO = '123' ;
```

(Sie benutzen die Unterabfrage, um die ABTEILUNG_NO von Mitarbeiter 123 zu referenzieren.)

Aber Sie haben ein Problem. Constraints werden am Ende jedes Befehls geprüft. Im Prinzip werden alle Constraints geprüft. Praktisch prüft eine Implementierung jedoch nur die Constraints, die Werte referenzieren, die durch den Befehl geändert werden.

Deshalb prüft die Implementierung nach dem ersten der vorangegangenenen UPDATE-Befehle alle Constraints, die Werte referenzieren, die durch den Befehl geändert werden. Dazu zählen das Constraint, das in der Tabelle ABTEILUNG definiert wird, weil dieses Constraint die Spalte GEHALT der Tabelle MITARBEITER referenziert und der Befehl UPDATE diese Spalte modifiziert. Nach dem ersten UPDATE-Befehl wird dieses Constraint verletzt. Sie nehmen an, daß die Datenbank, ehe Sie den UPDATE-Befehl ausführen, korrekt ist und jeder Wert in der Spalte GEHALTSSUMME der Tabelle ABTEILUNG gleich der Summe der GEHALT-Werte in der entsprechenden Spalte der Tabelle MITARBEITER ist. Dann erhöht der erste UPDATE-Befehl einen GEHALT-Wert, und diese Gleichheit ist nicht mehr gegeben. Der zweite UPDATE-Befehl korrigiert diese Situation, und danach erfüllen die Datenbankwerte das Constraint wieder. Aber zwischen den beiden UPDATE-Befehlen wird das Constraint nicht erfüllt.

Der Befehl SET CONSTRAINTS DEFERRED hat den Zweck, alle Constraints oder einige bestimmte Constraints temporär außer Kraft zu setzen. Die Anwendung der Constraints wird aufgeschoben, bis Sie entweder den Befehl SET CONSTRAINTS ALL IMMEDIATE oder ein COMMIT oder ROLLBACK ausführen. Deshalb sollten Sie die beiden vorangegangenen UPDATE-Befehle durch zwei SET CONSTRAINTS-Befehle einschließen:

```
SET CONSTRAINTS ALL DEFERRED ;
UPDATE MITARBEITER
   SET GEHALT = GEHALT + 100
   WHERE MITARB_NO = '123' ;
UPDATE ABTEILUNG A
   SET GEHALTSSUMME = GEHALTSSUMME + 100
   WHERE A.ABTEILUNG_NO = SELECT M.ABTEILUNG_NO
     FROM MITARBEITER M
     WHERE M.MITARB_NO = '123' ;
SET CONSTRAINTS ALL IMMEDITAE ;
```

Beachten Sie, daß dadurch alle Constraints aufgeschoben werden, d. h., wenn Sie eine neue Zeile in ABTEILUNG einfügen, wird der Primärschlüssel nicht geprüft. Sie haben damit einen Schutz aufgehoben, auf den Sie möglicherweise nicht verzichten möchten. Deshalb ist es besser, das Constraint oder die Constraints zu spezifizieren, das bzw. die Sie aufschieben möchten. Um dies tun zu können, müssen Sie den Constraints Namen geben, wenn Sie sie definieren:

```
CREATE TABLE ABTEILUNG
   (ABTEILUNG_NO CHAR(5),
   ABTEILUNG_NAME CHAR(20),
   GEHALTSSUMME DECIMAL(15,2),
   CONSTRAINT GEHALT_CON
   CHECK (GEHALTSSUMME = SELECT SUM(GEHALT)
                 FROM MITARBEITER M WHERE
                 M.ABTEILUNG_NO = ABTEILUNG.ABTEILUNG_NO)) ;
```

Dann können Sie die Constraints individuell ansprechen:

```
SET CONSTRAINTS GEHALT_CON DEFFERRED;
UPDATE MITARBEITER
   SET GEHALT = GEHALT + 100
   WHERE MITARB_NO = '123' ;
UPDATE ABTEILUNG A
   SET GEHALTSSUMME = GEHALTSSUMME + 100
   WHERE A.ABTEILUNG_NO = SELECT M.ABTEILUNG_NO
         FROM MITARBEITER M
         WHERE M.MITARB_NO = '123' ;
SET CONSTRAINTS GEHALT_CON IMMEDIATE;
```

Wenn Sie im dem CREATE-Befehl keinen speziellen Constraint-Namen spezifizieren, generiert SQL einen impliziten Namen, der in den Tabellen mit den Schemainformationen (Katalogtabellen) verwendet wird. Die Namen explizit zu spezifizieren ist unkomplizierter.

Nehmen Sie jetzt an, daß Sie in dem zweiten UPDATE-Befehl aus Versehen einen Gehaltszuwachs von 1000 DM spezifiziert haben. Dies ist während des UPDATE-Befehls erlaubt, weil das Constraint aufgeschoben wurde. Aber wenn Sie den Befehl SET CONSTRAINTS GEHALT_CON IMMEDIATE ausführen, wird das spezifizierte Constraint geprüft; wenn es verletzt wird, meldet der Befehl SET CONSTRAINTS einen Fehler. Wenn Sie statt des Befehls SET CONSTRAINTS GEHALT_CON IMMEDIATE einen COMMIT-Befehl ausführen und eine Verletzung des Constraints festgestellt wird, dann wird statt des COMMIT ein ROLLBACK ausgeführt.

Sie können Constraints nur innerhalb einer Transaktion aufschieben. Wenn die Transaktion entweder mit einem ROLLBACK oder einem COMMIT beendet wird, werden die Constraints wieder in Kraft gesetzt und geprüft und müssen erfüllt sein. Die Möglichkeit, Constraints aufzuschieben, ist deshalb nur eine Bequemlichkeit, die innerhalb einer Transaktion benutzt werden kann, und kein Mechanismus, mit dem Sie Daten in die Datenbank einfügen können, die gegen Constraints verstoßen.

Teil V

SQL in der Praxis

In diesem Teil...

Bis jetzt haben Sie SQL isoliert betrachtet, als ob Sie alle Datenverarbeitungsprobleme allein mit SQL lösen könnten. Leider gibt es noch die Wirklichkeit. Viele Dinge können Sie mit SQL einfach nicht lösen, wenigstens nicht mit SQL allein. Wenn Sie SQL jedoch mit traditionellen prozeduralen Sprachen, wie z.B. COBOL, FORTRAN oder C kombinieren, können Sie Ergebnisse erzielen, die Sie mit SQL allein nicht erreichen können. In diesem Teil zeige ich Ihnen, wie Sie SQL mit prozeduralen Sprachen kombinieren können.

SQL in Anwendungen einbinden

In diesem Kapitel

- SQL in einer Anwendung benutzen
- SQL mit prozeduralen Sprachen verbinden
- Zwischensprachliche Inkompatibilitäten vermeiden
- SQL in prozeduralen Code einbetten
- SQL-Module von prozeduralem Code aus aufrufen
- SQL von einem RAD-Werkzeug aus aufrufen

*I*n den vorangegangenen Kapiteln dieses Buches habe ich SQL-Befehle meistens isoliert behandelt. Beispielsweise habe ich Fragen über Daten gestellt und dann SQL-Abfragen erstellt, um die Antworten darauf zu ermitteln. Auf diese Weise kann man zwar lernen, wie SQL funktioniert, aber nicht, wie es praktisch eingesetzt wird.

Obwohl die SQL-Syntax eine gewisse Ähnlichkeit mit normalem Englisch hat, ist die Sprache nicht leicht zu lernen. Die weitaus meisten Computerbenutzer beherrschen SQL nicht. Daran wird sich sehr wahrscheinlich auch in Zukunft nichts ändern, selbst wenn dieses Buch ein großer Erfolg werden sollte. Wenn es um Datenbankabfragen geht, setzt sich der normale Benutzer wahrscheinlich nicht an sein Terminal, um einen SQL-`SELECT`-Befehl einzugeben und so die Antwort zu ermitteln. Die typischen SQL-Anwender sind Systemanalytiker und Anwendungsentwickler, die ihren Lebensunterhalt nicht damit verdienen, ad hoc Datenbankabfragen an einem Terminal einzugeben. Sie entwickeln Anwendungen, die diese Abfragen ausführen. Wenn Sie eine bestimmte Abfrage wiederholt ausführen wollen, sollten Sie den Befehl nicht jedesmal neu an der Konsole eingeben müssen. Schreiben Sie für diesen Zweck eine Anwendung, und führen Sie diese dann so oft aus, wie Sie wollen. SQL kann Teil einer Anwendung sein, funktioniert in diesem Fall aber etwas anders als im interaktiven Modus.

SQL in einer Anwendung

In Kapitel 2 habe ich gesagt, daß SQL keine vollständige Programmiersprache ist und daß Sie es mit einer prozeduralen Sprache, wie z.B. Pascal, FORTRAN, Ada, C, COBOL, PL/I oder dBASE, kombinieren müssen, um es in einer Anwendung benutzen zu können. Aufgrund seiner Struktur hat SQL einige Stärken und Schwächen. Prozedurale Sprachen sind anders strukturiert und haben andere Stärken und Schwächen. Glücklicherweise gleichen die Stärken von SQL viele Schwächen der prozeduralen Sprachen aus und umgekehrt. Wenn Sie die beiden kombinieren, können Sie leistungsstarke Anwendungen entwickeln. In jüngster Zeit sind objektorientierte *Rapid Application Development*-Werkzeuge (*RAD*-Werkzeuge), wie z.B. Borlands *Delphi* und *C++Builder*, auf den Markt gekommen. Sie betten SQL-Code in Anwendungen ein, die durch die direkte Manipulation von Objekten statt durch das Schreiben von prozeduralem Code entwickelt wurden.

Bei der Behandlung von interaktivem SQL in den vorangegangenen Kapiteln habe ich das Sternchen (*) als Abkürzung für *alle Spalten in der Tabelle* benutzt. Wenn eine Tabelle viele Spalten enthält, können Sie mit dem Sternchen viel Tippaufwand sparen. Wenn Sie SQL in einem Anwendungsprogramm benutzen, ist damit jedoch eine Gefahr verbunden.

Wenn jemand, nachdem Sie Ihre Anwendung fertiggestellt haben, Spalten in eine Tabelle einfügt oder aus einer Tabelle löscht, ändert sich die Bedeutung von *alle Spalten*. Wenn Ihre Anwendung mit Sternchen arbeitet, um alle Spalten wiederzugewinnen, erhalten Sie dann andere Ergebnisse, als Sie ursprünglich beabsichtigt haben.

Da beim Kompilieren das Sternchen durch die Namen aller Spalten einer Tabelle ersetzt wird, müssen alle Programme neu kompiliert werden, die mit der geänderten Tabelle arbeiten. Falls Sie dies nicht tun, stimmen die neue Struktur der Tabelle und die Spaltenliste in den Programmen nicht mehr überein – eine Situation, die einen Debugging-Alptraum auslösen kann.

Aus Sicherheitsgründen sollten Sie deshalb in einer Anwendung alle Spalten explizit mit ihrem Namen statt implizit mit einem Sternchen angeben.

Stärken und Schwächen von SQL

Die Stärke von SQL liegt in der Wiedergewinnung von Daten. Wenn wichtige Informationen irgendwo in einer Datenbank mit einer oder mehreren Tabellen vergraben sind, liefert Ihnen SQL die Werkzeuge, mit denen Sie die Informationen ausgraben können. Sie brauchen die Reihenfolge der Zeilen oder Spalten in einer Tabelle nicht zu kennen, weil SQL nicht mit einzelnen Zeilen oder Spalten arbeitet. Die SQL-Transaktionsverarbeitung stellt sicher, daß Ihre Operationen nicht von anderen Benutzern beeinflußt werden, die gleichzeitig auf dieselbe Tabelle zugreifen.

Eine Hauptschwäche von SQL ist seine rudimentäre Benutzeroberfläche. Es enthält keine Befehle zur Formatierung von Bildschirmen und Berichten. Sie nimmt Befehlszeilen über die Tastatur entgegen und sendet die Ergebnisse zeilenweise wieder an das Terminal zurück.

Manchmal ist die Stärke in einem Kontext in einem anderen eine Schwäche. Eine Stärke von SQL ist die Fähigkeit, mit einer kompletten Tabelle auf einmal zu arbeiten. Dabei spielt es keine Rolle, ob die Tabelle eine, hundert oder hunderttausend Zeilen enthält; ein einziger SELECT-Befehl kann die gewünschten Daten wiedergewinnen. SQL kann nicht mit einzelnen Zeilen einer Tabelle adressieren. Manchmal ist dies jedoch notwendig. (Anmerkung des Übersetzers: Siehe aber auch Kapitel 18, in dem die Arbeit mit Cursorn beschrieben wird, die den Zugriff auf einzelne Zeilen ermöglichen!)

Stärken und Schwächen prozeduraler Sprachen

Im Gegensatz zu SQL können prozedurale Sprachen zeilenweise mit Tabellen arbeiten. Dadurch können Entwickler genau steuern, wie eine Tabelle verarbeitet wird. Dieser hohe Grad an Kontrolle ist eine Stärke der prozeduralen Sprachen. Diese Möglichkeit ist jedoch mit einer Schwäche verbunden: Ein Anwendungsentwickler muß genau wissen, wie die Daten in den Tabellen gespeichert werden. Die Reihenfolge der Spalten und Zeilen ist wichtig und muß berücksichtigt werden.

Weil Anwendungen in prozeduralen Sprachen Schritt für Schritt ausgeführt werden, eignen sie sich gut zur Erstellung von benutzerfreundlichen Bildschirmformularen und von Berichten mit einem hochentwickelten Layout.

Probleme beim Kombinieren von SQL und prozeduralen Sprachen

Wenn man SQL mit prozeduralen Sprachen kombiniert, sollte man versuchen, die Schwächen der einen Sprache durch die Stärken der anderen auszugleichen. In der Praxis ist dies nicht so einfach.

Die verschiedenen Arbeitsweisen

Ein großes Problem bei der Kombination von SQL mit einer prozeduralen Sprache besteht darin, daß SQL tabellenorientiert, prozedurale Sprachen dagegen zeilenorientiert arbeiten. Manchmal können Sie dieses Problem einfach dadurch lösen, daß Sie tabellenorientierte und zeilenorientierte Operationen getrennt mit dem passenden Werkzeug ausführen. Manchmal wollen Sie jedoch nur die Datensätze einer Tabelle wiedergewinnen und weiterverarbeiten, die bestimmte Bedingungen erfüllen. Dazu benötigen Sie sowohl die Abfragestärke von SQL als auch die Verzweigungsmöglichkeiten einer prozeduralen Sprache. Indem Sie SQL an strategischen Stellen in ein Programm einer prozeduralen Sprache einbetten, können Sie beide Stärken kombinieren.

Datentyp-Inkompatibilitäten

Ein weiteres Hindernis bei der reibungslosen Integration von SQL in eine prozeduralen Sprache besteht darin, daß sich die Datentypen von SQL und den prozeduralen Sprachen unterscheiden. Dies gilt auch für prozedurale Sprachen untereinander, da Datentypen nicht sprachübergreifend standardisiert sind. In den SQL-Versionen vor SQL-92 war die Datentyp-Inkompatibilität ein größeres Problem. In SQL-92 wurde jedoch der Befehl CAST eingeführt, um dieses Problem zu lösen. Mit `CAST` können Sie die Datentypen von Datenelementen einer prozeduralen Sprache in SQL-kompatible Datentypen umwandeln, solange die Datenelemente selbst mit dem neuen Datentyp kompatibel sind (siehe auch Kapitel 8).

SQL in prozedurale Sprachen einbinden

Um SQL in eine prozedurale Sprache einzubetten, gibt es mehrere Verfahren. Ich werde im folgenden Abschnitt drei Methoden näher behandeln – *eingebettetes SQL, SQL-Module* und *RAD-Werkzeuge*.

Eingebettetes SQL

Die gebräuchlichste Methode, SQL mit prozeduralen Sprachen zu kombinieren, wird als *eingebettetes SQL* bezeichnet. Der Name sagt es bereits: SQL-Befehle werden an der Stelle in ein prozedurales Programm eingefügt, an der sie benötigt werden. Natürlich können solche SQL-Befehle, die beispielsweise plötzlich mitten in einem C-Programm auftauchen, von einem Compiler, der nicht darauf vorbereitet ist, nicht verarbeitet werden. Deshalb werden Programme mit eingebettetem SQL-Code normalerweise erst mit einem Präprozessor bearbeitet, ehe sie kompiliert oder interpretiert werden. Der Präprozessor wird durch sogenannte EXEC SQL-Direktiven darauf hingewiesen, daß der folgende Code in SQL geschrieben ist.

Betrachten Sie als Beispiel für eingebettetes SQL ein Programm, das in Oracles *Pro*C*-Version der Sprache C geschrieben ist. Das Programm, das auf die Mitarbeitertabelle einer Firma zugreift, fragt den Benutzer nach dem Namen eines Mitarbeiters und zeigt dann das Gehalt und die Provision des Mitarbeiters an. Danach fordert es den Benutzer auf, neue Daten für das Gehalt und die Provision einzugeben, und aktualisiert dann die Mitarbeitertabelle mit den neuen Daten.

```
EXEC SQL BEGIN DECLARE SECTION;
    VARCHAR Benutzer[20];
    VARCHAR Kennwort[20];
    VARCHAR Mitarbeitername[10];
    FLOAT Gehalt, Provision;
    SHORT Gehalt_ind, Provision_ind;
EXEC SQL END DECLARE SECTION;
EXEC SQL INCLUDE SQLCA;
main()
{
    int sret;           /* Return-Code */
    /* Log in */
    strcpy(Benutzer.arr,"FRED");    /* Benutzernamen kopieren */
    Benutzer.len=strlen(Benutzer.arr);
    strcpy(Kennwort.arr,"TOWER");   /* Kennwort kopieren */
    Kennwort.len=strlen(Kennwort.arr);
    EXEC SQL WHENEVER SQLERROR STOP;
    EXEC SQL WHENEVER NOT FOUND STOP;
EXEC SQL CONNECT :Benutzer;
printf("Mit Benutzer %s verbunden. \n",Benutzer.arr);
    printf("Geben Sie den Namen des Mitarbeiters ein: ");
    scanf("%",Mitarbeitername.arr);
```

```
Mitarbeitername.len=strlen(Mitarbeitername.arr);
EXEC SQL SELECT GEHALT,COMM INTO :Gehalt,:Provision
        FROM MITARBEITER
        WHERE ENAME=:Mitarbeitername;
printf("Employee: %s Gehalt: %6.2f provision: %6.2f \n",
       Mitarbeitername.arr, Gehalt, Provision);
printf("Geben Sie das neue Gehalt ein: ");
sret=scanf("%f",&Gehalt);
Gehalt_ind = 0;
if (sret == EOF !! sret == 0) /* Indikator setzen */
    gehalt_ind =-1; /* Indikator für NULL setzen */
printf("Geben Sie die neue Provision ein: ");
sret=scanf("%f",&provision);
provision_ind = 0;              /* Indikator setzen*/
if (sret == EOF !! sret == 0)
    provision_ind=-1; /* Indikator für NULL setzen */
EXEC SQL UPDATE EMPLOY
        SET GEHALT=:Gehalt:Gehalt_ind
        SET COMM=:Provision:Provision_ind
        WHERE ENAME=:Mitarbeitername;
printf("Mitarbeiter %s geändert. \n",Mitarbeitername.arr);
EXEC SQL COMMIT WORK;
exit(0);
```

Sie brauchen kein C-Experte zu sein, um zu verstehen, was dieses Programm tut und wie es dabei vorgeht. Zunächst deklariert SQL Host-Variablen. Danach bereitet der C-Code die Login-Prozedur des Benutzers vor. Dann richtet SQL die Fehlerbehandlung ein und stellt die Verbindung mit der Datenbank her. Der folgende C-Code fragt den Benutzer nach einem Mitarbeiternamen und speichert diesen in eine Variable. Ein SQL-SELECT-Befehl liest das Gehalt und die Provision dieses Mitarbeiters aus der Mitarbeitertabelle und speichert die Daten in den Host-Variablen :salary und :comm. Diese werden dann von C-Code zusammen mit dem Mitarbeiternamen angezeigt. Dann fragt der C-Code nach einem neuen Gehalt und einer neuen Provision, prüft, ob Werte eingegeben wurden, und setzt entsprechende Indikatoren. Danach aktualisert SQL die Datenbank mit den neuen Werten. Schließlich zeigt C an, daß der Vorgang abgeschlossen wurde. SQL führt ein COMMIT aus, und C beendet das Programm.

Weil Sie einen Präprozessor verwenden, können Sie Befehle zweier Sprachen wie in diesem Beispiel mischen. Der Präprozessor trennt die SQL-Befehle von denen der Host-Sprache und schreibt sie in eine separate externe Routine. Jeder SQL-Befehl wird in der Host-Sprache durch einen CALL der entsprechenden externen Routine ersetzt. Danach kann das Programm kompiliert werden. Die Methode, mit der der SQL-Teil an die Datenbank weitergeleitet wird, ist implementierungsabhängig. Als Anwendungsentwickler brauchen Sie sich darüber keine Gedanken zu machen. Der Präprozessor kümmert sich darum. Sie sollten jedoch auf einige Dinge achten, die es bei interaktivem SQL nicht gibt.

Host-Variablen deklarieren

Zwischen dem Programm in der Host-Sprache und den SQL-Segmenten müssen Informationen ausgetauscht werden. Zu diesem Zweck werden sogenannte Host-Variablen verwendet. Damit SQL die Host-Variablen erkennt, müssen diese vor dem Gebrauch deklariert werden. Die Deklaration erfolgt in einem Deklarationssegment, das vor dem Programmsegment steht. Das Deklarationssegment wird durch die folgende Direktive eingeleitet:

EXEC SQL BEGIN DECLARE SECTION

Das Ende des Deklarationssegments wird folgendermaßen gekennzeichnet:

EXEC SQL END DECLARE SECTION

Vor jedem SQL-Befehl muß die Direktive EXEC SQL stehen. Das Ende eines SQL-Segments kann, aber muß nicht durch eine abschließende Direktive gekennzeichnet sein. In COBOL lautet diese abschließende Direktive END-EXEC, in FORTRAN schließt das Zeilenende das SQL-Segment ab und in Ada, C, Pascal und PL/I ist es ein Semikolon.

Datentypen umwandeln

Abhängig von der Kompatibilität der Datentypen, die von der Host-Sprache und von SQL unterstützt werden, kann es notwendig sein, bestimmte Typen mit einem CAST umzuwandeln. Sie können Host-Variablen benutzen, die im Deklarationsabschnitt deklariert wurden. Denken Sie daran, vor den Host-Variablennamen einen Doppelpunkt (:) zu setzen, wenn Sie ihn in SQL-Befehlen benutzen:

```
INSERT INTO LEBENSMITTEL
    (LEBENSMITTELNAME, KALORIEN, EIWEISS, FETT, KOHLENHYDRATE)
    VALUES
    (:Lebensmittelname, :Kalorien, :Eiweiss, :Fett, :Kohlenhydrate)
```

SQL-Module

SQL-Module bilden eine weitere Methode, um SQL mit einer prozeduralen Programmiersprache zu benutzen. Dabei fügen Sie alle SQL-Befehle in ein separates SQL-Modul ein.

Ein *SQL-Modul* ist einfach eine Liste der SQL-Befehle. Jeder SQL-Befehl wird als *SQL-Prozedur* bezeichnet und wird durch einen Prozedurnamen sowie die Anzahl und Typen der Parameter eingeleitet.

Jede SQL-Prozedur enthält einen einzigen SQL-Befehl (die nächste Version des SQL-Standards soll Prozeduren mit mehreren SQL-Befehlen sowie mit Schleifen und Bedingungsstrukturen unterstützen). SQL-Prozeduren werden von dem Host-Programm an den Stellen aufgerufen, an denen ein SQL-Befehl ausgeführt werden soll. SQL-Prozeduren werden wie Unterprogramme der Host-Sprache aufgerufen.

Im wesentlichen sind ein SQL-Modul und das zugehörige Host-Programm nichts anderes als die manuell codierte Version des Ergebnisses, das der SQL-Präprozessor aus eingebetteten SQL-Befehlen ableitet.

Eingebetteter SQL-Code ist viel gebräuchlicher als die Modulsprache. Die meisten Anbieter bieten zwar eine Form der Modulsprache an, aber nur wenige legen in ihrer Dokumentation das Schwergewicht darauf. Die Modulsprache hat mehrere Vorteile. Erstens: Weil der SQL-Code vollkommen von der prozeduralen Sprache getrennt ist, können Sie die besten verfügbaren SQL-Programmierer engagieren, um Ihre SQL-Module zu entwickeln, und zwar unabhängig davon, ob die Programmierer Ihre prozedurale Sprache beherrschen oder nicht. Tatsächlich können Sie die Entscheidung aufschieben, welche prozedurale Sprache Sie benutzen wollen, bis Ihre SQL-Module fertig geschrieben und getestet sind. Zweitens: Sie können die besten verfügbaren Programmierer in Ihrer prozeduralen Sprache engagieren, selbst wenn diese nichts über SQL wissen. Drittens und wahrscheinlich am wichtigsten: SQL wird nicht mit dem prozeduralen Code vermischt, so daß Sie den Debugger Ihrer prozeduralen Sprache verwenden und dadurch beträchtliche Entwicklungszeit sparen können.

Um es noch einmal zu wiederholen: Was aus der einen Perspektive wie ein Vorteil aussieht, kann aus einer anderen nachteilig sein. Weil die SQL-Module von dem prozeduralen Code getrennt sind, können Sie den Programmablauf nicht so leicht nachvollziehen wie bei eingebettetem SQL.

Moduldeklarationen

Die Syntax für ein Modul lautet:

```
MODULE [Modulname]
    [NAMES ARE Zeichensatzname]
    LANGUAGE {ADA|C|COBOL|FORTRAN|MUMPS|PASCAL|PLI}
    [SCHEMA Schemaname]
    [AUTHORIZATION Authorisierungs-ID]
    [Deklarationen temporärer Tabellen...]
    [Deklarationen von Cursorn...]
    [Deklarationen dynamischer Cursor...]
    Prozeduren...
```

Wie durch die eckigen Klammern angedeutet, ist der Modulname optional. Dennoch sollten Sie Module benennen, um mögliche Verwirrungen zu vermeiden. Die optionale Klausel NAMES ARE spezifiziert einen Zeichensatz. Ohne diese Klausel wird der Standard-SQL-Zeichensatz benutzt. Die Klausel LANGUAGE gibt an, von welcher Sprache aus die Aufrufe erfolgen. Der Compiler muß die aufrufende Sprache kennen, um den Code entsprechend den Konventionen für Prozedur- und Funktionsaufrufe der jeweiligen Sprache generieren zu können, damit die SQL-Befehle für das aufrufende Programm wie Unterprogramme der Host-Sprache aussehen.

Die Klauseln SCHEMA und AUTHORIZATION sind zwar beide als optional gekennzeichnet, aber Sie müssen wenigstens eine von beiden spezifizieren. Die Klausel SCHEMA spezifiziert das Standardschema, und die Klausel AUTHORIZATION spezifiziert den Authorisierungsbezeichner, der angibt, über welche Berechtigungen Sie verfügen. Wenn Sie die Klausel weglassen, leitet das DBMS die Berechtigungen des Moduls aus den Berechtigungen ab, die mit Ihrer Sitzung verbunden sind. Wenn Sie nicht über die Berechtigung verfügen, die Operation auszuführen, die in Ihrer Prozedur festgelegt ist, wird Ihre Prozedur nicht ausgeführt.

Falls Ihre Prozedur temporäre Tabellen benötigt, deklarieren Sie diese in der entsprechenden Klausel. Außerdem müssen Sie Cursor und dynamische Cursor vor den Prozeduren deklarieren, die mit ihnen arbeiten. Einen Cursor nach einer Prozedur zu deklarieren ist erlaubt, wenn diese Prozedur den Cursor nicht benutzt. Wenn ein Cursor erst in späteren Prozeduren benutzt wird, ist dies durchaus sinnvoll. Cursor werden in Kapitel 18 behandelt.

Modulprozeduren

Nach den Deklarationen folgen in dem Modul die Prozeduren. Eine Prozedur eines SQL-Moduls besteht aus einem Namen, Parameterdeklarationen und einem ausführbaren SQL-Befehl. Ein prozedurales Programm ruft die Prozedur über ihren Namen auf und übergibt dabei mittels der deklarierten Parameter Werte an die Funktion. Eine Prozedur darf nur einen SQL-Befehl enthalten, der die Funktion der Prozedur ausführt. Die Syntax einer Prozedur lautet:

```
PROCEDURE Prozedurname
   (Parameterdeklaration [, Parameterdeklaration ]... )
   SQL-Befehl ;
```

Die Parameterdeklaration hat die Form

```
Parametername Datentyp
```

oder

```
SQLCODE
```

oder

```
SQLSTATE
```

Ein Parameter kann sowohl ein Input-Parameter, ein Output-Parameter oder beides sein. SQLCODE und SQLSTATE sind Statusparameter, die zur Übermittlung von Fehlermeldungen dienen. Ich beschreibe sie in Kapitel 19 im Detail.

Objektorientierte RAD-Werkzeuge

Mit modernen RAD-Werkzeugen können Sie ausgefeilte Anwendungen entwickeln, ohne eine einzige Codezeile in C, Pascal, COBOL oder FORTRAN zu schreiben. Statt dessen wählen Sie Objekte aus einer Bibliothek und positionieren sie an passenden Stellen auf dem Bildschirm.

Es gibt eine Reihe von Standardobjekten, die bestimmte Eigenschaften haben, mit bestimmten, objektspezifischen Ereignissen verbunden sind und eine Reihe bestimmter Methoden ausführen können. Methoden sind Prozeduren, die in einer prozeduralen Sprache speziell für ein bestimmtes Objekt geschrieben werden. Es ist jedoch möglich, nützliche Anwendungen zu entwickeln, auch ohne dafür Methoden zu schreiben.

Obwohl Sie komplexe Anwendungen ohne eine prozedurale Sprache entwickeln können, werden Sie wahrscheinlich früher oder später SQL brauchen. SQL verfügt über eine Reichhaltigkeit an Ausdrucksmöglichkeiten, die im Objektparadigma nur sehr schwer oder nicht nachempfunden werden kann. Deshalb verfügen ausgewachsene RAD-Werkzeuge über einen Mechanismus, um SQL-Befehle in objektorientierte Anwendungen einzubauen. Borlands *C++Builder* ist ein Beispiel einer solchen objektorientierten Entwicklungsumgebung mit SQL-Fähigkeit.

In Kapitel 4 habe ich gezeigt, wie Sie Datenbanktabellen mit C++Builder erstellen können. Diese Operation repräsentiert natürlich nur einen kleinen Teil der Fähigkeiten von C++Builder. Der Hauptzweck dieses Werkzeugs ist die Entwicklung von Anwendungen, welche die Daten in Datenbanktabellen verarbeiten. Der Entwickler positioniert Objekte auf Formularen und paßt dann die Objekte an seine Anwendung an, indem er deren Eigenschaften modifiziert, ihre Reaktion auf bestimmte Ereignisse festlegt und möglicherweise einige Methoden schreibt. Aus der Sicht des Entwicklers wandelt C++Builder die grafische Repräsentation seiner Anwendung in ein C++-Programm um, das kompiliert und ausgeführt werden kann.

Obwohl RAD-Werkzeuge, wie beispielsweise C++Builder, in kurzer Zeit liefern können qualitativ hochwertige Anwendungen, sind sie normalerweise auf eine spezielle oder eine kleine Anzahl von Plattformen beschränkt. Beispielsweise läuft C++Builder nur unter Microsoft Windows. Denken Sie daran, wenn Sie Ihre Anwendung auf andere Plattformen portieren müssen.

RAD-Werkzeuge wie C++Builder markieren den Anfang einer Entwicklung, bei der relationale und objektorientierte Datenbanken zusammenwachsen werden. Die strukturellen Stärken des relationalen Entwurfs und SQL werden dabei überleben. Sie werden durch die schnellen und verhältnismäßig fehlerfreien Entwicklungswerkzeuge ergänzt werden, die ihren Ursprung in der objektorientierten Programmierung haben.

ODBC

In diesem Kapitel

▶ Was ist ODBC?

▶ Die Komponenten von ODBC

▶ ODBC in einer Client/Server-Umgebung benutzen

▶ ODBC im Internet benutzen

▶ ODBC in einem Intranet benutzen

In den vergangenen Jahren wurden immer mehr Computer miteinander verbunden, sowohl innerhalb von Organisationen als auch zwischen ihnen. Im Zuge dieser Entwicklung stieg der Bedarf für den Austausch von Datenbankinformationen über Netzwerke. Das Haupthindernis für den freien Austausch von Informationen über Netzwerke sind die Inkompatibilitäten zwischen den Betriebssystemen und Anwendungen auf den verschiedenen Maschinen. Ein wichtiger Schritt hin zur Beseitigung dieser Inkompatibilität war die Erfindung und Weiterentwicklung von SQL.

Leider ist »Standard-SQL« nicht gleich dem Standard-SQL. Selbst DBMS-Anbieter, die behaupten, SQL-92-kompatibel zu sein, haben ihre Implementierungen erweitert, so daß diese mit den Erweiterungen in den Implementierungen anderer Anbieter inkompatibel sind. Die Anbieter hassen es, auf ihre Erweiterungen zu verzichten, weil ihre Kunden sie in ihre Anwendungen eingebaut haben und von ihnen abhängig geworden sind. Deshalb ist eine andere Methode erforderlich, die die Kommunikation zwischen Datenbanken ermöglicht und von den Anbietern nicht verlangt, ihre Implementierungen auf den kleinsten gemeinsamen Nenner zu reduzieren. Diese andere Methode ist ODBC.

Was ist ODBC?

ODBC (Open Database Connectivity) ist eine Standardschnittstelle zwischen einer Datenbank und einer Anwendung, die versucht, auf die Daten in der Datenbank zuzugreifen. Ein solcher Standard ermöglichst es jedem Anwendungs-Front-End mit SQL auf ein beliebiges Datenbank-Back-End zuzugreifen. Die einzige Bedingung dafür ist, daß sowohl das Front-End als auch das Back-End dem ODBC-Standard entsprechen. Die gegenwärtigen Version des Standards ist ODBC 3.0. Der Zugriff wird dadurch ermöglicht, daß das System mit einem *Treiber* ausgerüstet wird, der als Schnittstelle zu einer bestimmten Back-End-Datenbank dient und speziell für diesen Zweck geschrieben wurde. Das Front-End des Treibers, das sich auf der Anwendungsseite befindet, muß den ODBC-Standard streng erfüllen. Es sieht für die Anwendung immer gleich aus, unabhängig davon, welche Back-End-Datenbank angesprochen wird.

Das Back-End des Treibers ist an die spezielle Datenbank angepaßt. Mit dieser Architektur brauchen Anwendungen nicht an eine spezielle Datenbank angepaßt zu werden, ja sie brauchen nicht einmal zu wissen, welche Back-End-Datenbank die Daten verwaltet, mit denen sie arbeiten. Der Treiber verdeckt die Unterschiede zwischen denverschiedenen Back-Ends.

Die ODBC-Schnittstelle

Die ODBC-Schnittstelle besteht im wesentlichen aus einer Reihe von Definitionen, die als Standard akzeptiert werden. Die Definitionen decken alle Punkte ab, die benötigt werden, um die Kommunikation zwischen einer Anwendung und der Datenbank mit ihren Daten herzustellen. Die Definitionen umfassen folgende Bereiche:

- ✔ **Funktionsbibliothek.** Die ODBC-Funktionsaufrufe stellen die Mittel bereit, um die Verbindung zu einer Back-End-Datenbank herzustellen, SQL-Befehle auszuführen und die Ergebnisse zurück an die Anwendung zu senden.
- ✔ **Standard-SQL-Syntax**
- ✔ **Standard-SQL-Datentypen**
- ✔ **Standardprotokoll für die Verbindung zu einer Datenbank-Engine**
- ✔ **Standardfehlercodes**

Um eine Datenbankoperation auszuführen, übergeben Sie die entsprechenden SQL-Befehle als Argument eines ODBC-Funktionsaufrufs. Solange Sie die ODBC-spezifizierte Standard-SQL-Syntax benutzen, funktioniert die Operation unabhängig von der Art der Back-End-Datenbank.

Die Komponenten von ODBC

Die ODBC-Schnittstelle besteht aus vier funktionellen Komponenten. Jede Komponente trägt einen Teil dazu bei, ODBC so flexibel zu machen, daß es die Kommunikation von einem beliebigen kompatiblen Front-End zu einem beliebigen kompatiblen Back-End – für den Benutzer unsichtbar – ermöglicht. Zwischen dem Benutzer und den Daten, mit denen der Benutzer arbeitet, liegenden folgende vier Schichten der ODBC-Schnittstelle:

- ✔ **Anwendung:** Der Teil der ODBC-Schnittstelle, der am dichtesten am Benutzer ist, ist die Anwendung. Natürlich umfassen auch Systeme, die nicht mit ODBC arbeiten, eine Anwendung. Dennoch ist es sinnvoll, die Anwendung als Teil der ODBC-Schnittstelle zu betrachten. Die Anwendung muß »wissen«, daß sie mittels ODBC mit ihrer Datenquelle kommuniziert. Sie muß sich reibungslos mit dem ODBC-Treibermanager verbinden und den ODBC-Standard strikt einhalten.
- ✔ **Treibermanager:** Der Treibermanager ist eine Dynamische Link Library (DLL), die im allgemeinen von Microsoft bereitgestellt wird. Sie lädt die entsprechenden Treiber für die

Datenquelle oder die Datenquellen des Systems und lenkt die Funktionsaufrufe, die von den Anwendung kommen, über den passenden Treiber an die entsprechende Datenquelle weiter. Außerdem führt der Treibermanager einige ODBC-Funktionsaufrufe direkt aus und entdeckt und behandelt einige Arten von Fehlern.

✔ **Treiber:** Weil die Datenquellen sich (zum Teil sehr stark) voneinander unterscheiden, brauchen Sie eine Methode, um die Standard-ODBC-Funktionsaufrufe in die »Muttersprache« der jeweiligen Datenquelle zu übersetzen. Die Übersetzung ist Aufgabe der Treiber-DLL. Jeder Treiber nimmt Funktionsaufrufe über die Standard-ODBC-Schnittstelle entgegen und übersetzt diese dann in Code, den die zu ihm gehörende Datenquelle verarbeiten kann. Wenn die Datenquelle ein Ergebnis zurückgibt, übersetzt der Treiber dieses umgekehrt in das Standard-ODBC-Ergebnisformat. Der Treiber ist das Schlüsselelement, mit dem ODBC-kompatible Anwendungen die Struktur und den Inhalt von ODBC-kompatiblen Datenquellen manipulieren können.

✔ **Datenquelle:** Die Datenquellen können sehr verschiedene Formen haben. Es kann sich um ein relationales DBMS mit Datenbank handeln, das auf demselben Computer wie die Anwendung gespeichert ist. Die Datenbank kann sich auch auf einem remoten Computer befinden. Es kann sich auch um eine ISAM-Datei (Indexed Sequential Access Method) ohne DBMS handeln, die entweder auf dem lokalen oder einem remoten Computer liegt. Die Datenquelle kann ein Netzwerk umfassen oder nicht. Jede der vielen möglichen Formen von Datenquellen erfordert einen eigenen Treiber.

ODBC in einer Client/Server-Umgebung

In einem Client/Server-System wird die Schnittstelle zwischen dem Client und Server als *Application Programming Interface* (*API*) bezeichnet. Ein API kann entweder firmenspezifisch oder standardmäßig sein. Ein *firmenspezifisches* API ist ein API, bei dem die Client-Komponente der Schnittstelle speziell auf das Arbeiten mit einem bestimmten Back-End auf dem Server abgestimmt wurde. Der eigentliche Code, der eine solche firmenspezifische Schnittstelle bildet, wird als *nativer Treiber* bezeichnet. Treiber dieser Art werden in Kapitel 16 detaillierter behandelt. Ein nativer Treiber ist im Hinblick auf die Zusammenarbeit zwischen einem speziellen Front-End-Client und einer dazugehörigen Back-End-Datenquelle optimiert. Deshalb erfolgt die Übermittlung von Befehlen und Informationen mit nativen Treibern besonders schnell und effizient.

 Falls Ihr Client/Server-System immer auf dieselbe Datenquelle zugreift und Sie sicher sind, daß es nie auf die Daten anderer Datenquellen zugreifen wird, sollten Sie den nativen Treiber Ihres DBMS verwenden. Wenn das System dagegen jetzt oder in Zukunft auf verschiedene Datenquellen zugreift oder zugreifen wird, sollten Sie die ODBC-Schnittstelle benutzen. Das erspart Ihnen später sehr viel Arbeit beim Umschreiben der Anwendungen.

ODBC-Treiber sind auch im Hinblick auf das Arbeiten mit speziellen Back-End-Datenquellen optimiert, aber sie verfügen alle über dieselbe Front-End-Schnittstelle zu dem Treibermanager. Deshalb ist es leicht einzusehen, daß ein Treiber, der nicht für ein bestimmtes Front-End optimiert wurde, wahrscheinlich nicht so schnell ist wie ein nativer Treiber, der speziell für dieses Front-End entwickelt wurde. Eine Hauptklage über die erste Generation von ODBC-Treibern betraf ihr schlechtes Zeitverhalten im Vergleich zu nativen Treibern. Neuere Benchmarks haben jedoch gezeigt, daß ODBC 3.0-Treiber durchaus mit nativen Treibern mithalten können. Die Technik ist inzwischen so ausgereift, daß es nicht mehr notwendig ist, die Vorteile der Standardisierung einer Verbesserung des Zeitverhaltens zu opfern.

ODBC und das Internet

Datenbankoperationen über das Internet unterscheiden sich in mehreren wichtigen Aspekten von Datenbankoperationen auf einem Client/Server-System. Der offensichtlichste Unterschied aus der Sicht des Benutzers ist die Client-Komponente des Systems, welche die Benutzeroberfläche enthält. Bei einem Client/Server-System gehört die Benutzeroberfläche zu einer Anwendung, die mit der Datenquelle auf dem Server über ODBC-kompatible SQL-Befehle kommuniziert. Im World Wide Web besteht die Client-Komponente des Systems aus einem Web-Browser, der mit der Datenquelle auf dem Server mittels HTML (HyperText Markup Language) kommuniziert.

Weil jeder Benutzer mit einem Web-Browser auf Daten zugreifen kann, die im Web verfügbar sind, wird der Vorgang, eine Datenbank im Web verfügbar zu machen, als *Datenbank-Publishing* bezeichnet. Datenbanken, die im Web verfügbar gemacht werden, können potentiell von viel mehr Leuten benutzt werden als Daten auf einem LAN-Server. Außerdem können Sie im Web normalerweise nicht kontrollieren, wer auf die Daten zugreift. Deshalb ist das Verfügbarmachen von Daten im Web eher mit der Veröffentlichung eines Mediums (Buch, CD, Zeitschrift usw.) zu vergleichen als mit der Freigabe von Daten für Mitarbeiter in einem Netzwerk. Abbildung 15.1 vergleicht ein Client/Server-System mit einem web-basierten System.

Server-Erweiterungen

In einem web-basierten System erfolgt die Kommunikation zwischen dem Browser auf der Client-Maschine und dem Web-Server auf der Server-Maschine mittels HTML. Eine Systemkomponente mit der Bezeichnung *Server-Erweiterung* übersetzt den HTML-Text in ODBC-kompatiblen SQL-Code. Dieser wird dann von dem Datenbank-Server interpretiert und ausgeführt, der seinerseits direkt mit der Datenquelle arbeitet. In umgekehrter Richtung wird das Ergebnis einer Abfrage von der Datenquelle über den Datenbank-Server zu der Server-Erweiterung gesendet, die es in eine Form übersetzt, die der Web-Server verarbeiten kann. Das Ergebnis wird dann über das Web zu dem Web-Browser auf der Client-Maschine gesendet, wo es auf dem Bildschirm angezeigt wird. Abbildung 15.2 zeigt die Architektur eines solchen Systems.

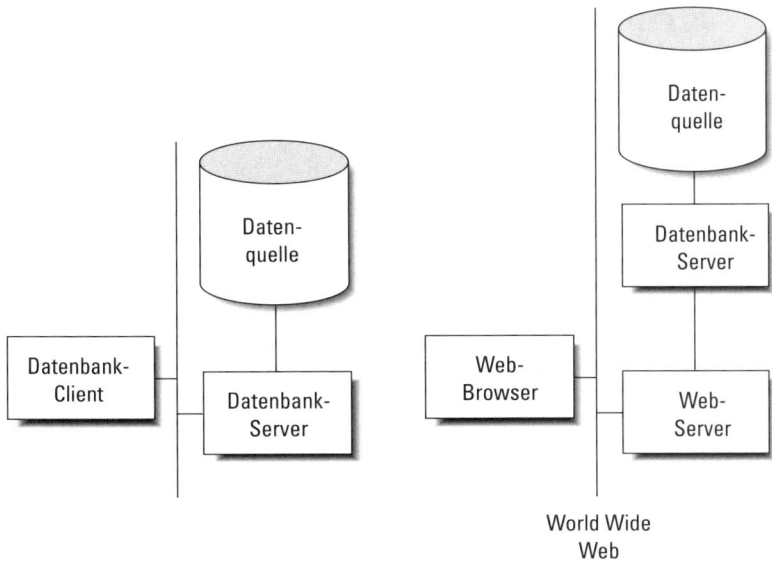

Abbildung 15.1: Vergleich von einem Client/Server-System und einem web-basierten System

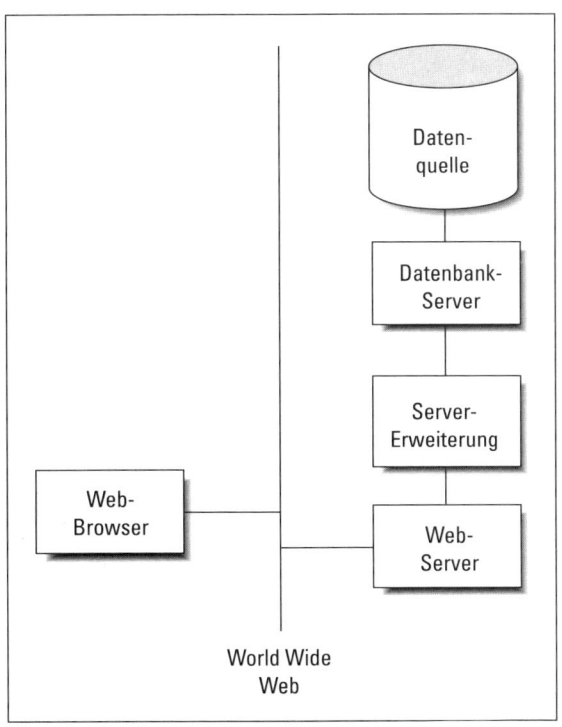

Abbildung 15.2: Web-basiertes Datenbanksystem mit Server-Erweiterung

Client-Erweiterungen

Web-Browser wurden dafür entwickelt und optimiert, eine leicht verständliche und einfach zu bedienende Schnittstelle zu Web-Sites aller Art bereitzustellen. Die gebräuchlichsten Browser, Netscape Navigator und Microsoft Internet Explorer, wurden nicht geschaffen, um als Datenbank-Front-Ends zu dienen. Um über das Internet sinnvoll mit einer Datenbank kommunizieren zu können, benötigt die Client-Seite des Systems eine Funktionalität, welche die Browser nicht bereitstellen. Um diese Lücke zu füllen, wurden mehrere Arten von Client-Erweiterungen entwickelt. Diese Erweiterungen umfassen Helper-Anwendungen, Navigator Plug-ins, ActiveX-Controls, Java-Applets und Skripts. Die Erweiterungen kommunizieren mit dem Server über HTML, die Sprache des Web. Jeder HTML-Text, der mit Datenbankzugriffen zu tun hat, wird von der Server-Erweiterung in ODBC-kompatiblen SQL-Code übersetzt, ehe er an die Datenquelle weitergeleitet wird.

Helper-Anwendungen

Die erste Generation von Client-Erweiterungen bestand aus Helper-Anwendungen. Eine Helper-Anwendung ist ein eigenständiges Programm, das auf dem PC des Benutzers läuft. Es ist nicht in eine Web-Seite integriert und wird nicht in einem Browser-Fenster angezeigt. Ein Haupteinsatzgebiet von Helper-Anwendungen ist die Anzeige von Grafikdateien in Dateiformaten, die von dem Browser nicht unterstützt werden. Um eine Helper-Anwendung nutzen zu können, muß der Benutzer sie zunächst von der Quell-Site herunterladen und in seinem Browser installieren. Danach ruft der Browser, wenn er eine Datei des betreffenden Formats herunterlädt, automatisch den Betrachter für dieses Format auf, um die Datei anzuzeigen. Diese Konfiguration hat den Nachteil, daß die komplette Datendatei heruntergeladen und in einer temporären Datei gespeichert werden muß, ehe die Helper-Anwendung startet. Deshalb kann es bei großen Dateien recht lange dauern, bis Sie die heruntergeladene Datei betrachten können.

Netscape Navigator Plug-ins

Netscape Navigator Plug-ins sind in dem Sinne mit Helper-Anwendungen vergleichbar, daß sie die Verarbeitung und Anzeige von Informationen unterstützen, die der Browser allein nicht verarbeiten kann. Sie unterscheiden sich von ihnen dadurch, daß die Plug-ins nur mit den Browsern von Netscape arbeiten und viel enger in diese integriert sind. Die enge Integration ermöglicht es einem Browser, der durch ein Plug-in erweitert wurde, beispielsweise, bereits den ersten Teil einer Datei anzuzeigen, bevor sie komplett heruntergeladen ist. Diese Fähigkeit, einen Teil der Informationen bereits anzeigen zu können, während der Rest noch heruntergeladen wird, bietet erhebliche Vorteile. Der Benutzer braucht nicht annähernd so lange zu warten wie früher, bis er anfangen kann zu arbeiten. Es ist bereits eine große, ständig wachsende Anzahl von Netscape Plug-ins verfügbar, die Erweiterungen, wie z.B. Sound, Chats mit ähnlich ausgestatteten Benutzern, Animationen, Video und Interaktionen in virtuellen 3D-Welten, ermöglichen. Abgesehen von diesen Einsatzzwecken gibt es auch einige Plug-ins, die den Zugriff auf remote Datenbanken über das Web erleichtern.

ActiveX-Controls

Microsofts ActiveX-Controls bieten eine ähnliche Funktionalität wie Netscape Plug-ins, beruhen aber auf einer ganz anderen Softwaretechnik. ActiveX basiert auf Microsofts früherer OLE-Technologie. Netscape hat sich darauf festgelegt, ActiveX und andere strategische Microsoft-Technologien in der Netscape-Umgebung zu unterstützen. Natürlich ist Microsofts eigener Internet Explorer ebenfalls mit ActiveX kompatibel. Netscape und Microsoft teilen den Browser-Markt praktisch unter sich auf.

Java-Applets

Java ist eine C++-ähnliche Sprache, die von Sun speziell für das Schreiben von Web-Client-Erweiterungen entwickelt wurde. Wenn zwischen einem Server und einem Client über das Web eine Verbindung hergestellt wurde, wird das entsprechende Java-Applet auf den Client heruntergeladen, wo es ausgeführt wird. Das Applet, das in eine HTML-Seite eingebettet ist, stellt dem Client die datenbankspezifische Funktionalität zur Verfügung, mit der dieser auf die Daten des Servers zugreifen kann. Abbildung 15.3 zeigt schematisch, wie eine Web-Datenbankanwendung mit einem Java-Applet auf der Client-Maschine arbeitet.

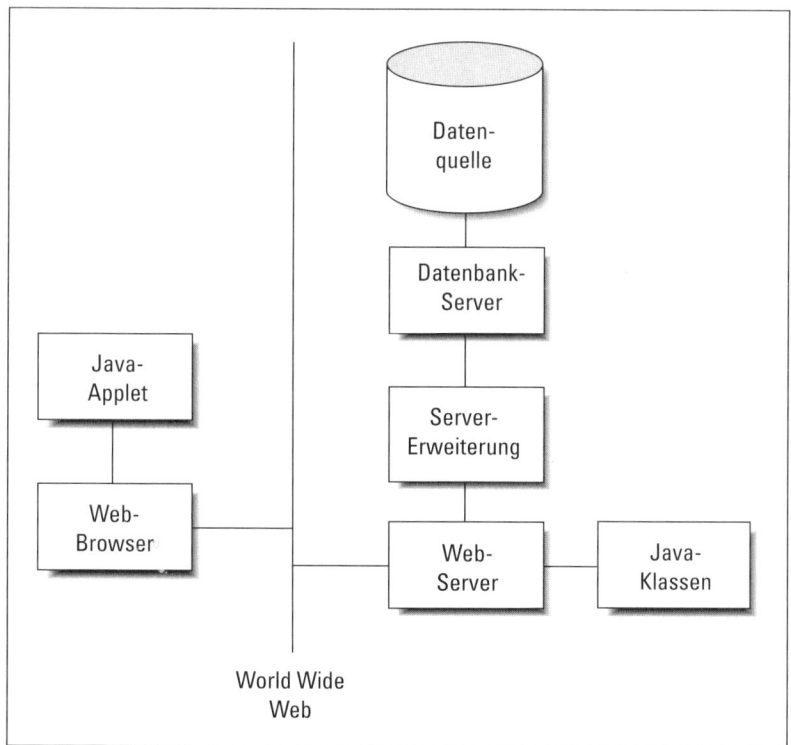

Abbildung 15.3: Eine Web-Datenbankanwendung mit einem Java-Applet

Ein großer Vorteil von Java-Applets liegt darin, daß sie immer auf dem neuesten Stand sind. Weil Applets bei jeder Benutzung von dem Server heruntergeladen statt dauerhaft auf der Client-Maschine gespeichert werden, arbeitet der Client immer mit der garantiert neuesten Version des Applets. Wenn Sie für den Server verantwortlich sind, brauchen Sie sich keine Sorgen darüber zu machen, daß die Kompatibilität mit einigen Clients verlorengeht, wenn Sie Ihre Server-Software ändern. Sie müssen nur sicherstellen, daß Ihr herunterladbares Java-Applet mit der neuen Software kompatibel ist, dann sind alle Clients automatisch ebenfalls damit kompatibel.

Skripts

Skripts sind die flexibelsten Werkzeuge zur Erstellung von Client-Erweiterungen. Mit einer der neuen Skripting-Sprachen, wie z.B. Netscapes JavaScript oder Microsofts VBScript, haben Sie die maximale Kontrolle über das Geschehen auf der Client-Seite. Sie können damit Gültigkeitsprüfungen für Eingabefelder durchführen und ungültige Einträge korrigieren oder ablehnen, ohne auf das Web zugreifen zu müssen. Dadurch können Sie viel Zeit sparen und den Verkehr im Web reduzieren, so daß andere Benutzer auch einen Gewinn davon haben. Skripts werden wie Java-Applets in eine HTML-Seite eingebettet und ausgeführt, wenn der Benutzer mit dieser Seite arbeitet.

ODBC und ein Intranet

Ein Intranet ist ein lokales Netzwerk (LAN) oder ein Wide Area Network (WAN), das genau wie eine einfachere Version des Internet funktioniert. Weil sich ein Intranet vollständig innerhalb einer einzelnen Organisation befindet, benötigen Sie keine komplexen Sicherheitsmaßnahmen, wie z.B. Firewalls (in Kapitel 17 gehe ich eingehender auf Intranets ein). Alle Werkzeuge für die Anwendungsentwicklung für das World Wide Web funktionieren genauso gut als Entwicklungswerkzeuge für Intranet-Anwendungen. Sie können ODBC auf einem Intranet in derselben Weise benutzen wie im Internet. Wenn Sie mit mehreren verschiedenen Datenquellen arbeiten, können Clients, Web-Browser und die entsprechenden Client- und Server-Erweiterungen benutzen, mit diesen Datenquellen kommunizieren. Dabei wird ODBC-kompatibler SQL-Code über die HTML- und ODBC-Stufen an den Treiber weitergeleitet, der den Code in die native Befehlssprache der Datenbank übersetzt, die ihn schließlich ausführt.

SQL im Internet

In diesem Kapitel

▶ Das Internet im Vergleich mit einem lokalen Netzwerk

▶ Client/Server- und Web-Architekturen

▶ Die Rolle von SQL im Internet

Das Internet und besonders seine Komponente *World Wide Web* hat in den letzten Jahren erheblich an Bedeutung gewonnen. Fast jeder Aspekt im Computerbereich scheint heute unter dem Gesichtspunkt betrachtet zu werden, in welchem Verhältnis er zum Web steht. Datenbanken bilden keine Ausnahme. Das World Wide Web wird seinem Namen gerecht. Es ist ein Netz, das den ganzen Globus umspannt. Jeder, der irgendwo über eine Internet-Verbindung verfügt, kann auf Daten auf einem Web-Server am anderen Ende der Stadt oder – genauso einfach – am anderen Ende der Welt zugreifen.

Die Möglichkeit, die eigenen Daten jeder Person überall in der Welt zur Verfügung stellen zu können, schafft eine ganz neue Art, Datenbanken zu gebrauchen. Dieser neue Einsatzbereich, das sogenannte *Datenbank-Publishing*, ist eher mit dem Herausgeben von Büchern oder dem Senden von Radioprogrammen zu vergleichen, als mit der Punkt-zu-Punkt-Kommunikation, die für Operationen auf einem lokalen Netzwerk charakteristisch sind. Auf Informationen, die Sie über das Web verfügbar machen, können Millionen von Menschen zugreifen, die Sie nie persönlich kennenlernen werden. Die meistbesuchten Sites im Web verzeichnen heute mehr als eine Million Besuche oder *Hits* pro Tag. Mit einer web-basierten Datenbank können Sie einen erheblichen Einfluß ausüben, selbst wenn Sie solche Zahlen nicht annähernd erreichen.

SQL ist ein Kind des LAN

IBM hat SQL ursprünglich zu dem Zweck entwickelt, die Kommunikation zwischen großen Datenbanken auf einem Mainframe-Computer und Benutzern mit Client-Maschinen zu vereinfachen, die über ein lokales Netzwerk (LAN) mit dem Mainframe verbunden waren. SQL entwickelte sich zunächst zum *De-fakto*-Standard und dann erst zu einem offiziellen ANSI- und ISO-Standard für die Kommunikation zwischen Benutzer und Datenbanken. Unternehmen, die relationale Datenbanken für den Einsatz in lokalen Netzwerken entwickelten, übernahmen den SQL-Standard für die Kommunikation mit Datenbanken über ein LAN.

Mit SQL in Verbindung mit ODBC kann eine Anwendung auf der Maschine eines Benutzers gleichzeitig auf Daten zugreifen, die auf zwei oder mehr Server-Maschinen gespeichert sind. Diese Kombination erwies sich für Organisationen als großer Segen, deren Infrastruktur zur

Informationsverarbeitung ohne vorausschauende zentrale Planung mit der Zeit immer größer geworden war. Unterschiedliche Maschinen mit verschiedenen Betriebssystemen und Anwendungen konnten nun Informationen austauschen. So erstaunlich diese Flexibilität sein mag – im Vergleich zu dem, was im Internet möglich ist, ist sie unbedeutend.

Der Unterschied zwischen dem Internet und einem klassischen LAN

Ein *lokales Netzwerk* (LAN) besteht aus einer Gruppe von Computern, die physisch relativ dicht beisammen stehen (daher kommt das Attribut *lokal*). Diese Computer sind mit Kabeln oder drahtlos miteinander verbunden und bilden so die Knoten eines Netzwerkes. Viele lokale Netzwerke sind klein und bestehen aus etwa 10 bis 50 Knoten. Große Organisationen verfügen über LANs mit mehr als tausend Knoten. In jedem Fall können Sie das Netzwerk von einer zentralen Stelle aus kontrollieren. Dadurch wird es möglich, mit einer firmenspezifischen Datenbankschnittstelle zu arbeiten und alle Benutzer mit Zugriffswerkzeugen auszustatten, die damit kompatibel sind.

Beim Internet ist das ganz anders. Es besteht aus Millionen von Knoten, und diese sind physisch nicht benachbart. Niemand kann von einer zentralen Stelle kontrollieren, was passiert. In dieser Umgebung kann ein Besitzer eines Datenbank-Servers keine Annahmen darüber machen, über welches Zugriffswerkzeug ein Benutzer verfügt. Der Benutzer hat einen Web-Browser, der möglicherweise durch ein Plug-in erweitert ist, welches die Client-Komponente eines Client/Server-Datenbanksystems zur Verfügung stellt. Weil die gebräuchlichsten Web-Browser auf allen gängigen Client-Plattformen laufen, muß die Client-Software nicht an eine spezielle Back-end-Datenbank angepaßt sein.

Anmerkung: Ein gewöhnlicher Web-Browser, wie z.B. *Netscape Navigator* oder *Microsoft Internet Explorer*, ist fast mit dem Heiligen Gral des Datenbankzugriffs, dem universalen Front-End, zu vergleichen. Ein solches universales Front-End würde – falls es denn existierte – nahtlos mit jedem beliebigen Datenbank-Server zusammenarbeiten. Es würde dem Benutzer die Möglichkeit bieten, leicht Tabellen zu erstellen, Daten zu manipulieren und Datenbankanwendungen auszuführen, und zwar unabhängig von der Art des Datenbank-Servers und der Art des Datenbanksystems. Der Browser allein kann dies natürlich nicht leisten. Aber durch Einfügen eines passenden Netscape Plug-ins oder einer ActiveX-Komponente (siehe Kapitel 15 für Details darüber) kann der Browser diesem Ideal sehr nahe kommen. Wenn eine Verbindung hergestellt ist, prüfen moderne Datenbank-Publisher, ob auf der Client-Maschine ein passendes Plug-in installiert ist. Falls dies der Fall ist, laden sie den Client-Teil der Anwendung herunter und fahren dann fort. Falls sie kein passendes Plug-in finden, laden sie erst das Plug-in und dann den Client-Teil der Anwendung, ehe sie fortfahren. Dieser ganze Ablauf kann fast unbemerkt vom Benutzer ablaufen.

16 ➤ SQL im Internet

 Zwei Bereiche, in denen sich das Arbeiten im Internet vom Arbeiten auf einem LAN wesentlich unterscheidet, sind das Netzwerkprotokoll und die Sicherheit. Wenn Sie daran denken, fremden Benutzern über das Internet den Zugriff auf Ihre Datenbanken zu ermöglichen, müssen Sie sich mit diesen beiden Bereichen gründlich auseinandersetzen.

Netzwerkprotokoll

Damit die Knoten in einem Netzwerk miteinander kommunizieren können, müssen sie dieselbe »Sprache« sprechen. Wenn ein Knoten eine Meldung sendet, muß diese so formatiert sein, daß der angesprochene Zielknoten die Meldung verstehen und die entsprechende Aktion ausführen kann. Die Entwickler der ersten lokalen Netzwerke für PCs kümmerten sich nicht um das Problem, ihre Systeme kompatibel mit dem Internet zu machen. Damals verband das Internet nur große Mainframes, die unter dem Betriebssystem UNIX liefen und in staatlichen Organisationen und Universitäten standen. Die PC-Welt schien damals Welten von den Großforschungs-Mainframes entfernt zu sein. Folglich unterschieden sich die »Sprachen« oder Protokolle, die für PC-LANs entwickelt wurden, von denen, die im Internet benutzt wurden.

Heute arbeiten immer noch viele PC-LANs mit Protokollen, die sich aus diesen frühen PC-Protokollen entwickelt haben. Die wahrscheinlich gebräuchlichsten dieser Protokolle sind das *IPX/SPX-Protokoll* und das *NetBEUI-Protokoll*. Im Gegensatz dazu benutzt das Internet eine Protokoll mit dem Namen *TCP/IP* (Transmission Control Protocol/Internet Protocol). Jeder, der Datenbanken über das Internet betreiben will, muß TCP/IP benutzen. Im allgemeinen muß die Hardware für diesen Zweck nicht geändert werden, sondern nur die Software umkonfiguriert werden.

Sicherheit

Sicherheit ist im Internet ein viel größeres Problem als auf einem organisationsspezifischen LAN. Auf einem LAN können Sie mit einiger Gewißheit davon ausgehen, daß niemand Ihr System absichtlich sabotieren will. Im Internet ist es dumm und gefährlich, von dieser Annahme auszugehen. Im Internet treiben sich alle möglichen Freaks herum, von denen einige darauf aus, andere Systeme zu schädigen – und zwar nur, weil es ihnen Spaß macht. Daneben gibt es Wettbewerber oder sogar Feinde, die gewichtige Gründe dafür haben, Sie in Schwierigkeiten zu bringen. Wenn Sie den Zugriff auf Ihren Datenbank-Server über das Internet freigeben wollen, müssen Sie große zusätzliche Vorsichtsmaßnahmen treffen, die weit über das hinausgehen, was für ein LAN notwendig ist.

Die Hauptverteidigung gegen Angriffe von Hackern oder anderen Übeltätern besteht aus einer sogenannten Firewall , die zwischen Ihrem organisationsspezifischen Netzwerk und dem Internet errichtet wird. Eine *Firewall* ist ein Software-System oder eine Kombination von Hardware und Software, das bzw. die Ihr Netzwerk vom Internet isoliert. Der gesamte Verkehr – sowohl herein als auch hinaus – muß die Firewall passieren. Die Firewall authentifiziert die

Datenpakete, die durch sie hindurchgehen, aufgrund bestimmter Standards, die Sie festgelegt haben. Datenpakete, die Ihre Kriterien erfüllen, können passieren, die anderen werden abgelehnt. Außerdem können Sie mit der Firewall den Datenverkehr auf verdächtige Aktivitäten und Einbruchsversuche hin überwachen.

 Wenn Sie den großen Schritt wagen wollen, Ihren Server an das Internet anzubinden, sollten Sie dafür sorgen, daß Ihre Informationen ausreichend geschützt sind, damit diese nicht durch neugierige Außenseiter ausgespäht oder von übelgesinnten Gegnern beschädigt werden können.

Von der Client/Server- zur internet-basierten Datenbank

Die meisten Datenbanksysteme auf LANs sind gemäß der Client/Server-Architektur strukturiert. Die Daten werden auf einem oder mehreren Servern gespeichert, deren spezielle Aufgabe darin besteht, den Zugriff auf diese Daten zu ermöglichen. Kleinere Client-Maschinen sind über die ganze Organisation verteilt. Sie enthalten die Benutzeroberfläche der Anwendungen, die auf die Datenbank zugreifen. Die Benutzer, die mit dem Client-Teil der Anwendung arbeiten, greifen über das LAN auf die Daten auf dem Server zu.

Für einige Firmen gibt es wichtige Gründe, Daten ihrer Datenbank über das Internet verfügbar zu machen. Beispielsweise kann ein Unternehmen bestimmte operationale Daten, wie z.B. Preislisten oder Lagerbestände, seinen guten Lieferanten oder Kunden online zur Verfügung stellen. Es kann auch detaillierte Informationen über seine Produkte der allgemeinen Öffentlichkeit zur Verfügung stellen und hoffen, dadurch neue Kunden zu gewinnen. Andere Organisationen, deren Aufgabe die Verwaltung und Bereitstellung von Informationen ist, wie z.B. Bibliotheken, können ihre Kataloge im Internet zur Verfügung stellen und damit auch ein Publikum erreichen, das die Bibliotheken physisch nicht besuchen kann. Aus diesen und anderen Gründen sind heute viele Organisationen im Internet präsent.

Viele Organisationen bieten nicht nur einfache Web-Seiten an, sondern engagieren sich im *Datenbank-Publishing,* um bestimmte interne Informationen über die Web-Site im Internet verfügbar zu machen. Einige dieser Informationen sind für jeden zugänglich, der die Web-Site der Organisation besucht. Andere Informationen werden durch Kennwörter, die der Publisher vergibt, auf einen Kreis authorisierter Benutzer beschränkt, die damit auf firmenspezifische oder kostenpflichtige Daten zugreifen können.

Die Client/Server-Architektur enthält viele Schlüsselkomponenten, die für ein erfolgreiches Web-Datenbank-Publishing benötigt werden. Clients im Web verfügen über eine ähnliche Ausrüstung und Arbeitsumgebung wie die Clients auf einem typischen Firmen-LAN. Der Datenbank-Server eines web-basierten Systems unterscheidet sich nicht von dem Server auf einem LAN. Die Konfigurationen unterscheiden sich durch die Protokolle und Sicherheitsprobleme, aber für beide Bereiche gibt es gute Lösungen. Deshalb ist es sinnvoll zu untersuchen, wie die Client/Server-Architektur für das Web-Datenbank-Publishing eingesetzt werden kann.

Die zweistufige Client/Server-Architektur

Die ursprüngliche Implementierung der Client/Server-Architektur auf PC-LANs war zweistufig. Diese Architektur hatte zwei Hauptkomponenten – den Datenbank-Client und den Datenbank-Server – die über das LAN verbunden waren. Man kann ein zweistufiges Client/Server-System auf mehreren Wegen implementieren. Ein Methode, die sogenannte *Fat-Client-Architektur*, legt die Hauptlast der Berechnungen auf die Client-Maschine und eine relativ kleine Last auf den Server. Eine zweite Hauptmethode ist die sogenannte *Thin-Client-Architektur* (oder *Fat-Server-Architektur*). Dabei liegt die Hauptlast auf dem Server, während der Client fast nur die Benutzeroberfläche enthält. Abbildung 16.1 zeigt ein Schema eines zweistufigen Client/Server-Systems.

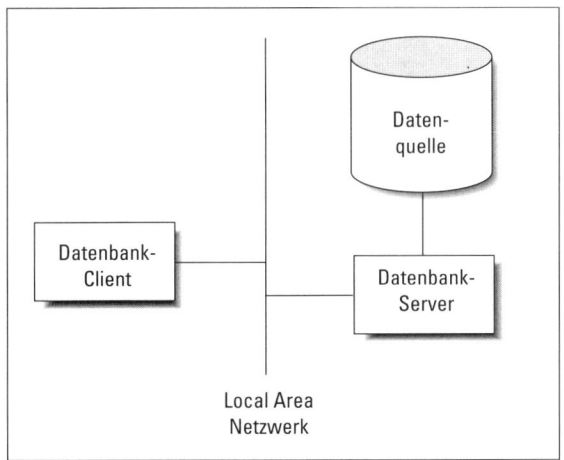

Abbildung 16.1: Zweistufiges Client/Server-System

Unabhängig davon, wie ein zweistufiges Client/Server-System implementiert ist, werden alle notwendigen Funktionen entweder von der Datenbank-Client-Software auf der Client-Maschine oder von der Datenbank-Server-Software auf der Server-Maschine ausgeführt.

Die dreistufige Client/Server-Architektur

Die dreistufige Client/Server-Architektur ist eine relativ neue Entwicklung, die das ältere zweistufige Modell immer schneller verdrängt. Diese Architektur enthält auf der Server-Seite des Systems eine weitere funktionelle Komponente, die häufig als *Middleware* bezeichnet wird. Die Middleware vereinigt einige Verantwortlichkeiten, die normalerweise sowohl beim Datenbank-Client als auch beim Datenbank-Server liegen, was dazu führt, daß beide *dünner* werden. Dünnere Clients sind von Vorteil, weil es potentiell sehr viele gibt. Je weniger leistungsfähig Client-Maschinen zu sein brauchen, desto kostengünstiger ist ein System insgesamt. Ein dünnerer Datenbank-Server ist von Vorteil, weil er sich, wenn er weniger Berechnungen durchführen muß, auf den Datenverkehr der Datenbank konzentrieren und damit dessen Geschwindigkeit beschleunigen kann. Die größere Modularisierung eines dreistufigen System vereinfacht auch die Wartung und Fehlerbeseitigung. Abbildung 16.2 zeigt ein Schema eines dreistufigen Client/Server-Systems.

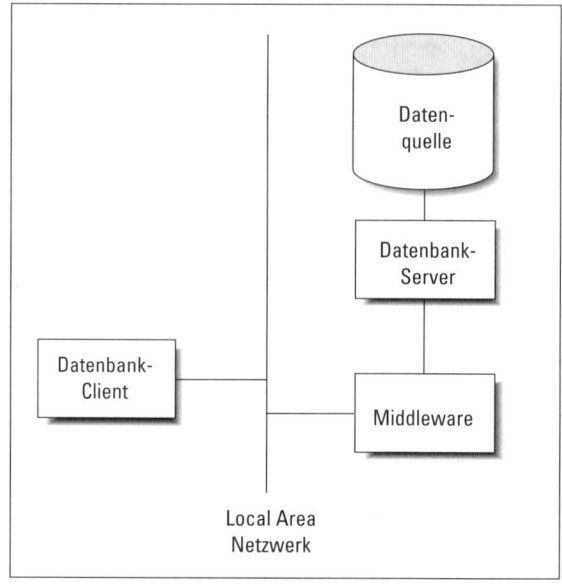

Abbildung 16.2: Dreistufiges Client/Server-System

Die zweistufige Web-Architektur

Die traditionelle Architektur des *World Wide Web* kann ebenfalls als zweistufige Struktur betrachtet werden. Auf einem Web-Server sind HTML-Seiten (HTML = HyperText Markup Language) gespeichert, die über das Internet für Client-Maschinen mit einem Web-Browser zugänglich sind. Diese Architektur ist vergleichbar mit einem zweistufigen Client/Server-System: der Web-Browser des Internet-Clients hat dieselbe Funktion wie die Benutzeroberfläche des Clients in einem Client/Server-System. Der Web-Server führt eine ähnliche Aufgabe aus wie der Client/Server-Datenbank-Server – Verteilung von Informationen. Die Hauptunterschiede liegen darin, daß ein Web-Browser dünner als selbst der dünnste Datenbank-Client in einem Thin-Client-Client/Server-System ist und daß ein Web-Server selbst nicht die Datenbankmanipulationen ausführen kann, die von einer Thin-Server-Implementierung eines Client/Server-Systems gefordert werden. Dies ist durchaus in Ordnung, solange Sie nicht versuchen, Datenbankoperationen über das Netz auszuführen. Wenn Sie nur HTML-Seiten anzeigen, die Ihre Besucher lesen können, brauchen Sie nicht mehr zu tun. Abbildung 16.3 zeigt die Struktur eines zweistufigen Web-Systems.

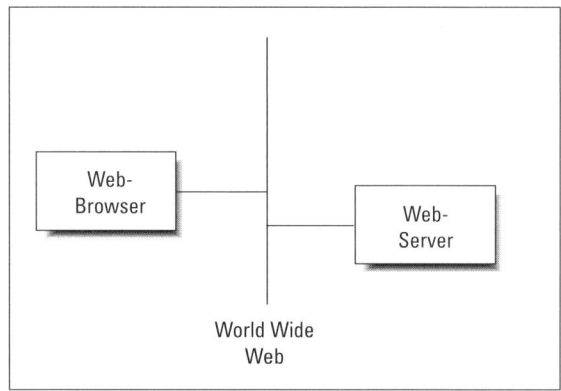

Abbildung 16.3: Zweistufiges Web-System

Die dreistufige Web-Datenbankarchitektur

Um Datenbankoperationen effizient über das Web ausführen zu können, müssen Sie Elemente eines zweistufigen Client/Server-Systems mit Elementen eines zweistufigen Web-Systems kombinieren, um daraus eine zusammengesetzte dreistufige Lösung zu produzieren. Auf der Client-Seite stellt der Web-Browser die Benutzeroberfläche der Datenbankanwendung bereit, wobei er möglicherweise durch ein Netscape Plug-in oder eine ActiveX-Komponente unterstützt wird. Auf der Server-Seite stellt der Datenbank-Server direkt die Verbindung zu der Datenquelle her – genau wie bei einem klassischen Client/Server-System.

Die dreistufige Web-Datenbankarchitektur unterscheidet sich von der dreistufigen Client/Server-Datenbankarchitektur durch die *Middleware*. Die dritte Hauptkomponente (die Middleware) in einem dreistufigen Web-Datenbanksystem umfaßt den Web-Server des zweistufigen Systems und fügt ihm ein *Server-Erweiterungsprogramm* hinzu. Die Signale und Protokolle, die von dem Web-Server verarbeitet werden, wurden in einer Web-Umgebung entwickelt und gelten in diesem Bereich als Standard. Die Signale und Protokolle, die der Datenbank-Server erwartet, wurden in einer Client/Server-Umgebung entwickelt und gelten in diesem Bereich ebenfalls als Standard. Das Server-Erweiterungsprogramm übersetzt zwischen diesen beiden inkompatiblen Standards. Wenn Anfragen von Clients im Web an die Datenquelle hinter dem Datenbank-Server gerichtet werden, übersetzt das Server-Erweiterungsprogramm HTML in ein Format, das der Datenbank-Server verstehen kann, wie z.B. ODBC-konformen SQL-Code. Wenn die Ergebnisse in die entgegengesetzte Richtung zurückgesendet werden, übersetzt das Server-Erweiterungsprogramm sie für die Übertragung über das Web zurück in HTML. Abbildung 16.4 zeigt die Struktur eines dreistufigen Web-Datenbanksystems.

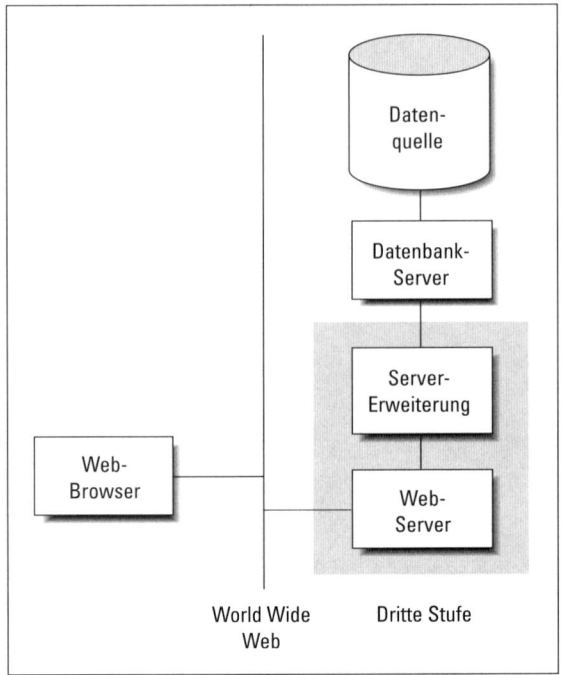

Abbildung 16.4: Dreistufiges Web-System

Die Rolle von SQL

SQL wurde ursprünglich für die Kommunikation zwischen einem remoten Client und einer Datenbank entwickelt. Lokale Netzwerke (oder Wide-Area-Netzwerke) übertrugen SQL vom Client an den Server, wobei sie den Code entsprechend der Netzwerkprotokolle auf der Senderseite codierten und auf der Empfängerseite decodierten. Ein web-basiertes System macht diesen Vorgang durch eine zusätzliche Ebene komplizierter. Der Web-Browser auf dem Client übersetzt die Benutzeranfragen zum Zwecke der Übertragung über das Web in Datenpakete im TCP/IP-Format. Auf der Empfängerseite übergibt der Web-Server diese Pakete an das Server-Erweiterungsprogramm, das die Anfragen in SQL-Code übersetzt, den der Datenbank-Server verarbeiten kann. Egal also, ob der Datenbankzugriff über das Web oder auf einem LAN erfolgt – SQL ist das Mittel, mit dem die Kommunikation ausgeführt wird.

Wie paßt ODBC in das Bild?

Obwohl SQL die Standardsprache für die Kommunikation mit einer Datenbank ist, unterstützen die meisten Datenbankanbieter diesen Standard (üblicherweise *SQL-92* genannt) nicht vollständig. Daß eine Anwendung SQL für den Datenbankzugriff verwendet, bedeutet nicht automatisch, daß sie mit einem DBMS erfolgreich kommunizieren kann, das von sich behauptet, SQL-92-konform zu sein. Sie haben zwei Möglichkeiten, dieses Problem zu lösen. Die eine Möglichkeit besteht darin, für alle gebräuchlichen Datenbank-Server native Treiber zu schreiben. Ein *nativer Treiber* ist ein Treiber, der speziell für die Kommunikation mit einem bestimmten Datenbank-Server und keinem anderen geschrieben wird. Beispielsweise stellt Netscape native Treiber für Informix-, Oracle- und Sybase-Datenbanken bereit und arbeitet an einem nativen Treiber für die DB2-Datenbank von IBM. Microsoft stellt einen nativen Treiber für die eigene SQL-Server-Datenbank zur Verfügung.

Native Treiber sind schnell und effizient, weil sie speziell auf den Datenbank-Client und den Datenbank-Server abgestimmt werden können. Der Nachteil besteht darin, daß für jede Datenbank, auf die Sie zugreifen wollen, ein separater nativer Treiber geschrieben werden muß, und zwar für jeden Datenbank-Client, der Zugriff auf diese Datenbank haben soll. Der Umfang der Aufgabe, diese Treiber für eine Vielzahl von Datenbanken und Client-Server-Kombinationen zu schreiben und zu warten, veranlaßte Microsoft dazu, ODBC (Open Database Connectivity) als Standardmethode zur Übertragung von SQL-Befehlen von Clients an Server zu entwickeln. Die Vorteile, die dieser Standard bietet, führten dazu, daß er von der Industrie übernommen wurde. Wenn der SQL-Code auf der Client-Seite ODBC-konform ist, braucht für jeden Server-Typ nur ein Treiber geschrieben zu werden; und es gibt erheblich weniger verschiedene Server-Typen als Clients. ODBC-konforme Treiber sind heute für die überwiegende Mehrzahl von Servern verfügbar.

Java und SQL

Java ist eine Sprache, die von Sun Microsystems speziell für den Einsatz im World Wide Web entwickelt wurde. Sie ist in vieler Hinsicht wie C++ aufgebaut, aber leichter zu lernen und zu benutzen. Leute, die Web-Sites verwalten, erstellen Anwendungen in Java – genannt *Applets* –, die auf ihrem Web-Server gespeichert werden. Wenn sich ein Benutzer mit einem Datenbank-Server verbindet, überträgt der Server ein Applet auf die Maschine des Benutzers, wo es als client-seitige Erweiterung des Browsers dient. Dieses Verfahren stellt dem Benutzer über den Server eine viel umfangreichere Funktionalität zur Verfügung, als es der Browser allein je tun könnte.

SQL ist eine Datenuntersprache. Es sollte nie eine vollständige, eigenständige Sprache sein, sondern wurde so entworfen, daß der Code in Programme einer Host-Sprache eingebettet werden kann. Java kann (wie auch C++, Basic und beliebige andere gebräuchliche Programmiersprachen) als Host-Sprache für SQL dienen. Sun hat eine Spezifikation herausgegeben, die JDBC (Java Database Connectivity), die dieselbe Funktion wie ODBC hat, nämlich die auf einem Client generierten SQL-Befehle für eine Vielzahl möglicher Datenbank-Server verständlich zu machen. Der JDBC-Standard stellt den Entwicklern von Java-Applets Grundregeln zur Verfügung, die sie benötigen, um Applets zu schreiben, die auf vielen verschiedenen Datenbank-Servern laufen.

Datenbanken auf organisationsspezifischen Intranets

In diesem Kapitel

- Die Unterschiede zwischen Intranets und LANs
- Die Unterschiede zwischen Intranets und dem Internet
- Sicherheit in Intranets
- Intranet-Hindernisse überwinden
- Intranet-Datenbankanwendungen entwickeln

*I*n Organisationen aller Art – groß oder klein – findet ein großer Umbruch statt. Organisationsspezifische LANs werden in Intranets umgewandelt. Falls Sie in einer Firma arbeiten, können Sie einige dieser Änderungen selbst miterleben! Was ist ein Intranet, und wie unterscheidet es sich von einem LAN? Wie ist seine Beziehung zum Internet, von dem sein Name abgeleitet ist?

Die Unterschiede zwischen Intranets und LANs

Ein Intranet unterscheidet sich von einem *LAN* (lokales Netzwerk) im Hinblick darauf, daß die Benutzeroberfläche des Clients immer dieselbe ist, nämlich ein Web-Browser, unabhängig von der Hardware und dem Betriebssystem des Clients. Plattformunabhängigkeit ist für Organisationen mit einer heterogenen Maschinenausstattung ein großer Vorteil: Die Benutzer brauchen nur den Umgang mit einer einzigen Web-Browser-Schnittstelle zu lernen. Danach ist die Bedienung aller Anwendungen viel leichter zu lernen.

Physisch kann ein Intranet genau wie das LAN ausgestattet sein, das durch das Intranet ersetzt wird. Ein Netzwerk verbindet einen oder mehrere Server mit mehreren Client-Maschinen, die räumlich relativ dicht beieinander stehen. Der Unterschied liegt in der Software und möglicherweise in den Netzwerkprotokollen. Ein Datenbank-Client auf einem LAN kann eine Datenbankanwendung ausführen und dafür möglicherweise eine beträchtliche Rechenleistung auf der Client-Maschine erfordern. Ein Client auf einem Intranet führt dagegen meistens einen Browser aus, dessen Funktionen durch Plug-ins, ActiveX-Komponenten oder Java-Applets angereichert sein können. Im allgemeinen können auch viel leistungsschwächere (und billigere) Maschinen diese Aufgabe erfüllen.

Der Datenbank-Server auf einem LAN empfängt über seine Netzwerkschnittstelle ODBC-konforme SQL- oder datenbankspezifische Befehle als Input, führt die entsprechenden Operationen in der Datenbank aus und gibt das Ergebnis an den Client zurück. Bei einem Intranet stehen ein Web-Server und eine Server-Erweiterung zwischen dem Netzwerk und dem Datenbank-Server. Diese Kombination liefert wie bei einem LAN ODBC-konforme SQL- oder datenbankspezifische Befehle an den Server. Die Schnittstelle des Datenbank-Servers empfängt die gleichen Befehle, unabhängig davon, ob der Server mit einem LAN oder einem Intranet verbunden ist.

Außerdem können sich die beiden Umgebungen durch das Netzwerkprotokoll unterscheiden, obwohl der Datenbank-Server davon nichts zu wissen braucht. Ein Intranet muß TCP/IP benutzen. Ein LAN kann TCP/IP benutzen, aber es kann genausogut mit IPX/SPX oder NetBEUI arbeiten. Selbst wenn Sie ein vorhandenes IPX/SPX-Netzwerk in ein Intranet umwandeln, ist der Umstieg fast so einfach wie bei einem LAN, das bereits TCP/IP benutzt.

Die Unterschiede zwischen Intranets und dem Internet

Das organisationsspezifische Intranet ist ein echter Abkömmling des Internets, dessen Ähnlichkeit mit seinem Vorfahren nicht zu verleugnen ist. Ein Intranet hat Clients, auf denen – wie beim Internet – jeweils ein Browser läuft. Ein Intranet hat einen Server, auf dem – wie beim Internet – die Web-Seiten und Datenbankquellen gespeichert sind. Und die Elemente werden – wie beim Internet – durch ein Netzwerk verbunden, das das TCP/IP-Protokoll ausführt.

Neben diesen Gemeinsamkeiten gibt es zwischen dem Internet und Intranets auch wichtige Unterschiede. Das Internet ist riesig und im wesentlichen unkontrollierbar. Weder Sie noch irgend jemand anderes können eine nennenswerte Autorität darüber ausüben. Selbst das größte Intranet der Welt ist im Vergleich zum Internet winzig. Im Gegensatz dazu sind Intranets physisch vollständig in einer Organisation enthalten und unterstehen ihrer Kontrolle.

Sicherheit ist ein weiterer großer Unterschied. Unter allen praktischen Gesichtspunkten betrachtet bietet das Internet keine Sicherheit. Jeder kann ein Internet-Konto erwerben und damit machen, was er will. Wenn Sie Ihr organisationsspezifisches Netzwerk direkt mit dem Internet verbinden, vervielfachen Sie die Bedrohung der Integrität Ihrer Daten. Holen Sie sich den Rat von Experten, um einen robusten Firewall einzurichten, ehe Sie die Verbindung herstellen. Auf einem Intranet spielen solche Sicherheitsüberlegungen eine geringere Rolle. Sie können den physischen Zugang zu allen Computern des Netzwerks kontrollieren. Sie können nicht nur kontrollieren, wer Zugang zu dem Netzwerk hat, sondern auch, was die Benutzer tun dürfen.

Intranets bieten einen der größten Vorteile des Internets, während sie gleichzeitig einen seiner größten Nachteile vermeiden. Intranets bieten – wie das Internet – den Vorteil einer einzigen, leicht zu erlernenden Benutzeroberfläche, nämlich den Browser, den Ihre Organisation standardmäßig einsetzt. Wenn Ihre Benutzer die Bedienung dieser Schnittstelle beherrschen, haben sie bereits einen großen Schritt zur Beherrschung der anderen Netzwerkanwendungen in Ihrer Organisation getan. Im Gegensatz zum Internet sind Intranets nicht den scharfen Angriffen fremder Hacker und anderer unerwünschter Zeitgenossen ausgesetzt. Kein Wunder, daß so viele Organisationen ihre LANs in Intranets umwandeln.

Eine Datenbank ist auf einem Intranet sicherer und schneller

Datenbankanwendungen für ein Intranet zu schreiben ist einfacher, als Datenbankanwendungen für das Internet zu entwickeln (einmal angenommen, daß die Anwendungen für das Intranet nie mit dem Internet verbunden werden). Der Hauptgrund liegt darin, daß Sie sich nicht so viele Gedanken über die Sicherheit der Datenbank zu machen brauchen. Im Internet dagegen können Sie in dieser Hinsicht gar nicht vorsichtig genug sein.

Wenn Sie einem Internet-Benutzer erlauben, einen Teil Ihrer Datenbank zu sehen, laden Sie typischerweise eine Web-Seite mit einem Dateneingabeformular herunter, das unsichtbare, eingebettete SQL-Befehle enthält. Der Internet-Benutzer gibt dann seine Daten in das Formular ein, das die Eingaben im Hintergrund in einen SQL-Befehl übersetzt. Ein Internet-Benutzer kann eine HTML-Seite leicht lokal speichern und ändern. Eine Ihnen feindlich gesonnene Person kann die eingebetteten SQL-Befehle Ihres Formulars in Befehle ändern, die Daten zerstören oder andere unerwünschte Effekte verursachen, und dann das geänderte Formular benutzen. Ihr Server kann dann mit seiner Selbstzerstörung beginnen. Selbst wenn Sie diese spezielle Sicherheitslücke schließen, gibt es viele andere.

Auch ein mittelmäßig kompetenter Hacker kann Ihr System auf zahlreichen Wegen angreifen. Wünschen Sie es sich bloß nicht, zum Angriffsziel eines Spitzenkönners auf diesem Gebiet zu werden. Aber falls Sie nur mit einem Intranet arbeiten, sollten Sie sich über diese Probleme keine Sorgen machen, weil (theoretisch) jeder, der Zugang zu Ihrem System hat, als Freund gilt.

Ein weiterer Vorteil von Intranets ist ihre Geschwindigkeit. Das Internet ist verstopft, und die Antwortzeiten sind manchmal sehr lang. Diese Situation wird sich erst noch verschlimmern, ehe Besserungen in Sicht kommen. Ihr eigenes Intranet sollte schneller sein. Falls nicht, sollten Sie seine Komponenten auf den neuesten Stand bringen.

Die höhere Geschwindigkeit führt dazu, daß die Zeit Ihrer Benutzer besser genutzt wird, und bietet Ihnen einige weitere Vorteile. Sie können mehr Grafiken und Multimediakomponenten als im Internet einsetzen. Ein Ratschlag: Benutzen Sie in Applets, die Sie auf Ihrem Internet-Web-Server bereitstellen, so wenig wie möglich Grafiken und Multimediaeffekte, weil das Übertragen dieser großen Dateien sehr lange dauert. Auf einem Intranet mit einer großen Bandbreite ist dieses Problem nicht annähernd so wichtig. Sie können die Benutzeroberfläche aufbessern, um Ihr Applet attraktiver zu machen, ohne sich um die Übertragungszeiten sorgen zu müssen.

Intranet-Herausforderungen

Der Umstieg von einem LAN auf ein Intranet hat auch einige mögliche Nachteile. Dazu zählt das sogenannte *HTTP* (*Hypertext Transfer Protocol*), das die Basis des gesamten Web-Verkehrs bildet. HTTP arbeitet auf einer höheren Ebene als die gebräuchlichen LAN-Protokolle und kann deshalb große Datenmengen nicht so effizient verarbeiten. Anwendungen, die in größerem Umfang Datenbankdateien ändern, können – bei gleicher Hardware – auf einem Intranet deutlich langsamer laufen als auf einem LAN.

Abgesehen von der Geschwindigkeit hat HTTP die Eigenschaft, zustandslos zu sein. In SQL können Sie eine Reihe von Befehlen in einer Transaktion einkapseln, um sie vor schädlichen Interaktionen mit den Befehlen anderer Benutzer zu schützen. Die Transaktion schützt die Befehle auch von Systemausfällen, die eintreten, wenn erst ein Teil der Befehle ausgeführt wurde. (Siehe Kapitel 13 für mehr Details.) Weil HTTP keine Zustände kennt, gibt es keine Möglichkeit zu spezifizieren, ob eine Transaktion ausgeführt wird. Deshalb können Sie auf einem Intranet (oder im Internet) nicht mit Transaktionen arbeiten. Man kann dieses Problem umgehen, aber dadurch wird die Anwendungsentwicklung komplizierter und die Ausführung der Anwendungen verlangsamt.

Anmerkung: Die Aussage, HTTP sei *zustandslos*, bedeutet, daß es keinen Mechanismus gibt, mit dem man kontrollieren kann, wie viele Operationen einer Folge von Operationen tatsächlich ausgeführt wurden, und mit dem man den Server informieren kann, daß eine Reihe zusammengehöriger Operationen abgeschlossen ist.

Keine Panik! Eine Möglichkeit, das Fehlen Transaktionen im Web auszugleichen, ist die Verwendung von Cookies. Ein *Cookie* ist eine Datendatei, die ein Server an einen Client sendet und die auf der Festplatte des Clients gespeichert wird. Ein Cookie kann bis zu 4.000 Bytes an Informationen enthalten. Jedesmal, wenn der Client eine Verbindung zu diesem Server herstellt, wird das Cookie zusammen mit der Anforderung der Server- Web-Seite an den Server gesendet. Auf diese Weise können Client und Server Statusinformationen austauschen, mit denen beispielsweise auch abgebrochene Transaktionen vervollständigt werden können. Neuere Entwicklungswerkzeuge enthalten auch Features zur Statusverwaltung und bieten fortgeschrittene Lösungen für das Fehlen permanenter Verbindungen über das Web.

Das Intranet-Back-End

Das Intranet-Back-End besteht aus den Komponenten auf der Server-Seite des Netzes. Das Back-End besteht aus der Datenquelle, dem Datenbank-Server und der Middleware, welche die Verbindung zum Netz herstellt. Die Middleware kann verschiedene Formen haben, aber Sie enthält immer einen Web-Server, der die Schnittstelle zum Netz bildet. Zusätzlich zu dem Web-Server enthält die Middleware normalerweise auch eine Server-Erweiterung, die den Web-Server mit dem Datenbank-Server verbindet.

Die Middleware – egal in welcher Form – übersetzt Anforderungen, die über das Netz hereinkommen, in die Standardform, die der Datenbank-Server erwartet. Dabei spielt es keine Rolle, welcher Datenbank-Server eingesetzt wird – *Microsoft SQL Server*, *Borland InterBase*, *Informix*, *Oracle*, *Sybase SQL Server* oder ein anderes Produkt. Für den Server stellt sich die Situation so dar, als wäre er mit einem gewöhnlichen LAN-Client verbunden. Daß die Interaktionen über ein Intranet erfolgen, weiß er nicht, und er braucht es nicht zu wissen.

Datenbankanwendungen für ein Intranet erstellen

Datenbankanwendungen für ein Intranet zu erstellen erfordert Fähigkeiten in zwei verschiedenen und im wesentlichen unabhängigen Bereichen. Sie können ein Experte im Erstellen von Client/Server-Datenbankanwendungen sein und selbst die einfachsten Grundlagen der Web-Programmierung nicht kennen. Andererseits können Sie ein Spitzenkönner der Web-Programmierung sein und keine Ahnung von Client/Server-Datenbankanwendungen haben. Praktiker mit Kompetenz in beiden Bereichen sind selten. Wegen dieser Situation bieten viele Anbieter Werkzeuge an, die speziell für die Web-Datenbankentwicklung gedacht sind und weniger Kenntnisse voraussetzen als die traditionell verfügbaren Werkzeuge.

Traditionelle Anwendungsentwicklungswerkzeuge

In den Anfangstagen der Web-Datenbankentwicklung gab es noch keine Werkzeuge, die speziell auf die Anwendungsentwicklung für Web-Server zugeschnitten waren. Und die Entwicklungswerkzeuge für Web-Seiten waren nicht dafür ausgerüstet, Web-Seiten mit Datenbanken zu verbinden. Web-Seiten wurden mit HTML erstellt und formatiert. Anwender, die Server-Erweiterungsprogramme von Grund auf schrieben, arbeiteten mit PERL, C, C++ oder Shell-Skripts unter Berücksichtigung des Protokolls *Common Gateway Interface* (CGI). Zur Zustandsverwaltung wurde ein weiteres Werkzeug benötigt.

Um ein gutes Programm schreiben zu können, mußte man die Schnittstellen zum Web-Server und dem Datenbank-Server auf einer niedrigen Ebene verstehen und eine Programmiersprache eigener Wahl beherrschen. Die Entwicklung dauerte lange und war mühsam. Außerdem gab es erhebliche Performanzprobleme, insbesondere wenn man mit PERL arbeitet. PERL ist eine interpretierte Sprache, und der Interpreter ist über 500 KByte groß. Bei jeder Anfrage des Web-Browsers, mußte diese 500 KByte große Datei geladen und ein PERL-Skript ausgeführt werden. Dadurch wurde der Datenbankzugriff verlangsamt. Außerdem wurde der Server belastet, was die Operationen der anderen Benutzer ebenfalls verlangsamte. Heute können Sie Server-Erweiterungen immer noch auf diese Weise schreiben, aber inzwischen gibt es bessere Alternativen.

Neue objektorientierte Werkzeuge

Um die erfolgreiche Web-basierte Datenbankentwicklung auch für Normalsterbliche zu ermöglichen, haben Werkzeuganbieter visuelle Entwicklungswerkzeuge auf den Markt gebracht, die einen großen Teil dieser Aufgabe automatisieren. Sie brauchen weder C++, PERL oder eine ähnliche prozedurale Sprache noch HTML zu beherrschen. Mit dieser neuen Generation von Werkzeugen können Sie funktionsfähige und visuell ansprechende Web-Datenbankanwendungen entwickeln, indem Sie auf Symbole zeigen und klicken sowie Objekte auf einer Arbeitsfläche hin- und herziehen und fallenlassen. Aber diese Werkzeuge bieten noch mehr als eine visuelle ausgerichtete Arbeitsweise: Sogenannte Software-Assistenten nehmen Ihnen einen großen Teil der mühevollen Kleinarbeit der Anwendungsentwicklung ab. Sie können sich auf den kreativen Teil der Aufgabe konzentrieren, statt sich bei den niedrigen Details festzufahren.

Man braucht kein Raketentechniker, ja nicht einmal ein Skateboard-Ingenieur zu sein, um einzusehen, daß Datenbanken für das Web, sowohl für das Internet als auch für Intranets, wirklich wichtig sind und laufend an Bedeutung zunehmen. Folglich ist es keine Überraschung, daß eine Reihe von Firmen verbesserte Entwicklungswerkzeuge für diesen Zweck anbietet. Dieses Gebiet ändert sich fast täglich. Ich werde nicht versuchen, es umfassend zu behandeln, sondern einige repräsentative Produkte nennen.

Borlands IntraBuilder

Borlands *IntraBuilder* ist ein führendes Beispiel für die neue Generation von Web-Datenbankentwicklungswerkzeugen. Der IntraBuilder wurde speziell für das Erstellen von Intranet-Anwendungen geschaffen. Seine exzellente Funktionalität und einfache Bedienung ist stark an Borlands *Delphi* angelehnt, eines der leistungsstärksten und weitverbreitetsten Entwicklungswerkzeuge für Client/Server-Anwendungen. IntraBuilder verbindet das Beste der Datenbankzugriffstechnik von Delphi mit einer vollständigen Web-Unterstützung und visuellen Werkzeugen für den schnellen Entwurf von Web-Formularen und -Berichten.

IntraBuilder unterstützt Sie bei der Erstellung dynamischer statt nur statischer Web-Seiten. Statische Web-Seiten zeigen die in ihnen enthaltenen Informationen nur an und sind schwierig zu ändern. Dynamische Web-Seiten können dagegen durch den Browser des Kunden geändert werden. Mit dieser Fähigkeit ist es möglich, immer mit aktuellen Informationen zu arbeiten. IntraBuilder enthält eine Reihe von Werkzeugen, die auf der Sprache *JavaScript* basieren, mit der Sie Skripts für Clients und für Server schreiben können.

IntraBuilder stellt native Treiber für den Zugriff auf PC-Datenbanken, wie z.B. Access, Approach, Paradox und Visual dBASE, sowie auf SQL Datenbanken, wie z.B. Oracle, DB2, Sybase, Informix, InterBase und Microsoft SQL Server, zur Verfügung. Zusätzlich bietet er einen ODBC-Zugriff auf beliebige ODBC-konforme Datenquellen. Mit IntraBuilder können Sie schnell robuste, flexible, hochperformante und wartungsfreundliche Intranet-Datenbankanwendungen entwickeln.

NetDynamics NetDynamics Studio

Das visuelle Anwendungsentwicklungswerkzeug *NetDynamics Studio* stellt eine Drag-and-drop-Programmierumgebung zur Verfügung. Das Werkzeug generiert automatisch Java-, HTML- und SQL-Code für die Server-Seite. NetDynamics Studio enthält eine Reihe von Software-Assistenten, mit denen Sie Anwendungseigenschaften ohne manuelle Codierung erstellen können. Mit dem HTML-Editor können Sie die mitgelieferten Standard-HTML-Seitenlayouts an Ihre Zwecke anpassen oder Ihre eigenen Layouts entwerfen. Mit den Sicherheits-Software-Assistenten können Sie ihre eigenen Sicherheitsmechanismen implementieren. Außerdem können sie die Sicherheitsmechanismen von Drittanbietern integrieren und mit verschlüsselten Session-IDs arbeiten.

Sie können wahlweise per Query-By-Example (Abfrage durch Beispiel) oder mit SQL auf Ihre Datenquellen zugreifen. Es gibt entwicklerdefinierte Ereignis-Trigger, die Sie mit bestimmten Aktionen verknüpfen können, die beim Eintreten eines spezifizierten Ereignisses ausgeführt werden sollen. Das API um faßt mehr als 200 Klassen und 2.500 Methoden, die Sie als Bausteine für eigene Anwendungen verwenden können.

Neue Mehrzweckwerkzeuge

Die Produkte in dieser Kategorie sind Mehrzweckentwicklungswerkzeuge. Sie sind flexibler als die Produkte der vorhergehenden Kategorie, verlangen aber von Ihnen ein größeres Können. Diese Werkzeuge bestehen aus einer visuellen Entwicklungsumgebung, mit der Sie das Code-Gerüst verschiedener Standardanwendungen automatisch generieren können.

Borlands C++Builder

Borlands *C++Builder* ist ein Mehrzweckentwicklungswerkzeug unter Windows 95 und NT, mit dem Sie eigenständige EXE- und DLL-Dateien, Treiber und Action-Spiele, also praktisch alles, erstellen können. Obwohl C++Builder einen breiten Anwendungsbereich hat, enthält das Produkt eine umfangreiche Reihe von Werkzeugen und Utilities speziell für die Datenbankentwicklung. Ein Schlüsselmerkmal zur Unterstützung der Datenbankanwendungsentwicklung in C++Builder sind die *datensensitiven Komponenten*. Dabei handelt es sich um leicht zu benutzende und schnelle Datenzugriffskomponenten, die Sie in Ihre Anwendungen einfügen und mit denen Sie die Entwicklung und Ausführung von Anwendungen beschleunigen können.

Microsofts Visual C++

Visual C++ ist Microsofts visuelle Anwendungsentwicklungsumgebung für die Sprache C++. Wie mit C++Builder können Sie mit Visual C++ beliebige Arten eigenständiger Programme erstellen. Die Web- Datenbankanwendungsentwicklung ist damit genauso einfach wie die Entwicklung anderer Anwendungen. Mit Visual C++ können Sie leicht ActiveX-Komponenten in

Ihre Programme einbinden und Elemente der Microsoft *Foundation Classes Library* benutzen. Mit den Templates in der *Active Template Library* können Sie schnell eigene Komponenten erstellen.

Borlands JBuilder

JBuilder ist ein visuelles Anwendungsentwicklungswerkzeug speziell für die Entwicklung von Java-Anwendungen und Java-Applets. Die Struktur und die Features von JBuilder ähneln stark denen von C++Builder, weil beide Produkte Abkömmlinge von Borlands weitverbreiteter Entwicklungsumgebung Delphi sind. Allerdings produziert Delphi Pascal-Code, während C++Builder C++-Code und JBuilder Java-Code erzeugt. Die Drag-and-drop-Entwicklungsstruktur von JBuilder basiert auf dem *JavaBeans*-Standard von *Sun*. Jede Anwendung, die Sie konform zum JavaBeans-Standard entwickeln, läuft auf jeder Plattform, die Java unterstützt.

JBuilder arbeitet mit der von Borland sogenannten *DataDirector-Architektur*, die alle JDBC- und ODBC-konformen Datenquellen unterstützt. Zusätzlich verfügt JBuilder über native Treiber für Oracle, Sybase, Informix, InterBase und andere Desktop- und Client/Server-Datenbankverwaltungssysteme.

Microsofts Visual J++

Visual J++ ist Microsofts visuelle Entwicklungsumgebung für die Erstellung von Java-Anwendungen und Java-Applets. Microsoft hat seine Java-Version um die Fähigkeit erweitert, ActiveX-Controls einzubinden. Visual J++ enthält alle Funktionen, die Sie von einer ausgewachsenen Entwicklungsumgebung erwarten. Dazu zählen ein visueller Debugger, Software-Assistenten für die Erstellung von Applets und ActiveX-Controls, ein Editor, ein Compiler und ein Class-Viewer für die schnelle Durchdringung der Java-Klassenhierarchie. Microsoft preist Visual J++ als eine verbesserte Java-Version an – verbessert deshalb, weil es Microsofts ActiveX unterstützt.

Die Schlacht zwischen Java und ActiveX

Im Moment tobt auf dem Markt der Web-Entwicklungswerkzeuge eine Schlacht um die Vorherrschaft. Sun hat Java ursprünglich als eine Cross-Plattformsprache präsentiert, um alle Web-basierten Anwendungen vollkommen plattformunabhängig entwickeln zu können. Egal auf welcher Hardware und unter welchem Betriebssystem Sie eine Anwendung entwickeln – mit Java soll die Anwendung auf jeder anderen Hardware und unter jedem anderen Betriebssystem laufen, wenn die Hardware bzw. das Betriebssystem einen Standard-Web-Browser unterstützt. Diese Idee verbreitete sich wie ein Lauffeuer. Die Leute begannen, Java-Applets für Mainframes, Minicomputer, PCs und sogar Sun-Workstations zu entwickeln. Java wurde über Nacht zum Erfolg.

Zunächst begriff Microsoft nicht, daß das plötzliche Auftauchen des Web seine Vorherrschaft im PC-Software-Markt bedrohen könnte, und unternahm deshalb im Web-Bereich anfänglich nur geringe Anstrengungen. Als Microsoft dann spät erkannte, daß ein plattformunabhängiges Web in der Tat eine ernsthafte Bedrohung der Intel-Microsoft-Achse darstellen könnte, schaltete die Firma auf *Alarmstufe rot* und begann mit der Entwicklung einer Strategie, die jede Tendenz zur Plattformunabhängigkeit abwehren und zurück in das Microsoft Windows-Lager lenken sollte.

Microsoft wählte die ActiveX-Controls als Waffe in dieser Schlacht. Sie können die Entwicklung Ihrer Java-Anwendungen und Java-Applets mit vorgefertigten ActiveX-Controls beschleunigen oder Ihre eigenen ActiveX-Controls erstellen. Solche Anwendungen können innerhalb eines Browsers auf einer beliebigen Plattform laufen, aber Sie müssen die Anwendungen entweder unter Windows 95 oder Windows NT entwickeln. Weil die überwiegende Mehrzahl der weltweit installierten Computer mit Intel-Prozessoren ausgerüstet ist und unter Windows läuft, konnte Microsoft eine beträchtliche Unterstützung für seine Sicht der Zukunft des Webs und von Java gewinnen.

Inzwischen kämpfen Sun und eine Reihe anderer Firmen, die Microsofts Sicht als Versuch betrachten, die Weltherrschaft an sich zu reißen, dafür, Java »rein« zu erhalten. Diese Firmen wollen sicherstellen, daß das pure Java keine Erweiterungen enthält, die es an eine Entwicklungsplattform, wie z.B. Windows, binden. Java soll das bleiben, was seine Existenz ursprünglich begründet und was ihm zum Erfolg verholfen hat – plattformunabhängig.

Wenn diese Schlacht vorbei sein wird und die Welt in Ruhe mit einem reinen oder erweiterten Java (egal welches auch gewinnen mag) weiter ihren Gang gehen kann, wird eine Wahrheit weiterbestehen: SQL wird die Kommunikation zwischen dem Applet/der Anwendung und der Datenquelle auf dem Server vermitteln.

Teil VI

Fortgeschrittene Themen

»Leider ist der Administrator nicht sehr fehlertolerant.«

In diesem Teil...

Sie können sich mit SQL auf vielen Ebenen befassen. Die vorangegangenen Teile hatten die Hauptfragen zum Thema, die bei den meisten Anwendungen eine Rolle spielen. Dieser Teil behandelt bedeutend komplexere Themen. SQL arbeitet normalerweise mit einer ganzen Datenmenge auf einmal. Wenn Sie dieses »Paradigma« verlassen und die Daten zeilenweise bearbeiten wollen, müssen Sie mit Cursor arbeiten. Eine angemessene Fehlerbehandlung ist sowohl bei einfachen als auch komplexen Anwendungen notwendig; sie kann jedoch mehr oder weniger oberflächlich erfolgen. Je gründlicher Sie die Fehlerbehandlung in Ihre Anwendungen einbauen, desto leichter haben es Ihre Benutzer, falls Probleme auftreten. In diesem Teil gebe ich Ihnen einen Überblick über die oberflächlichen und die gründlichen Methoden zur Fehlerbehandlung.

Cursor

In diesem Kapitel

▷ Mit einem Cursor Tabellendaten zeilenweise bearbeiten
▷ Die Reichweite eines Cursors mit dem Befehl DECLARE spezifizieren
▷ Eine Verarbeitungsfolge mit der Klausel ORDER BY spezifizieren
▷ Eine Tabelle vor unerwünschten Nebeneffekten von Änderungen schützen
▷ Daten zeilenweise lesen
▷ Zeilen löschen, auf die Sie mit einem Cursor zugreifen
▷ Zeilen ändern, auf die Sie mit einem Cursor zugreifen
▷ Einen Cursor schließen

In Kapitel 14 habe ich erläutert, daß eine Hauptinkompatibilität zwischen SQL und den gebräuchlichen Sprachen zur Anwendungsentwicklung darin besteht, daß SQL mit ganzen Datenmengen auf einmal arbeitet, während prozedurale Sprachen Tabellen zeilenweise bearbeiten. Ein Cursor gibt SQL die Fähigkeit, einzelne Zeilen einer Tabelle zu lesen, zu ändern oder zu löschen, so daß Sie SQL in Verbindung mit einer Anwendung verwenden können, die in einer der gebräuchlichen Sprachen geschrieben ist.

Ein Cursor funktioniert wie ein Zeiger, der auf eine spezielle Tabellenzeile gerichtet ist. Wenn ein Cursor aktiv ist, können Sie die Befehle SELECT, UPDATE oder DELETE auf die Zeile anwenden, auf die der Cursor zeigt.

Cursor sind nützlich, wenn Sie auf bestimmte Zeilen einer Tabelle zugreifen wollen, um deren Inhalt zu prüfen und verschiedene Aktionen in Abhängigkeit von diesem Inhalt auszuführen. SQL kann eine solche Folge von Operationen nicht selbst ausführen. SQL kann zwar die Zeilen wiedergewinnen, aber prozedurale Sprachen sind besser dazu geeignet, Entscheidungen zu treffen, die auf dem Inhalt einzelner Felder basieren. Mit einem Cursor kann SQL die Daten in einer Tabelle zeilenweise wiedergewinnen und dann die Zeilen einzeln zur Weiterverarbeitung an prozeduralen Code weitergeben. Wenn Sie den SQLcode in einer Schleife benutzen, können Sie eine komplette Tabelle zeilenweise abarbeiten.

Bei eingebettetem SQL sieht der Programmablauf üblicherweise folgendermaßen aus:

```
EXEC SQL DECLARE CURSOR Befehl
EXEC SQL OPEN Befehl
Prozeduraler Code
```

```
Schleifenbeginn
   Prozeduraler Code
   EXEC SQL FETCH
   Prozeduraler Code
   Auf Tabellenende testen
Schleifenende
EXEC SQL CLOSE Befehl
Prozeduraler Code
```

Die SQL-Befehle in diesem Pseudocode lauten DECLARE, OPEN, FETCH und CLOSE. In den folgenden Abschnitten werde ich jeden dieser Befehle im Detail behandeln.

Wenn Sie die gewünschte Operation mit normalen SQL-Befehlen (eine Datenmenge auf einmal) ausführen können, sollten Sie diese Methode wählen. Wenn Sie das gewünschte Ergebnis nicht auf diesem Weg erhalten können, sollten Sie einen Cursor deklarieren, um die Tabellenzeilen einzeln wiederzugewinnen und an die Host-Sprache Ihres Systems zu übergeben.

Einen Cursor deklarieren

Ehe Sie einen Cursor benutzen können, müssen Sie ihn mit dem Befehl DECLARE CURSOR deklarieren. Diese Deklaration löst keine Aktion aus, sondern teilt dem DBMS den Namen des Cursors und die Abfrage mit, in der er verwendet werden soll. Der SQL-92-Befehl DECLARE CURSOR hat folgende Syntax:

```
DECLARE Cursor-Name [INSENSITIVE][SCROLL] CURSOR FOR
    Abfrageausdruck
    [ORDER BY Order-by-Ausdruck]
    [FOR Updatability-Ausdruck] ;
```

Anmerkung: Der Cursor-Name identifiziert einen bestimmten Cursor und muß deshalb im aktuellen Modul oder in der aktuellen Compilation-Unit eindeutig sein.

Um Ihre Anwendung lesbarer zu machen, sollten Sie dem Cursor einen aussagekräftigen Namen geben. Leiten Sie den Namen von den Daten ab, welche die Abfrage wiedergewinnen soll, oder bringen Sie die Operation zum Ausdruck, die Ihr prozeduraler Code mit den Daten ausführt.

Der Abfrageausdruck

Der Abfrageausdruck kann aus einem beliebigen gültigen SELECT-Befehl bestehen. Die Zeilen, die dieser SELECT-Befehl wiedergewinnt, werden von dem Cursor einzeln durchlaufen. Diese Zeilen definieren die Reichweite des Cursors.

Die Abfrage wird noch nicht ausgeführt, wenn der Befehl DECLARE CURSOR gelesen wird. Die Daten werden erst gelesen, wenn der Befehl OPEN ausgeführt wird. Die zeilenweise Bearbeitung der Daten beginnt nach dem Eintritt in die Schleife, die den Befehl FETCH einschließt.

Die Klausel ORDER BY

Wenn Sie die wiedergewonnenen Daten in einer bestimmten Reihenfolge bearbeiten wollen, können Sie die Daten mit der optionalen Klausel ORDER BY sortieren. Die Klausel hat die folgende Syntax:

ORDER BY Sortierfolge [, Sortierfolge]...

Sie können mehrere Sortierfolgen festlegen, die jeweils die folgende Syntax haben:

(Spaltenname | Positive Ganzzahl)
    [COLLATE BY Collation-Name] [ASC | DESC]

Sie können eine Spalte, die Sie zum Sortieren verwenden wollen, entweder durch ihren Namen oder eine positive Ganzzahl spezifizieren. Wenn Sie einen Spaltennamen verwenden, muß dieser in der SELECT-Liste des Abfrageausdrucks erscheinen. Sie können keine Spalten verwenden, die in der Tabelle, aber nicht in der SELECT-Liste der Abfrage stehen. Wenn Sie die Sortierfolge mit einer positiven Ganzzahl festlegen, gibt die Ganzzahl die Position der Spalte in der SELECT-Liste der Abfrage an. Die Zahl 1 repräsentiert die erste Spalte in der SELECT-Liste der Abfrage, die Zahl 2 die zweite usw.

Nehmen Sie beispielsweise an, daß Sie für bestimmte Zeilen der Tabelle KUNDE eine Operation ausführen wollen, die von SQL nicht unterstützt wird. Dann könnten Sie einen Cursor mit dem Befehl DECLARE CURSOR etwa folgendermaßen deklarieren:

```
DECLARE kunde1 CURSOR FOR
   SELECT KUNDE_ID, VORNAME, NACHNAME, STADT, LAND, TELEFON
      FROM KUNDE
   ORDER BY LAND, NACHNAME, VORNAME ;
```

In diesem Beispiel liefert der Befehl SELECT die Zeilen nach Land, Nachname und Vorname sortiert zurück. Der Befehl liefert die Kunden in Irland vor den Kunden in Italien. Innerhalb eines Landes werden die Kunden nach ihrem Nachnamen sortiert. Beispielsweise steht *Aaron* vor *Abbott*. Wenn mehrere Kunden denselben Nachnamen haben, werden sie nach ihrem Vornamen sortiert. *George Aaron* steht vor *Henry Aaron*. Sie können dasselbe Ergebnis auch alternativ mit der folgenden Syntax erzielen:

```
DECLARE kunde1 CURSOR FOR
   SELECT KUNDE_ID, VORNAME, NACHNAME, STADT, LAND, TELEFON
      FROM KUNDE
   ORDER BY 5, 3, 2 ;
```

Bei dieser Formulierung werden die Zeilen erst nach der fünften Spalte (LAND) in der SELECT-Liste der Abfrage, dann nach der dritten Spalte (NACHNAME) und schließlich nach der zweiten Spalte (VORNAME) sortiert.

Mußten Sie jemals vierzig Kopien eines zwanzigseitigen Dokuments auf einem Fotokopierer erstellen, der nicht mit einem Sortierer ausgerüstet war? Was für ein Aufwand! Sie müssen auf dem Tisch zwanzig Haufen bilden und dann vierzigmal an diesen Haufen entlanggehen, um auf jeden Haufen jeweils ein Blatt zu legen. Dieser Sortiervorgang wird als *Zusammentragen* (engl. *collation*) bezeichnet. Etwas Ähnliches gibt es auch in SQL.

In Kapitel 5 haben wir eine *Sortierfolge* (engl. *collation*) als einen Satz von Regeln definiert, die festlegen, wie Zeichenketten in einem bestimmten Zeichensatz miteinander verglichen werden. Jeder Zeichensatz hat eine Standardsortierfolge für das Sortieren von Zeichenketten. Mit der optionalen Klausel COLLATE BY können Sie jedoch für eine Spalte eine Sortierfolge definieren, die von der Standardsortierfolge abweicht. Wahrscheinlich unterstützt Ihre Implementierung mehrere gebräuchliche Sortierfolgen. Sie können eine auswählen und dann mit den Schlüsselwörtern ASC und DESC festlegen, ob die Sortierung aufsteigend bzw. absteigend erfolgen soll. Wenn Sie weder ASC noch DESC angeben, werden die Daten standardmäßig aufsteigend sortiert.

In dem Befehl DECLARE CURSOR können Sie außerdem eine abgeleitete (berechnete) Spalte definieren, die in den zugrunde liegenden Tabellen nicht existiert. Eine solche Spalte hat keinen Namen, den Sie in der Klausel ORDER BY verwenden können. Mit Hilfe des Schlüsselworts AS können Sie einer solchen Spalte in dem Abfrageausdruck des Befehls DECLARE CURSOR einen Namen zuweisen, mit dem Sie später diese Spalte identifizieren können. Betrachten Sie das folgende Beispiel:

```
DECLARE Einnahme CURSOR FOR
    SELECT Modell, Einheiten, Preis, Einheiten * Preis AS Umsatz
       FROM RECHNUNGSPOSITION
    ORDER BY Modell, Umsatz DESC ;
```

Dieses Beispiel benutzt die Standardsortierfolge, weil die Klausel ORDER BY keine COLLATE BY-Klausel enthält. Die vierte Spalte in der SELECT-Liste wird aus der zweiten und dritten Spalte berechnet. Mit dem Schlüsselwort AS wird ihr der Name Umsatz zugewiesen. In der Klausel ORDER BY werden die Daten zuerst nach Modell und dann nach Umsatz sortiert. Das Schlüsselwort DESC legt fest, daß die Daten absteigend sortiert werden sollen; die Rechnungspositionen mit dem höchsten Umsatz pro Modell werden zuerst verarbeitet.

Positive Ganzzahlen als Sortierkriterien werden mißbilligt

Die Verwendung von positiven Ganzzahlen in Sortierkriterien wird in SQL-92 mißbilligt. Wenn ein Feature in einem ANSI-Standard mißbilligt wird, bedeutet dies, daß diese Eigenschaft entweder überholt oder unerwünscht ist. Von einer weiteren Verwendung dieses Features wird abgeraten, und es wird wahrscheinlich in der nächsten Version des Standards gestrichen. Ein

Feature in einer Version eines Standards zu mißbilligen soll den Entwicklern Zeit geben, es aus ihren Produkten zu entfernen, ehe die nächste Version des Standards freigegeben wird.

SQL ließ ursprünglich Ganzzahlen in der Klausel ORDER BY zu, um Elemente in der SELECT-Liste zu referenzieren, die aus Ausdrücken bestanden (und deshalb keinen Spaltennamen hatten):

```
SELECT NACHNAME, GRUNDGEHALT+PROVISION
FROM MITARBEITER
ORDER BY 2 ;
```

Ursprünglich gab es keine andere Methode, um die zweite Spalte zu referenzieren. SQL-92 führte die Klausel AS ein, um Elementen in der SELECT-Liste einen Namen zuweisen zu können:

```
SELECT NACHNAME, GRUNDGEHALT+PROVISION AS GEHALT
FROM MITARBEITER
ORDER BY GEHALT ;
```

Mit der Klausel AS können Sie den Spalten lesbarere Namen geben und Ausdrücke benennen, die von anderen Spalten und Ausdrücken abgeleitet werden. Dadurch wurde die Referenzierung mit Hilfe der Ganzzahlen in der Klausel ORDER BY überflüssig, so daß das Feature nun mißbilligt werden konnte.

Die FOR UPDATE-Klausel

Manchmal wollen Sie die Tabellenzeilen ändern oder löschen, auf die Sie mit einem Cursor zugreifen. Bei anderen Gelegenheiten wollen Sie verhindern, daß diese Zeiten geändert oder gelöscht werden können. Mit der Updatability-Klausel von SQL-92 können Sie in dem Befehl DECLARE CURSOR festlegen, was mit einer Zeile passieren darf. Wenn Sie verhindern wollen, daß die Zeile innerhalb der Reichweite des Cursors geändert oder gelöscht wird, geben Sie folgende Klausel ein:

```
FOR READ ONLY
```

Um Änderungen auf bestimmte Spalten zu beschränken, geben Sie ein:

```
FOR UPDATE OF Spaltenname [ , Spaltenname ]...
```

Natürlich müssen diese Spalten im Abfrageausdruck von DECLARE CURSOR vorkommen. Wenn die Cursor-Deklaration keine Updatability-Klausel enthält, können Sie standardmäßig mit dem Befehl UPDATE alle Spalten im Abfrageausdruck ändern und mit dem Befehl DELETE die Zeile löschen, auf die der Cursor zeigt.

Sensitivität

Der Abfrageausdruck von DECLARE CURSOR legt die Zeilen fest, die in Reichweite des Cursors liegen. Dabei können folgende Probleme auftreten: Was passiert, wenn eine Abfrage in Ihrem Programm zwischen den Befehlen OPEN und CLOSE den Inhalt einiger Zeilen so ändert, daß diese die Abfrage nicht mehr erfüllen? Was passiert, wenn eine Abfrage einige dieser Zeilen komplett löscht? Verarbeitet der Cursor dann alle ursprünglich ausgewählten Zeilen, oder erkennt er die neue Situation und ignoriert die Zeilen, welche die Abfrage nicht mehr erfüllen oder die gelöscht wurden?

Wenn Sie Daten in Spalten, die zu einem DECLARE CURSOR-Abfrageausdruck gehören, ändern, nachdem einige, aber noch nicht alle Zeilen der Abfrage verarbeitet wurden, verursachen Sie ein regelrechtes Chaos. Ihre Ergebnisse werden wahrscheinlich inkonsistent und irreführend sein. Um dieses Problem zu vermeiden, können Sie Ihren Cursor mit dem Schlüsselwort INSENSITIVE in der Cursor-Deklaration gegen alle Änderungsbefehle in seiner Reichweite unempfindlich machen. Solange Ihr Cursor geöffnet ist, ist er unempfindlich gegen Tabellenänderungen, die andernfalls durch Befehle in seiner Reichweite verursacht werden würden. Ein Cursor kann nicht gleichzeitig unempfindlich und änderbar sein. Ein unempfindlicher Cursor muß read-only sein.

Betrachten sie das Problem folgendermaßen: Ein normaler SQL-Befehl, wie z.B. UPDATE, INSERT oder DELETE, betrifft eine Menge von Zeilen einer Datenbanktabelle (oder die gesamte Tabelle). Während eine solche Abfrage läuft, schützt der SQL-Transaktionsmechanismus die Daten vor Einflüssen anderer Befehle, die gleichzeitig auf dieselben Daten zugreifen. Wenn Sie dagegen mit einem Cursor arbeiten, ist Ihr »Fenster der Verletzlichkeit« für schädliche Interaktionen weit geöffnet. Das Risiko besteht von dem Moment, an dem Sie einen Cursor öffnen, bis Sie ihn wieder schließen. Wenn Sie einen Cursor öffnen und mit der Verarbeitung einer Tabelle beginnen und dann einen zweiten Cursor öffnen, während der erste noch aktiv ist, können die Aktionen, die Sie mit dem zweiten Cursor ausführen, die Daten verändern, die der erste Cursor sieht. Ein Beispiel:

```
DECLARE C1 CURSOR FOR SELECT * FROM MITARBEITER
    ORDER BY GEHALT ;
DECLARE C2 CURSOR FOR SELECT * FROM MITARBEITER
    FOR UPDATE OF GEHALT ;
```

Wenn Sie jetzt beide Cursor öffnen, einige Zeilen mit C1 lesen und dann ein Gehalt mit C2 erhöhen, kann dies dazu führen, daß Sie eine Zeile, die Sie bereits mit C1 gelesen haben, später noch einmal mit C1 holen.

 Die seltsamen Interaktionen, die bei mehreren geöffneten Cursorn und Mengenoperationen möglich sind, gehören zu den Problemen der Parallelverarbeitung, die durch Isolierung einzelner Operationen mit Transaktionen vermieden werden. Wenn Sie auf diese Weise arbeiten, laden Sie sich Probleme auf. Denken Sie deshalb daran: Arbeiten Sie nicht mit mehreren geöffneten Cursorn.

Scrollbarkeit

Scrollbarkeit ist eine Fähigkeit von Cursorn, die es vor SQL-92 nicht gab. Die einzige Cursor-Bewegung, die Implementierungen von SQL-86 oder SQL-89 erlauben, ist sequentiell, angefangen bei der ersten gelesenen Zeile des Abfrageausdrucks bis zur letzten. Mit dem Schlüsselwort SCROLL von SQL-92 können Sie dem Cursor in der Deklaration die Fähigkeit geben, in beliebiger Reihenfolge auf die Zeilen zuzugreifen. Dabei wird die Bewegung des Cursors durch den Befehl FETCH gesteuert. Ich werde diesen Befehl später in diesem Kapitel beschreiben.

Ein scrollbarer Cursor ist standardmäßig read-only.

Einen Cursor öffnen

Der Befehl DECLARE CURSOR spezifiziert die Zeilen, die zur Reichweite des Cursors gehören sollen, führt aber keine Aktion aus. DECLARE ist eine Deklaration und kein ausführbarer Befehl. Der Cursor entsteht erst durch den Befehl OPEN:

```
OPEN Cursor-Name ;
```

Der Cursor, den wir in unserer vorangegangenen Betrachtung der Klausel ORDER BY benutzt haben, wird folgendermaßen geöffnet:

```
DECLARE Einnahme CURSOR FOR
    SELECT Modell, Einheiten, Preis, Einheiten * Preis AS Umsatz
        FROM RECHNUNGSPOSITION
    ORDER BY Modell, Umsatz DESC ;
OPEN Einnahme ;
```

Sie können keine Zeilen mit dem Cursor abfragen, bevor Sie nicht den Cursor geöffnet haben. In dem Moment, in dem Sie einen Cursor öffnen, werden die Werte von Variablen festgesetzt, die in dem Befehl DECLARE CURSOR referenziert werden. Dasselbe gilt für Datetime-Funktionen, die in der Deklaration verwendet werden. Betrachten Sie das folgende Beispiel:

```
DECLARE CURSOR C1 FOR SELECT * FROM AUFTRAEGE
    WHERE AUFTRAEGE.KUNDE = :NAME
    AND FAELLIG_DATUM < CURRENT_DATE ;
    NAME := 'Acme Co';    /* Ein Befehl der Host-Sprache */
OPEN C1;
    NAME := 'Omega Inc.';   /* Ein weiterer Host-Befehl */
    ...
UPDATE AUFTRAEGE SET FAELLIG_DATUM = CURRENT_DATE;
```

Der Befehl OPEN legt die Werte aller Variablen und Datetime-Funktionen in der Cursor-Deklaration fest. Deshalb hat die zweite Zuweisung der Namensvariablen (NAME := 'Omega Inc.') keine Auswirkung auf die Zeilen, die der Cursor holt. (Dieser Wert von NAME wird beim nächsten Öffnen von C1 verwendet.) Und selbst wenn der Befehl OPEN eine Minute vor Mitternacht und der Befehl UPDATE eine Minute nach Mitternacht ausgeführt werden, enthält CURRENT_DATE im Befehl UPDATE den Wert, den die Funktion beim Ausführen des Befehls OPEN geliefert hat. Dies gilt selbst dann, wenn DECLARE CURSOR diese Datetime-Funktion nicht referenziert.

Die Festlegung von Datetime-Daten

Bei Mengenoperationen werten Datetime-Werte auf ähnliche Weise fixiert. Betrachten Sie folgendes Beispiel:

UPDATE AUFTRAEGE SET WIEDERVORLAGE_DATUM = CURRENT_DATE WHERE....;

Nehmen Sie jetzt an, daß Sie sehr viele Aufträge verwalten. Sie beginnen mit der Ausführung des Befehls um eine Minute vor Mitternacht. Um Mitternacht läuft der Befehl immer noch, und er wird erst um fünf Minuten nach Mitternacht beendet. Das spielt keine Rolle. Wenn ein Befehl eine Referenz von CURRENT_DATE (oder TIME oder TIMESTAMP) enthält, wird der Wert beim Beginn des Befehls fixiert, so daß alle Zeilen in der Tabelle AUFTRAEGE mit demselben WIEDERVORLAGE_DATUM verglichen werden. Auf ähnliche Weise arbeitet ein Befehl, der TIMESTAMP referenziert, nur mit einem einzigen Zeitstempelwert – egal, wie lange der Befehl läuft.

Diese Regel hat einige interessante Implikationen. Betrachten Sie beispielsweise folgenden Befehl:

UPDATE MITARBEITER SET KEY=CURRENT_TIMESTAMP;

Falls Sie erwarten, daß dieser Befehl jedem Mitarbeiter in der Spalte KEY einen eindeutigen Wert zuweist, werden Sie enttäuscht sein: Der Wert ist in allen Zeilen gleich.

Wenn der Befehl OPEN die Datetime-Werte für alle Befehle fixiert, die den Cursor referenzieren, behandelt er damit diese ganzen Befehle in gewisser Weise als einen erweiterten Befehl.

Daten aus einer einzelnen Zeile holen

Der Befehl DECLARE CURSOR spezifiziert den Namen und die Reichweite eines Cursors. Der Befehl OPEN liefert die Menge der Tabellenzeilen, die durch den Abfrageausdruck von DECLARE CURSOR spezifiziert wird. Der Befehl FETCH holt die Daten tatsächlich zurück. Der Cursor zeigt entweder auf eine Zeile innerhalb seiner Reichweite, auf den leeren Raum zwischen zwei Zeilen oder auf den leeren Raum vor der ersten Zeile. Mit der Orientierungsklausel können Sie im Befehl FETCH spezifizieren, wohin der Cursor zeigen soll.

Syntax

Die Syntax für den Befehl FETCH lautet:

```
FETCH [[Orientierung] FROM] Cursor-Name
  INTO Zielspezifikation [, Zielspezifikation ]...
```

Es gibt sechs Orientierungen: NEXT, PRIOR, FIRST, LAST, ABSOLUTE und RELATIVE. Die Standardoption lautet NEXT. In den SQL-Versionen vor SQL-92 war dies die einzige verfügbare Orientierung. Die Orientierung bewegt den Cursor von seiner gegenwärtigen Stelle zur nächsten Zeile in der Menge, die von dem Abfrageausdruck geliefert wurde. Wenn der Cursor vor dem ersten Datensatz steht, bewegt er sich zum ersten Datensatz. Wenn er auf den Datensatz n zeigt, bewegt er sich zum Datensatz n+1. Wenn der Cursor auf den letzten Datensatz in der Menge zeigt, bewegt er sich dahinter, und in der SQLCODE-Systemvariablen wird gemeldet, daß eine *Keine-Daten-Situation* eingetreten ist. (In Kapitel 19 finden Sie Detailinformationen über SQLCODE und die anderen Fehlerbehandlungsmöglichkeiten von SQL.)

Die Zielspezifikationen sind entweder Host-Variablen oder Parameter, abhängig davon, ob der Cursor von eingebettetem SQLcode oder der Modulsprache benutzt wird. Die Anzahl und die Typen der Zielspezifikationen müssen mit der Anzahl und den Typen der Spalten im Abfrageausdruck von DECLARE CURSOR übereinstimmen. Wenn Sie beispielsweise mit eingebettetem SQLcode arbeiten und fünf Werte aus einer Tabellenzeile herauslesen, muß es fünf Host-Variablen passenden Typs geben, um diese Werte aufzunehmen.

Die Orientierung eines scrollbaren Cursors

In SQL-92 ist der Cursor scrollbar, und Sie können eine andere Bewegungsrichtung als NEXT wählen. Mit der Option PRIOR bewegen Sie den Cursor zur unmittelbar vorangehenden Zeile, mit FIRST setzen Sie ihn auf den ersten und mit LAST auf den letzten Datensatz der Menge.

Bei den Optionen ABSOLUTE und RELATIVE müssen Sie zusätzlich eine Ganzzahl angeben. Beispielsweise setzt FETCH ABSOLUTE 7 den Cursor auf die siebte Zeile, von Anfang der Menge an gerechnet. FETCH RELATIVE 7 bewegt den Cursor von seiner jetzigen Position aus sieben Zeilen weiter zum Ende der Menge hin. Bei FETCH RELATIVE 0 bleibt der Cursor an seiner gegenwärtigen Position stehen.

FETCH RELATIVE 1 hat dieselbe Wirkung wie FETCH NEXT. FETCH RELATIVE 1 hat dieselbe Wirkung wie FETCH PRIOR. FETCH ABSOLUTE 1 geht zum ersten Datensatz in der Menge, und interessanterweise geht FETCH ABSOLUTE -1 zum letzten Datensatz in der Menge. Generell geht FETCH ABSOLUTE n zum n-ten Datensatz von Anfang der Menge an gerechnet und FETCH ABSOLUTE -n zum n-ten Datensatz vom Ende der Menge an gerechnet. Wenn n größer als die Gesamtzahl der Zeilen in der Menge ist, wird der *Keine-Daten*-Ausnahmecode (+100) in der SQLCODE-Variablen zurückgegeben. Dasselbe gilt für FETCH ABSOLUTE 0.

Cursor-Zeilen löschen oder ändern

Sie können die Zeile, auf die der Cursor gegenwärtig zeigt, ändern oder löschen. Der Löschbefehl DELETE hat folgende Syntax:

```
DELETE FROM Tabellenname
    WHERE CURRENT OF Cursor-Name ;
```

Wenn der Cursor gegenwärtig nicht auf eine Zeile zeigt, generiert dieser Befehl eine Ausnahme (Fehler). Es werden keine Daten gelöscht.

Der Änderungsbefehl UPDATE hat folgende Syntax:

```
UPDATE Tabellenname
    SET Spaltenname = Wert [, Spaltenname = Wert]...
    WHERE CURRENT OF Cursor-Name ;
```

Der Wert, den Sie den spezifizierten Spalten zuweisen, muß entweder aus einem Ausdruck oder dem Schlüsselwort DEFAULT bestehen. Wenn der Cursor über eine ORDER BY-Klausel verfügt, können Sie die Spalten nicht ändern, die für die Sortierung benutzt werden. Falls Sie dies versuchen, wird eine Ausnahme generiert, und die Daten werden nicht geändert.

Einen Cursor schließen

Wenn Sie den Cursor nicht mehr benötigen, sollten Sie ihn schließen. Einen Cursor geöffnet zu lassen könnte zu Schäden an Ihren Daten führen. Außerdem belegen geöffnete Cursor Systemressourcen. Machen Sie es sich deshalb zur Gewohnheit, Ihre Cursor nach Gebrauch zu schließen.

Wenn Sie einen Cursor schließen, der unempfindlich gegen Änderungen war, und ihn dann wieder öffnen, spiegelt er danach die Änderungen wider.

Fehlerbehandlung

In diesem Kapitel

▶ Fehlersituationen melden

▶ Zum Fehlerbehandlungscode verzweigen

▶ Die Art eines Fehlers genau bestimmen

▶ Feststellen, welches DBMS einen Fehler generiert hat

*W*äre es nicht großartig, wenn jede Anwendung, die Sie geschrieben haben, immer perfekt funktionieren würde? Ja – genauso wäre es wirklich cool, wenn Sie 13 Millionen Mark im Lotto gewinnen würden. Leider sind beide Ereignisse etwa gleich wahrscheinlich. Fehler der einen oder anderen Art sind unvermeidbar, und deshalb ist es hilfreich, ihre Ursachen zu kennen. SQL-92 verfügt über zwei Mechanismen, um Ihnen Fehlerinformationen zu liefern – die *Statusparameter* (oder *Host-Variablen*) SQLCODE und SQLSTATE. Abhängig vom Inhalt dieser Parameter können Sie verschiedene Wege einschlagen, um den Fehler zu beheben.

Beispielsweise können Sie mit der Klausel WHENEVER eine Aktion festlegen, die ausgeführt werden soll, wenn eine bestimmte Bedingung (wie z.B., daß SQLCODE einen negativen Wert hat) eintritt. Außerdem können Sie im Diagnosebereich detaillierte Statusinformationen über den SQL-Befehl finden, den Sie gerade ausgeführt haben. In diesem Kapitel erkläre ich diese hilfreichen Möglichkeiten zur Fehlerbehandlung und beschreibe, wie Sie sie benutzen können.

SQLCODE

Die Versionen der SQL-Standards vor SQL-92 enthielten nur einen Mechanismus zur Rückgabe von Fehlerinformationen: SQLCODE. SQLCODE ist eine Integer-Variable, die nach der Ausführung jedes SQL-Befehls aktualisiert wird. Wenn der Befehl erfolgreich ausgeführt wurde, hat SQLCODE den Wert null. Wenn der Befehl keinen Fehler erzeugt, aber auf einen *Keine-Daten-Zustand* stößt, nimmt SQLCODE den Wert 100 an. Ein Keine-Daten-Zustand tritt z.B. ein, wenn Sie ein SELECT für eine Tabelle ausführen wollen, die keine Zeilen enthält, oder wenn Sie ein FETCH für eine Tabelle ausführen wollen, deren Zeiger bereits auf dem letzten Datensatz steht. Ein Keine-Daten-Zustand kann – abhängig von der Situation – ein Fehler sein oder nicht. Jedes andere Ergebnis außer einer erfolgreichen Ausführung (0) oder einem Keine-Daten-Zustand (100) ist ein Fehler und gibt eine negative Zahl zurück. Tabelle 19.1 zeigt die Möglichkeiten.

Ausführungsstatus	SQLCODE
Erfolgreiche Ausführung	0
Keine-Daten	100
Fehler	Eine negative Zahl

Tabelle 19.1: SQLCODE-Werte

Der SQL-Standard hat die Fehlercodes in SQLCODE nie festgelegt. Infolgedessen haben alle SQL-Anbieter ihre eigenen Codes definiert. Natürlich sind diese meistens von Anbieter zu Anbieter verschieden. Deshalb müssen Sie, wenn Sie eine Anwendung von einem DBMS auf ein anderes übertragen wollen, die Fehlerbehandlung neu codieren, was leider oft genug bedeutet, einen größeren Teil der gesamten Anwendung neu zu schreiben.

Weil es bereits so viele Anwendungen mit den verschiedenen firmenspezifischen SQLCODE-Fehlercodes gibt, war es nicht sinnvoll, diesen Parameter in SQL-92 zu standardisieren. Das hätte die nachträgliche Anpassung bestehender SQL-Anwendungen zu einem Alptraum gemacht. Statt dessen wurde in SQL-92 der neuen Statusparameter SQLSTATE eingeführt. Mit der Standardisierung von SQLSTATE wurde SQLCODE abgewertet. Natürlich wurde SQLCODE nicht buchstäblich verbannt. SQLCODE funktioniert weiter auf die alte Weise. Der neue Standard rät jedoch davon ab, den alten Parameter weiter zu benutzen. Sie sollten statt dessen SQLSTATE für alle neuen Anwendungen verwenden. Obwohl SQL-92 den Parameter SQLCODE weiterhin unterstützt, ist es möglich, daß er in künftigen Versionen des Standards nicht mehr vorkommt. Deshalb sollten Sie zu SQLSTATE wechseln, wo immer dies möglich ist.

SQLSTATE

SQLSTATE hat dieselbe Funktion wie SQLCODE, nur daß diese Funktion in jetzt standardisiert ist. Im Gegensatz zu zwei Bedingungen (erfolgreiche Ausführung und Keine-Daten) für SQLCODE spezifiziert SQLSTATE eine große Anzahl von Bedingungen. Dadurch wird das Portieren einer Anwendung, die SQLSTATE benutzt, von einem DBMS auf ein anderes viel einfacher.

Ein weiterer Unterschied zwischen den beiden Fehlerzuständen besteht darin, daß SQLCODE als Ganzzahl und SQLSTATE als fünfstellige Zeichenkette definiert ist. Die Zeichenkette darf nur die Großbuchstaben A bis Z sowie die Ziffern 0 bis 9 enthalten. Die fünfstellige Zeichenkette ist in zwei Komponenten aufgeteilt: einen zweistelligen Klassencode und einen dreistelligen Unterklassencode (siehe Abbildung 19.1).

Klassencode		Unterklassencode		

Abbildung 19.1: Layout des Statusparameters SQLSTATE

Der SQL-92-Standard legt alle Klassencodes fest, die mit den Buchstaben A bis H oder den Ziffern 0 bis 4 beginnen, und deshalb ist die Bedeutung dieser Klassencodes in allen Implementierungen gleich. Klassencodes, die mit den Buchstaben I bis Z oder den Ziffern 5 bis 9 beginnen, können dagegen von den Firmen definiert werden, die SQL implementieren. Diese Codes werden den Firmen überlassen, weil die SQL-Spezifikation nicht alle Situationen voraussehen kann, die bei einer Implementierung auftreten können. Das erklärte Ziel ist jedoch, so wenig wie möglich firmenspezifische Klassencodes zu benutzen, um Portierungsprobleme mit SQLCODE zu vermeiden. Idealerweise sollten die Firmen hauptsächlich die Standardcodes verwenden und nur unter sehr ungewöhnlichen Umständen ihre eigenen, firmenspezifischen Codes definieren.

In SQLSTATE zeigt der Klassencode 00 die erfolgreiche Ausführung eines Befehls an. Der Klassencode 01 bedeutet, daß der Befehl erfolgreich ausgeführt wurde, aber eine Warnung erzeugt hat. Der Klassencode 02 zeigt den Keine-Daten-Zustand an und entspricht deshalb dem SQLCODE 100. Jeder andere SQLSTATE-Klassencode als 00, 01 oder 02 zeigt an, daß der Befehl nicht erfolgreich ausgeführt wurde.

Weil SQLSTATE nach jeder SQL-Operation aktualisiert wird, können Sie seinen Wert nach jedem Befehl prüfen. Wenn SQLSTATE den Wert 00000 (erfolgreiche Ausführung) enthält, fahren Sie mit der nächsten Operation fort. Wenn er einen anderen Wert enthält, sollten Sie den Hauptzweig verlassen, um die Situation entsprechend zu handhaben. Der spezielle Klassencode und Unterklassencode in SQLSTATE bestimmt, welche Aktion Sie ausführen sollten.

Um SQLSTATE in einem SQL-Modul (siehe Kapitel 14) zu benutzen, referenzieren Sie den Parameter in Ihren Prozedurdefinitionen, wie in dem folgenden Beispiel gezeigt:

```
PROCEDURE NARUNGSMITTELEINFUEGEN
    (SQLSTATE, :nahrungsmittel CHAR (20), :kalorien SMALLINT,
     :eiweiss DECIMAL (5,1), :fat DECIMAL (5,1),
     :kohlenhydrate DECIMAL (5,1))
INSERT INTO NAHRUNGSMITTELTABELLE
    (NAHRUNGSMITTEL, KALORIEN, EIWEISS, FETT, KOHLENHYDRATE)
    VALUES
    (:nahrungsmittel, :kalorien, :eiweiss, :fat, :kohlenhydrate) ;
```

An der passenden Stelle Ihres prozeduralen Programms stellen Sie Werte für die Parameter bereit (vielleicht, indem Sie sie vom Benutzer abfragen) und rufen dann die Prozedur auf. Die Syntax ist sprachabhängig, sieht aber ungefähr folgendermaßen aus:

```
nahrungsmittel = "Okra, gekocht" ;
kalorien = 29 ;
eiweiss = 2.0 ;
fat = 0.3 ;
kohlenhydrate = 6.0 ;
NUTRIENT(state, nahrungsmittel, kalorien, eiweiss, fat, kohlenhydrate);
```

Der Status von SQLSTATE wird in der Variablen state zurückgegeben. Ihr Programm kann diese Variable abfragen und ihrem Wert entsprechende Aktionen ausführen.

Ältere Implementierungen von SQL unterstützen nur SQLCODE, neuere unterstützen sowohl SQLCODE als auch SQLSTATE. Wenn Ihre Implementierung SQLSTATE unterstützt, sollten Sie es anstelle von SQLCODE benutzen. SQLSTATE stellt alle Informationen zur Verfügung, die SQLCODE liefert, und ist genauer spezifiziert. Außerdem ist garantiert, daß SQLSTATE von zukünftigen Versionen der SQL-Spezifikation unterstützt wird.

Die Klausel WHENEVER

Welchen Sinn macht es zu wissen, daß eine SQL-Operation nicht erfolgreich ausgeführt wurde, wenn man nichts daran ändern kann? Wenn ein Fehler eintritt, soll Ihre Anwendung nicht so weiterlaufen, als sei alles in Ordnung. Sie müssen in der Lage sein, den Fehler zu erkennen und eine Gegenmaßnahme zu ergreifen. Wenn Sie den Fehler nicht beseitigen können, wollen Sie wenigstens den Benutzer über das Problem informieren und die Anwendung zivilisiert beenden. Die Klausel WHENEVER dient in SQL zur Ausnahmebehandlung.

Die Klausel WHENEVER ist eigentlich eine Deklaration und wird deshalb im Deklarationsabschnitt Ihrer SQL-Anwendung gespeichert. Die Syntax lautet:

```
WHENEVER condition action ;
```

Die condition kann entweder SQLERROR oder NOT FOUND lauten. Die action kann entweder CONTINUE oder GOTO Adresse lauten. SQLERROR ist True, wenn SQLCODE negativ ist oder wenn SQLSTATE einen anderen Klassencode als 00, 01, oder 02 enthält. NOT FOUND ist True, wenn SQLCODE den Wert 100 hat oder wenn SQLSTATE den Wert 02000 enthält.

Falls die action den Wert CONTINUE enthält, passiert nichts besonders, und die Ausführung wird normal fortgesetzt. Falls action den Wert GOTO Adresse (oder GO TO address) enthält, verzweigt die Ausführung zu der angegebenen Adresse in dem Programm. An der Verzweigungsadresse können Sie SQLCODE oder SQLSTATE mit bedingten Befehlen untersuchen und in Abhängigkeit von den gefundenen Werten unterschiedliche Aktionen ausführen. Zwei Beispiele dafür:

```
WHENEVER SQLERROR GO TO error_trap ;
```

oder

```
WHENEVER NOT FOUND CONTINUE ;
```

Die Option GO TO ist einfach ein Makro: Die Implementierung (d.h. der eingebaute Präcompiler der Sprache) fügt nach dem Befehl EXEC SQL folgenden Test ein:

IF SQLSTATE <> '00000' THEN GOTO error_trap;

Die Option CONTINUE ist im wesentlichen eine NO-OP-Anweisung, die sagt: »Ignoriere diesen Befehl.«

Der Diagnosebereich

Obwohl SQLSTATE mehr Informationen als SQLCODE darüber liefert, warum ein bestimmter Befehl scheiterte, ist SQLSTATE immer noch ziemlich knapp. Deshalb stellt SQL-92 in einem Diagnosebereich zusätzliche Statusinformationen zur Verfügung. Die Informationen sind besonders dann hilfreich, wenn die Ausführung eines einzigen SQL-Befehls mehrere Fehler generiert. SQLCODE und SQLSTATE melden nur einen einzigen davon, aber der Diagnosebereich hat die Kapazität, um mehrere (hoffentlich alle) Fehler zu speichern.

Der Diagnosebereich ist eine Datenstruktur, die von dem DBMS verwaltet wird und aus zwei Komponenten besteht, einem Kopf und einem Detailbereich. Der Kopf enthält allgemeine Informationen über den letzten ausgeführten SQL-Befehl. Der Detailbereich enthält Informationen über jeden Code (entweder Fehler, Warnung oder Erfolg), den der Befehl generiert hat.

In Kapitel 13 habe ich den Befehl SET TRANSACTION beschrieben. In diesem Befehl können Sie die Klausel DIAGNOSTICS SIZE verwenden. SIZE gibt die Anzahl der Detailbereiche an, die für Statusinformationen reserviert werden sollen. Wenn Ihr SET TRANSACTION-Befehl keine DIAGNOSTICS SIZE-Klausel enthält, setzt Ihr DBMS eine systemspezifische Standardanzahl von Detailbereichen fest.

Der Kopfbereich enthält fünf Einträge (siehe Tabelle 19.2).

Eintrag	Datentyp
NUMBER	Genaue Zahl, Skalierung 0
MORE	Zeichenkette, Länge 1
COMMAND_FUNCTION	Zeichen, variabel, Länge <= 128
DYNAMIC_FUNCTION	Zeichen, variabel, Länge <= 128
ROW_COUNT	Genaue Zahl, Skalierung 0

Tabelle 19.2: Der Kopf des Diagnosebereichs

Das Feld NUMBER gibt die Anzahl der Detailbereiche an, die als Ergebnis der Ausführung des Befehls mit Daten gefüllt sind. Das Feld MORE enthält entweder Y oder N; Y, falls der Diagnosebereich alle Statusinformationen enthält, die das DBMS geliefert hat, und N, falls mehr Statusinformationen geliefert wurden, als der Detailbereich aufnehmen kann. COMMAND_FUNCTION enthält eine Zeichenkette mit dem SQL-Befehl, der den diagnostischen Eintrag generiert. Wenn ein dynamischer SQL-Befehl einen Eintrag generiert, enthält COMMAND_FUNCTION entweder EXECUTE oder EXECUTE IMMEDIATE, und DYNAMIC_FUNCTION enthält den dynamischen SQL-Befehl selbst. ROW_COUNT enthält die Anzahl der Zeilen, die von dem SQL-Befehl betroffen sind.

Die Detailbereiche enthalten Informationen über die einzelnen Fehler, Warnungen oder den Erfolgsstatus. Jeder Detailbereich enthält 17 Einträge (siehe Tabelle 19.3).

Eintrag	Datentyp
CONDITION_NUMBER	Genaue Zahl, Skalierung 0
RETURNED_SQLSTATE	Zeichenkette, Länge 5
CLASS_ORIGIN	Zeichen, variabel, Länge <= Maximallänge eines Bezeichners
SUBCLASS_ORIGIN	Zeichen, variabel, Länge <= Maximallänge eines Bezeichners
CONSTRAINT_CATALOG	Zeichen, variabel, Länge <= Maximallänge eines Bezeichners
CONSTRAINT_SCHEMA	Zeichen, variabel, Länge <= Maximallänge eines Bezeichners
CONSTRAINT_NAME	Zeichen, variabel, Länge <= Maximallänge eines Bezeichners
CONNECTION_NAME	Zeichen, variabel, Länge <= Maximallänge eines Bezeichners
ENVIRONMENT_NAME	Zeichen, variabel, Länge <= Maximallänge eines Bezeichners
CATALOG_NAME	Zeichen, variabel, Länge <= Maximallänge eines Bezeichners
SCHEMA_NAME	Zeichen, variabel, Länge <= Maximallänge eines Bezeichners
TABLE_NAME	Zeichen, variabel, Länge <= Maximallänge eines Bezeichners
COLUMN_NAME	Zeichen, variabel, Länge <= Maximallänge eines Bezeichners
CURSOR_NAME	Zeichen, variabel, Länge <= Maximallänge eines Bezeichners
MESSAGE_TEXT	Zeichen, variabel, Länge <= Maximallänge eines Bezeichners
MESSAGE_LENGTH	Genaue Zahl, Skalierung 0
MESSAGE_OCTET_LENGTH	Genaue Zahl, Skalierung 0

Tabelle 19.3: Einträge im Diagnose-Detailbereich

CONDITION_NUMBER enthält die laufende Nummer des Detailbereichs. Wenn eine Abfrage fünf Statuseinträge generiert, die in fünf Detailbereiche eingetragen werden, hat der fünfte Eintrag die CONDITION_NUMBER fünf. Sie können mit dem Befehl GET DIAGNOSTICS und der CONDITION_NUMBER auf einen bestimmten Detailbereich zugreifen, um ihn genau zu untersuchen (die Prozedur wird später in diesem Kapitel beschrieben). RETURNED_SQLSTATE enthält den Wert von SQLSTATE, der dazu geführt hat, daß dieser Detailbereich gefüllt wurde.

CLASS_ORIGIN teilt Ihnen die Quelle des Wertes mit, der in SQLSTATE zurückgegeben wurde. Wenn der Wert durch den SQL-Standard definiert ist, enthält CLASS_ORIGIN den Eintrag ISO 9075. Falls Ihre DBMS-Implementierung den Wert definiert, enthält CLASS_ORIGIN eine

Zeichenkette, welche die Quelle Ihres DBMS identifiziert. `SUBCLASS_ORIGIN` verhält sich ähnlich wie `CLASS_ORIGIN`.

`CLASS_ORIGIN` ist wichtig. Wenn `SQLSTATE` einen Wert wie beispielsweise 22012 enthält, können Sie daran ablesen, daß er zu den standardmäßigen `SQLSTATE`-Werten gehört, der in allen SQL-Implementierungen dasselbe bedeutet. Wenn `SQLSTATE` jedoch einen Wert wie beispielsweise 22500 enthält, teilen Ihnen die ersten beiden Ziffern mit, daß es sich um einen Wert des Standards handelt, der eine Daten-Exception anzeigt. Die letzten drei Zeichen gehören dagegen zu dem implementierungsspezifischen Bereich. Und wenn `SQLSTATE` den Wert 900001 enthält, dann gehört der Wert vollkommen zu dem implementierungsspezifischen Bereich.

Wenn Sie die genaue Bedeutung von 22500 oder 900001 herausfinden wollen, müssen Sie in der Dokumentation Ihres SQL-Lieferanten nachschlagen. Welcher Lieferant? Wenn Sie mit `CONNECT` arbeiten, sind Sie möglicherweise mit verschiedenen Produkten verbunden. Um festzustellen, welches einen Fehler gemeldet hat, schauen Sie in `CLASS_ORIGIN` und `SUBCLASS_ORIGIN` nach: Diese Einträge enthalten Werte, mit denen eine Implementierung identifiziert wird. Sie können `CLASS_ORIGIN` und `SUBCLASS_ORIGIN` abfragen, um festzustellen, ob sie Lieferanten identifizieren, für die Sie über `SQLSTATE`-Listings verfügen. Die tatsächlichen Werte in `CLASS_ORIGIN` und `SUBCLASS_ORIGIN` sind lieferantenspezifisch, sollten aber selbsterklärende Firmennamen enthalten.

Falls es sich bei dem gemeldeten Fehler um einen Constraint-Verstoß handelt, identifizieren die Einträge `CONSTRAINT_CATALOG`, `CONSTRAINT_SCHEMA` und `CONSTRAINT_NAME` das betreffende Constraint.

Die Informationen über einen Constraint-Verstoß sind wahrscheinlich die wichtigsten Informationen, die `GET DIAGNOSTICS` liefert. Betrachten Sie die folgende Tabelle mit dem Namen MITARBEITER:

```
CREATE TABLE MITARBEITER
(ID CHAR(5) CONSTRAINT MIT_PK PRIMARY KEY,
GEHALT DEC(8,2) CONSTRAINT MIT_GEHALT CHECK GEHALT > 0,
DEPT CHAR(5) CONSTRAINT MIT_ABT
    REFERENCES ABTEILUNG) ;
```

Und zusätzlich die Tabelle mit dem Namen ABTEILUNG:

```
CREATE TABLE ABTEILUNG
    (DEPTNO CHAR(5),
    BUDGET DEC(12,2) CONSTRAINT ABT_BUDGET
    CHECK(BUDGET >= SELECT SUM(GEHALT) FROM MITARBEITER
        WHERE MITARBEITER.DEPT=ABTEILUNG.DEPTNO),
    ...);
```

Und jetzt betrachten Sie folgenden INSERT:

```
INSERT INTO MITARBEITER VALUES(:ID_VAR, :GEH_VAR, :ABT_VAR);
```

Nehmen Sie jetzt an, daß Sie eine Rückmeldung mit einem SQLSTATE von 23000 erhalten. Sie schlagen in Ihrer SQL-Dokumentation nach, die *integrity constraint violation* (Verstoß gegen das Integritäts-Constraint) sagt. Was nun? Der SQLSTATE-Wert bedeutet entweder

- ✔ Der Wert in ID_VAR ist bereits vorhanden: Sie haben gegen das Constraint PRIMARY KEY verstoßen.

- ✔ Der Wert in GEH_VAR ist negativ: Sie haben gegen das Constraint CHECK von GEHALT verstoßen.

- ✔ Der Wert in ABT_VAR enthält keinen gültigen Schlüsselwert, d.h. keine Zeile in ABTEILUNG verfügt über den angegebenen Schlüsselwert: Sie haben gegen das Constraint REFERENCES von DEPT verstoßen. Oder:

- ✔ Der Wert in GEH_VAR ist so groß, daß die Summe aller Angestelltengehälter (SUM(GEHALT)) größer als das Budget (BUDGET) der Abteilung ist: Sie haben gegen das Constraint CHECK in der BUDGET-Spalte von ABTEILUNG verstoßen. (Denken Sie daran, daß beim Ändern einer Datenbank nicht nur die Constraints in der unmittelbar beteiligten Tabelle, sondern alle betroffenen Constraints geprüft werden.)

Unter normalen Umständen müßten Sie einen großen Testaufwand treiben, um den Fehler in dem INSERT zu finden. Leichter geht es mit GET DIAGNOSTICS:

```
DECLARE CONST_NAME_VAR CHAR(18) ;
GET DIAGNOSTICS EXCEPTION 1
   CONST_NAME_VAR = CONSTRAINT_NAME ;
```

Angenommen SQLSTATE enthält den Wert '23000', dann setzt dieser GET DIAGNOSTICS den Eintrag CONST_NAME_VAR auf 'MIT_PK', 'MIT_GEHALT', 'MIT_ABT' oder 'ABT_BUDGET'. In der Praxis sollten Sie außerdem CONSTRAINT_SCHEMA und CONSTRAINT_CATALOG abfragen, um das Constraint in CONSTRAINT_NAME eindeutig zu identifizieren.

Diese Verwendung von GET DIAGNOSTICS, um herauszufinden, gegen welches von mehreren Constraints verstoßen wurde, ist besonders in dem Fall wichtig, in dem mit einem ALTER TABLE-Befehl Constraints hinzugefügt wurden, die beim Schreiben des Programms nicht existierten.

```
ALTER TABLE MITARBEITER
   ADD CONSTRAINT GEH_LIMIT CHECK(GEHALT < 100000) ;
```

Wenn Sie eine Zeile in MITARBEITER einfügen oder die GEHALT-Spalte eines MITARBEITER ändern, wird ein SQLSTATE von '23000' zurückgemeldet, wenn GEHALT größer als 100000 ist. Sie können Ihren INSERT-Befehl so programmieren, daß eine hilfreiche Meldung anzeigt wird, falls ein SQLSTATE von '23000' gemeldet wird und Sie den speziellen Constraint-Namen nicht erkennen, den GET DIAGNOSTICS zurückgibt, wie beispielsweise *Ungültiger INSERT: Verstoß gegen das Constraint GEH_LIMIT.*

CONNECTION_NAME und ENVIRONMENT_NAME identifizieren die Verbindung und die Umgebung, mit der Sie zum Zeitpunkt der Ausführung des SQL-Befehls verbunden waren.

Falls sich die Fehlermeldung auf eine Tabellenoperation bezieht, identifizieren CATALOG_NAME, SCHEMA_NAME und TABLE_NAME die Tabelle. COLUMN_NAME identifiziert die Spalte innerhalb der Tabelle, welche die Meldung ausgelöst hat. Wenn die Situation mit einem Cursor zu tun hat, enthält CURSOR_NAME dessen Namen.

Manchmal produziert das DBMS einen natürlichsprachlichen Text, um eine Fehlersituation zu erklären. Der Eintrag MESSAGE_TEXT dient für diese Art von Informationen. Der Inhalt dieses Eintrags hängt von der Implementierung ab; SQL-92 enthält keine Vorschriften darüber. Falls MESSAGE_TEXT Informationen enthält, finden Sie deren Länge in Zeichen in MESSAGE_LENGTH und deren Länge in Oktetts in MESSAGE_OCTET_LENGTH. Falls die Meldung aus normalen ASCII-Zeichen besteht, ist MESSAGE_LENGTH gleich MESSAGE_OCTET_LENGTH. Falls dagegen die Meldung in Kanji oder einer anderen Schrift abgefaßt ist, deren Zeichen mehr als ein Oktett zur Darstellung benötigen, unterscheiden sich MESSAGE_LENGTH und MESSAGE_OCTET_LENGTH.

Um diagnostische Informationen aus dem Kopf des Diagnosebereichs abzufragen, verwenden Sie folgenden Befehl:

```
GET DIAGNOSTICS status@sub1 = item@sub1 [, status@sub2 = item@sub2]...
```

status@subn steht für eine Host-Variable oder einen Parameter; item@subn steht für eines der Schlüsselwörter NUMBER, MORE, COMMAND_FUNCTION, DYNAMIC_FUNCTION oder ROW_COUNT.

Um diagnostische Details des Diagnosebereichs abzufragen, verwenden Sie folgenden Befehl:

```
GET DIAGNOSTICS EXCEPTION condition-number
   status@sub1 = item@sub1 [, status@sub2 = item@sub2]...
```

Auch hier steht status@subn für eine Host-Variable oder einen Parameter, und item@subn steht für eines der 16 Schlüsselwörter für Detaileinträge, die in Tabelle 19.3 aufgeführt sind. Die condition-number steht für (Überraschung!) die CONDITION_NUMBER des Detailbereicheintrags.

Teil VII

Dies und das

In diesem Teil...

Wenn Sie bis hierher gelesen haben, meinen Glückwunsch! Sie dürfen sich jetzt als SQL-Geselle betrachten. Um vom Gesellen zum Meister aufzusteigen, müssen Sie jedoch noch zwei Sätze mit jeweils zehn Regeln meistern. Aber machen Sie nicht den Fehler, nur die Abschnittsüberschriften zu lesen. Einige Überschriften wörtlich zu nehmen, könnte fatale Folgen haben. Alle Tips in diesem Teil sind kurz und prägnant, so daß es nicht sehr schwierig sein dürfte, sie insgesamt zu lesen. Wenn Sie die Tips in die Praxis umsetzen, können Sie ein wahrer SQL-Meister werden.

Zehn häufige Fehler

In diesem Kapitel

- Annehmen, daß Ihr Kunde weiß, was er braucht
- Denken Sie nicht über den Projektumfang nach
- Berücksichtigen Sie nur technische Faktoren
- Bitten Sie den Benutzer niemals um Rückmeldungen
- Benutzen Sie immer Ihre liebste Entwicklungsumgebung
- Benutzen Sie immer Ihre liebste Systemarchitektur
- Datenbanktabellen isoliert entwerfen
- Überspringen Sie Design-Reviews
- Überspringen Sie den Betatest
- Erstellen Sie keine Dokumentation

Wenn Sie dieses Buch lesen, müssen Sie ein Interesse daran haben, relationale Datenbanksysteme zu entwerfen. Niemand studiert SQL aus Spaß an der Sache. SQL ist die Sprache, mit der Datenbankanwendungen erstellt werden. Ein notwendiges Vorspiel zu Erstellung einer Datenbankanwendung ist die Konstruktion der Datenbank, mit der die Anwendung arbeiten soll. Aber viele Projekte scheitern bereits, ehe die erste Zeile der Anwendung codiert wird. Wenn Sie die Datenbank nicht korrekt definieren, ist Ihre Anwendung zum Scheitern verurteilt – egal, wie gut sie geschrieben ist. Hier sind zehn häufige Fehler, die beim Datenbankentwurf gemacht werden und die Sie tunlichst vermeiden sollten.

Annehmen, daß Ihr Kunde weiß, was er braucht

Wenn ein Kunde Sie ruft, um ein Datenbanksystem zu entwickeln, hat er im allgemeinen ein Problem, weil die Verfahren, die er gegenwärtig einsetzt, nicht oder nicht zufriedenstellend funktionieren. Oft glauben Kunden zu wissen, worin das Problem besteht und wie es gelöst werden kann, und nehmen an, sie bräuchten Ihnen nur zu sagen, was *Sie* tun sollen.

Kunden genau das zu geben, was sie haben wollen, führt fast immer in die Katastrophe. Die meisten Benutzer (und ihre Manager) beherrschen die analytischen Methoden nicht, um herauszufinden, wo das Problem wirklich liegt, so daß sie die beste Lösung auf keinen Fall finden können.

Es ist Ihre Aufgabe, den Kunden taktvoll davon zu überzeugen, daß Sie der Experte in der Systemanalyse und dem Systementwurf sind und daß Sie das Problem gründlich analysieren müssen, um seine wirkliche Ursache herauszufinden. Normalerweise ist die wirkliche Ursache des Problems nicht sichtbar.

Denken Sie nicht über den Projektumfang nach

Am Beginn eines Entwicklungsprojekts sagt Ihnen Ihr Kunde, was die neue Anwendung leisten soll. Leider vergißt er dabei immer, Ihnen etwas mitzuteilen – normalerweise mehrere Dinge. Irgendwann im Laufe des Projekts tauchen die neuen Anforderungen auf und werden in das Projekt aufgenommen. Wenn Ihr Honorar auf einer Projektbasis und nicht auf einer Stundenbasis berechnet wird, kann diese Art von Projektwachstum ein vorher profitables Projekt zu einem verlustbringenden machen. Stellen Sie sicher, daß alles, was Sie liefern sollen, vor dem Start des Projekts schriftlich spezifiziert wird.

Berücksichtigen Sie nur technische Faktoren

Oft betrachten Anwendungsentwickler potentielle Projekte unter dem Gesichtspunkt der technischen Machbarkeit und leiten daraus Ihre Zeit- und Aufwandsschätzungen ab. Es gibt jedoch auch noch andere Faktoren, wie z.B. Maximalkosten, Ressourcenverfügbarkeit, Zeitrahmen und Firmenpolitik, die einen wichtigen Einfluß auf ein Projekt ausüben können. Oft machen diese Faktoren aus einem technisch machbaren Projekt einen Alptraum. Stellen Sie sicher, daß Sie alle relevanten Faktoren kennen, ehe Sie mit einem Entwicklungsprojekt beginnen. Vielleicht stellen Sie fest, daß es sinnlos ist weiterzumachen. Es ist besser, Sie gewinnen diese Einsicht am Anfang eines Projekts und nicht erst, nachdem Sie bereits einige Mühe dafür aufgewendet haben.

Bitten Sie den Benutzer nicht um Rückmeldungen

Hören Sie auf die Manager. Die Benutzer selbst haben nichts zu sagen. Noch besser – hören Sie auch nicht auf die Manager. Denn normalerweise habe diese sowieso keine Ahnung. Es mag sein, daß Sachbearbeiter in der Datenerfassung keinen großen Einfluß in einer Organisation haben und daß viele Manager von manchen Teilgebieten ihres Verantwortungsbereichs kaum einen blassen Schimmer haben, aber wenn Sie sich von einer oder beiden dieser Gruppen abkapseln, werden Sie fast mit Sicherheit ein System entwickeln, das Probleme löst, die niemand hat. Kommunikation mit Ihren Kunden ist ein entscheidender Erfolgsfaktor.

Benutzen Sie immer Ihre liebste Entwicklungsumgebung

Wahrscheinlich haben Sie Monate oder sogar Jahre damit zugebracht, die Benutzung eines bestimmten Datenbanksystems oder einer bestimmten Anwendungsentwicklungsumgebung zu erlernen. Ihre Lieblingsumgebung – egal, welche – hat ihre Stärken und Schwächen. Gelegentlich stehen Sie vor einer Entwicklungsaufgabe, die gerade in einem Bereich viel fordert, in dem Ihre Entwicklungsumgebung schwach ist. Statt eine suboptimale Behelfslösung zusammenzuschustern, sollten Sie in einem solchen Fall in den sauren Apfel beißen. Sie haben zwei Optionen: Entweder klettern Sie die Lernkurve eines passenderen Werkzeugs hoch, oder Sie teilen Ihrem Kunden offen mit, daß sein Problem am besten mit einem Werkzeug gelöst werden kann, für das Sie kein Experte sind. Schlagen Sie vor, jemanden zu engagieren, der mit dem Werkzeug sofort produktiv arbeiten kann. Ein professionelles Verhalten dieser Art erhöht den Respekt Ihres Kunden vor Ihnen. (Wenn Sie in einer Firma und nicht selbständig arbeiten, kann dies leider auch dazu führen, daß Sie entlassen werden.)

Benutzen Sie immer Ihre liebste Systemarchitektur

Niemand kann Experte für alles sein. Datenbankverwaltungsysteme, die in einer Fernverarbeitungsumgebung arbeiten, unterscheiden sich von System, die in Client/Server-, Ressourcen-Sharing- oder verteilten Umgebungen eingesetzt werden. Die ein oder zwei Umgebungen, für die Sie als Experte beherrschen, sind möglicherweise nicht die besten zur Lösung der anstehenden Aufgabe. Wählen Sie trotzdem die beste Architektur, selbst wenn Sie dadurch diese Aufgabe verlieren. Eine Aufgabe zu verlieren ist besser, als ein System zu erstellen, das die Anforderungen des Kunden nicht erfüllt.

Datenbanktabellen isoliert entwerfen

Datenobjekte und ihre Beziehungen zueinander falsch zu identifizieren führt zu Datenbanktabellen, die für fehlerhafte Daten anfällig sind und die Gültigkeit aller Ergebnisse gefährden. Um eine solide Datenbank zu entwerfen, müssen Sie die übergreifende Struktur der Datenobjekte berücksichtigen und sorgfältig ihre Beziehungen zueinander festlegen. Normalerweise gibt es nicht nur *eine* richtige Lösung. Sie müssen die passende Variante auswählen und dabei die gegenwärtigen und zukünftigen Anforderungen Ihres Kunden berücksichtigen.

Überspringen Sie Design-Reviews

Niemand ist perfekt. Selbst der beste Designer und Entwickler kann wichtige Punkte übersehen, die ein anderer sofort bemerkt, der die Situation aus einer anderen Perspektive betrachtet. Die Notwendigkeit, Ihre Arbeit in einem formellen Design-Review präsentieren zu müssen, führt faktisch dazu, daß Sie disziplinierter arbeiten und dadurch wahrscheinlich zahlreiche Probleme vermeiden, mit denen Sie andernfalls hätten kämpfen müssen. Lassen Sie Ihren Entwurf von einem kompetenten Profi begutachten, ehe Sie mit der Entwicklung beginnen.

Überspringen Sie den Betatest

Alle Datenbankanwendungen, die so komplex sind, daß sie wirklich Nutzen bringen, sind auch so komplex, daß sie Fehler enthalten. Selbst wenn Sie den Entwurf auf jede denkbare Weise testen, werden Sie nicht alle möglichen Fehlerbedingungen entdecken. Bei einem Betatest lassen Sie Personen mit der Anwendung arbeiten, die diese nicht so gut wie Sie verstehen. Wahrscheinlich stoßen diese Leute dabei auf Probleme, mit denen Sie nie zu tun hatten, weil Sie zuviel wußten. Sie müssen diese Probleme beheben, ehe Sie das Produkt für den offiziellen Gebrauch freigeben.

Erstellen Sie keine Dokumentation

Wenn Sie meinen, Ihre Anwendung wäre so perfekt, daß sie nicht noch ein einziges Mal betrachtet werden muß, denken Sie nach. Das einzige, was in dieser Welt sicher ist, ist die Veränderung. Verlassen Sie sich darauf. In sechs Monaten werden Sie nicht mehr wissen, warum Sie den Entwurf so gestaltet haben, wie Sie es getan haben, es sei denn, Sie haben sorgfältig dokumentiert, was Sie getan haben und warum Sie es getan haben. Wenn Sie – was der Himmel verhüten möge – in eine andere Abteilung versetzt werden oder im Lotto gewinnen und sich zur Ruhe setzen, hat Ihr Nachfolger fast keine Chance, Ihre Arbeit an neue Anforderungen anzupassen, wenn Sie Ihren Entwurf nicht dokumentiert haben. Ohne Dokumentation muß Ihr Nachfolger das ganze System verwerfen und neu anfangen. Dokumentieren Sie Ihre Arbeit nicht nur ausreichend, sondern dokumentieren Sie sie mehr als nötig. Geben Sie mehr Details an, als Sie für vernünftig halten. Wenn Sie sich nach sechs oder acht Monaten Abwesenheit wieder mit dem Projekt befassen müssen, werden Sie froh sein, daß Sie diesen Aufwand getrieben haben.

Zehn Abfragetips

In diesem Kapitel

- Die Datenbankstruktur verifizieren
- Testdatenbanken benutzen
- Abfragen mit Joins analysieren
- Abfragen mit Unterabfragen sorgfältig betrachten
- Die Klausel GROUP BY bei SET-Funktionen benutzen
- Einschränkungen der Klausel GROUP BY beachten
- Klammern in Ausdrücken verwenden
- Die Datenbank durch Berechtigungen schützen
- Die Datenbank regelmäßig sichern
- Fehler voraussehen und bearbeiten

Eine Datenbank kann eine Schatzkammer für Informationen sein, aber wie die Schätze der Piraten der Karibik sind die Daten, die Sie sehen wollen, wahrscheinlich tief vergraben und vor Ihren Blicken verborgen. Der SQL-Befehl SELECT ist das Werkzeug, mit dem Sie diese Informationen ausgraben können. Selbst wenn Sie eine klare Vorstellung von den Daten haben, die Sie wiedergewinnen wollen, ist das Übersetzen dieser Vorstellung in SQL oft eine große Herausforderung. Wenn Sie den Befehl nur geringfügig falsch formulieren, erhalten Sie möglicherweise ein Ergebnis, das so genau mit dem erwarteten Ergebnis übereinstimmt, daß Sie davon in die Irre geleitet werden. Um diese Gefahr zu verringern, sollten Sie folgende zehn Grundsätze beachten.

Prüfen Sie, ob die Datenbankstruktur korrekt ist

Wenn Sie Daten aus einer Datenbank wiedergewinnen und Ihre Ergebnisse nicht plausibel sind, prüfen Sie den Datenbankentwurf. Es gibt viele Datenbanken mit einer unpassenden Struktur. Falls Sie mit einer solchen Datenbank arbeiten, ändern Sie zunächst ihre Struktur, ehe Sie auf andere Abhilfen sinnen. Denken Sie daran, daß ein gutes Design eine Voraussetzung der Datenintegrität bildet.

Führen Sie Ihre Abfrage erst mit einer Testdatenbank aus

Erstellen Sie eine Testdatenbank, welche genau dieselbe Struktur wie Ihre Produktionsdatenbank hat, aber nur wenige repräsentative Zeilen in den Tabellen enthält. Wählen Sie die Daten so, daß Sie vorher wissen, wie das Ergebnis der Abfrage aussehen muß. Führen Sie die Abfrage mit den Testdaten aus, und prüfen Sie, ob das Ergebnis mit Ihren Erwartungen übereinstimmt. Falls dies nicht der Fall ist, formulieren Sie die Abfrage um.

Konstruieren Sie mehrere Sets von Testdaten, und beachten Sie dabei auch seltene Fälle, wie z.B. leere Tabellen und Grenzwerte der zulässigen Datenbereiche. Denken Sie auch an sehr unwahrscheinliche Szenarios, und prüfen Sie, ob sich die Datenbank auch dann korrekt verhält. Wenn Sie unwahrscheinliche Fälle prüfen, gewinnen Sie oft auch ein besseres Verständnis für die Fälle, deren Eintreten wahrscheinlicher ist.

Prüfen Sie Abfragen mit einem JOIN dreifach

Joins sind dafür berüchtigt, der Intuition zu widersprechen. Wenn Ihre Abfrage einen JOIN enthält, prüfen Sie, ob dieser das erwartete Ergebnis liefert, ehe Sie WHERE-Klauseln oder andere Faktoren einführen, welche die Abfrage komplizierter machen.

Prüfen Sie Abfragen mit einer Unterabfragen dreifach

Weil Unterabfragen Daten verschiedener Tabellen vermischen können, werden sie häufig falsch angewendet. Prüfen Sie, ob der innere SELECT-Befehl die Daten wiedergewinnt, die der äußere SELECT-Befehl benötigt, um das gewünschte Endergebnis zu produzieren. Wenn Sie mit zwei oder mehr Ebenen von Unterabfragen arbeiten, müssen Sie doppelt vorsichtig sein.

Benutzen Sie bei SET-Funktionen die Klausel GROUP BY, um Daten einer Gruppe in einer Tabelle oder einem View zu summieren

Angenommen, Sie haben eine Tabelle (BUNDESLIGA) mit dem Namen (SPIELER), der Mannschaft (MANNSCHAFT) und der Anzahl der Tore (TORE), die jeder Spieler in der Bundesliga geschossen hat. Dann können Sie die Gesamtzahl der Tore, die jede Mannschaft geschossen hat, mit folgender Abfrage ermitteln:

```
SELECT MANNSCHAFT, SUM (TORE)
    FROM BUNDESLIGA
    GROUP BY MANNSCHAFT ;
```

Diese Abfrage listet alle Mannschaften und die Gesamtzahl aller Tore auf, die die Spieler jeder Mannschaft geschossen haben.

Beachten Sie die Einschränkungen der Klausel GROUP BY

Angenommen, Sie wollen eine Liste der Torjäger in der Bundesliga erstellen. Betrachten Sie folgende Abfrage:

```
SELECT SPIELER, MANNSCHAFT, TORE
   FROM BUNDESLIGA
   WHERE TORE >= 20
   GROUP BY MANNSCHAFT ;
```

Bei den meisten Implementierungen meldet diese Abfrage einen Fehler. Im allgemeinen dürfen nur Spalten, die zum Gruppieren oder in einer Mengenfunktion benutzt werden, in der SELECT-Liste genannt werden. Die folgende Abfrage ist korrekt:

```
SELECT SPIELER, MANNSCHAFT, TORE
   FROM BUNDESLIGA
   WHERE TORE >= 20
   GROUP BY MANNSCHAFT, SPIELER, TORE ;
```

Weil alle Spalten, die Sie anzeigen wollen, in der Klausel GROUP BY aufgeführt sind, liefert die Abfrage das gewünschte Ergebnis und sortiert die gelieferten Daten nach den Spalten MANNSCHAFT, SPIELER und TORE.

Benutzen Sie bei den logischen Verknüpfungen AND, OR und NOT Klammern

Wenn Sie in einem Ausdruck AND und OR gleichzeitig verwenden, verarbeitet SQL manchmal den Ausdruck nicht in der Reihenfolge, die Sie erwarten. Benutzen Sie in komplexen Ausdrücken Klammern, um sicherzustellen, daß das gelieferte Ergebnis mit dem erwarteten übereinstimmt. Der geringe zusätzliche Eingabeaufwand ist ein kleiner Preis für die höhere Qualität der Ergebnisse.

Geben Sie keiner unbefugten Person Abfrageberechtigungen

Viele Leute benutzen die Sicherheits-Features nicht, die in ihrem DBMS verfügbar sind. Sie scheuen die zusätzliche Mühe und denken, daß Mißbrauch und Veruntreuung von Daten etwas ist, das nur anderen Leuten passiert. Warten Sie nicht, bis Sie eines Besseren belehrt werden. Entwerfen Sie für alle wertvollen Datenbanken ein Sicherheitskonzept, und implementieren Sie es.

Sichern Sie Ihre Datenbanken regelmäßig

Nach der Zerstörung einer Festplatte durch einen Spannungsstoß, ein Feuer, ein Erdbeben oder einen Granatenbeschuß sind die Daten nur schwer wiederzugewinnen. Sichern Sie Ihre Daten regelmäßig, und bewahren Sie die Sicherungsmedien an einer sicheren Stelle auf.

Bauen Sie eine Fehlerbehandlung ein

Egal, ob Sie Abfragen von der Konsole ausführen oder in eine Anwendung einbetten – gelegentlich meldet SQL einen Fehler, statt das gewünschte Ergebnis zu liefern. An der Konsole können Sie aufgrund der Fehlermeldung sofort die passende Aktion ausführen. In einer Anwendung dagegen ist die Situation anders. Wahrscheinlich weiß der Benutzer der Anwendung nicht, welche Aktion angebracht ist. Fügen Sie deshalb eine ausführliche Fehlerbehandlung in Ihre Anwendungen ein, um jeden vorstellbaren Fehler abzudecken, der auftreten könnte. Eine Fehlerbehandlung zu programmieren ist sehr aufwendig; aber das ist besser, als den Benutzer fragend vor einem eingefrorenen Bildschirm sitzen zu lassen.

Teil VIII

Referenzmaterial

»Er sagte, das einzige ›Heavy Metal‹, an dem er interessiert sei, wären Mainframes«.

In diesem Teil...

Der Vollständigkeit halber und als potentiell nützliche Referenz enthält dieser Teil Anhänge, die alle 134 reservierten Wörter von SQL-92 und die Features der drei Untermengen des SQL-92-Standards (Entry-SQL, Intermediate-SQL und Full-SQL) auflisten. Außerdem enthält dieser Teil ein Glossar den wichtigen Begriffen.

Die reservierten Wörter von SQL-92

ABSOLUTE	CORRESPONDING	GLOBAL
ACTION	CROSS	HOUR
ADD	CURRENT_DATE	IDENTITY
ALLOCATE	CURRENT_TIME	IMMEDIATE
ALTER	CURRENT_TIMESTAMP	INITIALLY
ARE	CURRENT_BENUTZER	INNER
ASSERTION	DATE	INPUT
AT	DAY	INSENSITIVE
BETWEEN	DEALLOCATE	INTERSECT
BIT	DEFERRABLE	INTERVAL
BIT_LENGTH	DEFERRED	ISOLATION
BOTH	DESCRIBE	JOIN
CASCADE	DESKRIPTOR	LAST
CASCADED	DIAGNOSTICS	LEADING
CASE	DISCONNECT	LEFT
CAST	DOMÄNE	LEVEL
KATALOG	DROP	LOCAL
CHAR_LENGTH	ELSE	LOWER
CHARACTER_LENGTH	END-EXEC	MATCH
COALESCE	EXCEPT	MINUTE
COLLATE	EXCEPTION	MONTH
COLLATION	EXECUTE	NAMES
SPALTE	EXTERNAL	NATIONAL
CONNECT	EXTRACT	NATURAL
CONNECTION	FALSE	NCHAR
CONSTRAINT	FIRST	NEXT
CONSTRAINTS	FULL	NO
CONVERT	GET	NULLIF

OCTET_LENGTH	SCROLL	TRANSAKTION
ONLY	SECOND	TRANSLATE
OUTER	SESSION	TRANSLATION
OUTPUT	SESSION_BENUTZER	TRIM
OVERLAPS	SIZE	TRUE
PAD	SPACE	UNKNOWN
PARTIAL	SQLSTATE	UPPER
POSITION	SUBSTRING	USAGE
PREPARE	SYSTEM_BENUTZER	USING
PRESERVE	TEMPORARY	VALUE
PRIOR	THEN	VARCHAR
READ	TIME	VARYING
RELATIVE	TIMESTAMP	WHEN
RESTRICT	TIMEZONE_HOUR	WRITE
REVOKE	TIMEZONE_MINUTE	YEAR
RIGHT	TRAILING	ZONE
ZEILEN		

Die SQL-92-Untermengen Entry, Intermediate und Full

Die SQL-92-Spezifikation definiert drei Untermengen des SQL-Standards: *Entry*, *Intermediate* und *Full*.

Entry-SQL-92

Entry-SQL-92 unterscheidet sich nur geringfügig von SQL-89. Die Hauptunterschiede sind:

- ✔ Das Hinzufügen der Statusvariablen und des Parameters SQLSTATE
- ✔ Das Hinzufügen der Klausel AS, um die Spalten in einer SELECT-Liste benennen zu können
- ✔ Das Hinzufügen von Schnittstellen für die Sprachen *Ada*, *C* und *MUMPS*
- ✔ Das Zulassen von Kommas und Klammern in Parameterlisten
- ✔ Die Anforderung, daß in Prozeduren in Modulen ein Doppelpunkt vor Parameternamen stehen muß
- ✔ Die Erlaubnis begrenzter Bezeichner, die in doppelte Anführungszeichen eingeschlossen werden. Innerhalb der Anführungszeichen sind alle Zeichen erlaubt, einschließlich Leerzeichen und Satzzeichen. In einem begrenzten Bezeichner dürfen sogar reservierte Wörter benutzt werden, wie z.B.:

  "Gehalt-pro-Monat"

  "Neues Gehalt nach Anpassung "

  "select"
- ✔ Die genauere Definition der Bedeutung von WITH CHECK OPTION
- ✔ Die Korrektur verschiedener Fehler in der SQL-89-Spezifikation

Intermediate-SQL-92

Intermediate-SQL-92 umfaßt Features, die viele Anbieter bereits implementiert haben – Features, die relativ einfach zu implementieren sind und die von vielen Benutzern sehr geschätzt werden. Die wichtigsten dieser Features sind:

- ✔ Dynamisches SQL (partiell)
- ✔ Kaskadierendes DELETE
- ✔ Der Operator FULL OUTER JOIN
- ✔ Die Mengenoperatoren INTERSECT und EXCEPT
- ✔ Der Ausdruck CASE
- ✔ Umwandlungsmöglichkeiten mit dem Datentyp CAST
- ✔ Bessere Handhabung der Isolationsschichten in Transaktionen
- ✔ Konstruktoren für Zeilen- und Tabellenwerte (partiell)
- ✔ Befehle zur Schemamanipulation
- ✔ Operationen und Funktionen zur Manipulation von Zeichenketten (SUBSTRING, TRIM, Verkettung und FOLD)
- ✔ Verbesserungen des Prädikats LIKE
- ✔ Das Prädikat UNIQUE
- ✔ Benutzerdefinierte Constraint-Namen
- ✔ Der Befehl GET DIAGNOSTICS
- ✔ Unterstützung von mehreren Modulen in einer Anwendung
- ✔ Unterstützung von Domänen
- ✔ Unterstützung anderer Zeichensätze
- ✔ Zeichenketten variabler Länge
- ✔ Die Datentypen DATE/TIME und INTERVAL und einige zugehörige Operationen
- ✔ Scrollbare Zeiger (Cursors)
- ✔ Explizite DEFAULT VALUES in INSERT-Befehlen und Row-value-Konstruktoren
- ✔ Ein Flag für das Schreiben portabler Anwendungen

Full-SQL-92

Full-SQL-92 implementiert den kompletten Standard. Zusätzlich zu den Features von Entry- und Intermediate-SQL-92 enthält es:

- ✔ Volldynamisches SQL
- ✔ Aufgeschobene Constraint-Prüfungen und benannte Constraints
- ✔ Volle Unterstützung von Row-value- und Table-value-Konstruktoren
- ✔ Eine vollständigere Implementierung von Unterabfragen
- ✔ Die Befehle UPDATE und DELETE können die geänderte Tabelle referenzieren
- ✔ Zusätzliche Operationen für die Datentypen DATE/TIME und INTERVAL
- ✔ Die Operatoren UNION JOIN und CROSS JOIN
- ✔ Kaskadierendes UPDATE
- ✔ Die Datentypen BIT und BIT VARYING
- ✔ Assertionen
- ✔ Temporäre Tabellen
- ✔ Features zur Internationalisierung, einschließlich Zeichenübersetzung

Glossar

Abfrage: Eine Frage, die Sie bezüglich der Daten in einer Datenbank stellen.

ActiveX-Control: Eine wiederverwendbare Software-Komponente, die in eine Anwendung eingefügt werden kann, um die Entwicklungszeit zu verkürzen. ActiveX ist eine Microsoft-Technologie, und ActiveX-Komponenten können nur unter Windows benutzt werden.

Aggregatfunktion: Eine Funktion, die ein einziges Ergebnis aus einer Menge von Tabellenzeilen errechnet. Auch als *Mengenfunktion* bezeichnet.

Alias: Ein kurzer Ersatzname oder »Spitzname« für einen Tabellennamen.

Änderungsanomalie: Ein Problem, das in einer Datenbank auftreten kann, wenn eine Tabelle in der Datenbank durch Einfügen, Löschen oder Ändern von Daten modifiziert wird.

Application Programming Interface (API): Eine Standard-Software-Schnittstelle zwischen Anwendungsprogrammen einerseits und Datenbanken und Systemressourcen andererseits.

Applet: Eine kleine Anwendung, die auf einem Web-Server gespeichert ist und auf einen Web-Client heruntergeladen wird, der auf den Server zugreift.

Assertion: Ein Constraint, das durch den Befehl CREATE ASSERTION (statt durch eine Klausel des Befehls CREATE TABLE) spezifiziert wird. Eine Assertion gilt gewöhnlich für mehr als eine Tabelle.

Back-End: Der Teil eines DBMS, der direkt mit der Datenbank zusammenarbeitet.

Client: Der Teil eines DBMS, der Informationen auf einem Bildschirm anzeigt und den Benutzer-Input entgegennimmt (das sogenannte *Front-End*).

Client/Server-System: Ein Multiuser-System, bei dem ein zentraler Prozessor (der Server) mit mehreren intelligenten Benutzer-Workstations (den Clients) verbunden ist.

CODASYL DBTG-Datenbankmodell: Das Netzwerk-Datenbankmodell. **Anmerkung:** Der Terminus *Netzwerk* bezeichnet hier die Struktur der Daten (*Netzwerk* im Gegensatz zu *Hierarchie*) und nicht die Kommunikation über ein Netzwerk verbundener Computer.

Collating-Sequenz: Die Reihenfolge der Zeichen in einem Zeichensatz. Alle Collating-Sequenzen für Zeichensätze, die aus lateinischen Buchstaben (a, b, c) bestehen, verfügen über die normale Buchstabenreihenfolge (a,b,c,...), unterscheiden sich aber in der Reihenfolge der Sonderzeichen (+, -, <, ? usw.) und in der relativen Reihenfolge der Buchstaben und Ziffern.

Constraint: Eine Einschränkung, die Sie für die Daten in einer Datenbank definieren.

Constraint, deferred: Ein Constraint, das erst dann angewendet wird, wenn Sie seinen Status in `immediate` ändern oder die eingekapselte Transaktion mit einem `COMMIT` speichern.

Cursor: Ein SQL-Feature, das eine Menge von Zeilen, eine Reihenfolge dieser Zeilen und eine aktuelle Zeile innerhalb dieser Reihenfolge spezifiziert.

Data Control Language (DCL): Der Teil von SQL, der die Datenbank schützt.

Data Definition Language (DDL): Der Teil von SQL, mit dem die Datenbankstrukturen definiert und geändert werden.

Data Manipulation Language (DML): Der Teil von SQL, der die Daten in der Datenbank verarbeitet.

Datenbank: Eine eigenständig Kollektion zusammengehöriger Datensätze.

Datenbank, arbeitsgruppenbezogene: Eine Datenbank, die für den Gebrauch innerhalb einer Abteilung oder Arbeitsgruppe innerhalb einer Organisation bestimmt ist.

Datenbank, organisationsbezogene: Eine Datenbank mit Informationen, die von einer gesamte Organisation verwendet werden.

Datenbank, persönliche: Eine Datenbank, die für den Gebrauch durch eine einzelne Person auf einem einzelnen Computer bestimmt ist.

Datenbankadministrator (DBA): Die Person, die letztlich die Verantwortung für die Nutzbarkeit, Integrität und Sicherheit einer Datenbank trägt.

Datenbank-Engine: Der Teil eines DBMS, der direkt mit der Datenbank zusammenarbeitet (Teil des Back-Ends).

Datenbank-Publishing: Den Inhalt einer Datenbank im Internet oder in einem Intranet verfügbar machen.

Datenbank-Server: Die Server-Komponente eines Client/Server-Systems.

Datenquelle: Eine Quelle, aus der eine Datenbankanwendung Daten schöpft. Dabei kann es sich um ein DBMS oder eine Datendatei handeln.

Datenredundanz: Dieselben Daten sind an mehr als einer Stelle in einer Datenbank gespeichert.

Datensatz: Eine Repräsentation eines physischen Objekts oder eines Begriffs.

Datenuntersprache (engl. *data sublanguage*): Eine Untermenge einer vollständigen Computersprache, die sich speziell mit der Handhabung von Daten beschäftigt. SQL ist eine Datenuntersprache.

DBMS: Akronym für *Datenbankmanagementsystem*.

Delete-Anomalie: Eine Inkonsistenz in einer Mehrtabellen-Datenbank, die eintritt, wenn eine Zeile aus einer der Tabellen gelöscht wird.

Deskriptor: Ein Speicherbereich, der zum Austausch von Informationen zwischen dem prozeduralen Code einer Anwendung und ihrem dynamischen SQL-Code dient.

Diagnosebereich: Eine Datenstruktur, die von dem DBMS verwaltet wird und detaillierte Informationen über den letzten ausgeführten SQL-Befehl und die dabei möglicherweise gemeldeten Fehler enthält.

Domäne: Die Menge aller Werte, die ein Datenbankelement annehmen kann.

Domänenintegrität: Eigenschaft einer Datenbanktabellenspalte, deren sämtliche Datenelemente innerhalb der Domäne der Spalte liegen.

Driver-Manager: Eine Komponente einer ODBC-konformen Datenbankschnittstelle. Auf Windows-Maschinen handelt es sich dabei um eine *Dynamische Link Library* (DLL), welche die Verbindung zu den Datenquellen mit Hilfe der passenden Treiber herstellt.

Entity-Integrität: Eigenschaft einer Datenbanktabelle, die ein Objekt der Wirklichkeit widerspruchsfrei (konsistent) modelliert.

Fernverarbeitungssystem: Ein leistungsstarker zentraler Prozessor, der mit mehreren dummen Terminals verbunden ist.

File-Server: Die Server-Komponente eines Systems mit Ressourcen-Sharing. Sie enthält keine Datenbankverwaltungs-Software.

Firewall: Eine Software-Komponente oder eine Kombination aus Hardware und Software, die ein Intranet vom Internet abschirmt und den Verkehr zwischen beiden bestimmten definierten Regeln unterwirft.

Flache Datei: Eine Kollektion von Datensätzen mit einer minimalen Struktur.

Fremdschlüssel: Eine Spalte oder eine Kombination von Spalten einer Datenbanktabelle, die den Primärschlüssel einer anderen Tabelle in der Datenbank referenziert.

Front-End: Der Teil eines DBMS, der Informationen mit dem Benutzer austauscht.

Funktionelle Abhängigkeit: Eine Beziehung zwischen den Attributen einer Relation.

Genauigkeit: Die maximale Anzahl von Ziffern, aus denen ein numerisches Datenelement bestehen darf.

Hierarchisches Datenbankmodell: Ein Datenmodell mit einer Baumstruktur.

Host-Variable: Eine Variable innerhalb einer Anwendung, die unter Verwendung von eingebettetem SQL geschrieben ist.

HTML (HyperText Markup Language): Eine Standardsprache zur Formatierung von Web-Dokumenten.

Implementierung: Ein spezifisches relationales DBMS, das auf einer ganz bestimmten Hardware-Plattform läuft.

Index: Eine Tabelle von Zeigern, die dazu benutzt wird, um schnell auf Zeilen in einer Datentabelle zuzugreifen.

Informationsschema: Die Systemtabellen, in denen die Metadaten der Datenbank gespeichert sind.

Insert-Anomalie: Eine Inkonsistenz, die in einer Mehrtabellen-Datenbank auftritt, wenn eine neue Zeile in eine ihrer Tabellen eingefügt wird.

Internet: Ein weltweites Computer-Netzwerk.

Intranet: Ein Netzwerk, das dieselbe Hardware und Software wie das World Wide Web benutzt, aber den Zugriff auf Benutzer innerhalb einer einzelnen Organisation beschränkt.

IPX/SPX: Ein Netzwerkprotokoll für lokale Netzwerke.

Java: Eine plattformunabhängige, kompilierte Sprache, die speziell für die Entwicklung von Web-Anwendungen entworfen wurde.

JavaScript: Eine vereinfachte, interpretierte Version von Java.

JDBC (Java Database Connectivity): Eine Standardschnittstelle zwischen einem Java-Applet oder einer Java-Anwendung und einer Datenbank. Der JDBC-Standard ist wie der ODBC-Standard aufgebaut.

Join: Ein relationaler Operator, der Daten aus mehreren Tabellen in einer einzigen Ergebnistabelle kombiniert.

Katalog: Eine namentliche benannte Kollektion von Schemas.

Konzeptioneller View: Das Schema einer Datenbank.

Logische Verknüpfungen: Werden benutzt, um einfache logische Prädikate zu einem komplexeren Prädikat zu verknüpfen, dessen Wahrheitswert von den Wahrheitswerten der Einzelprädikate abhängt.

Mengenfunktion: Eine Funktion, die aus einer Menge von Tabellenzeilen ein einzelnes Ergebnis ableitet. Sie wird auch als *Aggregatfunktion* bezeichnet.

Metadaten: Daten über die Struktur der Daten in einer Datenbank.

Modulsprache: Eine Form von SQL, bei der SQL-Befehle in Modulen gespeichert werden, die von einem Anwendungsprogramm einer Host-Sprache aufgerufen werden.

NetBEUI: Ein Netzwerkprotokoll für lokale Netzwerke.

Netscape-Plug-in: Eine Software-Komponente, die von einem Web-Server auf einen Web-Client heruntergeladen wird und dort in den Browser des Clients eingebunden wird, um zusätzliche Funktionen bereitzustellen.

Netzwerkdatenbankmodell: Eine Form, um eine Datenbank so zu organisieren, daß die Redundanz von Datenelementen minimiert wird, indem jedes Datenelement (Knoten) direkt mit jedem anderen verbunden werden kann.

Normalisierung: Eine Methode, welche die Möglichkeit reduziert oder ausschließt, daß Änderungsanomalien in einer Datenbank auftreten können.

ODBC (Open Database Connectivity): Eine Standardschnittstelle zwischen einer Datenbank und einer Anwendung, die auf die Daten in dieser Datenbank zugreift. ODBC wird durch einen internationalen (ISO) und einen nationalen (ANSI) Standard definiert.

Oracle: Das relationale Datenbankverwaltungssystem der Firma *Oracle*.

Paralleler Zugriff (engl. *concurrent access*): Zwei oder mehr Benutzer greifen gleichzeitig auf dieselben Zeilen einer Datenbanktabelle zu.

Parameter: Eine Variable innerhalb einer Anwendung, die in der SQL-Modulsprache geschrieben ist.

Prädikat: Eine Abfrage, die entweder `true` (wahr) oder `false` (falsch) ist.

Primärschlüssel: Eine Spalte oder eine Kombination von Spalten einer Datenbanktabelle, die jede Zeile in der Tabelle eindeutig identifiziert.

Prozedurale Sprache: Eine Computersprache, die eine Aufgabe dadurch löst, daß sie eine Prozedur ausführt, die aus einer Reihe von Schritten besteht.

RAD: Akronym für *Rapid Application Development*.

Rapid Application Development-(RAD-)Werkzeug: Eine firmenspezifische, grafisch orientierte Alternative zu SQL. Es gibt mehrere solcher Werkzeuge auf dem Markt.

Referentielle Integrität: Ein Zustand, in dem alle Tabellen in einer Datenbank miteinander konsistent sind.

Relation: Ein zweidimensionales Array von Zeilen und Spalten, das nur einwertige Einträge und keine doppelten Zeilen enthält.

Reservierte Wörter: Wörter, die in SQL eine besondere Bedeutung haben und nicht als Variablennamen oder in anderer Form benutzt werden dürfen, die von ihrem Verwendungszweck abweicht.

Row-Wertausdruck: Eine Liste von Value-Ausdrücken, die in Klammern eingeschlossen und durch Kommas getrennt sind.

Skalierung: In einem numerischen Datenelement die Anzahl der Ziffern nach dem Dezimalkomma.

Schema: Die Struktur einer kompletten Datenbank. Die Metadaten einer Datenbank.

Schemabesitzer: Die Person, die das Schema erstellt hat.

SEQUEL: Eine Datenuntersprache, die von IBM entwickelt wurde und der Vorgänger von SQL war.

Spalte: Eine Komponente einer Tabelle, die ein einzelnes Attribut der Tabelle speichert.

SQL: Die Datenuntersprache, die den Industriestandard für die Erstellung, Manipulation und Steuerung relationaler Datenbanken bildet. SQL-92 ist die jüngste Version des Standards.

SQL, dynamisches: Ein Mittel, um kompilierte Anwendungen zu erstellen, die mit Datenelementen arbeiten, die nicht alle zur Kompilierzeit bekannt sind.

SQL, eingebettetes: Eine Anwendungsstruktur, bei der SQL-Befehle in ein Programm eingebettet werden, das in einer anderen Sprache, der sogenannten *Host-Sprache*, geschrieben ist.

SQL, interaktives: Eine Abfrage der Datenbank in Echtzeit.

SQL/DS: Ein relationales Datenbankverwaltungssystem der Firma *IBM*.

Table: Eine Relation.

TCP/IP (Transmission Control Protocol/Internet Protocol): Das Netzwerkprotokoll, das vom Internet und von Intranets benutzt wird.

Transaktion: Eine Folge von SQL-Befehlen, deren Ergebnis anderen Transaktionen so lange nicht zur Verfügung steht, bis alle Befehle ausgeführt worden sind.

Transitive Abhängigkeit: Ein Attribut einer Relation hängt von einem zweiten Attribut ab, das seinerseits von einem dritten Attribut abhängt.

Treiber: Der Teil eines DBMS, der die direkte Schnittstelle zur Datenbank bildet.

Übersetzungstabelle: Ein Werkzeug, um eine Zeichenkette von einem Zeichensatz in einen anderen umzuwandeln.

Unterabfrage: Eine Abfrage innerhalb einer Abfrage.

Update-Anomalie: Ein Problem, das in einer Datenbank auftreten kann, wenn die Daten einer Tabellenzeile geändert werden können.

Verschachtelte Abfrage: Eine Abfrage, die eine oder mehrere Unterabfragen enthält.

Verteilte Datenverarbeitung: Ein System, in dem Daten auf mehrere Server verteilt sind.

View: Eine Datenbankkomponente, die sich genau wie eine Tabelle verhält, aber nicht eigenständig existiert.

Virtuelle Tabelle: Ein View.

Wertausdruck: Ein Ausdruck, der zwei oder mehr Werte kombiniert.

Wertausdruck, alphanumerischer: Ein Wertausdruck, der Zeichenketten mit dem Verkettungsoperator verknüpft.

Wertausdruck, bedingter: Ein Wertausdruck, der Argumenten in Abhängigkeit von bestimmten Bedingungen unterschiedliche Werte zuweist.

Wertausdruck, datums- und zeitbezogener: Ein Wertausdruck, der mit Daten der Art DATE, TIME, TIMESTAMP oder INTERVAL arbeitet.

Wertausdruck, numerischer: Ein Wertausdruck, der numerische Werte durch Additions-, Subtraktions-, Multiplikations- oder Divisionsoperatoren verknüpft.

Wertfunktion: Eine Funktion, die eine Operation mit einem einzelnen alphanumerischen, numerischen oder datums- und zeitbezogenen Wertausdruck ausführt.

World Wide Web: Eine Komponente des Internet, die mit einer grafischen Benutzeroberfläche arbeitet. Die Anwendungen, mit denen der Zugriff auf das Web erfolgt, werden als *Web-Browser* bezeichnet. Informationen werden im Netz auf sogenannten *Web-Servern* bereitgestellt.

Zusammengesetzter Schlüssel: Ein Schlüssel, der aus zwei oder mehr Tabellenspalten besteht.

Stichwortverzeichnis

Symbole

- – 65
- * 65
- + 65
- / 65
- < 173
- <= 173
- <> 173
- = 173
- \> 173
- \>= 173
- || 65
- 1:N-Beziehung 59, 98
- 1NF 115, 116
- 2NF 115
- 3NF 115
- 4NF 115, 118
- 5NF 115, 118

A

Abfrage 36
Abfrageausdruck 302
Abfragen 327
    Unterabfragen 213
    verschachteln 213
ABSOLUTE 309
Access 294
Active Template Library 296
ActiveX 276, 277, 280, 289, 295
    und Java 296
Ad-hoc-Abfrage 36
Ada 35, 261
Aggregatfunktionen 68, 143, 226
Alias 198
ALL 194, 218, 221
ALL-Prädikat 178
Allquantor 221
ALTER 63
ALTER TABLE 64, 91
AND 185, 329

AND-Verknüpfung 68
Änderungsanomalien 106, 113
annähernd genaue Zahl 41
ANSI 37
ANY 218, 221
ANY-Prädikat 178
API 273
Applets 287
Application Programming Interface 273
Approach 294
ASCII-Code 131
assertions 111
Ausdrücke 137
Ausnahmebehandlung 314
AUTHORIZATION 268
AVG-Funktion 69, 145

B

Back-End 292
Backup 254
Basic 35, 79
Basistabellen 125
BCNF 115, 118
bedingte Verknüpfung 200
Bedingungsausdrücke 67
Bedingungswertausdrücke 155
BEGIN-END 35
Benutzer 71, 235
    Berechtigungen 236
Benutzername 235
Benutzeroberfläche 289
Berechtigungen 71, 72, 236, 242
    Daten ändern 238
    Daten betrachten 237
    Daten einfügen 237
    Daten löschen 238
    delegieren 75, 241
    DELETE 237
    entziehen 242
    INSERT 237
    REFERENCES 237

SELECT 237
Tabellen referenzieren 239
Übersicht 72
UPDATE 237
Besitzer 235
Betatest 326
BETWEEN-Prädikat 173
Beziehungen 23
Bildschirmformulare 129
BIT 44
BIT VARYING 44
Bit-Strings 151
BIT_LENGTH-Funktion 151
Borland 294, 296
Borland InterBase 293
Boyce-Codd-Normalform 115, 118

C

C 35, 79, 261, 293
C++ 293
C++Builder 79, 262, 269, 295
CALL 265
CASCADE 242
CASE 67, 157
   beim Ändern 159
   beim Suchen 158
   COALESCE 163
   Fehler abfangen 160
   NULLIF 162
CAST 164, 263
   SQL 165
   und Datetime-Werte 152
CATALOG_NAME 316
CGI 293
CHAR 43
CHAR-Wert 138
CHARACTER 43
CHARACTER VARYING 44
CHARACTER_LENGTH 150
CLASS_ORIGIN 316
Client 50
Client/Server 293
Client/Server-Architektur 282
   dreistufige 283
   zweistufige 283

Client/Server-System 123, 273
   und SQL 48
COALESCE 67, 163
COBOL 35, 79, 90, 261
Codd, E. F. 27, 28
collation 99, 304
collation order 63
COLUMN_NAME 316
COMMAND_FUNCTION 315
·COMMIT 70, 249, 253
Common Gateway Interface 293
CONDITION_NUMBER 316, 319
CONNECTION_NAME 316
Constraint-Verstöße 317
CONSTRAINT_CATALOG 316
CONSTRAINT_NAME 316
CONSTRAINT_SCHEMA 316
Constraints 32, 111
   aufschieben 255
   Definition 48
   NOT NULL 59
   PRIMARY KEY 100
   Transaktionen 255
Containment-Hierarchie 54
CONTINUE 315
CONVERT-Funktion 149
Cookie 292
CORRESPONDING 193
COUNT-Funktion 68, 144
CREATE 63
CREATE DOMAIN 63, 106
CREATE INDEX 90
CREATE TABLE 54, 64, 89
CREATE VIEW 60
CROSS JOIN 199
CURRENT OF 310
CURRENT_DATE-Funktion 152
CURRENT_TIME-Funktion 151
CURRENT_TIMESTAMP-Funktion 151
CURRENT_USER 142
Cursor 301
   Definition 301
   deklarieren 302
   öffnen 307
   Orientierungen 309
   Reichweite 306

Stichwortverzeichnis

schließen 310
scrollbarer 307
Sensitivität 306
Sortierfolge 303
Zeilen ändern 310
Zeilen löschen 310
CURSOR_NAME 316

D

Data Control Language 53, 70, 234
Data Definition Language 53, 54, 63, 97, 234
Data Manipulation Language 64, 123, 234
Database Management System 24
DataDirector-Architektur 296
DATE 45, 66
DATE-Wert 138
Daten
    abfragen 124
    aktualisieren 133
    importieren 131
    in Tabellen einfügen 129
    löschen 136
Daten-Dictionary 23
Datenbank-Front-End 276
Datenbank-Publishing 274, 279, 282
Datenbank-Server 49, 289, 292
Datenbankadministrator 233, 234
Datenbanken 21
    Begriff 23
    Definition 93
    entwerfen 94
    in Intranets 291
    normalisieren 113
    relationale 27, 191
    Schema 32
    schützen 233
    testen 328
Datenbankentwicklung für das Web 294
Datenbankentwurf 33
    prüfen 327
Datenbankmodelle 26
Datenbankoberfläche 82
Datenbankobjekte 235
    schützen 72
Datenbanksystem
    entwickeln 323

Datenbankverwaltungssystem, Definition 24
Datendefinitionssprache 234
Dateneingabe 129
Datenintegrität 130
    Gefahren 245
Datenkontrollsprache 234
Datenmanipulationssprache 234
Datenquelle 292
Datenredundanz 110
datensensitive Komponenten 295
Datensicherung 330
Datentypen 38
    annähernd genaue Zahl 41
    Beispiele 46
    BIT 44
    BIT VARYING 44
    CHAR 43
    CHARACTER 43
    CHARACTER VARYING 44
    DATE 45
    Datum und Zeit 45
    DECIMAL 41
    DOUBLE PRECISION 42
    FLOAT 42
    genaue Zahlen 39
    INTEGER 40
    Intervall 46
    NATIONAL CHARACTER 44
    NATIONAL CHARACTER VARYING 44
    NUMERIC 40
    REAL 41
    SMALLINT 40
    TIME 45
    TIME WITH TIME ZONE 46
    TIMESTAMP 45
    TIMESTAMP WITH TIME ZONE 46
    Übersicht 46, 138
    umwandeln 164, 266
    Zeichenketten 43
Datenuntersprache 36, 157
Datetime-Ausdrücke 66
Datetime-Datentypen 45
Datetime-Funktionen
    Übersicht 152
Datetime-Wertausdrücke 154
Datetime-Werte
    CAST 152

Datetimes 45
day-time 154
day-time, Intervalltyp 46
DB2 294
DBA 233, 234
dBASE 79, 261
DBMS 24
DCL 53, 234
DDL 53, 234
DECIMAL 39, 41
DECLARE CURSOR 302
DEFERRABLE 255
DELETE 65, 136, 227, 310
Delphi 262, 294, 296
Design-Reviews 325
Diagnosebereich 315
    Details 316
DIAGNOSTICS SIZE 250, 315
Dirty-Read 250
DISTINCT 218
DKNF 115, 119
DML 53, 64, 123, 234
Dokumentation 326
Domain/Key-Normalform 115, 118
Domäne 32, 99, 240
    ändern 64
    Definition 32
    erstellen 63
Domänenintegrität 105, 106
DOUBLE PRECISION 42
DROP 63
DROP INDEX 91
DROP TABLE 64, 91
DYNAMIC_FUNCTION 315

E

EBCDIC-Code 131
Einfügeanomalie 114
eingebettetes SQL 141, 264
Eins-zu-viele-Beziehung 59, 98
Eltern-Kind-Beziehung 107
Entities 95, 96
Entity-Integrität 105
ENVIRONMENT_NAME 316
Equi-Join 197
EXCEPT 195

EXEC SQL 264, 315
Existenzquantoren 221
EXISTS 222, 223
EXISTS-Prädikat 180
Exponent 42
EXTRACT-Funktion 151

F

Fagin, R. 115
Fat-Client-Architektur 283
Fat-Server-Architektur 283
Fehler abfangen 160
Fehlerbehandlung 311, 330
    Diagnosebereich 315
Fehlercodes
    SQL-Standard 312
    SQLCODE 311
    SQLSTATE 312
Fehlerspeicher 250
FETCH 307, 309
Filter 172
Firewall 281, 290
FIRST 309
flache Dateien 25
FLOAT 42
FLOAT-Werte 138
FOR UPDATE 305
FORTRAN 35, 79, 261
Foundation Classes Library 296
Fremdschlüssel 100, 101, 183
FROM 170
FROM-Klausel 170
Front-End 280
FULL 182, 183
FULL JOIN 206
FULL OUTER JOIN 206
Full-Outer-Join 205
funktionelle Abhängigkeit 116
Funktionen 143

G

Ganzzahlen
    sortieren 304
genaue Zahlen 39
Genauigkeit 40

Geräteausfall 246
GET DIAGNOSTICS 317
Gleich 173
GMT (Greenwich Mean Time) 46
GO TO 315
grafische Benutzeroberfläche 33
GRANT 70, 72
Größer als 173
Größer als oder gleich 173
GROUP BY 170, 186, 329

H

Hacker 281, 291
HAVING 170, 187, 226
Helper-Anwendungen 276
hierarchisches Modell 26
Host-Sprachen 157
Host-Variablen 141, 266, 311
HTML (HyperText Markup Language) 274, 284
HTTP (HyperText Transfer Protocol) 292

I

IBM 27, 37, 279
IF..THEN 157
Implementierung 37
IN 216, 224
IN-Prädikat 174
Indexe 102
   Definition 85, 102
   erstellen 84
   löschen 91
   verwalten 104
Information-Schema 62
Informix 293, 294
Inner-Join 202
INSENSITIVE 306
INSERT 65, 131, 227
INTEGER 39, 40
Integrität 105
   Gefahren 109
InterBase 294
Internet 50, 279
   ODBC 274
   Sicherheit 290
   und Intranets 290

INTERSECT 194
INTERVAL 66
Intervall 46, 154
Intervalldatentypen 46
IntraBuilder 79, 294
Intranet 289, 290
   Datenbankanwendungen 291
   ODBC 278
   Probleme 292
   Sicherheit 290
   Vorteile 291
Intranet-Back-End 292
Intranets 50
IPX/SPX 290
IPX/SPX-Protokoll 281
ISAM 273
Isolierungsebenen 249, 250
   READ COMMITTED 249, 251
   READ UNCOMMITTED 249, 250
   REPEATABLE READ 249, 251
   SERIALIZABLE 249, 252
   Übersicht 252

J

Java 277
   und ActiveX 296
   und SQL 287
Java Database Connectivity 287
Java-Anwendungen 296
Java-Applets 276, 277, 287, 289, 296
JavaBeans 296
JavaScript 294
JBuilder 296
JDBC 287, 296
JOIN 195, 196, 214
   testen 328

K

kartesisches Produkt 171
Katalog
   Definition 62
Keine-Daten-Situation 309
Keine-Daten-Zustand 311
Klauseln 124
   FROM 170

GROUP BY 186
HAVING 187
ORDER BY 188
   Reihenfolge 170
   Übersicht 169
   WHERE 171
Kleiner als 173
Kleiner als oder gleich 173
Konstanten 138
Konto 235
konzeptionelle Sicht 32
korrelierte Unterabfragen 223
Kundenanforderungen 323

L

LAN 280, 289
LAST 309
LEFT JOIN 205
LEFT OUTER JOIN 203, 205
Legacy-Systeme 26
LIKE-Prädikat 175
Literale 138
Locking 254
Logik, binäre 79
Login 235
logische Verknüpfungen 68, 184
   AND 185
   NOT 186
   OR 185
lokales Netzwerk 280, 289
Löschanomalie 114
Löschen
   kaskadierendes 229
LOWER-Funktion 148

M

Mantisse 42
Maschinensprache 79
MATCH-Prädikat 181
MAX-Funktion 69, 146
Mehrtabellensichten 56
Mengenfunktionen 68, 143
   AVG 145
   COUNT 144
   MAX 146

MIN 146
SUM 146
MESSAGE_LENGTH 316, 319
MESSAGE_OCTET_LENGTH 316, 319
MESSAGE_TEXT 316, 319
Metadaten 23
Microsoft 277, 295, 296, 297
Microsoft Internet Explorer 280
Microsoft SQL Server 293, 294
Middleware 283, 285, 292
MIN-Funktion 69, 146
Module deklarieren 267
Modulprozeduren 268
MORE 315
Multiuser-Systeme 71
Murphys Gesetz 245

N

NAMES ARE 267
NATIONAL CHARACTER 44
NATIONAL CHARACTER VARYING 44
nativer Treiber 273, 287
Natural-Join 200
natürliche Verknüpfung 200
NetBEUI 281, 290
NetDynamics Studio 295
Netscape 276
Netscape Navigator 280
Netzwerkmodell 26
Netzwerkprotokolle 281, 289
NEXT 309
nichtprozedurale Sprache 35
Normalformen 115
   Domain/Key 118
   dritte 118
   erste 116
   zweite 116
Normalisierung 54, 113, 115
NOT 186
NOT DEFERRABLE 255
NOT EXISTS 222, 224
NOT IN 217
NOT IN-Prädikat 174
NOT LIKE-Prädikat 175
NOT-Verknüpfung 68
NULL-Prädikat 177

NULLIF 67, 162
Nullwert 47
NUMBER 315
NUMERIC 39, 40
Numerische Funktionen 149
    BIT_LENGTH 151
    CHARACTER_LENGTH 150
    EXTRACT 151
    OCTET_LENGTH 150
    POSITION 150
numerische Literale 65
numerische Wertausdrücke 153

O

ObjectVision 90
Objekte 94
objektorientierte Entwicklung 269
OCTET_LENGTH-Funktion 150
ODBC 271, 279, 285, 287, 289, 296
    Anwendung 272
    Datenquelle 273
    Internet 274
    Intranet 278
    Komponenten 272
    Treiber 273
    Treibermanager 272
    und SQL 286
ODBC-Schnittstelle 272
ODBC-Treiber 274
Öffentlichkeit 235
Oktett 150
ON 211
OPEN 307
Open Database Connectivity 271
Operatoren
    numerische 65
OR 185, 329
OR-Verknüpfung 68
Oracle 27, 37, 293, 294
    Pro*C 264
ORDER BY 170, 188, 303
Organisationsdatenbank 23
Outer-Join 202
OVERLAPS-Prädikat 181
Owner 235

P

Paradox 79, 294
Parallelzugriff 247
Parameter 141
    deklararieren 268
PARTIAL 182, 183
Pascal 35, 79, 261
PERL 293
Phantom-Read 251
PL/I 261
Plattforminstabilität 246
Plug-ins 276, 280, 289
Portabilität 92
POSITION-Funktion 150
Prädikate 67, 172
    ALL 178
    ANY 178
    BETWEEN 173
    EXISTS 180
    filtern 172
    IN 174
    LIKE 175
    MATCH 181
    NOT IN 174
    NOT LIKE 175
    NULL 177
    OVERLAPS 181
    SOME 178
    UNIQUE 180
    Vergleichsprädikate 172
Präprozessor 265
Primärschlüssel 100, 183
PRIMARY KEY 100
PRIOR 309
Privileg 237
Pro*C 264
Programmiersprachen
    der dritten Generation 79
    der ersten Generation 79
    der zweiten Generation 79
    prozedurale 263
Projektumfang 324
prozedurale Programmiersprachen 263
prozedurale Sprache 35
Prozeduren in Modulen 268
PUBLIC 235

Q

Quantor 221
Query-By-Example 295

R

R:BASE 79
RAD (Rapid Application Development) 79, 262, 268
  Tabellen erstellen 83
RDBMS 37
READ COMMITTED 249, 251
READ UNCOMMITTED 249, 250
READ-ONLY 249
READ-WRITE 249
REAL 41
REAL-Wert 138
Redundanz 110
REFERENCES 75
referentielle Integrität 74, 105, 106, 183
Reichweite eines Cursors 306
Relational Software, Inc. 37
relationales Modell 21, 26
Relationen
  Definition 28, 29
  und Tabellen 29
RELATIVE 309
REPEATABLE READ 249, 251
reservierte Wörter 38
RESTRICT 242
RETURNED_SQLSTATE 316
REVOKE 70, 72, 242
RIGHT JOIN 205
RIGHT OUTER JOIN 205
Right-Outer-Join 205
ROLLBACK 70, 249, 254
ROW_COUNT 315

S

Schema 32
  Definition 32, 61
SCHEMA-Klausel 268
SCHEMA_NAME 316
Schlüssel
  Definition 100

Fremdschlüssel 101
Primärschlüssel 100
  zusammengesetzte 100
Schnappschußtabellen 230
SCROLL 307
Scrollbarkeit eines Cursors 307
Sekundenbruchteile 45
selbstbeschreibend 23
SELECT 65, 124, 327
SELECT-Befehl
  testen 328
SEQUEL 37
SERIALIZABLE 249, 252, 253
Server 49
Server-Erweiterung 274, 292
SESSION_USER 141
SET TRANSACTION 249, 250, 252
Shell-Skripts 293
Sicherheit
  im Internet 281, 290
  in Intranets 290
  in lokalen Netzwerken 281
Sicherheitskonzept 330
Sicherungsgenerationen 254
Sicht 56
  Definition 30
Sichten 125
  aktualisieren 128
Sitzung 141
Skalierbarkeit 24
Skalierung 40
Skripts 278
SMALLINT 39, 40
SOME 218, 221
SOME-Prädikat 178
Sortierfolge 63, 99, 240, 304
Spalten-Constraint 111
Spaltennamenverknüpfung 201
Spaltenreferenzen 142
Sperren von Objekten 254
SQL 21, 53
  als Datenuntersprache 157
  Befehle 38
  Begriff 35
  CAST 165
  Client/Server-Systeme 48
  einbetten 262, 264

Stichwortverzeichnis

Entwicklung 37, 279
Hauptfunktion 286
Implementierungen 92
Indexe erstellen 90
Klauseln 169
Module deklarieren 267
objektorientierte Entwicklung 269
Standard 271
Stärken und Schwächen 262
Syntax 261
Tabellen erstellen 89
Tabellen löschen 91
Tabellenstruktur ändern 91
Transaktionsverarbeitung 249
und Java 287
und ODBC 286
Vergleichsprädikate 173
SQL-86 37, 164, 307
SQL-89 37, 164, 184, 307
SQL-92 37, 157, 271, 286
   Datentypen 38
SQL-Module 266
SQL-Standard
   Fehlercodes 312
SQL/DS 37
SQL3 35, 36, 92
SQLCODE 309, 311
SQLSTATE 311, 312
Standard-SQL 271
Standardtransaktion 250
Statusparameter 311
Stringfunktionen 146
   CONVERT 149
   LOWER 148
   SUBSTRING 147
   TRANSLATE 149
   TRIM 149
   UPPER 148
Stringwertausdrücke 152
SUBCLASS_ORIGIN 316
SUBSTRING 138
SUBSTRING-Funktion 147
SUM 226
SUM-Funktion 69, 146
Sun 287, 296, 297
Superuser 235
Sybase 294

SybaseSQLServer 293
SYSTEM_USER 142
Systemadministrator 235

T

Tabellen
   definieren 97
   erstellen 54
   identifizieren 95
   kombinieren 132
   löschen 64, 88
   mit Daten füllen 129
   mit RAD erstellen 83
   Struktur ändern 64, 86
   und Relationen 29
   verknüpfen 98, 191
   virtuelle 30, 56
Tabellen-Constraint 111, 112
TABLE_NAME 316
TCP/IP (Transmission Control Protocol/
   Internet Protocol 281, 286, 290
Testdaten 328
Testdatenbank 328
Thin-Client-Architektur 283
TIME 45, 66
TIME WITH TIME ZONE 46
TIMESTAMP 45, 66
TIMESTAMP WITH TIME ZONE 46
TIMESTAMP-Wert 138
Transaktionen 70
   Beginn 252
   Definition 247
   Eigenschaften setzen 249
   serialisierbare 248
   seriell ausführen 248
   Standardeigenschaften 249
   Standardtransaktion 250
   und Constraints 255
   Zugriffsmodus 249
Transaktionsverarbeitung 246
transitive Abhängigkeit 118
TRANSLATE-Funktion 149
translations 99
Treiber 271, 287
TRIM-Funktion 149

U

Übersetzungstabellen 64, 99, 240
UCT 154
Umschaltzeichen 151
Ungleich 173
UNION 132, 191
UNION CORRESPONDING 193
Union-Join 206
Union-kompatibel 191
UNIQUE 182, 183
UNIQUE-Prädikat 180
Universal Coordinated Time 154
Universal Time 46
UNIX 281
Unterabfragen 70, 213
   Gruppen bilden 226
   korrelierte 223
   testen 328
   und JOIN 214
   Vergleichsoperatoren 225
UPDATE 65, 133, 227
UPPER-Funktion 148

V

Variablen 138, 139
   CURRENT_USER 142
   SESSION_USER 141
   SYSTEM_USER 142
Vergleichsoperatoren
   quantifizierende 218, 221
   Übersicht 67
Vergleichsprädikate 172
   Übersicht 173
Verkettungsoperator 65
Verknüpfungen
   bedingte 200
   CROSS JOIN 199
   einfache 196
   Equi-Join 197
   Full-Outer-Join 205
   Inner-Join 202
   JOIN 196
   Left-Outer-Join 203
   natürliche Verknüpfung 200
   Outer-Join 202
   Right-Outer-Join 205
   Spaltennamenverknüpfung 201
   Union-Join 206
verschachtelte Abfragen 213
View 30, 56
virtuelle Tabellen 30, 56
Visual C++ 295
Visual dBASE 294
Visual J++ 296
vollständiges logisches Modell 32

W

WAN 278
Web-Browser 50, 274, 280
Web-Datenbankarchitektur 285
Web-Server 284, 292
Web-Site 282
Web-Verkehr 292
Wertausdrücke 152
Werte
   Arten 137
   unbekannt 177
Wertfunktionen 143, 146
WHENEVER 311, 314
WHERE 170, 211
WHERE-Klausel 125, 171
Wide Area Network 278
Windows 95 295
Windows NT 295
WITH GRANT OPTION 241
World Wide Web 279

Y

year-month 154
year-month, Intervalltyp 46

Z

Zeichenketten 43
Zeichensätze 151, 240
Zeilenwertausdrücke 167
Zeilenwerte 138
Zugriffskonflikte 247
Zugriffsmodus 249
Zugriffsschutz 234
Zusicherungen 111, 113

SQL für Dummies – Schummelseite

Wertefunktionen

Funktionen, die Strings zurückgeben

SUBSTRING	Extrahiert einen Substring aus einem Quellstring
UPPER	Konvertiert eine Zeichenkette in Großbuchstaben
LOWER	Konvertiert eine Zeichenkette in Kleinbuchstaben
TRIM	Schneidet Blanks am Anfang und am Ende einer Zeichenkette ab
TRANSLATE	Übersetzt eine Zeichenkette aus einem Zeichensatz in einen anderen
CONVERT	Konvertiert eine Zeichenkette von einem Zeichensatz in einen anderen

Funktionen, die Zahlen zurückgeben

POSITION	Gibt die Startposition eines Strings in einem Quellstring zurück
CHARACTER_LENGTH	Gibt die Anzahl der Zeichen in einem String zurück
OCTET_LENGTH	Gibt die Anzahl der Oktetts (= Bytes) in einem String zurück
BIT_LENGTH	Gibt die Länge eines Bit-Strings zurück
EXTRACT	Extrahiert ein einzelnes Feld aus einem Datumswert oder Intervall

Datums- und Zeitfunktionen

CURRENT_DATE	Gibt das aktuelle Datum zurück
CURRENT_TIME(p)	Gibt die aktuelle Zeit zurück; (p) ist die Genauigkeit der Sekunden
CURRENT_TIMESTAMP(p)	Gibt den aktuellen Datum-Zeit-Wert zurück; (p) ist die Genauigkeit der Sekundenbruchteile

Mengenfunktionen

COUNT	Gibt die Anzahl der Zeilen in der spezifizierten Tabelle zurück
MAX	Gibt den größten Wert in der spezifizierten Spalte zurück
MIN	Gibt den kleinsten Wert in der spezifizierten Spalte zurück
SUM	Addiert die Werte in der spezifizierten Spalte
AVG	Gibt den Durchschnittswert aller Werte in der spezifizierten Spalte zurück

Prädikate der WHERE-Klausel

Vergleichsprädikate

=	Gleich
<>	Ungleich
<	Kleiner als
<=	Kleiner als oder gleich
>	Größer als
>=	Größer als oder gleich

Andere Prädikate

BETWEEN
IN
NOT IN
LIKE
NOT LIKE
NULL
ALL
SOME, ANY
EXISTS
UNIQUE
OVERLAPS
MATCH

SQL für Dummies – Schummelseite

Kriterien für Normalformen

Erste Normalform (1NF)

Die Tabelle ist zweidimensional und enthält Zeilen und Spalten.

Jede Zeile enthält Daten, die zu einer Sache oder einem Teil einer Sache gehören.

Jede Spalte enthält Daten, die ein einziges Attribut der Sache beschreiben.

Jede Zelle (Schnittpunkt einer Zeile und Spalte) einer Tabelle enthält einen einzigen Wert.

Alle Einträge in einer Spalte sind gleichartig.

Jede Spalte hat einen eindeutigen Namen.

Keine zwei Zeilen sind identisch.

Die Reihenfolge der Spalten und Zeilen spielt keine Rolle.

Zweite Normalform (2NF)

Die Tabelle befindet sich in der ersten Normalform (1NF).

Alle Nicht-Schlüsselattribute (Spalten) hängen vom gesamten Schlüssel ab.

Dritte Normalform (3NF)

Die Tabelle befindet sich in der zweiten Normalform (2NF).

Die Tabelle enthält keine transitiven Abhängigkeiten.

Domain-Key-Normalform (DKNF)

Jedes Constraint der Tabelle ist eine logische Folge der Schlüsseldefinitionen und Domänen.

SQL-Datentypen

Genaue Zahlen

```
INTEGER
SMALLINT
NUMERIC
```

Ungefähre Zahlen

```
REAL
DOUBLE PRECISION
FLOAT
```

Zeichenketten

```
CHARACTER
CHARACTER VARYING (VARCHAR)
NATIONAL CHARACTER
NATIONAL CHARACTER VARYING
```

Bit-Strings

```
BIT
BIT VARYING
```

Datum und Zeit

```
DATE
TIME
TIMESTAMP
TIME WITH TIMEZONE
TIMESTAMP WITH TIMEZONE
```

Intervalle

```
INTERVAL DAY
INTERVAL YEAR
```

368 Seiten
49,80 DM
ISBN 3-8266-2782-2
Dez. 1997

Carol McCullough

Oracle8 für Dummies

Aus dem Amerikanischen von Reinhard Engel

Dieses Buch beweist es: Sie müssen kein Datenbank-Guru sein, um mit Oracle8 in Frieden zu leben. Mit schrägen Cartoons und der gewohnt lockeren Schreibe führt Allen G. Taylor Sie in die geheimnisvolle Welt von Oracle8 ein – die gar nicht so unzugänglich ist, wie Sie vielleicht dachten.

Wie immer mit den berühmten Rich-Tennant-Cartoons.

Sie erfahren:
- Wie man solide relationale Datenbanken errichtet – Schritt für Schritt, also keine Angst
- Was neu ist am neuen Oracle8
- Welche Möglichkeiten SQL bietet (Dutzende von Beispielen ebnen Ihnen dabei den Weg)
- Welche Tips es gibt, um Ihre Datenbank zu Geschwindigkeitshöchstleistungen zu verhelfen
- Wie man am bequemsten und schnellsten Fehler ausmerzt
- Wie sich Spalten am besten und schnellsten indizieren lassen

Auf der CD:
- SQL-Skripte und Daten zu den Beispielen im Buch

384 Seiten, 1997
69,– DM, geb., mit CD
ISBN 3-8266-0343-5

Hans Dicken

JDBC

Der Autor, in der Entwicklung eines Java-basierten Intranet-Projekts tätig, zeigt Strategien zur Realisierung eines datenbankgestützten Informationssystems mit Java auf.

Als Referenzdatenbank dient Oracle7, wobei jedoch alle JDBC-spezifischen Teile produktunabhängig beschrieben werden.

Aus dem Inhalt:

- Java und JDBC
- Grundlagen der Systemarchitektur: Komponenten, Alternativen, Charakteristika
- Multi-Tier-Architekturen: Kommunikation mit Sockets und RMI
- Oracle7: Installation und Tuning
- Datenmodellierung und SQL: einfache SQL-Statements, Prepared und Callable Statements
- JDBC im praktischen Einsatz: Praxisbeispiele, allgemein verwendbare Klassen
- mSQL und MsqlJava
- Sicherheitsaspekte
- Werkzeuge und Klassenbibliotheken im Vergleich
- Vollständige Dokumentation der JDBC-API

Auf CD: Klassenbibliotheken zu JDBC-Basisfunktionen, JDK 1.1.3 und Linux JDK, Trialversionen von JDBC Tools, Quellcode der Beispiele u.v.a.

448 Seiten, 1997,
79,– DM, geb., mit CD
ISBN 3-8266-0346-X

Donald K. Burleson

Oracle Datenbank-Anwendungen
Planung, Tuning, Optimierung

Ein unverzichtbarer Leitfaden zur Entwicklung effizienter Datenbank-Entwicklungen mit Oracle.

Der Datenbank-Administrator erhält einen Einblick in die Systemarchitektur der Oracle Engine, deren Verständnis Grundlage für die optimale Anwendung ist.

Das Buch bietet SQL-Skripts zum Performance-Test, die auch auf der beiliegenden CD enthalten sind, und liefert dem Administrator praxisnahe Beispiele zur Performance-Optimierung.

Aus dem Inhalt:
- Logisches & Physikalisches Performance-Design
- Optimierung der Oracle-Architektur: Sortieren, Speicher, I/O
- Oracle SQL-Tuning: Indices, Explain-Plan-Funktion, Syntax, OO-Simulation
- Locking-Optimierung: kohäsive Updates, alternative Locking-Mechanismen
- DBA-Performance: Unrecoverable-Option, Bitmapped Indices
- Verteilte Datenbanken: Replikation, Client/Server-Architekturen, Ausbau
- Oracle Database Connectivity: APIs, ODBC, SQL*Net, Gateway-Produkte, Datenreplikation, Middleware
- Data Warehousing/OLAP: Decision-Support-Systeme, MDDB, STAR-Schemata, Data Mining, Oracle 7.3 Features
- Oracle Monitoring: Überwachungstechniken, Online-Menü für Performance-System, BMC Patrol
- Object Management Architecture: OMG-Objekt-Modell, Object Request Broker
- **Auf CD:** SQL-Tuning-Skripts, Datenbank-Monitoring-Tool Patrol (Demo)

199,– DM
ISBN 3-8266-0359-1

Sybase Student Edition: PowerSuite
Komplettpaket für die Datenbankentwicklung und -anwendung

Softwarepaket inkl. CD-ROM mit PowerBuilder 5 Desktop, SQL Anywhere 5, S-Designor 5 AppModeler und ca. 600 Seiten englischsprachige Dokumentation

- professionelle Datenbank-Entwicklung, -Administration und -Modellierung
- skalierbare SQL-Datenbanklösung mit hoher Performance und geringen Hardware-Anforderungen
- PowerBuilder – die führende Entwicklungsumgebung für leistungfähige Client/Server-Anwendungen

Dieses Softwarepaket bietet Studenten den Einstieg in die professionelle Datenbank-Entwicklung und -Administration. Es enthält die Entwicklungsumgebung PowerBuilder 5 Desktop für leistungsfähige Client/Server-Anwendungen. PowerBuilder ist konsequent objektorientiert und bietet erweiterte OLE 2.0 Unterstützung. Ebenfalls enthalten ist Sybase SQL Anywhere 5 für alle gängigen PC-Plattformen mit hoher Performance und dabei der Zuverlässigkeit von SQL. Geringe Hardwareanforderungen, schnelle Installation und einfache Administration gehören zu den wichtigen Features der Software. Vervollständigt wird das Paket durch den S-Designor 5 AppModeler, ein Werkzeug zur Datenmodellierung und für den Entwurf von Datenbanken entsprechend dem SQL-Standard.